新 史 学

观 古 今 中 西 之 变

胡 鸿 著

能夏则大与渐慕华风

政治体视角下的华夏与华夏化

北京师范大学出版集团
BEIJING NORMAL UNIVERSITY PUBLISHING GROUP
北京师范大学出版社

目　录

导论　走出族群看华夏

　　如果要在古今汉语中选出十个最重要的关键词，"华夏"无疑可以入选。但如同多数日用而不知的常见词汇一样，它的准确意义却是宽泛模糊、游移不定的。在对中国中古及更早时期历史的研究中，近年来出现了一个明显的以"华夏"替代"汉族"，以"华夏化"替代"汉化"的趋势。然而这一替代仅仅是为了简单地避免时代错置吗？华夏和华夏化是否还具有更深的学术内涵？

　　本书要探讨的正是秦汉魏晋南北朝时期的华夏、华夷秩序以及非华夏人群的华夏化问题。这三个问题，实际上只有一个核心，即华夏是什么。只有准确认识了华夏的本质，才能定位非华夏，才能理解两者之间的华夷秩序，才能讨论华夏化的途径。事实上，如本书所揭示的，华夷秩序与华夏化的道路，即包含在华夏对自身的定义之中，只要认清了华夏，后两个问题自然变得明了。反过来，要想准确认识华夏，又不得不从对华夷秩序以及华夏化的分析着手。总而言之，它们实际上是同一个问题，不可割裂而论。

　　迄今为止的民族史与一般中国史的研究中，华夏的定义并非都是一致的，但是无一例外地，所有研究者都将华夏视为一个民族或者族群，并认为它是汉族的前身。自近代"民族"（nation）概念引入中国以来，对它的理解几经变化，迄今仍无定论，而"族群"（ethnic group）概念在20世纪90年代的引入，又加剧了这种理论上的混乱。但不管民族或族群的定义如何变化，将华夏视为一个民族或族群，则未受到过任何怀疑。不仅华夏被看作民族或族群，华夏之外的非华夏人群，也各自被看作民族或族群。所以，对华夏的理解的变化，与民族或族群理论的演变息息相关。至今为止的各种民族理论，可以大体分为两种类型，一种可称为客观实体论，另一种可称为主观认同论。对华夏的定义和理解，也因此而分为两派，以下试做一简要回顾。

第一节　民族和族群视角下的华夏

一、客观实体论下的华夏民族(汉族)：政治与学术之间

"民族"作为一个词语，在前近代的汉语文献中也间有出现，但其含义大多与现代意义上的"民族"(nation)不同。根据现有的资料，我们只能认为，"民族"是19世纪末20世纪初才引入中国的一个概念，其理论基础形成于近代欧洲，而其词汇则来源于日语。① 从引入之初起，它就成为近代国族建构(nation-building)运动的核心概念，影响其概念阐释的

───────────

① "民族"一词的来源曾引起许多学者的讨论，20世纪80年代有多篇论文旨在探求近代"民族"一词的最初用例，初次使用者的认定从孙中山、梁启超、章太炎、康有为一直上溯到王韬，初次使用的时间一再被推前(金天明、王庆仁：《"民族"一词在我国的出现及其使用问题》，载《社会科学辑刊》1981年第4期，87～92页；韩锦春、李毅夫：《汉文"民族"一词的出现及其初期使用情况》，载《民族研究》1984年第2期，36～43页；彭英明：《中国近代谁先用"民族"一词?》，载《社会科学辑刊》1984年第2期，13页；彭英明：《关于我国民族概念历史的初步考察——兼谈对斯大林民族定义的辩证理解》，载《民族研究》1985年第2期，5～11、36页)。到2004年，郝时远撰文指出，"民族"一词并非传自日本，相反日文中"民族"一词是受汉学影响的结果。但他仍承认该词是在日译西方著作中获得了对应volk、ethnos和nation等的理论意义(郝时远：《中文"民族"一词源流考辨》，载《民族研究》2004年第6期，60～69、109页)。在我看来，追溯"民族"在近代的最初用例并不十分必要，更不应该将意义完全不同的用例也纳入其中，如王韬所云"民族殷繁"即不应作为例证。重要的是它何时作为一个学术概念与社会观念开始影响人们的思想与行动。就此点而言，民族概念的引入追溯至梁启超足矣，而其词源自日本亦毋庸置疑。有学者依据《南齐书》中出现的"民族弗革"一语，以为中古时期已经有"民族"的用例(邸永君：《"民族"一词见于〈南齐书〉》，载《民族研究》2004年第3期，98～99页)。但是此处的"民族"有版本和他书的异文，更可能是"氏族"，详见本书附录一《南北朝时期的氏族之辨——从〈南齐书·高逸传〉"民族弗革"一语说起》。

因素远远超出学术的范围。最早系统介绍并阐发这一概念的人是梁启超，1903 年他介绍瑞士政治学家伯伦知理的学说，言民族具有八种特质，"(1)其始也同居一地；(2)其始也同一血统；(3)同其支体形状；(4)同其语言；(5)同其文字；(6)同其宗教；(7)同其风俗；(8)同其生计"，因为居地、血统始同而终杂，故梁氏总结"以语言、文字、风俗为最要"。① 中国学界初次接触的民族概念即是强调共同文化而非血统的，但仍然保留了"其始也同一血统"的余地。另外，伯伦知理强调"民族"与"国民"(即国族)不可混为一谈，有一族多国也有一国多族，他总结了"国境大而民族小"即一国多族的各种情形。在按语中，梁氏以为伯氏所言一国多族的各类型皆与中国情况不合，因为就言语、文字、风俗而言，虽满洲亦已同化于汉族。他说："吾中国言民族者，当于小民族主义之外，更提倡大民族主义。……大民族主义者何？合国内本部属部之诸族，以对于国外之诸族是也。"② 梁氏较早意识到欧洲的民族-国家模式下的民族理论和民族主义意识形态，与中国传统及现实的不合，以及可能带来的危害。此种矛盾直到今天仍未完全消解，可能的解决之道不出二途：其一，证明中国也是民族国家，中华民族是一个民族；其二，反对西方民族理论的普世性，强调中国自有"天下主义"的传统，多民族可以和谐共存。梁氏所取的是第一种途径。

在清末的革命派看来，梁启超等宣扬的"大民族主义"或国族主义用意在于保满、保皇，故排满的革命派针锋相对地采取了强调血缘的种族民族主义(racial nationalism)立场。他们通过重塑"黄帝"这一符号，将国族"抟成一个血脉相连、休戚与共的整体"。典型的表述如《江苏》《黄帝

---

① 梁启超：《政治学大家伯伦知理之学说》，原载《新民丛报》第 32 号，1903 年 5 月 25 日。后收入《饮冰室文集》，见吴松、王文光等点校：《饮冰室文集点校》第 1 集，452 页，昆明：云南教育出版社，2001。

② 吴松、王文光等点校：《饮冰室文集点校》第 1 集，454 页。

魂》《民报》等先后刊登同一张黄帝头像，并且题名"中国民族开国之始祖"。① 又如，章太炎在《中华民国解》中否定"中华民族"（实即汉族）"华之所以为华，以文化言"的说法，而以血统为第一要素，故称之为种族，"夫言一种族者……而必以多数之同一血统者为主体。何者？文化相同，自同一血统而起"，在此基础上再同化"受我抚治"之殊族。② 辛亥革命之后，革命党一变而成中华民国的领导者，遂放弃种族民族主义，转而提倡五族大同，宣扬以国族为认同层次的"中国民族"的观念，与梁启超等人的设想殊途同归。在《中华民国临时大总统宣言书》里，孙中山宣称"合汉、满、蒙、回、藏诸地为一国，即合汉、满、蒙、回、藏诸族为一人。是曰民族之统一"。③ 在后来三民主义论述中，他进一步申述"民族主义就是国族主义"，而且这话"在中国是适当的，在外国便不适当"。④ 通过强调中国民族具有"自然形成"的特殊性，以及模糊国族与民族的概念差异，来消解西方民族国家与民族主义理论与中国由帝国转变而来的多民族国家之间的分歧。以国族为民族的观念，经由孙中山的发挥，辛亥之后遂为举国上下所服膺。此前已经出现的代称汉族的"中华民族"，也被重新定位为融合五族的新国族的名称，开始具有现代的中华民族的意义⑤。

辛亥革命前后的诸家言论，往往为政治时势所激发，虽然对思想学术产生巨大影响，但终究不是纯粹的学术研究。然而他们据以划分民族的文化、国家、血统三个标准，在当时的西方各能找到与之相合的理论，因而在此后意识形态色彩较为淡化的民族史研究中仍然可以看到。民国

① 参看沈松侨：《我以我血荐轩辕——黄帝神话与晚清的国族建构》，载《台湾社会科学季刊》第 28 期，1997，1～77 页。

② 章太炎：《中华民国解》，原载《民报》第 15 期，1907 年 7 月 5 日，收入《章太炎全集》第 4 册，252～262 页，上海：上海人民出版社，1985。

③ 《孙中山选集》，82 页，北京：人民出版社，1956。

④ 《三民主义》，见《孙中山选集》，590 页。

⑤ 参看黄兴涛：《现代"中华民族"观念形成的历史考察——兼论辛亥革命与中华民族认同之关系》，载《浙江社会科学》2002 年第 1 期，128～141 页。

建立以后，民族建构的视野已从狭隘的汉族转为包含五族的"中国民族"。国族建构仅有一个政治符号是不够的，还需要通过追溯历史来证明其由来，从而成为真正翔实可信且无可置疑的"知识"。在 20 世纪 20—30 年代，出现了多部名为《中国民族史》的著作，正是这一需求的反映。1928 年出版的王桐龄的《中国民族史》，仍沿清末传统以"中国民族"为一单数名词，证明它自始至终都是汉、满、蒙、回、苗各族血统的混合体。王氏看似否定血统论，事实上正是以混血来消除中国民族内部各组成成分如汉、满之间的血缘差别，从而在国族层次建构一个具有共同血缘的民族。故其篇章结构以汉族为主干，以某某族血统之加入汉族为线索，叙述的是汉族在血统上吸收融合各族以形成"中国民族"的历史。① 无独有偶，1926 年李济在美国完成的博士论文《中国民族的形成》(*The Formation of the Chinese People*)使用体质人类学的方法，测量并统计了来自"内地 18 省"的 111 人的身体数据，得出各省都有与其历史时期占据人群相应的民族成分的结论，更有趣的是他将现代中国人比喻成由多种不同成分组成的有机化合物。20 世纪末的译者以为，这本书的书名若译为"中国汉人的形成"则名实更加相符。② 事实上李济所言的"中国民族"与王桐龄所说的一样，是在血统上混合各族成分而形成的单一民族，这也是辛亥以来众多学者论证中华民族或中国民族为一个民族的主要路径。在此种血统融合论中，始终有一个或明言或暗示的融合核心即汉族，王桐龄与李济著作的主线即是汉族如何吸收各族而成为"中国民族"，也就是汉化史。他们定义的汉化，就是指其他各族通过与汉族杂居、

---

① 王桐龄：《中国民族史》，北平：文化学社，1928；吉林出版集团有限责任公司据 1934 年版重刊，2010。马戎敏锐地发现，王桐龄的"中国人民为汉满蒙回藏苗六族混合体"的观点，与目前所说中华民族由 56 个民族"组成"的流行提法并不相同，并认为"混合体"比"组合体"对于理解各族关系更有价值(马戎：《从王桐龄〈中国民族史〉谈起——我国 30 年代三本〈中国民族史〉的比较研究》，载《北京大学学报(哲学社会科学版)》2002 年第 3 期，126 页)。

② 李济：《中国民族的形成》，李光谟、胡鸿保、张海洋译，上海：上海人民出版社，1996。

通婚而混血，或者通过接受汉族文化而使自己成为汉族，从而将本族血统融入汉族的过程。这种明显的汉化史取径，是由他们以共同血缘来建构国族的思路决定的，其结果是汉族与国族血缘的同构带来了概念的混淆。

另一些学者则注重共同文化。如吕思勉明确地说："民族与种族不同。种族论肤色、论骨骼，其同异一望可知。然杂居稍久，遂不免于混合。民族则论言文，论信仰，论风俗，其同异不能别之以外观。"①他对民族所下的定义是"具有客观条件，因而发生共同的文化，因此发生民族意识，由此意识而相团结的集团"。民族的生灭，不在血统，而在于文化的存灭，故而有民族失去固有文化而灭亡，也有民族以文化同化他族而扩大。既然论文化，则中国境内各族的文化差异至为明显，所以吕思勉的《中国民族史》实为复数的"中国境内诸民族"的平行历史。他明确区分民族与国族，认为一国之中包含有数个民族是常态。其书的体例也与王桐龄迥异，以族别为章并行排列。但是，在肯定民族和文化的多元状态之后，他也强调汉族及其文化具有中心地位。在另一本书《中国民族演进史》②中，吕思勉又以"主要民族"——汉族为线索来书写，常以女真、蒙古等与"中国民族"对举，故而此处的"中国民族"，只能理解为汉族，演进史因而又写成了一部汉化史。林惠祥的《中国民族史》也秉持类似的观念，在总结诸家对中国民族的分类之后，他使用"两重分类法"画出历史上之民族与现代之民族在血统上的复杂对应关系（见图 0-1），从图中可以直观地看到古代"华夏系"（林氏称古代民族为系）与现代所有民族都有或显或隐的关系，而现代的"汉族"也含有所有古代民族的成分，在血统上可谓华夏-汉族的混杂程度是其他各族的总和，换言之，仅有国族"中华民族"可以当之。就文化而言，他则认为华夏系作为主干民族，"永远

---

① 吕思勉：《中国民族史》，10 页，（初版）上海：世界书局，1934；（重刊）上海：上海古籍出版社，2008。以下本段中引文出自该书的，不再出注。

② 吕思勉：《中国民族演进史》，（初版）上海：亚细亚书局，1935；（与《中国民族史》合并重刊为《中国民族史两种》）上海：上海古籍出版社，2008。

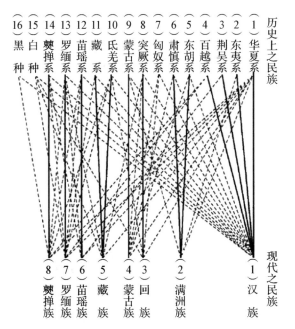

图 0-1　林惠祥的《中国民族系统表》(有改动)

保存其名称与文化，与之混合之诸系则依次失去其名称与文化，即在名义上归于销灭"。① 因此，华夏系-汉族的文化即是未来国族的文化。

　　20 世纪 30 年代的民族史撰述，不论强调血统还是注重文化，学者都已达成共识：在血统上现代诸民族都是混杂的，但在文化上却在渐趋同化，这一同化趋势与中国历史相始终，在血统混杂进程中贯穿始终的是汉族，文化同化的方向是汉化。按此趋势，未来中国各族熔铸为"中华民族"时，也一定是以其他各族同化于汉族而完成的。故而各家在讲中国民族演进史，实际讲的都是汉化史。华夏—汉族—中华民族成为一个发展的主线，汉族既是历史上的主干，又是未来融合的核心，具有了潜在的国族性质。原来仅表示汉族的"中华民族"得以成为国族之号。在各种民族史撰述中，中国民族的概念常常与汉族相混淆，然而这种混淆却被有意无意地忽视了。

---

　　①　林惠祥：《中国民族史》，22 页，上海：商务印书馆，1936。插图见第 9 页。

1949 年以后，马克思主义指导下的民族史研究将上述民族史观批评为"汉族中心主义"。为了反对这种历史叙述，贯彻民族平等原则，配合着实践领域的民族识别工作，学者将陆续认定的 56 个民族与历史上出现过的民族建立起完整的谱系，为每个少数民族分别撰写了"简史"。① 或许是矫枉过正，新中国的"民族"不觉成为少数民族的专称，民族研究成为少数民族研究，民族史也成为专写少数民族的历史，而与一般主流的断代史、王朝史相区别。费孝通对撇开汉族，为各少数民族分别撰述简史的做法感到不妥，因为这样无益于论证中华民族的整体性。② 1989 年，费孝通正式提出"中华民族多元一体格局"的新说，其主要观点是中华民族是 56 个民族加在一起的总称，这 56 个民族已结合成相互依存的、统一而不能分割的整体，汉族曾是多元结合成一体过程中的凝聚核心，但由此形成的一体已经不再是汉族，而成了中华民族，具有更高层次的认同。而中华民族作为自觉的实体虽始于近代，但它作为自在的实体则是在几千年历史中形成的。费氏的新理论，对于 20 世纪 50—80 年代孤立研究各族的风气是一个纠正，但我们也要看到，他的思路似乎与民国时期民族史撰述中已有的国族-民族二分的看法异曲同工。经由他的倡导，在 90 年代以后的民族史撰述中，华夏和汉族也被作为一个必不可缺的板块，不过对汉族的历史一般只写到汉民族的形成为止。③

1949 年以来对汉民族形成问题的讨论，可以看成是将历史上的华夏-汉族看作民族的观念遭遇的一次危机。由于斯大林的民族理论强调民族是资本主义上升期的产物，所以苏联东方学家叶菲莫夫撰写《论中国民族

---

① 其成果反映在 1979—1981 年由国家民族事务委员会主持相继出版的"中国民族问题五种丛书"中的《中国少数民族简史丛书》《中国少数民族社会历史调查丛刊》。

② 费孝通：《中华民族多元一体格局（修订本）》代序，12～13 页，北京：中央民族大学出版社，1999。

③ 例如，王锺翰主编的《中国民族史》（北京：中国社会科学出版社，1994）即完全符合这一体例。

的形成》一文，认为中国民族是 19 世纪与 20 世纪之交形成的。此文译成中文后，范文澜发表《试论中国自秦汉时成为统一国家的原因》一文，认为汉民族在秦汉时已经初步具备了民族的四个特征，开始形成一个民族。为了避免与斯大林理论的直接冲突，范氏说汉族是"独特民族"，"既不是国家分裂时期的部族，也不是资产阶级民族"①。尽管如此，这篇文章还是引起了激烈的批评，批评者所据的正是斯大林的理论。这场悬而未决的论争在 60 年代被发现是由于对斯大林著作的错误翻译所致，通过将"部族"改译为"资本主义之前的民族"，使问题得到了一定程度的解决。消除了这一障碍后，学者又发现恩格斯曾说过民族由部落发展而来，据此，古代民族的形成尚在国家出现之前。章鲁、徐杰舜等都将汉民族的形成时间进一步推前到夏商周时期。80 年代以后，学者在这一问题上基本达成了共识，即华夏-汉族的形成经过了一个很长的历史时期，始于夏商周，成于汉代。② 这场新中国史学史上贯穿数十年的大讨论，留给我们的一大印象是中国知识界对于古代汉族有没有资格称为民族极为敏感。自从民族的概念引入中国，在 20 世纪的国族建构中，民族逐渐成为地位崇高的民族主义意识形态的核心，不可侵犯，中华民族、汉民族的古老性已经由民国时期的民族史论说得到充分证明，同样关系民族认同而不可动摇。即使遭遇斯大林理论极具权威的打击，仍然不愿轻言放弃。

　　综上所述，以上所概述的关于民族的理论中，民族要么是一个具有共同血缘的实体，要么是一个具有共同文化的实体，这些可以称为"客观实体论"。在客观实体论下，民族有明确的起源，而且通过同化、融合、迁徙等线索，古代民族与现代民族可以建立起一一对应的谱系关系。民

---

　　①　范文澜：《试论中国自秦汉时成为统一国家的原因》，载《历史研究》1954 年第 3 期，15～25 页。

　　②　更详细的学术史总结，请参看达力扎布主编：《中国民族史研究 60 年》第二章，62～86 页，北京：中央民族大学出版社，2010；李振宏、刘克辉：《民族历史与现代观念——中国古代民族关系史研究》第二章，60～75 页，开封：河南大学出版社，2010。

族概念运用于古代历史，在 20 世纪上半叶已出现华夏-汉族在民族与国族之间的概念模糊的问题，而在 50 年代更发生了误解的斯大林民族定义与汉民族形成于古代的论断之间的冲突。之所以遭遇种种危机都不肯放弃将华夏-汉族作为一个民族的观点，是因为近代以来的民族论述，担负着为新生的中华民族寻找悠久绵长的历史渊源的使命。中华民族作为一个民族的历史越久远，它在现实中的民族认同感和凝聚力就越强，以之为基础建立的国家就越具有合法性。而华夏-汉族作为中华民族的主干无人否认，欲证中华民族的古老性，就必须证明华夏-汉族的古老性。这一点，其实是中国近代民族主义意识形态的核心，即使遭遇概念混乱，即使遭遇斯大林学说的直接否定，仍然没有放弃。在客观实体论下，古代的华夏是不是民族，是一个涉及国族建构的意识形态问题，不是一个单纯的历史学问题。

二、主观认同论下的华夏：故事的一半

就在中国史学界执着于古代的华夏-汉族是不是斯大林所说的民族时，西方人类学界已经对既往的客观实体论进行反思。在西方学术语境中，民族（nation）和族群（ethnic groups）有着明确的区别，大体上前者偏重政治性而后者偏重文化性，[①] 在 20 世纪后半期有关两者的理论相继出现了主观论替代客观论的转向。一般认为，主观论兴起的契机来自于族群研究中所谓"利奇（E. Leach）的挑战"。利奇在 20 世纪 50 年代出版的《缅甸高地诸政治体系》（*Political Systems of Highland Burma*）一书中表示，一直被认为是一个族群的克钦人，不过是一个没有统一语言、共

[①] 在中国，由于中华民族、56 个民族这两级概念上均使用"民族"，族群概念的引入和所指一度遭遇争议，这也造成了在民族史研究中对民族理论和族群理论混合使用的状况。参看马戎：《关于"民族"定义》，载《云南民族学院学报（哲学社会科学版）》2000 年第 1 期，5～13 页；徐杰舜主编：《族群与族群文化》，哈尔滨：黑龙江人民出版社，2006。

同社会结构和稳定政治体系的人们群体。① 利奇认为"克钦人"这一群体，存在于与"较为明确的"掸人的政治关系之中，主要由克钦人主观上"不是掸人"的意识来维系。利奇的新说对以往结构主义人类学对部落和族群的定义构成了挑战，带来了重视族群间互动和主观认同甚于重视"客观"文化差异的理论发展。② 弗雷德里克·巴斯（Fredrik Barth）主编的《族群与边缘》（*Ethnic Groups and Boundaries*）一书是主观论的一座里程碑，他主张族群认同是通过边界来维持的。边界不是简单的文化差异，而是由强调成员身份和对外区别的社会行为构成的。"被纳入考虑的文化特征不是'客观'差异的总和，仅仅是行动者自身认为重要的那些。"③格尔茨（Clifford Geertz）、Charles F. Keyes 等学者，则强调根基性情感联系在族群认同中的作用。

　　与族群理论的主观论转向几乎同步，在有关民族和民族主义的研究中，20 世纪 80 年代已占据主流的现代论（Modernism），强调了民族作为近代现象而对其"自古以来"的原生性进行主观建构的一面。现代论的旗手盖尔纳（Ernest Gellner）断然宣称："对现代主义来说族裔、文化和族群共同体就像是民族的肚脐。现代主义清楚地认识到，民族是如何创造而不是他们如何继承了他们的肚脐。民族主义创造了民族。"④本尼迪克

---

　　① E. Leach, *Political Systems of Highland Burma：A Study of Kachin Social Structure*，Cambridge：Harvard University Press，1954. 中译本见埃蒙德·R. 利奇：《缅甸高地诸政治体系——对克钦社会结构的一项研究》，杨春宇、周歆红译，北京：商务印书馆，2010。

　　② Charles Keyes，"Presidential Address：'The Peoples of Asia'—Science and Politics in the Classification of Ethnic Groups in Thailand，China，and Vietnam"，*The Journal of Asian Studies* ，2002，61(4)，p. 1170.

　　③ Fredrik Barth，"Introduction"，in *Ethnic Groups and Boundaries：The Social Organization of Culture Difference*，Bergen：Universitetsforlaget，1969，p. 14. 中译本见弗雷德里克·巴斯主编：《族群与边界——文化差异下的社会组织》，李丽琴译，北京：商务印书馆，2014。

　　④ 厄内斯特·盖尔纳：《亚当的肚脐："原生主义者"对现代主义者》，见爱德华·莫迪默，罗伯特·法恩主编：《人民·民族·国家——族性与民族主义的含义》，刘泓、黄海慧译，51～55 页，北京：中央民族大学出版社，2009。更完整的论述，参看厄内斯特·盖尔纳：《民族与民族主义》，韩红译，北京：中央编译出版社，2002。

特·安德森(Benedict Anderson)认为民族不过是"想象的共同体",而且是近代资本主义出现之后的产物;[1] 霍布斯鲍姆(Eric Hobsbawm)也明快地宣称民族是一项相当晚近的发明,"不是民族创造了国家和民族主义,而是国家和民族主义创造了民族"。[2] 这些无疑都可归入"主观认同论"的阵营。[3]

这套新理论在西方取得绝对优势之后,在 20 世纪末也对中国史研究产生了广泛的影响,[4] 以王明珂和姚大力的研究为代表,[5] 对传统的"客观实体论"形成了强烈冲击。在这种学术思潮的影响下,各类刊物上以族群认同为题材的论文日渐增多。王明珂的四部书《华夏边缘》《羌在汉藏之间》《英雄祖先与弟兄民族》以及《游牧者的抉择:面对汉帝国的北亚游牧部族》,[6] 建立了一个颇具规模的解释体系,他以对"根基历史"的记忆为

---

[1]　本尼迪克特·安德森:《想象的共同体:民族主义的起源与散布》第一章,吴叡人译,6 页,上海:上海世纪出版集团,2005。

[2]　霍布斯鲍姆:《民族与民族主义》导论,李金梅译,9 页,上海:上海世纪出版集团,2006。

[3]　关于客观论与主观论的理论交锋的更详细梳理,参看王明珂:《什么是民族:以羌族为例探讨一个民族志与民族史研究上的关键问题》,《"中研院"历史语言研究所集刊》第 65 本第 4 分,1994,994~997 页;《华夏边缘:历史记忆与族群认同》第一章,9~20 页,北京:社会科学文献出版社,2006。

[4]　梁启超在 1922 年完成的《中国历史上民族之研究》(见《饮冰室合集》第八册《专集之四十二》,北京:中华书局,1989)一文中,已经提出"血缘、语言、信仰,皆为民族成立之有力条件;然断不能以此三者之分野,径指为民族之分野。民族成立之唯一要素,在'民族意识'之发现与确立"。所谓"民族意识",即"与异族相接触,则对他而自觉为我"。梁氏之论可谓已具主观论之萌芽,然而直到 20 世纪后期,这一理论并未被更多地发挥。

[5]　姚大力在这方面的代表作品是《"回回祖国"与回族认同的历史变迁》(《中国学术》2004 年第 1 辑)、《"满洲"如何演变为民族》(《社会科学》2006 年第 7 期),两文连同后续的讨论一起收入氏著《北方民族史十论》(桂林:广西师范大学出版社,2007)。与王明珂对巴斯等人边缘理论的强调不同,姚大力更欣赏安东尼·史密斯(Anthony D. Smith)的根基论立场,不仅承认群体归属感这种"原基联系"本身,而且更愿意从历史的角度考察这种主观意识的生成发育过程。

[6]　王明珂:《羌在汉藏之间:川西羌族的历史人类学研究》,北京:中华书局,2008;《英雄祖先与弟兄民族:根基历史的文本与情境》,北京:中华书局,2009;《游牧者的抉择:面对汉帝国的北亚游牧部族》,桂林:广西师范大学出版社,2008。

族群凝聚的关键，同时也强调这种记忆在现实资源竞争的情境下可以被重构、修改或失忆，由此引发族群边界的变迁，从而兼采了主观认同理论中的原基论（primordialism）和工具论（instrumentalism）两派的观点。在《华夏边缘》一书中，王明珂将何为华夏的问题，转换为华夏的边缘何在。他指出共同体质、语言、文化特征等，既不是构成族群或民族的必要因素，也不是充分条件，因此将华夏看作客观实体而对其进行溯源注定是没有结果的。"族源"只是作为历史记忆而存在，而这种历史记忆是可以根据情境的变迁而调整甚至失忆的。所以真正值得探索的问题是华夏的边缘如何形成与变迁。于是他用在农耕游牧两种经济生态的资源竞争中的历史记忆重构，及其所代表的族群认同变迁来考察华夏边缘的变迁。族群认同理论关注的重心在于族群边缘，有时不免让人感到"只讲了故事的一半"[①]。王明珂自己对于《华夏边缘》仅仅强调边缘变迁、忽视中心凝聚可能引起的偏颇有所察觉，《英雄祖先与弟兄民族》一书遂聚焦于"华夏"如何借共同祖先来凝聚，更加重视"血缘""空间"等符号在历史叙事中的意义，而且将华夏边缘从政治地理意义推广到了社会阶层意义上。

　　王明珂对于中心缺失的补救仍然是从历史记忆与族群认同的层面进行的。针对他所论述的古代华夏的情况，我们仍可以提出这样的疑问：那些反映根基历史的文本都是由谁书写的？那些将自身联结于华夏的历史记忆又属于谁？考虑到中国古代尤其是唐代以前的中古早期，能够留下供今人阅读的文本的人非常有限，而他们不外乎是帝王、官僚、贵族或者上层僧侣，普通百姓甚至下级官僚、无名文人的声音都已湮没在历

---

　　①　这原是安东尼·史密斯代表原基论回敬他的老师盖尔纳的现代论的名言（《民族：是真实的还是想象的》，见爱德华·莫迪默，罗伯特·法恩主编：《人民·民族·国家——族性与民族主义的含义》，刘泓、黄海慧译，56～63 页），借用在这里似乎也很合适。持有这种印象的学者不乏其人，如在对《华夏边缘》的书评中，罗丰认为："作者的华夏边缘研究由于强调族群认同的主导性，对国家或国家权力在华夏边缘形成过程中的主动干预未予讨论。事实上，整个国家权力机器在华夏边缘形成和固化中的能动作用是不应忽视的。"（罗丰：《什么是华夏的边缘——读王明珂〈华夏边缘：历史记忆与族群认同〉》，载《中国史研究》2008 年第 1 期，171 页）

史的尘雾中。无论在政治地理意义上，还是在社会阶层意义上，留下文本的这些人恰恰不在华夏的边缘而在中心。他们的文本中即使涉及对边缘的言说，那也只是站在中心者对边缘的感知、想象或者饱含偏见的选择性转述。对于文献有限且类型单一的秦汉魏晋南北朝时期，我们必须面对一个事实，那就是华夏的边缘几乎不可知，多少可知的，只是帝国中心及其对边缘的建构。那么，虽然王明珂从未怀疑华夏是一个族群，但我们仍有理由追问，以这些文本制作者为中心，由他们来叙述的"华夏"，还可以说是一个族群吗？

第二节　政治体视角下的华夏

前文已经提到，在民族和族群两者对比中，民族的政治性得到了强调。在民族和民族主义研究中，重视民族和政治体的关系具有悠久的传统。早在 20 世纪初，韦伯(Max Weber)在考察 "民族"(Volk)的概念时，发现语言、文化、习俗等都不能成为划分或维系"民族"(Volk)的要素，反而，

> "民族"这个概念总是将我们牵引到与政治"权力"的关系上。因此，所谓"民族的"，显然是指某种特殊的激昂之情，此种情感交织于借着语言、信仰、习俗或命运共同体而凝聚在一起的人群团体所建立起来的政治权力组织里(无论其为固有的或想望的)。①

在韦伯看来，"部族"(Stamm)与"民族"(Volk)都是政治共同体的产物，有些可能尚不处于一个政治体之中，但曾有过面对某个政治体的共同命运和记忆。现代主义者盖尔纳对民族主义下过一个简明定义，即"民族主

---

① 韦伯：《韦伯作品集》Ⅳ《经济行动与社会团体》第四章，康乐、简惠美译，295～313 页，桂林：广西师范大学出版社，2004。

义首先是一条政治原则，它认为政治的和民族的单位应该是一致的。"①
本尼迪克特·安德森注意到，被束缚的朝圣之旅所涵盖的地域范围，即
总督所领的殖民地，成为民族想象的空间范围。20 世纪有大量的"民族"
国家是按照殖民地的地理框架而建成的。② 这些研究都提示我们，现代
的民族认同难以脱离政治体的框架。

既然民族具有很强的政治性，那么作为民族的历史前身的"族群"，
是否完全是出于共同文化和认同意识的群体呢？布鲁贝克（Rogers
Brubaker）在 2002 年发表"Ethnicity without Groups"一文，批评了常识
中以社会学分类范畴的群体为社会活动主体的错误，而族群正是这样的
范畴之一。③ 对于当代的族群，把他们看作真实的人群集团，可能只是
不知不觉中参与到了族群建构的过程之中，但如果将历史上的人群也按
照今天的某种标准分类，并以之作为能够统一行动的社会主体去解释历
史，则可能得出臆想的画面。整个古代与中古时期，除了各级政治体能
够有效地组织人们共同行动，其他的"群体"如阶级、性别、地域、职业
群体都无法做到这一点，某些宗教成功地组织起大量人口，也只是因为
他们建立了教团性的政治体，太平道、五斗米道的例子都可以证明这一
点。"族群"或族群意识即使存在，也绝无可能让全体成员像近代民族主
义运动那样万众一心地行动。在古代，如果缺乏政治体，一个社会学分
类意义上的群体无法发出共同的声音，也无法为"共同的利益"而行动，
事实上，他们根本无法找到或宣称找到共同的利益。

近年来，在中国古代民族史的研究中，政治体的重要性也被强调起
来。罗新在《中古北族名号研究》的开头宣称，"一切出现在历史视野里的

---

① 厄内斯特·盖尔纳：《民族与民族主义》，韩红译，1 页。

② 本尼迪克特·安德森：《想象的共同体：民族主义的起源与散布》第七章，
吴叡人译，109~136 页。

③ Rogers Brubaker, "Ethnicity without Groups", *Archives Europeennes de
Sociologie*, 2002, 43(2), pp. 163-189. Also in Montserrat Guibernau & John Rex
eds., *The Ethnicity Reader: Nationalism, Multiculturalism and Migration* (2nd
Edition), Cambridge: Polity Press, 2010, pp. 33-45.

所谓民族，都是政治体，都是以政治关系和政治权力为纽带构建起来的社会团体，尽管这种团体总是要把自己打扮成以血缘关系为基础的、具有生物学意义上紧密联系的社会群体"。并认为只有把民族理解为政治体，"才能不至于深陷在有关起源和迁徙的迷魂阵里难以自拔，才能填平民族史与一般史之间的鸿沟"。① 这种突出强调族群的政治性的观点，在上述的客观实体论和主观认同论之外，提供了第三种可能的研究路径。该书所收的系列论文，通过对名号的研究，指出了很多自称族名（autonym）来自于部落政治体组建者的官号。如果想到自称族名在主观认同一派理论中占据的重要位置，不难发现这是一个釜底抽薪式的论断：最凝练地表达族群认同和根基感情的自称族名，原来可以是一个政治名号——那么这类族群从一开始当然就是个政治体。明确了这一点，就有可能化源流追溯为政治进程研究，在关注边缘认同的同时也关注中心的凝聚和辐射。不过，《中古北族名号研究》一书因为限制在北族，又仅以名号研究为主要方法，对"政治体论"的论证并未充分。

政治体与族群的关系，远比上述简练的断语复杂得多。族群无论作为一个人们共同体或是一种主观的认同观念，都处在不断变动的过程中，族群既是政治过程的结果，因为该结果的无法固定，也可以说族群本就是一个过程。由此，对族群实体的追寻，即被转化为对族群形成过程（ethnic grouping）的探索。政治体与政治关系，是在背后促成族群演变的最重要因素，但政治体并不完全等于族群。并非所有的政治体都能形成族群，而且毋宁说几乎所有政治体都不是单一族群的；此外并非所有被视为族群的集团，都在当下拥有独立的政治体。何种类型的政治体会形成族群？需要哪些条件？具体过程如何？许多问题都还没有现成的答案。由于民族和族群都是出自现代社会的概念，而其定义本身又纷纭不定，很多时候，我们看到历史中拥有某个名号的人群集团，可以判定它是否是一个政治体，却无法判定它是否是一个民族或族群。基于这种情

① 罗新：《中古北族名号研究》，1～2 页，北京：北京大学出版社，2009。

况，我认为"政治体论"不妨暂退一步，不必急于断言政治体与族群的关系，而是暂时抛开带有复杂预设的族群或民族概念，采取政治体的视角去观察古人分类中的华夏以及非华夏各人群集团。理清他们作为政治体的属性和演变模式之后，再来讨论他们究竟在何种意义或程度上具有族群性(Ethnicity)。为了更准确地说明本书所发挥的"政治体论"，有必要对以下概念做一个基本的界定。

1. 帝国：本书所说的帝国是以秦汉帝制国家为典型的一类政治体，其特征是(1)以皇帝为神圣的和世俗的最高领袖；(2)拥有发达的官僚机构，官僚不是世袭的贵族，而选拔自全国各地；(3)通过郡县制度，实现中央集权；(4)在国内建立相对同质的统治，表现在法律、赋税标准、地方行政、历法等方面；(5)统治着具有多元文化及族群属性的人群，并且宣称超出实际势力范围的普世统治权，因此在一定条件下表现出向外扩张的倾向。①

2. 高级政治体：即帝国，或者因规模足够大、力量足够强而被帝国承认具有对等地位的政治体，如匈奴等游牧政权。

3. 低级政治体：无明显序阶化、无明显权力中心的人群集团。相当于政治人类学所言的"群伙"(band)。

4. 中级政治体：介于低级与高级之间的各种类型政治体，如部落、部落联盟、酋邦等。

5. 符号秩序：用一系列符号来表征的虚拟秩序。衍生概念"帝国符号秩序"即以符号体系来表征的帝国秩序。

6. 华夏化：从非华夏的身份转变为自认且被承认的华夏身份。

政治体之间的区别主要在于其规模和政治文化。规模不仅仅是人口或地域总量上的大小，更重要的是其内部的结构、层级的复杂程度。在

---

① 参看艾森斯塔德：《帝国的政治体系》，阎步克译，3~14 页，贵阳：贵州人民出版社，1992。渡边信一郎：《中国古代帝国的中心和周边：从财政史的观点出发》，载《政治大学历史学报》第 30 期，2008 年，257~278 页。

历史中不难看到，低级或中级政治体可以通过规模的扩大和结构的变化向着高级政治体（帝国）演化，也可以被高级政治体兼并，作为次级组织而加入高级政治体。高级政治体瓦解之后会重新释放出众多中级政治体，在一些特殊的条件下，也可能发生一些人口从帝国中分化出来，再结成低级政治体的现象。但政治体演变的主要趋势是由低级向高级的。

一个政治体，不仅有其规模、结构等实体性特征，还有其赖以运行的制度，以及制度背后相应的观念体系（为了避免"意识形态"一词被附加的复杂内涵，此处使用中性的"观念体系"），用以指导在此政治体中人们的行动，以及塑造人们对于该共同体以及自身的认识。政治体的规模越小，级别越低，其制度和观念体系的多元性越明显。反之，高级政治体对应的制度和观念体系极为复杂，不易被创造出来，相对类型较少，高级政治体的观念体系，也可被称为政治文化。建立一个高级政治体相对容易，但一套政治制度和政治文化的形成却需要漫长的积累和特别的条件。政治制度和文化一旦在某个高级政治体中首先形成，并在相当长的时间内保持稳定，不断成熟，则后来建立的高级政治体一般会选择袭用，或加以有限的变革，而不会再重新创制。因此，从中级政治体向高级政治体的演变，既是规模、权力结构的变化，同时也是接受和适应新制度和政治文化的过程，前者变化的方向有赖于后者的指引。在古代东亚世界，适用于农耕社会的高级政治体的政治文化首先形成于秦汉帝国，其后的高级政治体即使由来自北方草原的人群建立，也不得不为继承此种政治文化而努力。

政治文化需要通过各种符号进行表达，如秦汉帝国政治文化的主要符号有"皇帝""天命""中国""华夏""蛮夷"，等等。这些符号构成一个符号体系，它们的概念内涵以及互相之间的秩序所展示的就是帝国的政治文化。因而，描述一个帝国的政治文化，就是描述它的基本符号及其之间的秩序。考察一个政治体从较低级向较高级的演变，就是看它如何接受并使用这些符号，以及符号的使用与其实际的制度、结构变化的关系。

第三节　本书的思路与各章主旨

本书的基本思路可以表述如下。

华夏作为一个人们共同体的符号，形成于春秋战国时代。在秦汉魏晋时期帝国政治体的长期存在，使得华夏被转化为秦汉式帝国政治体成员的自称，这一政治体因此可以称为华夏帝国。简言之，一个人群的华夏化首先是融入或建立具有秦汉魏晋式政治文化的帝国政治体的过程。

华夏帝国在西汉中期达到扩张的极限，从此形成了较稳定的疆域。郡县体系之外的各种未臣服的人群被称为夷蛮戎狄，面对他们，帝国构建了两种华夷秩序，一种是现实的，表现在军事、外交、贸易等方面；另一种是符号的，表现在礼乐制度、天文地理想象、史学书写等方面。后一种符号秩序仅代表华夏一方的自我建构，不可据以判断非华夏人群的实际状态。在汉帝国崩溃以后，华夏帝国在南方得到一定程度的延续，南方山地中的非华夏人群通过主动内属、战争被俘等方式加入华夏帝国，成为帝国控制下的编户或奴隶，从而实现华夏化；但随着南北分裂和南方华夏帝国政权内部权力结构的变化，汉代贯穿全国的华夏网络出现了多处断裂，在断裂带上的山地人群获得了政治体发育的绝佳内外部条件，又由于其政治体发育从一开始就依赖华夏帝国的政治资源输入，所以最终演化为华夏式的中级政治体，被轻松整合进帝国之中；北方华夏帝国的秩序崩溃后，由非华夏建立的诸政权，在发展到一定的规模成为高级政治体后，无一例外地开始采用华夏帝国的政治制度和政治文化。他们主动继承和运用旧有政治文化中的符号体系，重新定位我群在帝国秩序中的位置，从边缘走向中心，从夷狄变为华夏，实现了自我华夏化。

本书标题中的"能夏则大"，借自《左传》中季札的话（详见本书第一章），但对它进行了一点曲解，以表示对于这一历史阶段的各中级政治体来说，能够吸收、运用华夏帝国的政治文化，就能发展壮大为大的高级政治体；而且就隋唐以前的历史而言，想要在东亚大陆的农业地带建立帝国，舍华夏政治文化外别无他途，成长壮大为高级政治体的过程就是变身华夏的过程，反命题"能大则夏"也是成立的。在华夏化进程中，非华夏化政治体往往表现出主动、积极的态度，所谓"渐慕诸夏之风"（见《晋书·慕容廆载记》），或"渐慕华风"（见《旧唐书·吐蕃传上》），"诸夏之风"或"华风"当中最为关键的便是华夏帝国的政治文化，"渐慕"的过程就是从接纳符号系统开始的。本书将讨论的时段限制在秦汉魏晋南北朝时期，这是因为隋唐以下无论是华夏帝国还是帝国之外的政治体，都发生了质的变化。隋唐帝国与汉魏帝国具有不同的历史性格，尤其是显著的多元性和开放性，论者殆无疑义；东西方丝绸之路贸易的兴盛为游牧帝国提供了丰富的物质和文化资源，北族政治体因之更为复杂和成熟，与之相伴随的是文字的出现，吐蕃、突厥、回鹘、党项、契丹、女真、蒙古等都创制了自己的文字，因而可以摆脱汉字承载的文化传统来展开自己的政治文化建设，另外佛教密宗、摩尼教，尤其是伴随阿拉伯帝国东进而来的伊斯兰教，在政治文化上提供了华夏传统之外的全新选项。此前潜藏在华夏幕布背后的内亚性（Inner-Asia-ness）[①]，终于在辽金元清等"征服王朝"中明白地彰显出来。无论对于华夏还是非华夏，在整个欧亚大陆的东部，隋唐时期都标志着一个新旧阶段的分界点，本书所关注的正是分界点之前的那个历史阶段，对后一阶段的讨论，只能留待将来了。

最后简要介绍一下本书的章节安排。

第一章"华夏的出现及其性质"，从词源和符号的运用两个角度考察"华夏"的性质，证明它从一开始就是一个与政治体而非族群有关的符号。

第二章"秦汉华夏帝国扩张的界限与突破口"，论述华夏帝国向四

---

① 关于"内亚性"的界定，参看罗新：《黑毡上的北魏皇帝》，66～74页，北京：海豚出版社，2014。

周扩张达到极限的过程及其原因，并进而讨论华夏帝国的实际疆域即华夏网络的结构，再由此申述南方山地何以成为未来疆域扩展的突破口。此章所论侧重现实中的华夏帝国政治体的结构，以及现实中的华夷秩序。

第三章"帝国符号秩序中的夷狄"，考察华夏帝国礼乐制度中为非华夏人群等安排的位置，以及天文星象中反映出的华夷符号秩序。最后着重分析十六国北朝如何运用天文星象这一特别的符号体系，以塑造自身的华夏地位。

第四章"塑造他者：华夏有关异族群的知识建构"，分经学、史学两个部分说明华夏以自我为中心而塑造夷狄形象的过程。经学中的四夷框架充满演绎色彩，也经历了一个多层次多线索的演进过程。定型后的四夷说，逐渐影响到史学撰述。从正史中夷狄传记的编次结构的变化、叙述策略的承袭中，可以分析出华夏对异族进行知识建构的过程。第三、四章所论为符号中的帝国体系尤其是其中的华夷秩序。

第五章"华夏网络断裂与南方山地人群的华夏化"，重点论述六朝时期南方华夏网络断裂带的出现，断裂带上山地非华夏人群的政治发育情况，以及他们借助政治体的演进最终实现华夏化的过程。

第六章"十六国的华夏化：'史相'与'史实'之间"，主要从史学书写的角度讨论十六国的自我华夏化问题。关于十六国历史的认识，完全受制于现存的十六国史料，包括"十六国"这一说法本身也是由国史著录情况而决定的。十六国的国史普遍善于利用一系列"符号"，展示出本政权的华夏"史相"，但我们要充分认识"史相"与"史实"之间的距离。这种距离一方面显示其华夏化过程尚未完成，另一方面有意地塑造华夏形象本身正是接受华夏政治文化的一部分。

第七章"北朝华夏化进程之一幕：北魏道武、明元帝时期的'爵本位'社会"，从政治制度发展的角度，考察北魏从草原游牧政治体转变为华夏帝国的一个关键阶段——道武、明元帝时期。通过对其官爵总体结构的分析，指出这是一个"爵本位"的社会，而"爵本位"正是沟通草原政治传统与华夏官僚制帝国的最佳路径。另外，这一时期北魏社会的"爵本位"属性在《魏书》中得到重重掩饰，与十六国史学书写中运用的叙述策略一样，此种塑造华夏化"史相"的努力本身，也是北魏华夏化进程的一个环节。

在简短的结论之后仍有附录部分，收入了本人近年来关于中古族类观念、书面语与文化认同的关系、华夷边缘的文化传播与认同表达等问题的几篇论文，作为对正文的一点补充，附在全书的最末。

第一章　华夏的出现及其性质

"华夏"，在今天的学术语境中，一般被认为是汉族的前身，中国历史前期的核心族群。如本书导论中所阐明的，族群（ethnic group）的最根本特征是"共同血统"和"共同文化"，虽然各路学者对族群的这两个特征是真实的还是虚拟的，是原基性的还是工具性的，是自我宣称的还是从外部观察得出的等问题有不同的看法，但承认具有这两个特点的人群可以被称为一个"族群"，则是大家进行论辩的前提。无论是在血缘还是文化意义上，华夏所指代的人群集团的起源，都是难以确切追溯的。但这一词汇何时开始出现，其原初含义及其变迁轨迹如何，则是可能理清的，借此可以知道其使用者对自身的认识和定位。那么，"华夏"在其名称初见于史时，到底能不能看作一个族群呢？如果不是，它所指称的又是一个怎样的人群集团呢？这些是本章想要探明的问题。

第一节　西周的"有夏"和"周人"

要讨论华夏的性质，还需从起源处说起。这里说的起源，不是指族群的起源，而是"华夏"这一称号的起源。"华夏"一词出现较晚，"诸华"一词在典籍中出现亦晚于"诸夏"，最初只是"有夏""诸夏"等以夏为中心的概念。华与夏为同音同义之异写，顾颉刚和刘起釪都已有详论。① 故而本节以"夏"为中心进行讨论，不再专门涉及"华"的发展脉络。

一般认为，殷人从未留下自称夏的记录。这一点不必怀疑，唯一需要解释的是《尚书·尧典》中有"帝曰：皋陶，蛮夷猾夏"，② 后世文告凡涉及与异族的冲突，言必引此句，自汉代已然。唐人注此句之"夏"，径以华夏、诸夏为解。③ 如此则华夏之名已见于尧时，不只早于殷周，甚至早于夏后氏，古代注疏家竟丝毫不以为不妥。至梁启超始言其"甚可诧"，现代研究《尚书》的诸家，刘起釪认为《尧典》成于春秋之世，④屈万里更力证其为战国时人述古之作，⑤《尧典》中包含大量后世加入的内容殆已成为诸家共识。如此则《尧典》中出现同见于《左传》的"蛮夷猾夏"一语，就可以理解了。总之，绝不能用它来证明尧舜时人已自称华夏。

华夏之名实为周人的创造，周人兴起于西土，却以"有夏""诸夏"自居，以"禹迹"来指称天下。⑥ 如《尚书·康诰》记周公语云"惟乃丕显考文王，……用肇造我区夏"，《君奭》云"惟文王尚克修和我有夏"，《立政》

---

① 顾颉刚、王树民：《"夏"和"中国"——祖国古代的称号》，原载史念海主编：《中国历史地理论丛》第 1 辑，西安：陕西人民出版社，1981，后收入《顾颉刚全集·顾颉刚古史论文集》卷一，6649 页，北京：中华书局，2011。刘起釪：《由夏族原居地纵论夏文化始于晋南》，见氏著《古史续辨》，153～155 页，北京：中国社会科学出版社，1991。

② 孙星衍：《尚书今古文注疏》卷一，64 页，北京：中华书局，1986。《尚书正义》用伪古文本分入《舜典》[见阮元校刻：《十三经注疏》（影印本），130 页，北京：中华书局，1980]，清初顾炎武以来学者已辨其伪。

③ 例如，《后汉书》卷 5《安帝纪》永初五年(111)诏书有"寇贼纵横，蛮夷猾夏"之句，李贤注云"猾，乱也。夏，华夏也"，217 页。又如，《汉书》卷 23《刑法志》注"蛮夷猾夏"曰"夏，诸夏也"，1088～1089 页。

④ 详见顾颉刚、刘起釪：《尚书校释译论》，357～391 页，北京：中华书局，2005。

⑤ 屈万里：《尚书集释》，4 页，台北：联经出版事业股份有限公司，1983。

⑥ 邢义田：《天下一家——中国人的天下观》，见刘岱编：《中国文化新论：根源篇》，448 页，北京：生活·读书·新知三联书店，1991。

"帝钦罚之，乃伻我有夏，式商受命"等语句，① 被认为是这一观念在西周早期文献中的反映。周人自称为"夏""有夏"是无可置疑的，② 然而西周初年的周人为何要称"夏"？此"夏"究竟代表什么意义？这是一个值得重新思考的问题。

较为传统也最为主流的观点，认为"夏"即夏后氏之夏，称夏表示周自居夏人之后裔。傅斯年以东西分夷夏二系，始为此种传统观念找到现代学术的解释。不过他仍然认为周与夏不能等同，"夏以河东为土，周以岐渭为本"。③ 这一地理上的差距，现代学者大多与司马迁一样相信战国以来的传说，倾向于用迁徙来解释。钱穆从古文献出发，推断豳、邠皆得名于汾水流域的都邑，提出周人源于山西而迁徙入陕西之说；④ 邹衡又根据考古资料，得出斗鸡台先周文化中的连裆鬲来自山西光社文化，再配合以铜器上铭文与族徽的考察，更强化了周人源自山西之说。⑤ 许倬云结合以上两说，补充论证了周人起源于山西之说。⑥ 但是将先周文化的部分渊源追溯于山西的观点，在 20 世纪 80 年代以后受到广泛的质疑，新的考古资料更加支持将泾水上游的碾子坡类遗存看作先周文化的

---

① 《尚书正义》，见《十三经注疏》，203、224、231 页。

② 《诗经》中大小《雅》之"雅"即为"夏"，傅斯年倡之于前，朱东润证之于后，可以作为定论。不过，傅斯年以"雅"所对之"夏"指夏地，而朱东润以"周者地名也，而夏为部族之名"，故而不称大小周而称大小雅，朱说更胜。分别见傅斯年：《夷夏东西说》，原载《中央研究院历史语言研究所集刊》外编第一种《庆祝蔡元培先生六十五岁论文集》，1933，后收入氏著《民族与古代中国史》，29～30 页，石家庄：河北教育出版社，2002；朱东润：《诗大小雅说臆》，见氏著《诗三百篇探故》，65 页，上海：上海古籍出版社，1981。

③ 傅斯年：《夷夏东西说》，见氏著《民族与中国古代史》，56 页。

④ 钱穆：《周初地理考》，载《燕京学报》1931 年第 10 期，1955～2008 页。

⑤ 邹衡：《论先周文化》，见氏著《夏商周考古论文集》，335～352 页，北京：文物出版社，1980。

⑥ 许倬云：《西周史》（增补本），63～68 页，北京：生活·读书·新知三联书店，2012。取此观点的通说很多，如前揭顾颉刚、王树民《"夏"和"中国"——祖国古代的称号》一文也认为"周人是以夏文化继承者自居"（644 页），前揭邢义田《天下一家——中国人的天下观》一文观点亦略同于此。

早期形态。① 到 21 世纪初,"以一种陶器的有无多少为主要依据来认定某种古代族属文化并追寻其历史"的方法论在考古学界也基本被抛弃,学者认为"由碾子坡类遗存再进一步追寻先周文化的源头,目前的条件还不成熟",而以前的种种说法,包括来自山西光社一说,都是尚未找到确实考古学根据的假说。② 因此周人在考古文化上与夏后氏的关系无法建立,而周人在血缘上是不是夏后氏的后裔更是个无意义的伪问题。但仍有学者认为不管周人从何处发源,他们"以夏遗民自居,认同于夏文化,却是确凿无疑的",这是因为周人面对发达的"大邑商",需要攀附夏的后裔以获得文化上的自信心和政治上的合法性。③ 然而要是细看这"确凿无疑"背后的证据,无非还是《尚书》中《康诰》《君奭》《立政》三篇以及《诗经·周颂》中《时迈》《思文》两诗中的"区夏""有夏""时夏"寥寥数语,这里的"夏"解为周人自称则可,一定要将它们勘同于夏后氏之夏,实在是没有根据。不仅无据,如沈长云所指出的,④ 文献中还不乏反证。首先,夏人姒姓,周人姬姓,而"古者异姓则异德,异德则异类"(《国语·晋语四》)。其次,周武王灭商之后分封古帝王之后,其中包括"求禹之后,得东楼公,封之于杞,以奉夏后氏祀"。⑤ 这说明周人自己不以夏后氏之后裔自居。最后,这个杞国在西周竟被称为"杞夷",有 1988 年陕西发现的西周中期

---

① 李峰:《先周文化的内涵及其渊源探讨》,载《考古学报》1991 年第 3 期,265~284 页。但是邹衡仍然坚持先周文化与山西、陕北的光社文化区域有联系,并认为碾子坡遗存根本不应算作先周文化,见《再论先周文化》,原刊于《周秦汉唐考古与文化国际学术会议论文集》(1988),收入氏著《夏商周考古论文集续集》,261~270 页,北京:科学出版社,1998。

② 王巍、徐良高:《先周文化的考古学探索》,载《考古学报》2000 年第 3 期,304~305 页。另外,关于周人族源在考古学上的争论,王明珂总结说"以器物的相似性建构的考古文化分类体系,与古代社会人群在时空中的分布并没有简单的对应关系"(王明珂:《华夏边缘:历史记忆与族群认同》第七章,130 页)。

③ 陈致:《夷夏新辨》,载《中国史研究》2004 年第 1 期,6 页。

④ 沈长云:《华夏民族的起源与形成过程》,载《中国社会科学》1993 年第 1 期,179~180 页。

⑤ 《史记》卷 36《陈杞世家》,1583 页。

"史密簋"上的铭文为证，① 在春秋以下杞国仍不时被诸姬姓国所排斥。这说明周人不将夏后氏与自己视为同一族类，② 攀附为后裔之说实难成立。

一些研究者认识到这里的逻辑缺环，转而去夏后氏之外寻求"夏"的本义。《尔雅·释诂》记古今异言，训"夏"为"大"。③ 扬雄《方言》云："夏，大也。自关而西，凡物之壮大者而爱伟之，谓之夏。"④可证此义在汉代关西方言中仍有存留。沈长云、颜世安等学者据此为论，认为周人称夏正取其"大"之意。沈长云认为周人借"有夏"来指称以周邦为首的灭商部落联盟，因为《康诰》中"越我一二邦以修我西土"说明还有作为联盟的一二邦存在。⑤ 这一推断是谨慎而合理的。但是颜世安对此表示反对，他根据傅斯年的说法，将《时迈》《思文》两诗中"我求懿德，肆于时夏"与"无此疆尔界，陈常于时夏"两句里的"时夏"，理解为周人希望以德怀柔的对象，因而指新征服的殷周旧邦。颜氏进而推论周初的"夏"为中原王权国家的符号，以"夏"称呼夏商周表示周初之人已有"王族共同名号的抽象概念"。⑥ 傅氏之说已是推倒历代笺疏自为新说，而颜氏由此出发的推

① 参看李启良：《陕西安康市出土西周史密簋》，载《考古与文物》1989 年 3 期。吴镇烽：《史密簋铭文考释》，载《考古与文物》1989 年 3 期。张懋镕、赵荣等：《安康出土的史密簋及其意义》，载《文物》1989 年第 7 期，64～71 页。李学勤：《史密簋铭所记西周重要史实考》，原载《中国社会科学院研究生院学报》1991 年第 2 期，收入氏著《走出疑古时代》，170～178 页，沈阳：辽宁大学出版社，1994。沈长云：《由史密簋铭文论及西周时期的华夷之辨》，载《河北师院学报》1994 年第 3 期，23～28 页。

② 甚至到了汉代，夏后氏的后裔在华夏中仍是一个特别的群体。《史记》卷 129《货殖列传》："颍川、南阳，夏人之居也。夏人政尚忠朴，犹有先王之遗风。颍川敦愿。秦末世，迁不轨之民于南阳。南阳西通武关、郧关，东南受汉、江、淮。宛亦一都会也。俗杂好事，业多贾。其任侠，交通颍川，故至今谓之'夏人'。"(3269 页)

③ 《十三经注疏》，2568 页。

④ 周祖谟：《方言校笺》，7 页，北京：中华书局，1993。

⑤ 沈长云：《华夏民族的起源与形成过程》，180～181 页。

⑥ 颜世安：《华夏族群形成的重要阶段：西周初年的"夏"》，载《江海学刊》2004 年第 2 期，115 页。傅斯年之说，见氏著《诗经讲义》，收入欧阳哲生编：《傅斯年全集》第 2 卷，199 页，长沙：湖南教育出版社，2003。

论根基就更加薄弱，无法令人信服。这里的"时夏"一语，郑玄以"乐歌大者称夏"解之，朱熹以"中国"解之，① 朱东润以"周人自称"解之，于意皆可圆通，何必强解为殷商旧邦？

总结以上诸说得失，可以肯定的是周人称夏并非攀附夏后氏，而另取它义。取其"伟大"之意的可能性不能完全排除。

"夏"字在"伟大"之义外，仍有另一古义，训为"西"，我认为更不应忽视。《左传》襄公二十九年载季札观乐之事：

> 为之歌《秦》，曰："此之谓夏声，夫能夏则大，大之至也，其周之旧乎。"

"夏声"，杜预注以为指秦"去戎狄之音而有诸夏之声"，② 然而季札前后所观之乐，无非诸夏之声，并有《大雅》《小雅》等正牌的夏声或雅声，何以独指《秦》为诸夏之声？杜注似有未谛。杨伯峻在"夏声"下注云：

> 古指西方为夏，《吕氏春秋·古乐篇》"伶伦自大夏之西"，高诱注："大夏，西方之山。"春秋时，陈公子少西字子夏，郑公孙夏字子西，……则夏声者，西方之声也。③

杨氏实有成说为据，疑为朱骏声《说文通训定声》"夏"条："中国在西北一小隅，故陈公子少西字夏，郑公孙夏字西。"④吴汝纶《尚书故》在解释《立政》"乃伻我有夏"一句时，亦言："有夏，谓周也，岐周在西，《左传》陈公子少西字夏，郑公孙夏字子西，是古以西土为夏矣。"屈万里以为"吴氏所论甚谛"，并据此义释《康诰》"文王……用肇造我区夏，越我一二

---

① 参看马瑞辰：《毛诗传笺通释》，1056～1058 页，北京：中华书局，1989。

② 《十三经注疏》，2007 页。

③ 杨伯峻：《春秋左传注》，1163 页，北京：中华书局，1981。

④ 朱骏声：《说文通训定声》（影印本）豫部第九"夏"条，452 页，北京：中华书局，1984。

邦，以修我西土"一句，以为"我区夏，我之区域西土也"。① 按此解释，本句中"我区夏"适与"我西土"同义相应，比诸旧说以"中国之人"解释"夏"字显然更优。童书业虽未使用朱骏声等人的论据，亦读出了《尚书》几篇周初文献中"有夏""区夏"与"西土"的语意相同，加之《周颂·思文》为赞颂后稷之诗，"后稷时周之势力不越西土，而曰'陈常于时夏'，此夏岂非指西土乎！"②夏取西之义放在周初语境中，确实显得更为通顺。观《牧誓》中武王誓师起头便说"逖矣，西土之人"，③足以知道文王武王借以凝聚反商同盟的认同符号正是"西土之人"，其所自称的"有夏"不过是"西土之人"的更精练的形式。周人以"西土之人"自居的情况，不限于灭商之前，也延续到了周公摄政的时代。当三监与淮夷叛，纣子禄父谋复国时，周公作《大诰》记大宝龟之卜辞曰"有大艰于西土，西土人亦不静，越兹蠢"，④仍然以西土指周，以西土人指周人。季札说"夏声"为"周之旧"，也就是指周在西土时代的旧声。秦人后进于礼乐，季札于各国乐、舞皆加以"美哉""思深哉""广哉"等叹美之辞，唯独对秦声不用感叹语，或许是"仰天拊缶，而呼乌乌"⑤的秦声缺乏精致的美感，反而让季札联想起了西周草创时代的朴陋。

以夏称呼西方，在后世还留下了一个淡淡的痕迹，即"大夏"或"西

---

① 屈万里：《尚书集释》，147 页。

② 童书业：《蛮夏考》，原载《禹贡》半月刊第 2 卷第 8 期，1934，后收入童教英整理：《童书业历史地理论集》，269～272 页，北京：中华书局，2004。

③ 《十三经注疏》，183 页。《牧誓》的作成年代是有争议的，屈万里认为《牧誓》文辞浅近，且以"夫子"为称甲于甲之辞，是战国时人述古之作(《尚书集释》，109 页)；刘起釪认为《牧誓》是武王伐纣临阵前举行的军事舞蹈的誓词(《尚书校释译论》，1112～1117 页)；杨华《〈尚书·牧誓〉新考》(《史学月刊》1996 年第 5 期，2～5 页)认为《牧誓》是纪念武王伐纣的《大武》舞的前奏，是舞者"总干山立"时由扮作"王"的指挥者颁讲的舞前训辞。诸家对于《牧誓》的性质和时代虽有不同意见，但都不否认《牧誓》与武王伐纣具有某种关系，且"西土之人"与其他文献相合，当有所据。

④ 《十三经注疏》，198 页。

⑤ 《汉书》卷 66《杨恽传》，2896 页。

夏"等词汇，可以作为一个旁证。杨伯峻之说所引《吕氏春秋·古乐篇》记载的就是黄帝命伶伦作律，于是伶伦至大夏之西昆仑之阴取竹的故事，按高诱注，此处大夏指一座西方的山。在《穆天子传》里，又有"西夏"和"西夏氏"，清代以来，学者或指其在新疆，或以为在青海，或以为在甘肃。① 同样的国名或族名见于《山海经·海内西经》："国在流沙外者，大夏、竖沙、居繇、月支之国。"②《逸周书·王会解》有"大夏兹白牛"。③ "大夏""西夏"之名，还见于《管子·封禅篇》（即《史记·封禅书》所引部分），齐桓公自言"西伐大夏，涉流沙"。④ 注家或以此大夏在河东，然伐河东无流沙可涉。小说、子书所记地名，本不必一一指实，要之在先秦人观念中，西方有以夏命名的地点或部族。众所周知，汉代西域有国名为大夏，近代学者皆以为吐火罗（Tochari）之对音。⑤ 果然如此，很有可能是张骞从战国文献中得知西方有大夏国，待于西域听到吐火罗之名，遂以"大夏"二字翻译之。因而，先秦文献中出现的大夏，未必一定也是吐火罗的对音，未必与塞种吐火罗或者月氏有什么关系。⑥ 不无巧合的

---

① 王贻梁、陈建敏：《穆天子传会校集释》卷四，239 页，上海：华东师范大学出版社，1994。

② 袁珂：《山海经校译》，225 页，上海：上海古籍出版社，1985。此条王国维认为乃"汉通西域后所附益"，说见《西胡考》，收入《观堂集林》，613 页，北京：中华书局，1959。

③ 黄怀信等：《逸周书汇校集注》卷 7《王会解》，943 页，上海：上海古籍出版社，1995。

④ 《史记》卷 28《封禅书》，1361 页。

⑤ 大夏故地的问题，吸引了众多从事西域研究的学者的注意力。王国维、张星烺、黄文弼、岑仲勉、白鸟库吉、桑原骘藏、榎一雄、J. Markwart、H. W. Bailey 等都对此发表过观点，可以参看余太山：《大夏和大月氏综考》，见《中亚学刊》第 3 辑，17～46 页，北京：中华书局，1990。

⑥ 本书修订时，读到王炳华《"吐火罗"译称"大夏"辨析》（《西域研究》2015 年第 1 期，109～113 页）一文，同样认为是张骞有意取古文献中"大夏"一词翻译西域的"吐火罗"，并进一步分析认为此举意在引起汉廷对西域的重视，故而若没有考古证据的支撑，仅以名称的相同将先秦的大夏与吐火罗勘同的研究路径应被否定。本书中的这一推论，初写定于 2012 年的博士论文中，但未公开发表，今得以与王先生从不同论证角度得出的观点暗合，颇感惊喜。

是，汉代陇西郡有县名"大夏"，① 其地有水名"大夏川"，② 过去学者倾向于以此为"大夏故地"，换个角度想想，可能就是因为它在周人之西，故以"大夏"（即"太西"）名之。汉代大夏县所在的地区即今大夏河流域，正是辛店文化遗存集中发现的地区，而辛店文化与先周文化之间存在千丝万缕的联系，大部分学者同意它与先周文化中姜戎一支有密切关系。③如果先周时代关西的某种方言中称西为夏，他们很有可能用"大夏"来称呼生活于远在西边的大夏河地区。这一地名经两汉一直延续下来，《水经注》引《晋书地道记》称"县有禹庙，禹所出也"。杨守靖疏曰"《金楼子》亦云禹长于陇西大夏县"。④ 大夏县西有金纽城（或金柳城），遂有禹出金纽之说。此说自然不足以撼动禹出石纽的成说，它只是说明汉魏以下，"夏"原取"西"之义已经不为人知，面对地名中的夏字，人们只能想到夏朝和大禹。这一思维方式，与前述以周人称夏即为夏后裔之说如出一辙。

让问题更为复杂的是，清华大学藏战国竹简《尹诰》中有一句"尹念天之败西邑夏"，如李学勤与廖名春等指出的，这句即《礼记·缁衣》所引"惟尹躬天见于西邑夏"之正确形式。⑤《缁衣》的这句引文难解，故郑玄记下其异文："见，或为败；邑或为予。"而清华简《尹诰》表明"西邑夏"不误，正如注疏所言，夏之邑在亳西，故云西邑。⑥ 汤与尹所论之夏，无疑即夏后氏之夏，竟也被称作"西邑夏"。夏与西的关联，在此已经隐约出现了。然而我们应该看到，此处的"西邑夏"是一个他称，明显是站在

① 《汉书》卷 28 下《地理志下》，1610 页。
② 郦道元注，杨守敬、熊会贞疏：《水经注疏》卷 2"大夏川水"条，159 页，南京：江苏古籍出版社，1989。
③ 参看王巍、徐良高：《先周文化的考古学探索》，载《考古学报》2000 年第 3 期，285～287 页；王明珂：《华夏边缘：历史记忆与族群认同》第七章，124～130 页。
④ 郦道元注，杨守敬、熊会贞疏：《水经注疏》卷 2"大夏川水"条，160 页。
⑤ 李学勤：《清华简九篇综述》，载《文物》2010 年第 5 期，52 页。廖名春：《清华简〈尹诰〉研究》，载《史学史研究》2011 年第 2 期，111 页。
⑥ 《十三经注疏》，3580～3581 页。

殷商的立场说出的。与许多古代文明一样，商人以自己处于天下中心，称为"中商"，① 故而有西邑夏之说。夏具有西的语义，是否来自于此？这仍是一个有待探讨的问题。基于同样的道理，周在商之西，"有夏""西土"无疑也是以殷亳为中心而得出的，最初很可能是出于商王廷的命名，果然如此的话，它们也经历了一个从他称到自称的过程。

西周初年的"有夏"可以理解为"西土之人"，不论是否是由他称转化而来的自称，它们所指的西方反商同盟，都是一个基于政治、军事需求，而以地域为认同符号的松散政治联盟。

随着灭商战争的胜利，以及在东土封建诸侯的陆续完成，周人所面对的统治范围不再只是西土，眼光所及已是普天之下，这时以"有夏"自称就显得有些不合时宜。成康以下，传世文献与金文中都不见了"有夏"或"区夏"的踪影，这或许就因为它们原本只是暂时的策略性的用语，而不是什么"族群自称"。《大雅》中处处言周，突出周王室的中心地位。② 这说明西周中期以后"我群"的凝聚方式发生了改变，从"有夏""西土之人"的地域认同，变成了以周王室为中心的宗法制下的亲缘认同。这可以从周人对我族与他者（即夷狄）的区分标准中看出来，《国语·郑语》记史伯对桓公之言曰：

> 当成周者，南有荆蛮、申、吕、邓、陈、蔡、随、唐，北有卫、燕、狄、鲜虞、潞、洛、泉、徐蒲，西有虞、虢、晋、隗、霍、杨、魏、芮，东有齐、鲁、曹、宋、滕、薛、邹、莒，是非王之支子母弟甥舅也，则皆蛮夷戎狄之人也。③

根据韦昭注，这段对话的时间在西周晚期，上列诸侯国里，荆蛮即楚国，狄为北狄，潞、洛、泉、徐蒲皆赤狄，邹、莒为东夷之国，可见

---

① 邢义田：《天下一家——中国人的天下观》，436 页。

② 颜世安：《华夏族群形成的重要阶段：西周初年的"夏"》，118 页。

③ 徐元诰：《国语集解》卷 16《郑语》，王树民、沈长云点校，461～462 页，北京：中华书局，2002。

即使在成周周围所谓中原地区，也有不少夷狄的政权。上推到西周中期、早期，中原地区的夷狄邦国或部族只会比这更多，因为"周武王时，侯伯尚千余人。及幽、厉之后，诸侯力攻相并"，[①] 西周晚期的局面已经是经过大规模的兼并扩张之后形成的。夷狄与周人错杂的局面说明，对夷狄的判定标准既非地缘上的内外，也不是如王明珂所强调的经济形态的农牧之别，[②] 而是"非王之支子母弟甥舅"，即与周王室或姬姓氏族的亲缘关系的有无远近。

周代的分封可能没有遵循如后世儒家所说的严整的宗法制原则，但周王室与诸侯之间，诸侯与诸侯之间，以及诸侯与国内的大夫、士之间的血缘联系大多是真实的，或者至少是已经被成功地建构出来，成为观念意义上的"真实"。武王克商前后，除分封了先代之后（三恪）和一些异姓功臣外，分封的主要对象是自己家族的成员。《左传》昭公二十八年载："武王克商，光有天下，其兄弟之国十有五人，姬姓之国者四十人。"[③] 到周公东征，再次征服殷人及东夷诸方国以后，分封的范围进一步扩大，《荀子·儒效》说周公"兼制天下，立七十一国，姬姓独居五十三人"。[④] 以姬姓为主的格局更加巩固。武王周公以后，康王时代仍在大规模分封

---

① 《史记》卷 36《陈杞世家》，1586 页。

② 王明珂认为华夏意识作为一种族群认同，是在农牧人群之间激烈的资源竞争之中产生的。公元前 2000—1000 年间的气候干冷化，造成黄河中下游农业人群走向社会序阶化和政治集中化，同时造成华北农业边缘区人群的畜牧化，以及相应的武装化。在此背景下，较南方的农业人群开始自称华夏，被排除在华夏之外的农牧混合经济人群，则走向全面游牧化。具体到历史上，周人崛起的时间、空间，恰与晋陕北部的畜牧化、移动化、武装化相衔接，而周人最初以包括"羌""戎"的"西土之人"集团与东方的殷商抗争，但在获胜以后文化上开始"东方化"，这时面对仍在向南争夺资源的西北方"戎狄"部落，周反而成为农业定居人群的代表与保护者，"华夏"因而被赋予了"定居、行农业、受礼乐教化"的内涵（王明珂：《华夏边缘：历史记忆与族群认同》，249 页；《英雄祖先与弟兄民族：根基历史的文本与情境》，38 页）。

③ 杨伯峻：《春秋左传注》，1494～1495 页。

④ 王先谦：《荀子集解》卷 4，114 页，北京：中华书局，1988。杨宽：《西周史》，385 页，上海：上海人民出版社，1999。

姬姓为诸侯，所谓"康王息民，并建母弟以蕃屏周"。①此后历代仍有姬姓新封国的出现，如上面所引的《国语》的一段，即与郑国的建立有关。不仅如此，诸姬也占据着中原最适宜农耕、同时也是大河两岸重要的交通线的地区。还有一些姬姓诸侯如晋、鲁被分封到抵御夷狄侵扰的前线，占据战略要地同时也保持强大的军事实力。周代所封的异姓诸侯，常为姬姓的婚族，异姓封国数量最多的姜姓是与姬姓世代通婚的氏族，与姬姓一起构成周人的核心，次多为任姓，文王之母即为大任。② 剩下的一些因功勋或主动臣服得到分封的异姓诸侯，也在后代逐渐与姬姓、姜姓通婚，如嬴姓的秦和赵即与晋国数代通婚，成为姬姓的"甥舅"之国。不仅事实上的血缘关系如此，在制度上如傅斯年所指出的，诸侯的公伯子男四等爵原义并非官爵班列，而是一家之内尊卑长幼的名称，③ 许倬云因此总结道"封国由家族分化演变而来，殆已可以无疑"。④ 在周人观念中，"国之大事，在祀与戎"，⑤"礼有五经，莫重于祭"，⑥ 祭祀的重要性就在于它可以维持和展示祭祀者在本宗族中的地位，以及本宗族在整个周人大宗小宗体系里的位置，而这些就是各级封君统治合法性的最重要来源。西周盛时，姬姓较异姓诸侯为尊，至春秋时，仍有"周之宗盟，异姓为后"⑦之说，践土之盟，记其誓词，以齐宋之强，反在鲁卫蔡郑之下。⑧ 在齐国人的历

---

① 《左传》昭公二十六年，见杨伯峻：《春秋左传注》，1475 页。许倬云认为周人的大规模封建实际完成于成康之世，见氏著《西周史》(增补本)，160 页。

② 杨宽：《西周史》，387～391 页。

③ 傅斯年：《论所谓五等爵》，原刊《中央研究院历史语言研究所集刊》第 2 本第 1 分，1930，收入《民族与古代中国史》，113 页。

④ 许倬云：《西周史》(增补本)，178 页。

⑤ 《左传》成公十三年，见杨伯峻：《春秋左传注》，861 页。

⑥ 《礼记》卷 49《祭统》，见《十三经注疏》，1602 页。

⑦ 《左传》隐公十一年，见杨伯峻：《春秋左传注》，72 页。

⑧ 《左传》定公四年，见杨伯峻：《春秋左传注》，1541～1542 页。另可参看朱东润：《诗大小雅说臆》，69 页。

史记忆中，齐桓公全盛之时愤愤于"（四夷）莫违寡人之命，而中国卑我"，① 也应当与"异姓为后"的宗法原则有关。因此，西周中期以后取代"有夏"或"西土之人"的认同符号是"周人"，它最初指周原一带以姬姜为中心的部族集团，克商前后，周王室的近亲旧戚被分封到东方成为诸侯、卿、大夫，他们之间通过血缘联系和宗法制维持作为一个群体的认同，再通过婚姻关系，逐渐吸纳了一批异姓甥舅之国作为外围。

第二节　从诸夏列国到华夏帝国

西周亡于犬戎，平王被迫东迁，王室衰微，夷狄转盛而诸侯坐大。西周时以宗法制度所维系的政治秩序失去根本，新的秩序尚未形成，这一社会秩序和政治文化大转型的过程，便是儒家所哀叹的"礼坏乐崩"。春秋时的霸主，除晋国以外，齐、秦、宋、楚、吴、越皆非姬姓，齐之姜姓尚可算是周人姬姜集团的核心氏族，剩下的宋为殷人之国，秦、楚、吴、越皆曾被视为夷狄。② 姬姓在北方的燕国险些为山戎所灭，在中原的邢、卫国为狄所攻，赖齐桓公得以存续，成周王庭也无力抵抗戎、翟之侵，③ 而南方"汉阳诸姬，楚实尽之"，④ 姬姓的衰落于此可见一斑，《公羊传》所说"南夷与北狄交，中国不绝若线"⑤绝非夸张。即使世与诸姬为婚姻的姜姓齐国，也未必全心辅翼周室。后人追述齐桓公称霸之时曾道"昔三代受命，有何以异于此乎"，欲行封禅之事，⑥ 也反映出齐桓

---

① 语出《管子·小匡》，见黎翔凤撰，梁运华整理：《管子校注》卷8，426页，北京：中华书局，2004。

② 《史记》卷27《天官书》："秦、楚、吴、越，夷狄也，为强伯。"（1344页）

③ 见徐元诰：《国语集解》卷19《齐语》，王树民、沈长云点校，238～241页。《史记》卷32《齐太公世家》，1488～1493页。

④ 《左传》僖公二十八年，见杨伯峻：《春秋左传注》，459页。

⑤ 《春秋公羊传》僖公四年，见《十三经注疏》，2249页。

⑥ 《史记》卷32《齐太公世家》，1491页。又见《管子·小匡》，见黎翔凤撰，梁运华整理：《管子校注》卷8，426页。

公的"尊王"不过是笼络诸侯的幌子。在这种情势下，以姬姓为主体的"周人"认同不再具有团结诸侯的力量。于是周初的"有夏"再次被标举出来，因为不再有唯一的核心，而是一群并列的诸侯，遂称为"诸夏"。此"诸夏"概念何时由何人提出，今已无法确考。童书业曾说："自东周以前，未闻有以夏泛称中原者。"① 检诸文献，"诸夏"一词首见于《左传》闵公元年管仲对齐桓公所说的"诸夏亲昵，不可弃也"。② 如前所述，"有夏"在周初指"西土之人"，其核心莫过于姬姜二姓，对于姜姓而言，要寻找一个认同符号，得以合法地凝聚姬姜诸国，且能使姜姓获得与姬姓一样的地位，莫过于"夏"字。③ 因此"诸夏"一语颇有可能创立于齐桓公之时，是他号令中原诸侯，共抗北狄南楚的一面旗帜。"诸夏"代表了一种新秩序，其中周王室不再是核心，姬姓也不再是主轴。齐桓公之后，"诸夏"的大旗又为晋国接掌，在春秋数百年战争中，夷夏之别越来越得到强调，诸夏作为认同的符号也牢固确立下来。

春秋时形成的诸夏概念，所指范围要大于此前的"周人"或"诸姬"。如杞国，在西周中期被称为"杞夷"，但在春秋时似已进入诸夏之列。杞与鲁、晋皆有婚姻联系，鲁僖公十四年（公元前 646），诸侯城缘陵而迁杞，④《公羊传》言主持此事的人是齐桓公。⑤ 齐桓公是高举"攘夷"大旗的，但杞却在被保护之列，攻击杞的徐与莒则是夷。后来母亲为杞国女的晋平公也曾命鲁国还侵杞之田。杞东迁以后，《春秋》数次书以"杞子"，《左传》僖公二十七年解释说"用夷礼，故曰子"。⑥ 更多的时候，《春秋》称之为"杞伯"，故"杞子"是特别的贬斥书法，正说明杞本来应该在诸夏

---

① 童书业：《蛮夏考》，见《童书业历史地理论集》，271 页。

② 杨伯峻：《春秋左传注》，256 页。

③ 此时"夏"是否还有"西土"之意，无法确知，也并不重要，仅凭对西周建国时期的历史记忆，"有夏"已经足以成为一个有号召力的符号。

④ 《左传》僖公十四年，见杨伯峻：《春秋左传注》，347 页。

⑤ 《公羊传》僖公十四年，见《十三经注疏》，2253 页。

⑥ 《左传》僖公二十七年，见杨伯峻：《春秋左传注》，443 页。

之列，行诸夏之礼。如果夷人行夷礼，又何须贬斥？另一个例子是陈国，陈国是虞舜之后，妫姓，在西周时与杞国地位应该相似，到春秋时也被视为诸夏或诸华。《左传》记魏绛劝晋侯勿伐山戎而保护陈国，说道："劳师于戎，而楚伐陈，必弗能救，是弃陈也。诸华必叛。戎，禽兽也，获戎失华，无乃不可乎！"①可见陈被晋视为诸华之国。不仅诸夏一方如此认识，楚人也以陈为诸夏。鲁宣公十一年（公元前 598），楚庄王入陈，"乡取一人焉以归，谓之夏州"，②《续汉书志》刘昭注以此夏州即夏口城外之洲，③ 这也是以陈为夏之证。而春秋后期吴国大夫申胥也说"昔楚灵王不君，……不修方城之内，踰诸夏而图东国"，韦注："诸夏，陈、蔡；东国，徐夷、吴、越。"④可见吴人也有同样的认识。另一个明显的例子是宋国，鲁昭公二十五年（公元前 517），赵简子合诸侯以戍王室，且输王粟，

> 宋乐大心曰："我不输粟。我于周为客，若之何使客？"晋士伯曰："自践土以来，宋何役之不会，而何盟之不同？曰'同恤王室'，子焉得辟之？子奉君命，以会大事，而宋背盟，无乃不可乎？"右师不敢对，受牒而退。⑤

宋右师所说"于周为客"或许在礼制上仍是成立的，但在实际政治中，宋人早已和诸夏各国绑在一起，并在会盟中宣誓"同恤王室"，因而也就没有理由逃避诸夏同盟的义务了。可见，是诸夏还是蛮夷戎狄，政治立场比姓氏血统更为重要。秦本与齐晋等国同盟抗楚，等到崤之战与晋相攻，《穀梁传》就说"秦之为狄，自崤之战始"。⑥ 等到秦与晋重

① 《左传》襄公四年，见杨伯峻：《春秋左传注》，936 页。
② 江永以为"其后汉水遂有夏名"，见杨伯峻：《春秋左传注》，715 页。
③ 《后汉书志》卷 22《郡国志四》"南郡"条刘昭注，3480 页。
④ 徐元诰：《国语集解》卷 19《吴语》，王树民、沈长云点校，541 页。
⑤ 《左传》昭公二十五年，见杨伯峻：《春秋左传注》，1459 页。
⑥ 《春秋穀梁传》僖公三十三年，见《十三经注疏》，2403 页。

修旧好，又重新被接纳为诸夏。因而《诗经》十五国风仍收入《秦风》。①
以周王室为中心的宗法制崩解以后，集结在新的诸夏大旗下的诸侯国，
不再以血缘关系为我群的标志。"尊王攘夷"意味着，只要在政治上尊
重周天子即站在齐、晋领导的诸夏集团一边，文化上使用周的礼乐制
度，就可以不被视为夷狄。② 如果在此之上能成功地将祖先世系与周
人的祖谱搭上关系，便彻底完成了加入诸夏的历程，吴国就是一个很
好的例子。③

更重要的变化发生在诸侯国内部，周公对东方进行二次征服以后，
将大量殷遗民氏族分配给鲁、卫、晋等封国，号称"殷民六族""殷民七
族"或"怀姓九宗"（即赤狄）等，使之成为"国人"，既消除他们在原住地区
的威胁，又整合为各诸侯国的统治力量。④ 其他东方诸侯国也与之类似，
姬姓或姜姓周人只是最上层的统治阶层，其治下的国人和野人有殷人也
有夷狄，学者将这些邦国与近代殖民政权相比不无道理。春秋初年，怀
姓九宗曾将出奔在随国的晋侯迎回到鄂，⑤ 显示他们在列国的政治中扮
演重要的角色。春秋末年鲁国阳虎仍"盟公及三桓于周社，盟国人于亳
社"，⑥ 说明这些"国人"始终保持着残留的"殷民"认同。在这个意义上，

---

① 参看朱东润：《诗三百篇成书中的时代精神》，见氏著《诗三百篇探故》，
138 页。

② 顾颉刚早已指出："诸夏既非同血统，亦非同文化，纯为春秋时代齐、晋
与周之需要，拉拢别族，杂凑而成者。盖为拥护姬、姜两姓之既得权利，并维持其
生存与发展者也。"见顾洪编：《顾颉刚学术文化随笔》，"诸夏集团"条，76～77 页，
北京：中国青年出版社，1998。

③ 王明珂详细分析了吴国攀附姬周祖先谱系的过程。见氏著《华夏边缘：历史
记忆与族群认同》第九章"边缘人群华夏化历程：吴太伯的故事"，163～185 页；《英
雄祖先与弟兄民族：根基历史的文本与情境》第六章，110～117 页。

④ 参看傅斯年：《周东封与殷遗民》，原刊《中央研究院历史语言研究所集刊》
第 4 本第 3 分，1934，收入氏著《民族与古代中国史》，70～78 页。杨宽：《西周史》，
378 页。

⑤ 《左传》隐公六年，见杨伯峻：《春秋左传注》，49 页。

⑥ 《左传》定公六年，见杨伯峻：《春秋左传注》，1559 页。

西周时的"周人"所指范围应该只包括与周王室有血缘关系的诸侯和贵族，不包括列国的广大民众。春秋以下，规模不断扩大的战争使越来越多的人卷入其中，各国在战争中不断加强对人力物力的动员能力。不管是诸侯、大夫还是士和平民，战争的威胁使他们成为紧密结合的利益共同体，超越家族姓氏的新群体认同由此形成，而诸侯国成为一个基本的认同单位。加之南方的楚和北方的狄，对中原旧有的诸侯国普遍构成了巨大的威胁，"被发左衽"的夷狄，成为拥有衣冠礼乐的诸夏的共同的外部边界，这使得殷人周人之分变得不再重要。于是殷周旧国再合成一体成为复数的诸夏。孔子以殷人自命，[1] 但不妨碍他赞叹管仲之仁，因为"微管仲，吾其被发左衽矣"，说明了诸侯国内部殷人、周人对"诸夏"的共同认同。《公羊传》"春秋内其国而外诸夏，内诸夏而外夷狄"，所传达的也是这样一种从本国到诸夏，再由诸夏到夷狄的我群与他者的新区分模式。

这种夷夏区分，超越了血统姓族，以"衣冠礼乐"和"披发左衽"的文化面貌为标准，这与上文所说的以政治立场分夷夏其实并不矛盾。礼之大者，莫过于尊王与亲亲，如能向上尊重周王，向下扶助弱小的诸夏列国，这样的诸侯国当然是礼仪之邦。故而虽然夷夏有别，但春秋战国时夷夏之间的边界并不非常固定，所谓"孔子之作《春秋》也，诸侯用夷礼则夷之，（夷而）进于中国，则中国之"。[2] 究其根本，还是因为诸夏一方处于优势扩张状态。经过几百年的兼并战争，中原小国无论夷夏，都已消失殆尽，到战国时形成七雄并立的格局。

诸夏吞并诸夷本以力胜，到孟子口中变成"吾闻用夏变夷者，未闻变于夷者"，[3] 仿佛诸夏的胜利全是"周公仲尼之道"的文化优势所致。军事政治的优势衍生出文化上的霸权与自大，现实的结局变成合道义的和必

---

① 参看傅斯年：《周东封与殷遗民》，73～74 页。

② 韩愈：《原道》，见马其昶校注：《韩昌黎文集校注》卷 1，17 页，上海：上海古籍出版社，1986。

③ 《孟子·滕文公下》，见《十三经注疏》，2706 页。

然的，这种倾向春秋时已经出现，至战国以后更甚。华夏在自己的话语系统里逐渐将夷狄从道德上否定，直至等同于禽兽，夷夏之辨从事实陈述变成了价值判断。① "中国戎夷，五方之民，皆有性也，不可推移"，② 尚且是较为中立的叙述。若"戎狄豺狼，不可厌也"③，"戎狄冒没轻儳，贪而不让，其血气不治，若禽兽焉"④云云，已是对非我族类进行非人化的定位。⑤ 这种充满道德优越感的价值判断深植于经典语言之中，让所有使用这套语言符号系统的人群不知不觉地以夏为荣，而耻为夷狄。以力胜的用夏变夷仅可收一时实效，而文化观念上的尊夏卑夷，则对后世的影响更加深远。它不仅让夷狄在华夏繁盛之时努力"用夏变夷"，更使得在实力对比夏不胜夷的时代，占据中原建立帝国的"夷狄"也急于变身为华夏，而将被压缩到南方的旧华夏冠以蛮夷之号。⑥

战国后期，中原地区政治军事上和文化心理上的用夏变夷终于大告成功，出现了在巨大地理空间上连续无间隔的华夏，原来的华夷杂处演变为华夏居内而夷狄居外的格局。此时不仅诸夏更多地被称为"中国"，

---

① 罗志田：《夷夏之辨的开放与封闭》，载《中国文化》1996 年第 2 期，214 页。

② 语出《礼记》卷 12《王制》，见《十三经注疏》，1338 页。

③ 《左传》闵公元年记管仲语，见杨伯峻：《春秋左传注》，256 页。

④ 徐元诰：《国语集解》卷 2《周语中》，王树民、沈长云点校，58 页。

⑤ 这种观念，为扩张战争提供了极好的合法性论证，因而成为后世华夏帝国不愿放弃的意识形态武器。汉代以下，对于尊周尊孔的华夏帝国，"仁者爱人"无疑是在字面上必须推崇的道德，残酷的屠杀从来是被否定的。但是在面对夷狄的场合，有时竟堂皇地以血腥为壮烈，以屠杀为功德。例如，扬雄《长杨赋》有"脑沙幕，髓余吾"的句子，师古注云"脑涂沙幕地，髓人余吾水，言其大破死亡也"，这是在颂扬汉武帝对匈奴的战争（《汉书》卷 87 下《扬雄传下》，3561～3562 页）。又如，宋孝武帝大明五年(461)"经始明堂"诏云："朕皇考太祖文皇帝……仁济群品，外薄八荒，威憺殊俗，南脑劲越，西髓刚戎。"（《宋书》卷 16《礼志三》，433 页）"仁济群品"竟然能和做动词的"脑""髓"同列。这样的语句之所以堂皇出现，背后潜在的思想资源正是战国以来将夷狄定位于非人的观念。

⑥ 最著名的例子莫过于北魏称南朝为"岛夷"。更多的例证，参看钱锺书：《管锥编》二三七"华夷之辨"条，2309～2313 页，北京：生活·读书·新知三联书店，2007。

就连蛮夷戎狄也开始被搭配以东西南北。① 司马迁称"冠带战国七"，意即七国都是冠带之国，也即共享礼乐文化的诸夏。其他五国不需讨论，楚与秦在战国时跻身诸夏之列是值得注意的，虽然史无明文，但可以想见与上文所说的"尊夏卑夷"观念有很大关系。楚在春秋时北侵诸夏，被视为荆蛮，到春秋末，吞并了汉阳诸姬的楚国在文化上与中原各国已无根本区别。楚庄王陈兵周郊问九鼎之轻重，楚灵王又欲向周"求鼎以为分"，至顷襄王时又欲图周之宝器，② 说明楚相信九鼎与王业之间的关联，在政治观念上与秦、齐、梁等国并无差别，因而在现实政治中也不能自外于诸夏的体系。《左传》《国语》《战国策》等文献中留下的记载，屈原、宋玉等人的诗赋，以及 20 世纪出土的大量战国楚简，无不说明楚人的文化水平与诸夏并无差距。到战国后期，出现"横则秦帝，纵则楚王"③的局面，楚国一度被推为合纵之长，更不会有人以蛮夷视之了。项羽以楚军灭秦而不都，有人笑话他说："人言楚人沐猴而冠，果然。"④看来"楚人沐猴而冠"一语早已有之，很形象地说明时人对楚的认识：虽非与中原之人尽同（沐猴即猕猴），而毕竟已经冠带。这与"冠带之国七"的说法可以相印证。楚人或许还不完全被算作诸夏，⑤ 但至少不再是蛮夷了。至于秦，早就把夏的认同写进了律令之中，《睡虎地秦简·法律答问》载：

> "臣邦人不安其主长而欲去夏者，勿许。""可（何）谓'夏'？欲去秦属是谓'夏'。"

---

① 童书业：《蛮夷戎狄与东西南北》，原载《禹贡》第 7 卷第 10 期，收入《童书业历史地理论集》，169～176 页，北京：中华书局，2004。邢义田：《天下一家——中国人的天下观》，451 页。李隆献：《四夷观念辨析》，载《孔孟月刊》第 23 卷第 3 期，1984，11～14 页。

② 《史记》卷 40《楚世家》，1700、1705、1733 页。

③ 刘向：《战国策·叙》，1197 页，上海：上海古籍出版社，1985。

④ 《史记》卷 7《项羽本纪》，315 页。

⑤ 《荀子·儒效》言"居楚而楚，居越而越，居夏而夏"，是楚越与夏有别之证。见王先谦：《荀子集解》卷四《儒效》，144 页。

  "真臣邦君公有罪，致耐罪以上，令赎。""可(何)谓'真'？臣邦
父母产子及产它邦而是谓'真'。可(何)谓'夏子'？臣邦父、秦母谓
殹(也)。"①

  "欲去秦属是谓夏"一句，工藤元男认为"夏"前应补"去"字，② 可从。
这是秦自称为夏的最佳证明。等到秦灭六国，诸夏之人尽为秦之黔首，
秦帝国的臣民遂等同于华夏；关中为秦汉二代帝都四百余年，秦地遂为
华夏天下的重心所在；至于秦的政制、法令成为后世华夏政治文化的核
心，更是人所共知的事实。

  综合本章所述，西周初年的"有夏"是一个以地缘和共同政治目的纠
合起来的短暂政治军事联盟，不能看作族群。"周人"与"诸姬"为西周宗
法制下的诸侯所认同，它们更应该看作一个扩大的氏族，或者是以氏族
外形出现的封建国家秩序，尚不足以成为族群。"诸夏"是春秋年间以复
古面貌打出的一面新认同旗帜，首倡者很可能就是齐桓公。一方面，它
比"周人"具有更大的包容性，着眼于共同的礼乐文化和政治立场，开始
超越一族一姓的狭隘血缘关系；另一方面，以姓氏血统为标准的旧族类
观还有相当的力量，所以一些尚在夷夏边缘的诸侯国设法通过联姻、攀
附祖先谱系等方式加入诸夏。这一阶段的"诸夏"，似与族群最为接近。
经过数百年的兼并战争，中原地区的夷狄政治体已经被消化殆尽，诸夏
成为一个最强势的政治集团，尊夏卑夷的观念也于此时定型。从前不被
认为是周人的诸侯国如杞、陈、吴等纷纷加入诸夏的大旗下，各诸侯国
内部上下层的周人、殷人之分得以渐渐消弭，趋于融合。楚在春秋时被
诸夏视为"非我族类"的大敌，到战国时也跻身冠带七国之一，不能自外

————————

  ① 睡虎地秦墓竹简整理小组：《睡虎地秦墓竹简》，135 页，北京：文物出版社，
1990。又参看罗新：《真吏新解》，载《中华文史论丛》2009 年第 1 期，123～124 页。
  ② 工藤元男：《睡虎地秦简所见秦代国家与社会》，广濑薰雄、曹峰译，89 页，
上海：上海古籍出版社，2010。

于诸夏的政治体系。因为七国皆为诸夏，战国时的争战从未打出"攘夷"的旗号，所争的是谁能兼并诸侯统一诸夏，不管秦帝还是楚王，天下都已是诸夏的天下。

政治体系上诸夏逐渐走向一体，对应在观念信仰的层面，就是黄帝在各式各样的先世谱系中脱颖而出，成为五帝三代以及诸夏各姓族共同的祖先，这标志着凝聚复数诸夏成为单数华夏的进程最终完成。[①] 因为黄帝足够久远，中间有无数世代供插入新的分支，所以这一凝聚华夏的方案是非常开放的，不仅楚、吴、越可以攀附进来，就连匈奴、犬戎也可以被纳入其中。[②] 甚至可以说只要愿意，任何人都有可能加入或被纳入进来。这种极度的开放性，一方面赋予华夏扩大的可能，另一方面也削弱了我群与他者在血缘上的区分度。或者说祖先谱系从来不会成为加入华夏的障碍，唯有文化习俗是需要改变的对象，这与春秋战国以来强调文化淡化血缘的趋势是一致的。黄帝作为华夏的英雄祖先的观念，最终确定要到秦汉时期，这与帝国的现实情境密切配合，事实上反映的是大一统帝国的话语霸权已经湮没了不同的声音。

必须指出的是，通过从家世血统上攀附黄帝来变身华夏，仅适用于上层人物。对于更多的普通民众而言，在帝国情境下，文化习俗的差异还有更实在的标准，即是否为帝国郡县制下的编户齐民——国家承认的法律身份。"秦并六国，其淮泗夷皆散为民户"，[③] 此后再未听说有"淮夷"一族。秦汉以下的文献中，以民-夷对举或中国-夷狄对举，要多于以华夷或夷夏对称。如司马相如拟蜀父老之言曰："今割齐民以附夷狄，弊

---

① 关于"黄帝"如何从众多"根基历史"方案中脱颖而出，参看王明珂：《英雄祖先与弟兄民族：根基历史的文本与情境》，43~55 页。

② 《史记》卷 110《匈奴列传》："匈奴，其先祖夏后氏之苗裔也，曰淳维。"（2879 页）同卷《索隐》引《山海经》云："黄帝生苗龙，苗龙生融吾，融吾生弄明，弄明生白犬。白犬有二牡，是为犬戎。"（2882 页）

③ 《后汉书》卷 85《东夷列传》，2809 页。周代淮水流域的夷人变为编户齐民的过程，可以参看朱继平：《从淮夷族群到编户齐民——周代淮水流域族群冲突的地理学观察》，北京：人民出版社，2011。

所恃以事无用。"①又如，杜钦上奏称："臣者，君之阴也。子者，父之阴
也。妻者，夫之阴也。夷狄者，中国之阴也。"②夷的对立面不是族群文
化意义上的华夏，而是政治体及其成员身份的"中国""民"。"用夏变夷"
不仅仅是学习文化礼仪，更落实在获得帝国编民的法定身份上。东汉许
慎曰："夏，中国之人也。"③这里的"中国"，可以参照扬雄的定义："五
政之所加，七赋之所养，中于天地者，为中国。"④五政代表接受帝国的
统治、七赋则表示对帝国承担义务，简单来说"中国"就是汉帝国。合许
慎、扬雄的言论而观，可知两汉时期人们心中目的华夏，正是以帝国政
治体的范围来划定的。

　　宏观上虽可如此立论，但是仍有一些细节需要补充。古代帝国并未
设想一种国境线之内无缝的均质的统治，中原地区以外，华夏帝国控制
的地域限于交通要道及其节点，更像是网状的（详见本书第二章）。在这
种华夏网络的网眼中，隙地以及不完全臣属的人群大量存在着，他们当
然也被视作蛮夷。《汉书·百官公卿表》曰"（县）有蛮夷曰道"⑤，此制起
于秦国，汉代沿袭，到西汉中期天下仍有三十四道，道与县的区别，就
在于它还负有管理境内蛮夷事务的职责。⑥ 除道以外，地方上还有属国，
中央则有典客和典属国等管理"归义蛮夷"和"蛮夷降者"的机构。这些都
说明了帝国中非华夏人群的广泛存在。在承担完全编户义务的"中国之
人"和绝对意义上无臣属关系的"蛮夷"（如匈奴）之间，有一系列中间形态

---

① 《史记·司马相如列传》，3049 页。
② 《汉书》卷 60《杜钦传》，2671 页。
③ 许慎：《说文解字》（影印本）卷五下，112 页，北京：中华书局，1963。
④ 《法言·问道》，见汪荣宝：《法言义疏》卷六，119 页，北京：中华书局，
1987。
⑤ 《汉书》卷 19 上《百官公卿表上》，742 页。
⑥ 关于秦汉的道，其数量、方位、职能、演变等问题，清代以来众多学者进
行过讨论。较近的研究参看杨建：《略论秦汉道制的演变》，载《中国历史地理论丛》
第 16 卷第 4 辑，2001，19～27 页；郑威：《试析西汉"道"的分布与变化——从张家
山汉简〈二年律令·秩律〉谈起》，载《江汉考古》2008 年第 3 期，118～122 页。

的人群。他们或保留部落形态而接受间接统治，其首领被册封为邑君、邑长甚至归义王、归义侯；或者已经解散部落组织，散入民间，但仍被作为承担不完全或特殊义务的人群存在，其异族属性尚未完全消去。比如，悬泉汉简中发现的《归义羌人名籍》①，列了数位归义羌人的种别和姓名，可以看出对他们的管理是以种落而非乡里为单位的，亦即尚未实现完全的编户化。又如，巴郡板楯蛮，在汉初只承担"岁入賨钱，口四十"的轻赋，到了东汉时期，不仅"郡守常率以征伐"，承担军事义务，而且到了"长吏乡亭，更赋至重"，"愁苦赋役，困罹酷刑"的境地②，他们的身份即在完全的蛮夷与编户华夏之间游走，有时沦落到比编户更低的地位，但始终未能获得正常编户齐民的身份。在此意义上，扬雄和许慎的说法仍然是可以成立的，秦汉时期的华夏可以定义为拥有正常编户身份的帝国政治体成员。此时的华夏，已经超越了一个族群的范围，在秦汉时代，帝国即华夏，华夏即帝国。

---

　　① 胡平生、张德芳编撰：《敦煌悬泉汉简释粹》，166～167 页，上海：上海古籍出版社，2001。

　　② 《后汉书》卷 86《南蛮西南夷列传》，2842～2843 页。

第二章　秦汉华夏帝国扩张的界限与突破口

　　秦与两汉是中国历史上最早出现的真正意义上的"大一统"帝制政权，在很多方面，它们都是一个具有连续性的新历史阶段的突破式起点。学界对于秦汉政权有多种常用界定，如中央集权制封建国家，统一多民族国家、王朝等，每一种界定有着不同的理论背景，分别强调其某些方面的属性。在诸种界定中，帝国也是较为常用的一种。作为一个政治学术语，帝国指一种规模巨大的复杂政治体，从古代帝国到近代殖民帝国，所指范围非常宽泛。秦汉以后的中国，符合艾森斯塔德所说的中央集权的"历史官僚帝国"（Historical Bureaucratic Empires）的主要特征：第一，尊奉世袭的具有传统-神圣合法性的最高政治领袖，他拥有对统治事务的最高决断权；第二，最高统治者依靠发达的官僚机构实现对广土众民的理性行政，这些官僚在全国范围内选拔，而非世袭贵族；第三，通过有效的地方行政制度，保证中央对地方的有效管理，从而有别于封建制。[①]在艾氏所列之外，历史官僚帝国还应具备一般帝国的基本特质，即统治着具有多元文化及族群属性的人群，并且宣称超出实际势力范围的普世统治权，因此在一定条件下表现出向外扩张的倾向。[②] 中国历史上的很多王朝都具有上述特征，而这种类型政治体的基本模式，无疑奠定于秦

---

　　① 　参看艾森斯塔德：《帝国的政治体系》第一章，阎步克译，3～14 页。

　　② 　参看渡边信一郎：《中国古代帝国的中心和周边：从财政史的观点出发》，257～278 页。

汉时期。在此意义上，我认为将秦汉国家称为帝国是贴切的。而如上一章所论，秦汉时期华夏和帝国出现了密切的对应关系，可以称为华夏帝国。经过这一时期数百年，华夏与帝国的结合变得牢不可破，秦汉制度既已成为东亚地区高级政治体的典范，而变身华夏也已成为建立秦汉式帝国的内在要求，这一点在汉唐之间表现尤其明显。

在此意义上，秦汉帝国的疆域范围，便是华夏活动以及华夏化进程可能发生的场所。本书所说的帝国的疆域，指的是受中央支配的郡国制（包括中央分封的诸侯国，不包括名义上册封的"外臣"）覆盖的地域。秦汉帝国前期向四方的扩张，拓展了帝国的疆域，同时显示出华夏及其帝国的扩张难以推进之处即其一时的极限所在，以及未来可能的突破口。本章即试图探讨秦汉华夏帝国疆域扩张的极限和制约因素，进而分析其未来突破的方向，以期对理解汉唐之间华夏和华夏化的问题有所帮助。

第一节　秦汉帝国的扩张与不稳定的边境

秦帝国在制度上集战国时各种富国强兵学说之大成，尤其贯彻了商鞅、韩非为代表的法家学说，力图高效利用劳动力和土地，高度集中的政治体制又保证所有的物力、人力尽可能归中央统一调用。一些考古学家认为，中原社会在政治体制上的集权性格，在文明起源的初期已经体现出来。文明初期的中原社会原本后进于周边的其他文化，因为处于各大文化交流的网络中心位置，得以兼收并蓄各文化的成果，并承受来自各方的激烈挑战，终于后来居上。又因为其自身资源比较匮乏，中原地区自二里头文化以来一直朝着阶序化、集中化社会发展，社会分化是随着资源竞争中军事首领的崛起而发生的，为了建立起新的秩序和权威，不惜动用各种资源和一些极端手段，对外仍需应付来自各方向的威胁和挑战。历史与考古资料证明，商、周王朝的确都是权力集中化与社会序阶化的政治体。可以说中原社会在三代时期已经确立了其集权性格。①尽管如此，周代封建制瓦解背景下春秋战国的激烈竞争，以及由此带来的政治文化和制度的颠覆性变化，仍使得秦汉以下的集权帝国迥然有别于此前的"三代"，足以称为古代东亚世界政治文明的突破。这样一个大帝国的出现，既是华夏历史上的大事，对与华夏直接间接毗邻的非华夏人群，同样具有深远影响。春秋战国以来逐渐扩大的华夏诸侯国与非华夏之间的实力差距，这时扩大得无比悬殊。匈奴在秦军驱逐下退至阴山以北，甚至转而以漠北为中心；东南和岭南的百越人群，更轻易地被秦征服。秦祚虽短，但它的政治文明却被汉朝以更灵活的方式继承下来。经过汉初休养生息，以及诸侯封建势力逐渐被削弱，到汉武帝时期，汉帝国迎来前所未有的富强。自元光二年（公元前 133）伏兵马邑开始，汉武帝连年对外用兵，持续 32 年（公元前 133—前 102）。逐匈奴，灭两粤、朝鲜，于西南夷设郡县，破楼兰、姑师，甚至远伐大宛，这些史实广为人知，无须赘述。

正是在大宛之役前后，汉帝国的扩张开始显得力不从心。班固曰：武帝制服四夷，赂遗绝域，"师旅之费，不可胜计。至于用度不足，乃榷酒酤，筦盐铁，铸白金，造皮币，笇至车船，租及六畜。民力屈，财用竭，因之以凶年，寇盗并起，道路不通"。②盐铁会议上，贤良文学也批评道：

> 秦之用兵，可谓极矣，蒙恬斥境，可谓远矣。今踰蒙恬之塞，立郡县寇虏之地，地弥远而民滋劳。朔方以西，长安以北，新郡之功，外城之费，不可胜计。非徒是也，司马、唐蒙凿西南夷之途，巴蜀弊于邛筰；横海征南夷，楼船戍东越，荆楚罢于瓯骆；左将伐朝鲜、开

---

① 参看赵辉：《以中原为中心的历史趋势的形成》，载《文物》2000 年第 1 期，41～47 页；《中国的史前基础——再论以中原为中心的历史趋势》，载《文物》2006 年第 8 期，50～54 页；王明珂：《英雄祖先与弟兄民族：根基历史的文本与情境》，37 页。

② 《汉书》卷 96 下《西域传》，3928～3929 页。

临屯，燕齐困于秽貉；张骞通殊远，纳无用，府库之藏，流于外国。①

开边攘夷的战争，以及为保障战争而实行一系列兴利、改制、用法和擅赋，引起国内人力物力的巨大消耗，大量流民和反抗活动出现，局势动荡。在这种压力下，武帝于征和四年（公元前89）"深陈既往之悔"，颁布反省扩张政策的《轮台诏》，"由是不复出军"。② 汉代盛期的疆域范围由此确定。昭宣时期利用匈奴和西羌的内部分裂，对外一度扩大和巩固了武帝时的成果，但大体上华夏帝国的势力所及在地域上没有大的变化。到王莽时期，普降外夷名号的对外政策引起周边政权的普遍反抗，匈奴、高句丽、西南夷、西域或叛或绝。东汉初年一度放弃部分边郡，拒绝西域各国派来的质子，此后用了几十年时间才逐渐恢复在周边地区的影响。

一般认为，汉代极盛期的疆域北方到达阴山以北，西北到玉门关，东到朝鲜半岛，南到今越南北部。但是，与现代国家连绵不断的国境线不同，古代帝国的边境并非一条连续的线，甚至帝国中心也不一定是受到完全控制的无缝的面。帝国边境的第一层，更像是向四边伸出的辐射状触角，疏密不等，长短不一，这些触角由亭障、烽燧、屯田、驿道等构成，将帝国的影响力输送到绝域，各条触角之间往往不能互相联系，而只能通过这唯一的通道获得由内向外的补给；第二层的边境，更像是网状，各边郡控制着较多的人口和物资，与其下的县、道以及临近的其他政区之间有较多联系，但在郡县之内以及之间，仍有不少未能管理的土地和尚未臣服的人群；第三层是所谓的内地或"中原"，这里帝国控制的人口和土地基本连成一片，深林远薮之中或许仍有不臣之民，但已为

---

① 桓宽撰，王利器校注：《盐铁论校注（定本）》卷4《地广第十六》，208～209页，北京：中华书局，1992。

② 《汉书》卷96下《西域传》，3914页。关于汉武帝从扩张向守文的转变，以及《轮台诏》发出的背景，参看田余庆：《论轮台诏》，收入氏著《秦汉魏晋史探微（重订本）》，30～62页，北京：中华书局，2004。

数不多，且处于随时可能归化的位置。这一结构，如果用地图来严格表现出来，汉帝国的版图不免就要被画成一个极其古怪的形状，犹如帆布片挂在烂渔网上。① 边境的第一层触角可以伸得很远，如汉武帝时期亭障一度列置到轮台，而以此为后盾汉军就可能对整个塔里木盆地甚至更西边的大宛发起军事行动。但触角层也是最不稳定的，一旦来自内部的补给供应不上，触角很容易收缩或者被切断，触角因而不能被看作稳定的疆域，真正稳定的边境应该在网状地带。帝国的地理空间如此，在这空间之中流通的物资、信息以及政治权力，也呈现出这样一个由密到疏的有层次的网状结构。

具体到汉代，第二层的网状地带中有一部分郡被称为边郡。边郡在《汉书·地理志》和《续汉书·郡国志》中都没有明确区分出来，但这种区分是制度性的。根据司马迁的叙述，汉初燕、代、齐、赵、梁、楚、淮南、长沙诸国，"皆外接于胡越"。经过七国之乱后对诸侯的削地，以及武帝实行的推恩令，结果"燕、代无北边郡，吴、淮南、长沙无南边郡"。《集解》引如淳曰"长沙之南更置郡，燕、代以北更置缘边郡，其所有饶利兵马器械，三国皆失之也"。《正义》曰："景帝时，汉境北至燕、代，燕、代之北未列为郡。吴、长沙之国，南至岭南。岭南、越未平，亦无南边郡。"②在汉境北不过燕代，南不越南岭的时候，燕、代、吴、淮南、长

---

① 许倬云较早用"网络"来描述汉代中国体系：汉代的中国体系在形成的过程中。最内层为核心区，西汉时为关中与中原两个中心所联结的地区，东汉时关中地位下降，而中原核心区稍向南方扩散；核心区之外是外围地区，都有主要的交通干道与核心区联系，干线所经，事实上是核心区的延长；干线再由外围地区伸展入边陲地区，边陲与核心仅有一线相连。在交通干线的两侧，往往有开发程度甚低的隙地(参看许倬云：《汉代中国体系的网络》，收入《劳贞一先生八秩荣庆论文集》，1～28 页，台北：台湾"商务印书馆"，1986)。鲁西奇进一步提出"内地的边缘"概念，指称那些"并未真正纳入王朝控制体系或官府控制相对薄弱的区域"，这些区域包括史料中提到的"隙地""蛮荒""山洞"等。鲁西奇还对此类区域的特征进行了分析(参看鲁西奇：《内地的边缘：传统中国的"化外之区"》，载《学术月刊》2010 年第 5 期，121～128 页)。

② 《史记》卷 17《汉兴以来诸侯王年表》，802～803 页。

沙等诸侯国邻接境外不臣之地，拥有或者充当了边郡。由此我们可知边郡的大致概念。王莽时期曾明确将全国划分为两都—内郡—近郡—边郡，其中"有障徼者曰边郡"。① 障、徼，泛指边关。② 两汉的边郡或许不像王莽所定义的那么简单呆板，但从边郡与内郡在许多政策上被区别对待来看，这种划分是明确而严格的。根据谢绍鹢（表 2-1 中简称"谢"）的研究，西汉的边郡有 48 个，③ 而李新峰（表 2-1 中简称"李"）根据《汉书·地理志》列出的边郡有 40 个。④ 现整理成表 2-1 对比如下：

表 2-1　不同划分标准下的西汉边郡的对比

区域	研究者	郡名
西南边	李	汉中、广汉、蜀、犍为、越巂、益州、牂柯、巴
	谢	广汉、蜀、汶山、沈黎、越巂、犍为、牂柯、益州
西北边	李	武都、陇西、金城、天水、武威、张掖、酒泉、敦煌
	谢	武都、敦煌、酒泉、张掖、武威、金城、西海、陇西、天水
北边	李	安定、北地、上、西河、朔方、五原、云中、定襄、雁门、代、上谷、渔阳、右北平、辽西、辽东、玄菟、乐浪
	谢	乐浪、临屯、真番、苍海、玄菟、辽东、辽西、右北平、渔阳、上谷、代、雁门、定襄、云中、五原、朔方、西河、上郡、北地、安定
南边	李	南海、郁林、苍梧、交趾、合浦、九真、日南
	谢	交趾、九真、日南、郁林、象、合浦、儋耳、珠崖、苍梧、南海、会稽

资料来源于李新峰：《试释〈汉书·地理志〉郡国排序》，载《北京大学学报》2005年第 1 期；谢绍鹢：《秦汉边郡概念小考》，载《中国历史地理论丛》2009 年第 3 辑。

---

① 《汉书》卷 96 中《王莽传中》，4136 页。

② 《汉书》卷 93《佞幸传》颜师古注曰："徼犹塞也。东北谓之塞，西南谓之徼。塞者，以障塞为名。徼者，取徼遮之义也。"（3724 页）

③ 参看谢绍鹢：《秦汉边郡概念小考》，载《中国历史地理论丛》2009 年第 3 辑，46～50、67 页。

④ 李新峰：《试释〈汉书·地理志〉郡国排序》，载《北京大学学报》2005 年第 1 期，58 页。

从表 2-1 中不难看出，两位学者对何为边郡的判断标准是有区别的。李新峰根据的是《汉书·地理志》的郡国排序，如果他所还原的排序原则不误，那么他所列的边郡即是西汉末期官方版籍中认定的边郡，代表了汉帝国中央的观念。谢绍鹢则以邻近边界、外接蛮夷为边郡的标志，代表今人的判断。汉中、巴二郡，李表有而谢表无，会稽郡则李无而谢有。这说明西汉时人的边境观念不同于今人。而汉中、巴虽从地图上看并不在边疆地带，但汉中郡四周高山环绕，从汉中郡分出的魏兴、上庸、新城等郡，秦代已是迁徙罪人之所，后代更成为蛮夷盘结之区，巴郡除了全在山地，本身即有"濮、賨、苴、共、奴、獽、夷、蜑之蛮"，还南与西南夷相接。[①] 因此两者有被视为边郡的可能。会稽虽然邻接闽粤之地，或许由于武帝将东瓯、闽越的人民都迁到江淮之间，汉人以为其地遂虚，故而会稽不算邻接蛮夷？不论原因如何，都说明汉代人观念中的版图不是可以用简单的四至来划分的，在四至之内仍然可以有边郡。

表 2-1 中所见另一重大区别是，谢绍鹢将所有设置过的郡都列进去，因此多出汶山、沈黎、西海、临屯、真番、苍海、儋耳、珠崖、象郡 9 个郡。《汉书·地理志》主要使用西汉末年的材料，因而并未列出这些郡。这些置而又废的郡，标示了帝国边境线的盈缩，值得分析。参照周振鹤的研究，[②] 这些郡的置废时间与地望可列为表 2-2：

表 2-2　西汉置而又废的九边郡情况

郡名	设置时间	废止时间	存在年数	领域	去向
汶山	元鼎六年（公元前 111）	地节三年（公元前 67）	45	本蜀郡冉駹都尉地	并入蜀郡

---

① 常璩撰，任乃强校注：《华阳国志校补图注》卷 2《汉中志》，87、5 页，上海：上海古籍出版社，1987。

② 周振鹤：《西汉政区地理》，北京：人民出版社，1987。

续表

郡名	设置时间	废止时间	存在年数	领域	去向
沈黎	元鼎六年	天汉四年（公元前 97）	15	今青衣江、大渡河与雅砻江之间	并入蜀郡。置两都尉管理
象郡	元鼎六年	元凤五年（公元前 76）	36	《汉志》郁林郡西半部及牂柯郡一部	罢郡后分属郁林、牂柯
儋耳	元封元年（公元前 110）	始元五年（公元前 82）	29	今海南岛	并入珠崖
珠崖	元封元年	初元三年（公元前 46）	65	今海南岛	放弃
苍海	元朔元年（公元前 128）	元朔三年	3	今朝鲜中央山脉以东，江原道之地	放弃
临屯	元封三年	始元五年	27	今朝鲜中央山脉以东，今朝鲜与韩国江原道之地	北部六县移属乐浪郡，后为东部都尉所辖，南部九县不详，或入辰国
真番	元封三年	始元五年	27	今朝鲜黄海南道、黄海北道南部，北与乐浪郡以今载宁江、慈悲岭一线为界，直至韩国京畿道一带。东以礼成江为界	北部七县并入乐浪郡，后为南部都尉所辖。南部八县不详，或入辰国
西海	元始四年（公元 4）	地皇四年（公元 23）前	20	今青海湖附近以及湟水流域	新莽末年，重归羌人所有①

资料来源于周振鹤：《西汉政区地理》，北京：人民出版社，1987。

这 9 个郡里，象郡的情况不够明确，西海郡是西汉末王莽执政期粉

---

① 参看芈一之：《论西海郡的兴废》，载《青海民族学院学报》1984 年第 1 期，22～28 页。

饰太平的结果，此二郡可以置之不论。至于汶山、沈黎二郡之地，早在
设郡之前，已与秦汉帝国有各种联系。据司马相如言，"邛、筰、冉、駹
者近蜀，道亦易通，秦时尝通为郡县，至汉兴而罢"。① 元光年间，邛、
筰之君长羡慕南夷得汉赏赐，主动要求内附，司马相如趁机以财物赂之，
于是在邛筰地区设置一都尉，十余县，属蜀郡。② 尽管这种在都尉管辖
下的县，只是一种松散的臣服关系，在元朔年间，公孙弘仍以事西南夷
费多，应专力于朔方对付匈奴，于是"罢西夷"，撤销邛筰地区的都尉和
县。元鼎六年（公元前 111），汉借消灭南越的声威，诛且兰、邛君，并
杀筰侯，冉、駹振恐。于是设立越嶲、沈黎、冉駹、武都 4 郡。沈黎郡
只存在 14 年即省入蜀郡。据《华阳国志·蜀志》，天汉四年（公元前 97），
沈黎郡"并蜀郡为西部，置两都尉，一居旄牛，主徼外夷；一居青衣，主
汉民"。③ 汶山原属蜀郡北部冉駹都尉管辖，至元鼎六年改设郡。宣帝地
节三年（公元前 67），汶山郡百姓向使者骆武自讼曰："一岁再役，更赋
至重。边人贫苦，无以供给。求省郡。"于是省郡，复置北部都尉。之后
在安帝和灵帝时还曾两次立郡，都很快都恢复为都尉。④ 可见，沈黎、
汶山二郡与帝国的统属关系，一直在都尉制与郡县制之间摇摆不定，在
汉代大多数时候为都尉制。

　　儋耳、珠崖、临屯、真番这 4 个郡，或在海南，或在朝鲜半岛，但
它们颇有共通之处。要之，它们都是由汉征服前的地方政权开拓为政区，
而被汉直接继承的。儋耳、珠崖应当是南越国时期纳入郡县体系的，赵

---

① 《史记》卷 117《司马相如列传》，3046 页。

② 《史记》卷 116《西南夷列传》，2994 页。

③ 常璩撰，任乃强校注：《华阳国志校补图注》卷 3《蜀志》，195 页。沈黎郡废
置的原因史书未载，任乃强推测："沈黎郡失名之十二县，皆当在今康定、九龙、乾
宁、道孚、炉霍县内，随当时部落酋长请置吏者置立。大都皆牦牛种之小酋，贪赏
赐者所请。时皆牧部，人无定居，县不能立，故旋复废去，并以属于旄牛都尉也。"
见常璩撰，任乃强校注：《华阳国志校补图注》卷 3《蜀志》，197 页。

④ 常璩撰，任乃强校注：《华阳国志校补图注》卷 3《蜀志》，184～185 页。部
分内容为任乃强据《太平寰宇记》引文及《后汉书·郡国志》刘昭注引文辑补。

佗"以兵威边，财物赂遗闽越、西瓯、骆，役属焉，东西万余里"，在稳定控制秦时三郡的基础上，大举向四周扩张。① 元鼎年间灭南越的战役集中在攻打番禺，番禺既定遂得九郡之地，说明这九郡之地正是南越国已稳固统治的地域。从三郡到九郡，实际控制的地域与人口比秦时已有很大增长。朝鲜半岛的临屯、真番二郡之地，在战国时期曾被燕征服，置吏，筑障塞，秦时属辽东外徼。汉初以地远难守，复修辽东故塞，放弃了浿水以东之地。汉燕国亡人卫满在这一地带建立政权后，"稍役属真番、朝鲜蛮夷"，后又"得兵威财物侵降其旁小邑，真番、临屯皆来服属，方数千里"，② 同样在政权稳定后向周围大规模扩张。赵氏南越国与卫氏朝鲜国都是以华夏势力为核心建立的，其统治者一为秦帝国的地方武官，一为汉时燕国豪族，赵佗建国时一大重要条件是"颇有中国人相辅"，而卫满的实力基础也是"故燕、齐亡命"。两个政权的制度都具有鲜明华夏色彩，赵佗"乘黄屋左纛，称制，与中国侔"，学者从文献和考古资料中已可确认南越国的制度基本沿用秦制并模仿汉制；③ 卫氏朝鲜的政治制度不甚明了，但从史书中仅见的一些官职推测，模仿中原制度的可能性较大。这样两个华夏式政权对周边地区的开拓，有利于汉帝国接管后直接实行郡县制统治。

---

① 《史记》卷 113《南越列传》，2969 页。《汉书·地理志》云："自合浦徐闻南入海，得大州，东西南北方千里，武帝元封元年（公元前 110）略以为儋耳、珠崖郡。"（《汉书》卷 28 下《地理志》，1670 页）《汉书·贾捐之传》所记与此相同。儋耳、珠崖置郡既然比陆上七郡晚一年，它们是否属南越国控制范围遂不能无疑。张荣芳认为二郡属于南越国势力范围，理由一是《汉书·南粤传》所言"遂以其地为儋耳、珠崖、南海、苍梧、郁林、合浦、交趾、九真、日南九郡"（《汉书》卷 95《南粤传》，3859 页）；理由之二是，史言赵佗役属骆越，而贾捐之言珠崖"骆越之人父子同川而浴，相习以鼻饮，与禽兽无异，本不足郡县置也"（《汉书》卷 64 下《贾捐之传》，2834 页），是以珠崖当在被役属之列（参见张荣芳：《略论汉初的"南越国"》，见中国秦汉史研究会编《秦汉史论丛》第 1 辑，157 页，西安：陕西人民出版社，1981）。

② 《史记》卷 115《朝鲜列传》，2985～2986 页。

③ 余天炽、覃圣敏等：《古南越国史》第三章"南越国的政治制度"，57～80 页，南宁：广西人民出版社，1988；张荣芳、黄淼森：《南越国史》第四章"南越国的政治制度"，90～130 页，广州：广东人民出版社，1995。

　　汉帝国唾手而得的开发成果维持起来并不容易。儋耳、珠崖二郡隔在海中，与陆地联络不便。儋耳一名，指其人"镂其颊皮，上连耳匡，分为数支，状似鸡肠，累耳下垂"，可谓与华夏文化迥异的"殊俗"。而且其"渠率自谓王者耳尤缓，下肩三寸"，可见他们已有一定的政治组织。①在汉朝中央看来，"其民暴恶，自以阻绝，数犯吏禁，吏亦酷之，率数年一反，杀吏，汉辄发兵击定之"。从设郡之初到昭帝始元元年（公元前86），20余年已反叛6次。由于维护成本过高，汉不得不在始元五年（公元前82）罢儋耳郡并属珠崖。②珠崖或许因出产珍珠而较有价值，故而没有立即被放弃，但在宣元两朝亦频繁反叛，到初元三年（公元前46），由于关东连续水灾饥馑，对于征讨珠崖已力不从心，元帝于是采纳贾捐之的主张，罢珠崖郡。③真番、临屯二郡隔在单单大领以东，单单大岭即今朝鲜中央山脉，是划分东鲜与西鲜的天然标志。岭东不但在地理上自成一区，与岭西交通不便，族群文化也比较一致，多被称作濊民。④此二郡设置后不到30年，便无法维持。据《后汉书·东夷传》载："昭帝始元五年，罢临屯、真番，以并乐浪、玄菟。玄菟复徙居句丽。自单单大领以东，沃沮、濊貊悉属乐浪。后以境土广远，复分岭东七县置乐浪东部都尉。"⑤乐浪郡置东部都尉的时间不详，但从"玄菟郡……徙郡于高句丽西北，更以沃沮为县，属乐浪东部都尉"⑥的叙述看，似乎就在始元五年或稍后。撤郡，并归入另一郡的都尉管辖，这种情况与前述汶山、沈黎完全一样，故而其背后的原因也可知仿佛。⑦总之，在始元五年，汉

---

① 《汉书》卷 6《武帝纪》"元鼎六年十月"条注引"张晏曰"及"应劭曰"，188 页。

② 《汉书》卷 64 下《贾捐之传》，2830 页。

③ 《汉书》卷 64 下《贾捐之传》，2830 页；又见《汉书》卷 9《元帝纪》，283 页。

④ 周振鹤：《西汉政区地理》第五章，212 页。

⑤ 《后汉书》卷 85《东夷列传》，2817 页，北京：中华书局，1965。周振鹤认为"罢临屯、真番，以并乐浪、玄菟。玄菟复徙居句丽"一句中前一个"玄菟"为衍文，二郡皆并入乐浪，玄菟自身且内徙，必不能兼并别郡。

⑥ 《后汉书》卷 85《东夷列传》，2816 页。

⑦ 玄菟郡迁徙的原因是"为夷貊所侵"，真番、临屯当亦相似。

朝已放弃对单单大岭以东的三郡的直接管理，改为都尉制的间接管辖。到光武帝建武六年(公元 30)，省都尉官"遂弃领东地，悉封其渠帅为县侯，皆岁时朝贺"，① 这不过是承认自置郡以来就已开始的离心过程的实际结果罢了。割据一方的政权对周边地区的开拓，被后来的统一帝国所继承，但后者的控制能力往往不及前者，某些"偏远的"地域不得不弃守。这是两汉及以后历史上反复出现的现象，值得深思。

这些边郡设置之后，或者被并省，或者改设都尉管辖，或者被放弃，都没能稳定地存在下去。它们构成了汉帝国不稳定的边境地带，它们的设置和废罢昭示着汉帝国势力的扩张与收缩，此势力线的消长隐约勾勒出汉帝国扩张的极限。

第二节 制约秦汉帝国扩张的因素

既然华夏秦汉帝国与周边尚未发展出复杂政治体的非华夏人群实力相差悬殊，占有新的土地、资源和人口又会增强帝国的实力，为什么帝国的扩张不能一直维持下去？这是一个复杂的问题，至少以下几个原因应该考虑。

首先，中央集权制度固然大大增强了总体的政治军事能力，但也使局部的问题成为整体的负担，从而使外患转为内忧。主父偃如是描述秦对匈奴的战争：

> 秦皇帝……遂使蒙恬将兵攻胡，辟地千里，以河为境。地固泽卤，不生五谷。然后发天下丁男以守北河。暴兵露师十有余年，死者不可胜数，终不能逾河而北。……又使天下蜚刍輓粟，起于黄、腄、琅邪负海之郡，转输北河，率三十钟而致一石。男子疾耕不足于粮饷，女子纺绩不足于帷幕。百姓靡敝，孤寡老弱不能相养，道路死者相望，盖天下始畔秦也。②

① 《后汉书》卷 85《东夷列传》，2817 页。
② 《史记》卷 112《主父偃列传》，2954 页。

司马迁对汉武帝开边的代价也有类似认识：

> 当是时，汉通西南夷道，作者数万人，千里负担馈粮，率十余
> 钟致一石，散币于邛僰以集之。数岁道不通，蛮夷因以数攻，吏发兵
> 诛之。悉巴蜀租赋不足以更之，乃募豪民田南夷，入粟县官，而内受
> 钱于都内。东至沧海之郡，人徒之费拟于南夷。又兴十万余人筑卫朔
> 方，转漕甚辽远，自山东咸被其劳，费数十百巨万，府库益虚。①

战争或者开边活动虽然发生在边境，动员的却是全国的人力、物力，势
必给内地人民也带来沉重负担。而山东地区的人民，原本与朔方的战事
毫无关系。甚至巴蜀的百姓对于开拓邻近的西南夷都不支持。② 严安上
书汉武帝曰：

> 今欲招南夷，朝夜郎，降羌僰，略濊州，建城邑，深入匈奴，
> 燔其茏城，议者美之。此人臣之利也，非天下之长策也。今中国无
> 狗吠之惊，而外累于远方之备，靡敝国家，非所以子民也。③

"人臣之利"与"天下长策"的分歧，反映出帝王将相等统治阶层与承担义
务的人民之间，在利益与观念上不一致。疆域广大带来的结果是服役路
程的遥远，上引文中主父偃与司马迁都注意到"三十钟至一石""十余钟而
至一石"的问题，一钟等于六石四斗，可见长途运粮运输成本的惊人。④
不仅向边地，向中央的路途同样过于遥远。贾谊注意到，淮南之地的吏
民因为徭役往来长安太远，"自悉而补，中道衣敝，钱用诸费称此，其苦

---

① 《史记》卷30《平准书》，1421～1422页。"东至沧海之郡"，《汉书·食货志》
作"东置沧海郡"（《汉书》卷24下《食货志下》，1158页），更为准确。
② 《史记》卷117《司马相如列传》，3045页。
③ 《史记》卷112《主父偃列传》，2959页。
④ 劳幹通过研究汉代的陆路交通，认为汉朝不能越大漠而置郡县，转运之难
是最重要的原因。见劳幹：《论汉代之陆运与水运》，载《中央研究院历史语言研究所
集刊》第16本，1947，81页。

属汉而欲得王至甚"，愿意做诸侯之民、不愿做天子之民的大有人在。①
葛剑雄据此指出，有时分裂和分治比统一更受到民众的欢迎。② 甚至统
治集团中也有各种离心的因素，汉初各诸侯国自不待言，随着帝国的扩
张，外郡太守也被认为是对中央皇权的威胁。严安认为：

> 外郡之地或几千里，列城数十，形束壤制，旁胁诸侯，非公室之
> 利也。……今郡守之权，非特六卿之重也；地几千里，非特闾巷之资
> 也；甲兵器械，非特棘矜之用也；以遭万世之变，则不可称讳也。③

外郡就是边郡，④ 两汉之际以及东汉末年的历史证明，边郡太守的确可以
成为割据一方的力量，严安的忧虑深具远见。综上可见，大帝国内部原本
存在诸多不利于维持统一的因素，始终需要用极大力量去消弭或压制各种
离心倾向。因为中央集权大帝国的存在，百姓不得不承受一些原本与己无
关的义务。帝国幅员越辽阔，履行这些义务的难度和成本就越高。而且随
着疆域的扩张，边境地方政府的权力和实力也随之增强，从而提高了维持
集权统一的成本。如果这些成本超出了社会的承受力，维护统一和集权的
脆弱平衡就会被打破，就出现了汉代政论家所说的"土崩"之势。

其次，华夏帝国的扩张受到地理环境及与之相关的经济生态的制约。
如果将汉帝国的疆域画到一张分层设色的现代中国地形图上，我们会看
到一个非常有趣的现象。在汉武帝大举扩张之前，汉帝国的绝大部分郡
国都在地图上绿色的区域，也就是海拔 1000 米以下的地区。这里有个特
例，即关中盆地以北黄土高原上的北地郡、上郡，以及西边的陇西郡，
这几处虽然海拔较高，但由于黄土易于进行旱作农业，在新石器时代已
是仰韶文化分布的重要地区。经过周、秦二代的长期经营，这几处已成

---

①　《汉书》卷 48《贾谊传》，2261 页。

②　葛剑雄：《统一与分裂》，204 页，北京：生活·读书·新知三联书店，1994。

③　《史记》卷 112《主父偃列传》，2959～2960 页。

④　《汉书·宣帝纪》注引韦昭语曰："中国为内郡，缘边有夷狄障塞者为外郡。成
帝时，内郡举方正，北边二十二郡举勇猛士。"（《汉书》卷 8《宣帝纪》，241 页）

为大关中区的有机组成部分。但这几个郡也是与匈奴接壤的边境地带，秦长城贯穿其间，汉初力弱不能全守，只能保住故塞（即秦昭襄王长城）以内的部分。① 汉武帝时代的扩张，宏观来看，在西线，正是将国境向1000—1500 米海拔以上的地带推进。配合上气候干湿的因素，在北方和西北，汉的国境向原被匈奴、羌占据的较干旱的农牧交错地带或者牧区推进。而在以巴蜀为扩张基地的西南，扩张的方向是从盆地底部指向四沿高海拔的地区。在南方、东南和东北方向，汉朝征服的虽然不是高海拔地区，但无一不需要越过高山的阻隔以获得山那边的平原地带，在南方是越过南岭，在东北越过的是单单大岭。汉代的陆路交通靠车，对道路要求很高，故而秦汉都花很大投入修筑驿道。大道之外，交通即不方便。在有可通航的河流的情况下，大宗物资依靠水运，但溯流行舟需要人力畜力牵挽，同样代价高昂。② 总之，从低海拔地区向高海拔地区扩张，面临着交通方面逐级递增的巨大阻力。

交通上的阻力并非不能克服，军事行动往往能行险出奇，玉门关外的白龙堆及以西的戈壁沙漠区，可谓最不适合行军之地，然而李广利的军队仍能越过并打到大宛城下；卫青、霍去病数次绝漠出击，三路大军翻越南岭一举攻灭赵氏南越国，无不证明了这一点。从较长时段看，真正阻止汉帝国扩张步伐的，主要不是交通，而是地理变化带来的经济生态的差异。众所周知，长城一线是北方的农牧交错带的北线，长城的修建正是将农牧交错地带尽可能地圈了进来。③ 在汉代人看来，匈奴人逐

---

① 周振鹤：《西汉政区地理》，135 页。

② 劳幹：《论汉代之陆运与水运》，69～91 页。

③ 参看 Owen Lattimore, "Origins of the Great Wall of China: A Frontier Concept in Theory and Practice", *The Geographical Review*, 1937, 27(4), pp. 529-549. 白音查干：《最初人为农牧分界线的确立》，载《中国历史地理论丛》2000 年第 1 期，81～86 页。郑景云、田砚宇、张丕远：《过去 2000 年中国北方地区农牧交错带位置移动》，见《环境考古研究》第 3 辑，151～158 页，北京：北京大学出版社，2006。Nicola Di Cosmo, "The Origins of the Great Wall", *The Silk Road*, 2006, 4(1), pp. 14-19.

草随畜，射猎为生，"与中国殊章服，异习俗，饮食不同，言语不通"，"其地不可耕而食也，其民不可臣而畜也"。正因为如此，天地才在胡汉之间"隔以山谷，雍以沙幕"，以绝外内。① 因此汉对匈奴的战略目标，止于让单于俯首系颈于阙下，对于越大漠而置郡县，不仅是交通上力有不及，更重要的是从来没有被当作一个目标。班固所说的"其地不可耕而食"是一个重要标准，汉帝国只对可以耕而食的地区有兴趣。葛剑雄指出，各个汉族建立的中原王朝对自己疆域的要求基本上是以是否适宜农耕，是否能够生产足以养活当地居民的粮食为标准的。他据此分析汉朝在几个方向上扩张的成败，河西走廊、阴山以南、宁夏平原和湟水流域归入汉朝疆域后，得以稳定下来，是因为他们具有农业开发的条件，可以接纳大量移民和屯驻屯田军队，因而可以维持行政机构和军事力量的长期存在。而阴山以北、西域绿洲、闽中山地，在当时都不具备大规模发展农业的条件，不能供养行政机构和军队，也无法接纳大量移民，汉朝军队即使曾经征服那里，也不能设置常规的行政区，对闽越、东越故地还实行了徙民弃地的政策。② 在农业条件和交通状况都不理想的西南夷地区，汉朝虽设了郡县，但这些初郡无法收税，一切行政费用和吏卒都靠邻郡供给。③ 这种情况下，不得不维持当地原有的政治组织，王、侯、邑长等土官系统得以保持，事实上不过是一种羁縻式管理。成帝河平中，夜郎王兴与钩町王禹、漏卧侯俞尚能举兵相攻，夜郎王兴还能带着"邑君数十人"入见牂柯太守陈立，即说明了这一点。与是否农耕相关，

---

① 这是班固在《汉书·匈奴传》文末的赞论，但这种观点自西汉以来即很有代表性，详见下文（《汉书》卷 94 下《匈奴传下》，3834 页）。

② 葛剑雄：《论秦汉统一的地理基础》，见中国秦汉史研究会编《秦汉史论丛》第 6 辑，135～140 页，南昌：江西教育出版社，1994。因为有农业条件而得以维持的新疆域，还应包括岭南的交趾刺史部儋耳、珠崖以外的 7 郡。交趾"有骆田，仰潮水上下，人食其田"（《史记》卷 113《南越列传》司马贞《索隐》引《广州记》，2969 页），即说明此地已有成熟的农业。

③ 《史记》卷 30《平准书》，1440 页。

是否定居或者适宜定居也是帝国所看重的因素。以西南夷地区为例，对于完全"随畜迁徙，毋常处，毋君长"的巂、昆明未能置郡县，以"耕田有邑聚"的夜郎、滇、邛都所置的犍为、牂柯、益州、越巂四郡较为稳定地维持了下来，于"或土著，或移徙"的笮都、冉駹所置沈黎、汶山二郡，设置后终废为都尉，不能久存。可见纳入郡县体系的难易程度洽又与其定居程度相关。童恩正曾独具慧眼地发现中国从东北至西南有一条"边地半月形文化传播带"，它东起大兴安岭南段，沿长城一线向西直抵河湟地区，再折向南方，沿青藏高原东部直达云南北部，在这一地带中有大量考古学证据表明其文化的相似性和可能存在的传播关系。童先生进而指出，这种文化相似性或文化传播得以实现的条件，是这一地区在自然环境如地形地貌、温度湿度、农作物生长期、年降水量、植被类型等的全面接近，同时与此半月地带以南以东的地区形成巨大反差。因此这一地带就成为畜牧或半农半牧民族的繁衍生息之所，其边界如长城、岷山等自古以来就被看作隔绝华夷的天限。① 童先生的这一发现，有力地说明了地理环境和经济生态对华夏扩张的制约。

最后一个制约华夏帝国扩张的范围和效率的因素是原住人群的政治组织形态，这一点与其经济生态和定居程度有一定关系而又独立发挥作用。王明珂注意到，西北方高原河谷游牧的西羌为一个个分散的"部落"，出于森林草原地带的乌桓与鲜卑在进入中原之前大多集结为"部落联盟"，而蒙古草原游牧的匈奴则能建立其"国家"组织。这些不同的政治发育状态，也决定了汉帝国与他们的关系。例如，羌人政治组织的分散性，使得暂时的松散的部落联盟很容易被打败，但迷唐、滇吾等羌人豪酋被打败后，其麾下的众多部落、牧团可以选择离去，加入另一个联盟，投入另一场战争。因而汉帝国与羌人之间的战争是没有胜负和止境的。② 究

---

① 童恩正：《试论我国从东北至西南的边地半月形文化传播带》，原载《文物与考古论集》，17～43页，北京：文物出版社，1987；后收入《童恩正学术文集·南方文明》，362～393页，重庆：重庆出版社，1998。

② 王明珂：《游牧者的抉择：面对汉帝国的北亚游牧部族》，103、251页。

竟什么类型的政治组织形态更容易被整合进华夏帝国的体系，这是一个值得深入探讨的问题。

赵氏南越国的历史说明，最适合被整合的，莫过于一个较小型的华夏式政治体。相似的官僚制度、郡县制度甚至统治手段，都让它能够迅速地被吸收进汉帝国。最不适合被吸收的，则是分散的、序阶化不发达的政治体，甚至尚无稳定政治体的松散人群，这样的人群配合上深险的地理环境、非农耕非定居的生活形态，能够有效游离于帝国控制之外。① 因为缺少集中的政治组织，在秦汉文献中他们甚至无法被记录下来。魏晋以下，随着华夏活动范围的扩大，文献中才逐渐出现他们的形象，往往被描述为山精野人之类的异类。比如，南朝人邓德明笔下的"木客"就是这样的一群人：

> 木客头面语声亦不全异人，但手脚爪如钩。利高岩绝峰，然后居之。能斫榜，牵着树上聚之。昔有人欲就其买榜，先置物树下，随量多少取之。若合其意，便将去，亦不横犯也。但终不与人面对交语作市井。死皆知殡敛之，不令人见其形也。葬棺法，每在高岸树杪，或藏石窠中。南康三营代舡兵往说亲睹葬：所舞倡之节，虽异于世，听如风林汛响，声频[类]歌吹之和。义熙中，徐道覆南出，遣人伐榜以装舟舰。木客乃献其榜，而不得见。②

木客在《太平御览》中被归入"神鬼部"，说明这样的人群是较少为华夏所知的。他们藏身岩穴之中，不与人交语，以这种特殊的方式保持游离于帝国统治之外的地位。这条材料虽是六朝人所记载，可以推想汉代在广大山地中，这样富于神秘色彩的人群一定更广泛地存在。

介于这两个极端之间的，还有政治组织发育程度不等的各种人群，

---

① James C. Scott, *The Art of Not Being Governed*: *An Anarchist History of Upland Southeast Asia*, New Haven & London: Yale University Press, 2009, pp. 38-39.

② 《太平御览》(影印本)卷 884"鬼"条引邓德明《南康记》，北京：中华书局，3928 页。

他们的政治体介于无政治组织的松散社会与华夏式官僚制帝国之间，不妨称为中等规模政治体。如武陵蛮"有邑君长……名渠帅曰精夫。"①岭南的俚人，"往往别村各有长帅，无君主，恃在山险，不用王。"②这些人群的政治组织发育程度较低，大概平民之外只有一个层级。与之相比发育程度较高的有哀牢夷，他们有王，永平十二年(公元 69)哀牢王柳貌遣子率种人内属时"称邑王者七十七人"，可见至少有王、邑王两级政治组织。如其 51890 户 553711 口的人口规模夸张不大，则平均一个邑王管辖约 673 户 7191 口，其下还应有更基层的组织。③ 那么它已可算作一个复杂的"酋邦"了。④ 同样的酋邦级政治体还有滇和夜郎。童恩正根据考古材料论证了滇的政治规模及其酋邦属性，结论令人信服。⑤ 夜郎在南夷中最为大国，且早在汉武帝时唐蒙即言"闻夜郎所有精兵，可得十余万"，可见其政治组织的复杂程度绝不在滇之下。西汉征服西南夷地区后，在以百数的君长中，"独夜郎、滇受王印"，⑥ 意味着汉朝充分了解这两处的

---

① 《后汉书》卷 86《南蛮西南夷列传》，2829～2830 页。

② 《太平御览》卷 785"俚"条引《南州异物志》，3478 页。《南州异物志》作者为吴丹阳太守万震，详见向达：《汉唐间西域及海南诸国古地理书叙录》，见氏著：《唐代长安与西域文明》，566～567 页，石家庄：河北教育出版社，2001。刘纬毅的《汉唐方志辑佚》(44～51 页，北京：北京图书馆出版社，1997)收录其佚文，然未收此条。

③ 《后汉书》卷 86《南蛮西南夷列传》，2849 页。

④ "酋邦"是 20 世纪下半叶流行于西方人类学界的一个概念，由埃尔曼·塞维斯(Elman Service)在 1962 年提出。尽管学者多同意将酋邦定位为无首领社会和官僚制国家之间的一种政治体，但对其具体判定标准却众说纷纭。本章将哀牢夷的政治体归入酋邦，主要理由是它的人口规模、决策层级和酋长权威。据以判断酋邦的其他特征如公共工程、生存物资的再分配情况等，因文献缺乏无以判断。参看童恩正：《中国西南地区古代的酋邦制度——云南滇文化中所见的实例》，载《中华文化论坛》1994 年第 1 期，83～98 页。刘恒武、刘莉：《论西方新进化论之酋邦概念及其理论困境》，载《社会科学战线》2010 年第 7 期，71～77 页。

⑤ 童恩正：《中国西南地区古代的酋邦制度——云南滇文化中所见的实例》，载《中华文化论坛》1994 年第 1 期，83～98 页。

⑥ 《史记》卷 116《西南夷列传》，2994 页。滇王金印，有 1956 年出土于云南晋宁石寨山滇王墓的蛇钮金印为证(参看云南省博物馆：《云南晋宁石寨山古墓群发掘报告》，113 页，北京：文物出版社，1957)。夜郎王印至今没有考古上的证据。

政治体规模和复杂程度高于其他。

对于这些中等规模政治体，汉帝国保留了它们原有的政治结构，同时设置郡县，形成双轨制度。① 郡县长官不能直接治民，而只是对王、侯、邑长等起监督和沟通的作用。这些所谓"初郡"，实行的是"以其故俗治，毋赋税"②的政策，或者仅仅收取象征性的贡纳，以表达某种臣服关系。比如，汉初对南郡的蛮人，"其君长岁出赋二千一十六钱，三岁一出义赋千八百钱。其民户出㜓布八丈二尺，鸡羽三十鍭"；对巴郡的板楯蛮，"复其渠帅罗、朴、督、鄂、度、夕、龚七姓，不输租赋，余户乃岁入賨钱，口四十"；而东汉时永昌太守郑纯与哀牢夷人约，"邑豪岁输布贯头衣二领，盐一斛，以为常赋"。③ 这种羁縻式的统治，即使在政治上将初郡纳入帝国的版图，在财政上能调用的人力、物力资源仍极为有限，要以此为基地再向周围扩张，绝无可能。要让这样的地区成为可以正常征纳赋税徭役的正式郡县，通常需要循吏的移风易俗来改变其生产方式，再有追求政绩的暴吏设法增加其赋役负担，还要反复镇压由此引起的大大小小的反抗。这些需要经过相当长的时间。在成为正式郡县之前，这些地区只能看成是帝国的内部边缘。

过于松散的原住人群难以被有效统治，而已有的相当规模的政治体，虽然为间接统治创造了条件，却也成为建立直接统治的障碍。正是在这个意义上，原住人群的政治组织形态成为制约华夏帝国扩张的重要因素。

综上所述，华夏帝国的扩张主要受到三个因素的制约：一是集权帝国自身的动员成本和离心倾向；二是地理环境以及经济生态；三是原住人群的政治组织形态。这些因素往往综合发生作用，但在不同地区又各

---

① 参看方国瑜：《中国西南历史地理考释》第2篇，32～34页，北京：中华书局，1987。

② 《史记》卷30《平准书》，1440页。参看胡绍华：《一个被史学界忽视的问题：汉朝的初郡政策》，载《商丘师范学院学报》2006年第1期，58～62页。

③ 《后汉书》卷86《南蛮西南夷列传》，2841、2842、2851页。

有偏重。例如，面对北方和西北青藏高原的草原地带时，经济生态的障碍是主要的，而匈奴人的高度组织化带来的军事实力，或者西羌在政治上的破碎化带来的战而不胜，也发挥了阻碍作用。面对单单大岭以东的真番、临屯，以及玉门关外的西域绿洲诸国时，地理和交通的制约更为重要，与之相关是帝国无力从内部动员如此多的人力物力，汉伐大宛、隋征高丽都带来灾难性的后果，正说明这一点。对于西南夷地区，地理、交通同样有限制，但更重要的是当地原有的政治组织形态，决定了汉朝获得这一地区的方式，以及此后不得不实行间接统治的策略。然而农业文明已有的基础，加上双轨并行的制度，为郡县系统的扩张以及华夏移民的进入准备了充足空间，最终影响到这里的历史走向。华夏帝国的扩张，在西北、北方、东北、西南等版图上可见的外部边缘受到重重限制以后，迫切需要寻找一个突破口。这个突破口就是华南的山地丘陵地带，也就是鲁西奇所说的"内地的边缘"。

第三节　华夏帝国扩张的突破口：南方山地

　　本节所说的南方，是指秦岭—淮河一线以南、横断山脉以东的广大地区。这片区域又可宽泛地按水系划分为长江流域和珠江流域，它们的气候分别是亚热带和热带气候，农业以水稻为主，而由于动植物资源丰富，又长期存在农渔猎并重的生产形态。水网密布，交通中舟船的作用突出，这些都与黄河流域为中心的北方有显著区别。童恩正曾比较中国北方与南方史前文明发展轨迹的异同，指出新石器时代晚期南方出现了足以与北方相抗衡甚至更发达的文化，但华北经历中原龙山文化的酋邦社会以后，继续向国家发展，而南方的良渚文化和石家河文化在进入原始社会晚期以后，社会生产和社会组织的发展似乎处于停滞局面，并没有依靠自己的力量独立地进入文明，在北方政权到达南方为止，始终没有发展到国家。出现这种差异的原因，一是南方过于丰富的动植物资源降低了致力于农业生产的必要性，且水稻农业的扩展需要清除森林和建立灌溉系统，这是史前人类无法完成的；二是由于南方地形复杂多样，自然障碍将古代文化分割在一个个文化龛中，交往不便，又无强大的外部威胁，因而缺乏向国家过渡的动力。① 这两个原因，实际上在历史时期同样是塑造南方文明独特性格的关键。

　　春秋战国时期，长江流域出现楚、吴、越等抗衡中夏的大国，应该是在政治文化上与中原互动的结果，但也说明南方的社会经济取得了重大突破，《越绝书》所记吴地、越地的大量陂塘、水田当有所本。② 可是其规模不宜高估，在反映战国后期知识的《禹贡》里，扬州的土壤肥沃程度仍被定为下下，荆州则是下中。③ 直到汉武帝时代，司马迁仍将楚越之地描述为"地广人希、饭稻羹鱼，或火耕而水耨，果隋嬴蛤，不待贾而足，地埶饶食，无饥馑之患，以故呰窳偷生，无积聚而多贫。是故江淮以南，无冻饿之人，亦无千金之家"。④ 南方丰富的动植物资源带来的维生形式的多样性，使得需要大量人力投入的精耕细作的水稻种植业缺少发展的必要，而渔猎采集获得的产品大多只能果腹保暖，不能像谷物一样积累成财富。在中原人看来，这样的食物结构也是很不健康的，他们认为江淮以南的人都在疾病折磨中苟且偷生，故而丈夫早夭。《禹贡》作者和司马迁的这种偏见不仅代表中原人的立场，也与帝国政府的立场暗合。对于国家来说，最重要的不是当地有没有冻饿之人，而在于当地所生产的物品能否转化为可积累可转运的财政收入。⑤ 这种果腹偷生型的

---

　　① 童恩正：《中国北方与南方古代文明发展轨迹之异同》，载《中国社会科学》1994 年第 5 期。

　　② 李步嘉：《越绝书校释》卷 2《吴地传第三》，31 页，武汉：武汉大学出版社，1992；卷 8《地传第十》，200 页。

　　③ 顾颉刚：《禹贡注》，见侯仁之等编：《中国古代地理名著选读》第 1 辑，19 页，北京：学苑出版社，2005。

　　④ 《史记》卷 129《货殖列传》，3270 页。

　　⑤ James C. Scott, *The Art of Not Being Governed：An Anarchist History of Upland Southeast Asia*, p. 73.

原始经济显然不是政府所愿意看到的。① 重农是汉帝国明确宣称的国策，而各种劝农措施在中原核心区以外的农业传统淡薄的地区尤见成效。秦汉时期尤其是东汉以下，由于北方移民的进入、政府主导下水利工程的兴修、新的耕作技术和工具的推广，南方经济开发获得丰硕成果，这已得到学者的充分论证。② 从西汉到东汉，南方可统计的著籍人口有显著增长，考虑到东汉时期脱籍依附人口远多于西汉，实际的人口应当增长得更多。③ 公元 2 世纪初（汉安帝时期），朝廷曾两次大规模调集扬州、荆州的租米，赈济淮河流域及更北方的郡县，证明长江中下游的农业开发已达到较高水平。④ 这使接下来三国时代吴蜀凭借长江流域抗衡中原成为可能。

　　总之，南方的四川盆地、长江中下游平原、珠江三角洲还有大量沿水网分布的中小平原、河谷，经过有组织的开发，都可以成为高产的鱼米之乡。当北方农民因为人多地少备感艰难，或受到战火和饥荒折磨时，往往选择逃往地广人稀易于立足的南方。经过秦汉四百余年，华夏帝国的地方政府及其控制的编户，基本占据了南方农业条件最优越的地区，

---

　　① 在北方也是一样，侯旭东的研究反思了所谓的北方重农传统，指出这其实是从国家立场出发，长期教化的结果。秦汉时期，即使在华北，山林川泽中的渔猎采集活动也是重要的生计补充，而国家做出各种劝农的努力，设法让统治下的民众变成耕织为业的编户农民。参看侯旭东：《渔采狩猎与秦汉北方民众生计——兼论以农立国传统的形成与农民的普遍化》，载《历史研究》2010 年第 5 期，4～26 页。

　　② 参看牟发松：《火耕水耨与南方稻作农业的发展》，见黄惠贤等编：《古代长江中游的经济开发》，245 页，武汉：武汉出版社，1988；吴刚：《秦汉至南朝时期南方农业经济的开发》，载《上海社会科学院学术季刊》1991 年第 1 期，152～160 页；朱宏斌：《秦汉时期区域农业开发研究》，北京：中国农业出版社，2010。

　　③ 参看梁方仲：《中国历代户口、田地、田赋统计》甲表 11"后汉对前汉淮汉以南各郡国口数的比较"，52～53 页，北京：中华书局，2008。更能说明问题的是同书中的甲表 4"前汉元始二年各郡国人口密度"（26 页）和甲表 8"后汉永和五年各郡国人口密度"（37 页）的对比，北方各郡无一例外人口密度锐减，而南方的人口密度则有大幅度提高。这一方面反映了北方的脱籍依附人口远多于南方，另一方面也反映了南方的入籍人口确有很大增长。

　　④ 《后汉书》卷 5《安帝纪》，208、220 页。

并且沿主要水陆交通线建立了郡县，帝国的影响以城市为中心向周围地区辐射出去。

然而，平原和河谷只是南方的一小部分。根据现代地理学的统计，华中区（秦岭淮河至南岭之间，包括贵州高原）之内山地丘陵占总面积的80%左右。① 西南区的比例更高。根据不同研究需要，学者对山地的定义有广狭之分，现代地理学中最宽泛的定义是指起伏高度大于200米的地域。鲁西奇从历史地理学角度对南方山区这一"内地的边缘"做了较系统的研究，他指出历史时期人们观念中的山区可能范围更加宽泛，举凡地形崎岖、山岩遍布、可耕地较少的地区，均可称作"山地"或"山区"。山区应进一步区分出河谷低地和山坡、山体，后者还可细分为低山丘陵和中高山，山地的垂直地带性不仅表现在农业形态和社会形态的差别，也表现在纳入华夏体系的难易程度上。② 山上和山谷之间，有时自身就构成复杂的政治体系，如在东南亚高地所见到的，③ 而在古代中国这种政治关系因为华夏帝国的存在而更多了一层意义。

南方虽然山区面积广大，但河流众多，冲积平原错落其间，河谷和平原连接成或疏或密的交通网。与其说南方的平原地区被山地分割成一个个小块，不如说南方的山地被平原和交通线切割，再被圈进网络的网眼里（参看图2-1）。上文已说明，平原以及易于通行的主要交通线附近，都已成为华夏农民或移民占据的地区。交通线交汇的结点就是大大小小的城市，从州治、郡治直到县城、驿传。如许倬云所说，交通的网络承载着物资、人力、资讯的流通，因而同时也是经济体系与社会体系的骨

---

① 雍万里编：《中国自然地理》，234页，上海：上海教育出版社，1985。

② 鲁西奇：《南方山区经济开发的历史进程与空间展布》，载《中国历史地理论丛》2010年第4辑，31页脚注1。

③ 这方面较有影响的研究有：Edmund R. Leach, *Political Systems of Highland Burma*：*A Study of Kachin Social Structure*, Cambridge ［Mass］：Harvard University Press, 1954. 中译本见埃德蒙・R. 利奇：《缅甸高地诸政治体系——对克钦社会结构的一项研究》，杨春宇、周歆红译，北京：商务印书馆，2010。James C. Scott, *The Art of Not Being Governed*：*An Anarchist History of Upland Southeast Asia*.

架，这三重体系之上又衍生出政治体系与思想体系。① 简单来说，这是一个华夏的网络。按上文提出的疆域层次，南方山区所处实为第二层的网状地带。

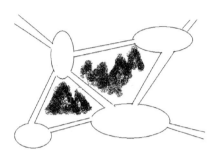

图 2-1 山地被华夏网络分割示意图

山地被华夏网络分割带来怎样的后果？不妨按照上文提到的限制华夏扩张的三个因素来做一番分析。首先，南方山区在网络包围之中，而不是像西北草原、朝鲜半岛等处在网络末梢之外。一片山区周围环绕着不止一个平原，也就有多个华夏势力聚集的城市中心，而且网络沿线意味着较为顺畅的人力、物资、信息流通，因而一旦该地区发生军事行动，邻近数郡的力量足以应付，转运也较为便利，不至于成为影响全国局势的大问题。汉代南方山地最活跃的化外人群莫过于武陵、长沙蛮，西汉时"虽时为寇盗，而不足为郡国患"，东汉号称"特盛"，而见于记载的最大叛乱人数不过二万人。针对他们的军事行动一般以一郡或周边数郡之力即可完成，常常还可用赏募的方式，用"善蛮"来平息叛乱，或"以恩信招诱"，基本没有出现全国扰动的现象。②

其次，山区本是农耕资源缺乏、人口密度小的地区，原本难以形成大规模的政治组织。加之华夏网络对山区进一步切割、分隔，使得建立高级政治体的条件难以具备。罗新总结道："过度稀疏的文化关联以及相

---

① 许倬云：《试论网络》，见《许倬云自选集》，30～31 页，上海：上海教育出版社，2002。

② 《后汉书》卷 86《南蛮西南夷列传》，2831～2834 页。

当封闭的古老传统，势必阻碍了超地域和长时期的南方土著民族政治体的出现，限制了土著族群的政治发育，使土著社会呈现零碎分散的状态。"①上节已提到，除西南云贵高原有酋邦级政治体外，其他南方山地尚无高级政治体。东汉时期，武陵蛮中渠帅称为精夫，仅《后汉书·南蛮传》所载，精夫即已数见。该传还提到"募充中五里蛮精夫不叛者四千人"，②在充中五里这样一个狭小地域，精夫且分为叛与不叛者，寻文义不叛者还应为复数，可见其政治组织的破碎化。按照斯科特的说法，山地人不仅逃离了平原的国家政治体，还设法杜绝在山中出现同样的建国进程。③他们基本属于中等规模政治体中发育程度较低的类型，但比起完全松散无组织的人群，仍多一点被帝国统治的可能。因而帝国愿意看到邑长、渠帅的存在，甚至有意扶植他们。无论巴郡南郡蛮还是长沙武陵蛮，都与秦汉帝国建立了纳贡关系，这种纳贡制度区分大人和平民，实际上是承认和强化了其内部等级的存在。《后汉书》言长沙武陵蛮"有邑君长，皆赐印绶，冠用獭皮"，传世和出土的印章中也发现诸如"汉归义賨邑侯""汉归义蛮邑长""汉叟邑长""汉叟仟长""汉夷邑君"等印，④这些印文充分显示了其政治组织内部的帝国影响力。在史料中也常能看到帝国官府征募"善蛮"来平"叛蛮"，过后都赏赐其渠帅金帛或其他财物，可见这种渠帅林立的政治组织，有利于帝国以郡县为单位进行分化和蚕食。

　　最后，再看地理环境和经济形态的因素。高山险谷是阻碍华夏军事力量进入的屏障，山中可耕地资源缺乏也是阻碍华夏进入的原因之一。然而南方山区有山必有水，溯河流而上往往有较平坦的路径入山，河流

---

　　①　罗新：《王化与山险——中古早期南方诸蛮历史命运之概观》，载《历史研究》2009 年第 2 期，11 页。

　　②　《后汉书》卷 86《南蛮西南夷列传》，2832 页。

　　③　James C. Scott, *The Art of Not Being Governed: An Anarchist History of Upland Southeast Asia*, pp. 211-216.

　　④　参看曹锦炎：《古代玺印》，93～94 页，北京：文物出版社，2002。另可参看熊谷滋三：《後漢の異民族統治における官爵授與について》，载《東方學》第 80 辑，1990，48～63 页。

沿岸的冲积台地经过开发还易于成为高产的水稻田。后来的史实说明，这些河谷开始大规模种植水稻、粟或麦等谷物的时期，正是华夏势力与蛮人剧烈冲突的时期，其结果是在六朝时这些河谷被逐渐开辟成为郡县。虽然这其中的曲折很多，但经济形态的变化，最终为政治上纳入华夏郡县体系创造了条件。

被华夏网络分割后，南方山区呈现出明显的经济不自足的特点。北方草原的游牧经济的不自足特点，已得到学者的普遍认可，[1] 但南方山地的这一特性，尚未得到充分重视。

在对现代山地族群做民族志研究时，学者已观察到这些族群与外界经济交换的普遍存在。如芮逸夫和凌纯声描述道："苗人不知经商，从前汉人携盐、布入苗寨贸易其土货，常有奸商欺骗苗人，时起纠纷，后官府禁止汉人入苗寨贸易，乃指定地点，兴立市场，每五日赶场一次……主要的商品为盐、布、牲畜、谷物等物。"[2] 虽然汉苗贸易常起纠纷，以至官府要禁止汉商入苗寨，但苗人仍不得不到市场与汉人贸易，说明盐、布等物苗人舍此一途无从获得。1943 年，林耀华在凉山考察夷家（今称彝族）时，也发现"夷人到汉城市镇购买货物，以盐、酒、布匹，以及其他日用品为大宗"。考察团在受到夷人款待之后，要斟酌答以布匹、食盐、剪子、镜子、针线等礼物。[3] 这些正是凉山彝人需要从外界获得的。李根蟠和卢勋通过对处于"原始农业阶段"的西南少数族群（主要在滇西南）的研究，发现"这些民族大抵都是以自己的土特产品（天然产品或以之为原料加工的手工业品）换取先进的生产工具（如砍刀、锄头及其原料——铁）和生活必需品（如盐巴、针线、布匹等），这对本民族的生产与生活的正常进行具有十分重大的意义。与外部先进民族的交换弥补了这

---

① 参看 Anatoly M. Khazanov, *Nomads and the Outside World* (2nd *Edition*), trans. Julia Crookenden, Madison : University of Wisconsin Press, 1994.

② 凌纯声、芮逸夫：《湘西苗族调查报告·上册》（影印版），72～74 页，台北：南天书局有限公司（原版：商务出版社，1947），1978。

③ 林耀华：《凉山夷家》，60～61 页，昆明：云南人民出版社，2003。

些民族内部分工与交换的不足，同时也抑制了这些民族内部分工与交换的发展，形成了这些民族在整个交换关系中的从属性与依赖性。"①利奇在缅甸也观察到，山中实行作物轮种的草地通垭区粮食收成很差，大量种植经济作物，这里的居民更倾向于和河谷村寨建立某种长期的经济和政治依存关系。②

山地民族在现代表现出经济上的从属性和依赖性，在古代他们的处境也与之类似。如上文所举民族志研究者观察到的，山地民族最迫切需要从外部获得的，是食盐、铁或铁器以及布匹，其中食盐更是重中之重。恰好在历史上，有关山地居民在食盐上的不自足性的文献也最为充分。

《南齐书·豫章文献王传》载刘宋末年蛮乱事：

> 时沈攸之责赕，伐荆州界内诸蛮，遂及五溪，禁断鱼盐。群蛮怒，西溪蛮王田头拟杀攸之使，攸之责赕千万，头拟输五百万，发气死。其弟娄侯篡立，头拟子田都走入獠中，于是蛮部大乱，抄掠平民，至郡城下。③

《资治通鉴》卷133"宋明帝泰豫元年"条所记略同：

> 攸之赕罚群蛮太甚，又禁五溪鱼盐，蛮怨叛。西溪蛮王田头拟死，弟娄侯篡立，其子田都走入獠中。于是群蛮大乱，掠抄至武陵城下。④

这两段史料常被学者引用，但其中"禁断鱼盐"一事，却未见有人深究。禁断鱼盐究竟是怎样的一种经济制裁？又为何会引起群蛮之怒？

---

① 李根蟠、卢勋：《中国南方少数民族原始农业形态》，294页，北京：农业出版社，1987。

② 埃德蒙·R.利奇：《缅甸高地诸政治体系——对克钦社会结构的一项研究》第二章，杨春宇、周歆红译，36～37页。

③ 《南齐书》卷22《豫章文献王传》，405页，北京：中华书局，1972。

④ 《资治通鉴》卷133"宋明帝泰豫元年"条，4172页，北京：中华书局，1956。

盐是人类生活中不可缺少的一种物资,不仅供给食用,也用作保存其他食物(鱼)的防腐剂,所谓"盐者食之急也"。① 但是盐并非到处都可以生产,大部分地区的盐需要靠贸易获得。湘西武陵山区没有盐源,早期盐源多来自巫山、郁山泉源,后期则多来自于海盐(淮盐)。乌江流域和沅水流域之间,食盐通过龚溪古道进入酉水,进而深入武陵山区腹地。② 唐代以前文献记载简略,除沈攸之的这一事件之外,武陵山区食盐的相关史实不详。但参唐代及其以后史实,有助于我们推想汉唐间的情况。研究者指出,唐代西南少数民族除少数地方产盐以外,大多靠交换得来。唐王朝及其地方官吏常常通过发放或赏赐盐的方式表示友好,以安抚西南少数民族。盐在唐王朝与西南民族的贸易中占有主导地位,且直接影响到民族关系的变化。③ 又如,《宋史·蛮夷传一》载:

> (咸平)五年(1002)正月……夔州路转运使丁谓言:"溪蛮入粟实缘边砦栅,顿息施、万诸州馈饷之弊。臣观自昔和戎安边,未有境外转粮给我戍兵者。"先是,蛮人数扰,上召问巡检使侯廷赏,廷赏曰:"蛮无他求,唯欲盐尔。"上曰:"此常人所欲,何不与之?"乃诏谕丁谓,谓即传告陬落,群蛮感悦,因相与盟约,不为寇钞,负约者,众杀之。且曰:"天子济我以食盐,我愿输与兵食。"自是边谷有三年之积。④

此后在天圣年间,宋廷任命溪州蛮彭仕端为溶州刺史时,也"加赐盐三百斤"。⑤ 五溪蛮人因为得不到盐而扰乱边境,因为得到盐而甘心输纳粮

---

① 汉章帝时尚书张林语,见《晋书》卷26《食货志》,793页,北京:中华书局,1974。

② 柴焕波:《武陵山区古代文化概论》,16~17页,长沙:岳麓书社,2004。

③ 卢华语等:《唐代西南经济研究》,233页,北京:科学出版社,2010。

④ 《宋史》卷493《蛮夷传一·西南溪峒诸蛮传上》,14174~14175页,北京:中华书局,1977。

⑤ 《宋史》卷493《蛮夷传一·西南溪峒诸蛮传上》,14178页。

谷，归顺宋廷。而宋廷在笼络蛮酋时竟然也以盐为赏赐物。这些都充分说明盐在北宋时期五溪蛮人的社会生活甚至政治生活中十分重要。联系上文所引凌纯声和芮逸夫的调查报告，可以说从六朝直到 20 世纪上半叶湘西山区居民的食盐始终需要与山外的华夏或汉族交换得到。

历史上食盐的流通方式大致在两种极端之间变换：一种是官产官卖，另一种是民间自由生产、自由运销，后者则常为地方豪族所控制。[①] 无论哪种，对于非华夏的山地居民来说，盐总是需要从华夏网络中获得。铁器、布匹等情况也类似。武陵山区没有盐矿，即使其他一些山区出产盐矿、铁矿，这些资源也往往被帝国所控制，不是山中居民所能据有。《三国志·蜀书·张嶷传》载："定莋、台登、卑水三县去郡三百余里，旧出盐铁及漆，而夷徼久自固食。嶷率所领夺取，署长吏焉。……遂获盐铁，器用周赡。"[②]该地在帝国势力尚未深入时，盐铁与漆的资源都由夷人掌握，但张嶷到任后，就用武力强行夺取这些资源，由此毁灭了当地夷人的经济基础，从而在政治上控制了他们。张嶷杀死夷豪的做法虽不寻常，但夺取盐铁资源应当是华夏地方政权常常进行的事情。《南齐书·蛮传》载："宋泰始以来，巴建蛮向宗头反，刺史沈攸之断其盐米，连讨不克。"[③]巴东、建平二郡在巫山巫峡一带，自古即是产盐之区。沈攸之竟然能断其盐米，说明即使在产盐区，盐的产销也处在官府的掌控之中。用盐来对夷人进行经济制裁，不是只有沈攸之一人。孙皓末年，合浦太守的部曲将郭马叛吴，广州牧滕修数讨不克，陶璜建议说，"南岸仰吾盐铁，断勿与市，皆坏为田器。如此二年，可一战而灭也。"[④]滕修采纳此计，果然破敌。再往前追溯，吕后即曾禁南越关市铁器，而南越国以战争的方式表达强烈反对。可见这一策略是华夏帝国所熟悉的，常常用以制敌。

---

① 郭正忠主编：《中国盐业史·古代编》第一章"上古至魏晋南北朝时期的盐业"（黄惠贤执笔），65～70 页，北京：人民出版社，1997。

② 《三国志》卷 43《蜀书·张嶷传》，1053 页，北京：中华书局，1959。

③ 《南齐书》卷 58《蛮传》，1008 页。

④ 《晋书》卷 57《陶璜传》，1559 页。

　　山地人群对平原的经济依赖，不仅在于需要从外界输入盐、铁等物品，而且山地经济本身即有面向市场的趋势。因为农耕地的不足，刀耕火种的粗放农业也不需要太多劳动投入，因而山民为补充生计，常需要从事多种营生。较常见的有伐木、织布、射猎、渔捞，甚至去山下庸赁为生。① 鲁西奇指出，唐宋以下，山区开发渐广，则有专事种植经济林木如杉树、茶叶者，唐韦处厚上疏云："山谷贫人，随土交易，布帛既少，食物随时，市盐者或一斤麻，或一两丝，或蜡或漆，或鱼或鸡，琐细丛杂，皆因所便。"②可见山民从事这些生产，很大程度上就是为了交换盐铁。

　　另一方面，由于山中有丰富的动植物、矿物资源，平原地区的商人也从中看到了机会。《南齐书》曾记载"建康民汤天获商行入蛮"。③ 陶侃任武昌太守时，曾于郡城东立夷市，大收其利。④ 但是后来有人建议他分兵镇守长江北岸的邾城时，

　　　　侃每不答，而言者不已，侃乃渡水猎，引将佐语之曰："我所以设
　　　　险而御寇，正以长江耳。邾城隔在江北，内无所倚，外接群夷。夷中利
　　　　深，晋人贪利，夷不堪命，必引寇虏，乃致祸之由，非御寇也。"⑤

"夷中利深，晋人贪利"，指的就是豪族富商将借机与夷人贸易，进而侵

---

　　① 《华阳国志》载，汶山郡"夷人冬则避寒入蜀，夏则避暑反落，岁以为常，故蜀人谓之作氏、百石子也"(常璩撰，任乃强校注：《华阳国志校补图注》卷3《蜀志》，185 页。"作氏"旧本皆为"作五"，任乃强据《太平寰宇记》引文改。"百石子"，任解"百石"为其一冬劳动所得之值)。同在川西北，20 世纪黎光明和王元辉在此做调查时，仍然看到高山上居住的猡猓子，"拖儿带女去松潘城里找苦工作的，每年不下七八百人"(黎光明、王元辉：《川西民俗调查记录1929》，王明珂编校，152 页，台北："中研院"历史语言研究所，2004)。

　　② 鲁西奇：《南方山区经济开发的历史进程与空间展布》，载《中国历史地理论丛》2010 年第 4 辑，38 页。韦处厚上疏见《唐会要》卷 59《度支使》，1017 页，北京：中华书局，1955。

　　③ 《南齐书》卷 25《张敬儿传》，474 页。

　　④ 《晋书》卷 66《陶侃传》，1770 页。

　　⑤ 《晋书》卷 66《陶侃传》，1778 页。

占夷人的物产，甚至掠卖夷人为奴。而"言者不已"，说明这一利益集团政治势力强大。可以说，华夷之间的经济联系是相互的，华夏一方也有与山民进行交换的需要。斯科特在研究东南亚高地河谷和山地之间的经济联系时，指出双方互相需要对方的自然资源和人力，但是相比之下，河谷邦国更依赖周围的山地人群。因为山地人群可以同时与几个河谷进行贸易，但河谷邦国可选择的范围要小得多。[①] 这种关系模式基本不适用于中国南方，大多数时候，平原处在更大的网络之中，物资流通更为顺畅，可以从多元渠道获得需要的物品。对于被分割在其中的山地来说，虽然四顾有不同的州郡县城，但它们竟都属于同一个网络，奉行同样的法令政策。当沈攸之以都督荆湘雍益梁宁南北秦八州诸军事、镇西将军、荆州刺史、持节的身份专制上游之时，他完全有力量对五溪禁断鱼盐。从这个意义上说，山地居民面对的是整个的华夏网络，而不是各自为政的小邦国，因此在两者的依赖关系中，山地一方明显处于弱势。

经济依赖以及在此依赖中的弱势地位，使"未沾王化"的山地人群难以真正封闭自存。他们必须与华夏网络及其背后的帝国进行各种交易、交往，在内部政治形势需要的时候，也会想到从帝国那里获取政治资源。频繁的经贸往来必然造就一个相当规模的双语人群，或许就是史书所称熟蛮的一部分，他们既承担了沟通任务，也成为文化上华夷难分的模糊边缘，使得华夷之间的边界保持开放和流动。

综合以上三个方面分析，可以看到被圈隔在华夏网络之中的南方山地，在政治上无法形成高级政治体，而呈现破碎、分立的局面；在经济上又严重依赖平原上的华夏经济网络，尤其以对盐、铁的需求为急切，因而陷入郡城县城为中心的经济圈中；而华夏需要对他们施压或者作战之时，又能借助畅通的华夏网络而便利地调配兵力和物资。于是，南方山地中的非华夏群体，就化解为以郡县为单位可以处理的地方性问题，

---

① James C. Scott, *The Art of Not Being Governed*: *An Anarchist History of Upland Southeast Asia*, p. 105.

这与史书中记载具体事件时皆以郡县名称冠于蛮前是一致的。开拓山区的河谷可耕地，转化山地居民成为官府控制的人口，成为东汉以来南方开发的主要趋势。另一个趋势是不断有著籍的平原华夏人口不堪重负而逃亡入山，成为新的蛮夷，为山地抗拒华夏化增加力量。正因为南方有大量等待开拓的土地，而且广大的山地为逃避战乱或赋役者提供了充足空间，汉代以来北方华夏南迁从未间断，随之华夏在南方占有的土地也不断增加。相比之下，西北和北方华夏的扩张受到多重限制，无法占有更多土地，只能不断诱使或强迫疆域之外的非华夏族群迁徙入塞，以占有更多人口，但陆续迁入的匈奴、乌桓、羌、氐等非华夏族群，完全转化为华夏编民需要很长时间，在转化完成之前他们的存在进一步增大了帝国北方疆域内人口构成的复杂性，稀释着华夏人口的在总人口中的比例。江统在《徙戎论》中所说"关中之人百余万口，率其少多，戎狄居半"，① 正是此种徙民政策长期积累的结果。北方的徕民与南方的扩地恰好形成联动，从较长时段看，华夏帝国在南北方扩张方式的差异成为"五胡乱华"、晋室南渡，以及南北朝数百年对峙并存的基础。

---

① 《晋书》卷 56《江统传》，1533 页。

第三章　帝国符号秩序中的夷狄

　　上一章已经说明，华夏秦汉帝国的出现固然是东亚政治文明的突破，但当它在向四周扩张疆域时，在征服和吸收与己殊俗的人群时，却遇到了种种限制，止步于相对稳定的边境一线，而边境线内外的"蛮夷戎狄"等人群仍将长期与华夏共存。华夏既不能消灭夷狄，也不能无视他们，于是转而施展文化诠释的手段，将蛮夷放进华夏帝国主导的符号秩序之中。所谓"符号秩序"，是指用一系列符号（sign）来表征的虚拟秩序，它通过安排符号之间的关系，表达一种对符号所指的现实存在的理想秩序的预期。符号秩序原本出于制定者的主观想象，然而一旦它被某种强大力量（如华夏帝国）承认而得以权威化，便不能不对现实世界产生影响。在最初支持它的政治力量消亡之后，权威化的文化观念往往能存续下来，后来的政权将经历对其适应、调整或改造的复杂过程。符号秩序成为沟通观念与现实、知识与制度的重要媒介。

第一节　帝国的角落：华夏帝国礼乐制度中夷狄的位置

　　无论华夷之辨采取怎样的立场，华夷二分是立论的前提。换言之，华夏文明中心的存在，需要由作为"非我族类"的他者的存在来凸显。王明珂曾指出，古代华夏通过强调出于华夏边缘的异族与华夏在文化与族群上的异质性，来实现我群的凝聚。[1] 这一观点当然是正确的，但同时

---

[1]　王明珂：《华夏边缘：历史记忆与族群认同》，198、204 页。

也不能忽视，华夏及其帝国从来没有将蛮夷戎狄看作与己无关的存在，两者间不只是对立的关系，也有相互依存相互构建的一面，异族不仅仅是殊俗的他者，还必须在华夏主导的帝国秩序中扮演特定的角色：侵略者、臣服者或朝贡者。华夏只有在华夷的相对关系中才有意义，在这一层面上，华夷又是一体的。夷狄不仅存在于帝国之外，它还是华夏文明世界不可或缺的一部分，不仅活跃于华夏实际的政治和外交中，还在华夏的天文图景、地理想象、礼乐制度中留下了深刻的印记。换言之，在华夏帝国主导的符号秩序中为夷狄设定了位置，这就是夷狄的符号化存在。这种存在基本不代表夷狄的意志，而是华夏单方主动进行的他者建构，华夏借此在符号秩序中实现了对夷狄的主宰。这种文化意义上的虚拟秩序，可以脱离政治和社会现实而存续，甚至可以被夷狄所掌握而成为他们变身华夏的重要阶梯。前贤对此关注较少，以下试做一说明。

在礼乐制度所展示的仪式化的帝国结构中，夷狄有不可忽略的位置。汉武帝登封泰山，立石三丈一尺，其辞曰："事天以礼，立身以义。事亲以孝，育民以仁。四守之内莫不为郡县，四夷八蛮咸来贡职，与天无极。人民蕃息，天禄永得。"[1]四夷八蛮的贡职无疑是太平盛世不可或缺的。这种政治观念，不仅在朝廷中奉行不疑，也以各种形式被"教化"给社会大众。北京大学藏西汉竹书《仓颉篇》"汉兼章"曰："汉兼天下，海内并厕。胡无噍类，菹醢离异。戎狄给賮，百越贡织。"[2]《仓颉篇》原为秦丞相李斯所做，递经多人多次修改，成为汉代广泛使用的识字教材，在多种汉简中均有发现，北京大学收藏汉简的《仓颉篇》字数最多，内容最详。"胡无噍类"以下四句，亦见于居延汉简及永昌水泉子汉简的七言《仓颉篇》。[3]此章对周边异族的区别对待，既反映秦汉时期的现实和愿景，也说明了在帝国秩序中夷狄需要扮演恰当角色的观念已为一般社会大众所共享。

---

① 《汉书》卷6《武帝纪》注引"应劭曰"，191页。

② 北京大学出土文献研究所编：《北京大学藏西汉竹书（壹）》，15页，上海：上海古籍出版社，2015。

③ 参看朱凤瀚：《北大汉简〈仓颉篇〉概述》，载《文物》2011年第6期，57～63页。

在这样的政治文化背景下，更可以理解王莽篡汉之前种种粉饰太平的表演中，包括了用尽手段营造四夷拜服的局面。诱西羌献地为西海郡成功后，王莽向太后上奏：

> 太后秉统数年，恩泽洋溢，和气四塞，绝域殊俗，靡不慕义。越裳氏重译献白雉，黄支自三万里贡生犀，东夷王度大海奉国珍，匈奴单于顺制作，去二名，今西域良愿等复举地为臣妾，昔唐尧横被四表，亦亡以加之。①

字面上夸耀的是太后的功德，其实王莽是在吹嘘自己的政绩。在王莽逐步走向皇位的过程中，蛮夷慕义成为其行为合法性的重要论据。其中"越裳氏重译献白雉"一项，是王莽"风益州令塞外蛮夷献白雉"而来，益州塞外夷或能献白雉，但绝无越裳国。古越裳国传说在交趾之南，王莽特意令益州蛮夷冒充越裳国，就是为了重演周公致越裳氏重九译之献的旧事。② 王莽处处模仿周公成功实现了禅让式的王朝更替，于是他自己也成为日后有志禅让者的模仿对象，后世的禅让礼仪无不遵循王莽开创的传统。③ 在魏晋以下的禅让礼仪及其之前的各种准备活动中，夷狄总是要被提到。曹丕受禅时，

> 公卿、列侯、诸将、匈奴单于、四夷朝者数万人陪位，燎祭天地、五岳、四渎，曰："皇帝臣丕敢用玄牡昭告于皇皇后帝：……丕

---

① 《汉书》卷 99 上《王莽传上》，4077 页。

② 《尚书大传》卷五《嘉禾》传载：交趾之南有越裳国。周公居摄六年，制礼作乐，天下和平。越裳以三象重九译而献白雉。曰：道路悠远，山川岨深，恐使之不通。故重九译而朝。成王以归周公，公曰："德泽不加焉，则君子不飨其质，政令不施焉，则君子不臣其人。吾何以获此赐也。"其使请曰："吾受命吾国之黄耇，曰'久矣天之无别风淮雨，意者中国有圣人乎。有则盍往朝之。'"周公乃归之于王，称先王之神。致以荐于宗庙。周既衰，于是稍绝。见王闿运：《尚书大传补注》，丛书集成初编，38 页，北京：中华书局，1991。

③ 参看杨永俊：《禅让政治研究——王莽禅汉及其心法传递》，北京：学苑出版社，2005。

> 震畏天命，虽休勿休。群公庶尹六事之人，外及将士，泊于蛮夷君
> 长，佥曰：'天命不可以辞拒，神器不可以久旷，群臣不可以无主，
> 万几不可以无统。'丕祇承皇象，敢不钦承。"①

策文中提到的匈奴单于即呼厨泉，他在东汉末建安二十一年(216)因入朝
被曹操扣留在邺城，此后基本丧失了在匈奴部众中的影响力，但仍然在
此仪式中充当了蛮夷慕义的重要象征。不仅郊天仪式中有匈奴单于和四
夷朝者，策文中还提到蛮夷君长的劝进。无独有偶，稍后刘备称帝时，
也对"皇皇上帝、后土神祇"说了同样的话：

> 备惟否德，惧忝帝位。询于庶民，外及蛮夷君长，佥曰"天命不
> 可以不答，祖业不可以久替，四海不可以无主"。率土式望，在备
> 一人。②

按刘备此文前面部分指责曹丕"载其凶逆，窃居神器"，至此句竟似抄袭
曹丕之文。合理的解释是，两文都有共同的范本，也就是王莽代汉时的
各种文告。这一传统延续下来，至晋武帝受魏禅，策文有：

> 炎惟德不嗣，辞不获命。于是群公卿士，百辟庶僚，黎献陪隶，
> 暨于百蛮君长，佥曰"皇天鉴下……"③

东晋元帝继位江左，虽受胡羯蹙迫，然亦有刘琨率鲜卑等劝进之事。自
此以下，宋齐梁陈之禅代，咸依魏晋故事，刘裕之策云：

> 加以殊俗慕义，重译来款，正朔所暨，咸服声教。……是以群
> 公卿士，亿兆夷人，佥曰"皇灵降鉴于上……"④

---

① 《三国志》卷2《魏书·文帝纪》裴注引《献帝传》，75页。
② 《三国志》卷32《蜀书·先主传》，889页。
③ 《宋书》卷16《礼志三》，423页。
④ 《宋书》卷16《礼志三》，425～426页。

萧道成之文曰：

> 辞德匪嗣，至于累仍，而群公卿士，庶尹御事，爰及黎献，至
> 于百戎，佥曰"皇天眷命……"①

在以上策文中，敦促他们应天顺人的始终包括蛮夷。至于陈霸先，情势
与前代有别，在郊天策文中仅言：

> 霸先自惟菲薄，让德不嗣，至于再三，辞弗获许。佥以百姓须
> 主，万机难旷，皇灵眷命，非可谦拒。……告类上帝，用答民
> 心……②

竟未提及蛮夷。陈霸先的功业建立在平定侯景之乱以及成功抵御北齐的南
侵之上，在梁敬帝禅位的诏、策、玺书中，屡屡提到"獯羯丑虏，三乱皇
都，……薄伐猃狁，六戎尽瘥"，"灭陆浑于伊、洛，歼骊戎于镐京，大小
二震之骁徒，东南两越之勃寇，遽行天讨，无遗神策"③等，强调的是对
夷狄的征服和消灭。可能因为有这种特殊的语境，蛮夷不宜在郊天策文
中扮演劝进的角色，只能从反面用被征服来表示天命对新天子的眷顾。④
　　十六国诸政权都在戎马倥偬之际草草称王称帝，刘、石、慕容以外
多无暇行南郊之礼，而且他们都没有采用禅让的形式，即使有告天策文
恐怕也是另一种形式。刘渊为坛于南郊，对外下令仅言"猥为群公所推，
绍修三祖之业"，⑤ 一边贯彻他称汉以怀人望的策略，一边似乎有意省略
了夷狄的推戴。作为南匈奴的首领，他受夷狄推戴是不言自明的，反而

---

　①　《南齐书》卷 2《高帝纪下》，31 页。

　②　《陈书》卷 2《高祖纪下》，32 页。

　③　《陈书》卷 1《高祖纪上》，23～24 页。

　④　与南朝其他几个开国皇帝不同，陈霸先称帝时面临着很大的合法性危机，
化解危机的做法也更加复杂。参看牟发松：《陈朝建立之际的合法性诉求及其运作》，
载《中华文史论丛》2006 年第 3 期，213～233 页。

　⑤　《晋书》卷 101《刘元海载记》，2649～2651 页。

要有意掩盖夷狄的身份以争取华夏的民心。十六国见于记载的即位文告仅此而已。北朝的记载也不如南朝详细，北魏拓跋珪称帝之时，华夏礼仪尚未整备，可以不论。高洋受禅时告天策文的相应位置是"群公卿士，八方兆庶，佥曰皇极乃顾于上……"①其中"八方"也算隐约包括了四裔的夷狄，而此文稍前追述高澄的功绩时，写道：

> 文襄嗣武，克构鸿基，功浃寰宇，威稜海外，穷发怀音，西寇纳款，青丘保候，丹穴来庭。②

穷发，语出《庄子·逍遥游》，指极北不毛之地；③ 青丘为海东之国；④《尔雅》云"戴日为丹穴"，远在南方；⑤ 西寇则实指关中的西魏，与三者并列，降为夷狄。这与王莽和陈霸先的策文写法一样，都是用夷狄的慕义行动来论证新政权的合法性。北周闵帝与隋文帝即位策文，《周书》《隋书》不载，从北周静帝逊位诏书中"八极九野，万方四裔，圆首方足，罔不乐推"⑥来看，郊天策文的文句虽未可知，精神当无差别。要之，华夏或者自居华夏的帝国在改朝换代之际，需要论证受天明命的合法性之时，一般都要举出夷狄的推戴或者对夷狄的征服来作为证据之一。如果说"天视自我民视，天听自我民听"表达了一种原始的民本理想，那么从郊天策文中模式化的劝进角色来看，在华夏的理想政治图景中，蛮夷对于华夏天子的当选，似乎也有宝贵的一票。

根据同样的逻辑，帝国朝廷日常的礼乐制度也将夷狄纳入其中。晋武帝时所定的元会礼仪《咸宁注》中，即有"匈奴南单于子"与公、特进、

---

① 《北齐书》卷 4《文宣帝纪》，50 页。
② 《北齐书》卷 4《文宣帝纪》，49～50 页。
③ 郭庆藩：《庄子集释》卷 1 上，王孝鱼点校，1～15 页，北京：中华书局，1961。
④ 司马相如《子虚赋》云"秋田乎青丘"，《史记正义》引服虔云："青丘国在海东三百里."见《史记》卷 117《司马相如列传》，3014～3016 页。
⑤ 《尔雅·释地》，见《十三经注疏》，2616 页。
⑥ 《隋书》卷 1《高祖纪上》，12 页。

金紫将军同列奉璧皮帛朝拜的详细仪式，后面还有"昼漏上水六刻，诸蛮夷胡客以次入，皆再拜迄，坐"的记载，说明匈奴之外的其他蛮夷也参与到元会仪式之中。① 据傅玄《元会赋》，咸宁的元会礼仪是"考夏后之遗训，综殷周之典艺，采秦汉之旧仪，定元正之嘉会"，② 那么汉代很可能已经形成让夷狄参与元会的制度。另外，《咸宁注》中的"匈奴南单于子"是何人？根据陈勇的计算，南匈奴虚连题氏最后一位可知的单于呼厨泉此时已年过百岁，还活着担任单于的可能性不大，而在他之后的继任者史无明文。③ 自称于扶罗单于之子的左部帅刘豹此时掌握着五部的实权，"并为一部"，④ 但也没有他自称或被封为单于的记载。其子刘渊自咸熙年间已为任子在洛阳，直到咸宁初树机能之乱时仍在洛阳。"匈奴南单于子"有可能是刘渊吗？这个问题一时无法定论，但《咸宁注》的这条被忽视的材料无疑值得注意。

在乐制中，据传春秋时鲁国已经将蛮夷之乐陈于太庙，《礼记·明堂位》言："昧，东夷之乐也。任，南蛮之乐也。纳夷蛮之乐于大庙，言广鲁于天下也。"⑤时至汉代，对帝国典礼中的夷狄乐有了更详细的说法，《白虎通·礼乐篇》云：

> 所以作四夷之乐何？德广及之也。……故东夷之乐曰《朝离》，南夷之乐曰《南》，西夷之乐曰《昧》，北夷之乐曰《禁》。……谁制夷狄之乐？以为先圣王也。先王推行道德，调和阴阳，覆被夷狄。故夷狄安乐，来朝中国，于是作乐乐之。……王者制夷狄乐，不制夷狄礼，何也？以为礼者，身当履而行之，夷狄之人，不能行礼；乐者，圣人作为，以乐之耳。……谁为舞者，以为使中国之人，何以

---

① 《宋书》卷14《礼志一》，343～344 页。

② 《宋书》卷14《礼志一》，343 页。

③ 陈勇：《去卑监国的败局与刘豹世系的造伪》，见氏著《汉赵史论稿——匈奴屠各建国的政治史考察》，100 页，北京：商务印书馆，2009。

④ 《三国志》卷 28《魏书·邓艾传》，776 页。

⑤ 《十三经注疏》，1489 页。

言之？夷狄之人礼不备，恐有过误也。①

这是一个非常华夏中心的说法。四夷之乐被演奏于华夏帝国的宫廷，反映的是帝王的道德广大，故四夷悦服而献其乐舞。然而华夏精英们又认为只有圣王才能制礼作乐，因而四夷之乐也是先圣王为夷狄而制作的，用以教化他们。所以夷狄乐变成了"中国"为四夷所作之乐，且舞蹈者也是"中国"之人。这个矛盾说法表明，四夷乐进入华夏的乐典很早，随其他类型的乐舞一起传而至汉代，遂被认为是华夏固有的音乐，但其风格又有明显的特色，所以被想象成圣王为夷狄所制作的乐舞。音乐舞蹈与礼仪不同，需要不断吸收新的元素以获得发展，战国时魏文侯坦言"寡人听古乐则欲寐，及闻郑卫，余不知倦也"。② 音乐无国界、族界，越是异域新声，越有愉悦耳目的诱惑力。汉代华夏已采用了很多来自夷狄的乐器如羌笛、胡笳等，乐舞系统中亦列有羌胡诸杂舞、巴渝舞等。魏晋以下，失去生命力的雅乐常常面临失传的危险，因而不得不经常补入新制的乐曲而逐渐改变其性质，如北魏的所谓"秦汉乐""洛阳旧乐"就是名实不副的西凉乐。③ 实用性较强的燕乐更是不断吸纳周围的"四夷乐"而获得新生，北周灭北齐后，燕乐有龟兹、疏勒、安国、康国、天竺、高句丽/百济、西凉七部伎乐，统称"国伎"。隋炀帝加入得自南朝的清乐、礼毕二部，以为九部乐。唐太宗以讌乐替换礼毕一部，又加入高昌乐一部，是为十部。④《唐六典》所谓"凡大燕会，则设十部之伎于庭，以备华夷"。⑤ 这

---

① 班固撰集，陈立疏证：《白虎通疏证》卷 3，吴则虞点校，107～111 页，北京：中华书局，1994。

② 《汉书》卷 22《礼乐志》，1042 页。

③ 《隋书》卷 14《音乐志中》，313～314 页。

④ 杜佑：《通典》卷 146《乐典四》"四方乐"，王文锦等点校，3725～3726 页，北京：中华书局，1988。

⑤ 李林甫：《唐六典》卷 14"太常寺太乐令"条，陈仲夫点校，404～405 页，北京：中华书局，1992。

里面即使得自南朝的清商乐，也多杂有"江南吴歌、荆楚西声"，① 故而所谓"备华夷"，若以汉代的标准来看，则全部都是夷乐了。自视为天下中心的华夏帝国不排斥夷乐，反而如《白虎通·礼乐篇》所说，以备诸四夷之乐为圣王德广及于四方的根据。这也反映出华夏构想的帝国秩序中必须有四夷的位置。

不仅华夏的音乐和舞蹈中大量吸收四夷的元素，在正统的雅乐歌词中，也有许多涉及夷狄的内容。比如，泰始五年（269）荀勖所作《正旦大会行礼歌》中《明明》一章曰：

> 明明天子，临下有赫。四表宅心，惠浃荒貊。柔远能迩，孔淑不逆。来格祁祁，邦家是若。②

如上文所述，正旦大会有蛮夷胡客在场，像这样的歌词既是对实景的赞颂，也同样含有宣传和教化的意义。而同作者的《食举乐东西箱歌十二章》之《时邕》一章所举更为具体：

> 时邕份份，六合同尘。往我祖宣，威静殊邻。首定荆楚，遂平燕秦。娓娓文皇，迈德流仁。……既戡庸蜀，吴会是宾。肃慎率职，楛矢来陈。韩濊进乐，均协清《钧》。西旅献犂，扶南效珍。蛮裔重译，玄齿文身。我皇抚之，景命惟新。③

肃慎、韩濊等，既涉古典，又合于现实，更值得注意的是"既戡庸蜀，吴会是宾"一句。泰始五年，蜀早被灭，吴尚未平，联系当时的历史情境来看，庸蜀、吴会明显是指蜀、吴二国。将二国与肃慎、韩濊等并列，是亦作蛮夷看待，借此可以将三国的鼎立化为华夷之间的对立，从而为尚未统一九州的晋朝增加合法性。换言之，这意味着晋以及此前的魏，继承的是整个

---

① 杜佑：《通典》卷142《乐典二》"历代沿革下"，王文锦等点校，3614 页。
② 《宋书》卷20《乐志二》，583 页。
③ 《宋书》卷20《乐志二》，586 页。

的汉朝，而不是三分之一的天下，吴蜀只是化外蛮夷，可以存而不论。这一手段在以后的多政权并立时代被广泛采用，前文提到的北齐高洋受禅策文的"西寇纳款"也是一例，不过最著名的例子还是北朝称南朝为"岛夷"，钱锺书又举出南北朝时许多其他例子。[①] 另一方面，蛮夷蜀国的被征服，吴国的主动宾服，以及更遥远的肃慎、扶南等重译来修职贡，正是晋天子受天明命的极好证明。类似的歌词还有很多，此处不一一赘举。

到了梁代，还出现了将各国使臣绘成图像，并附题记说明其国概况及朝贡记录的画卷，称为《职贡图》或《贡职图》。目前所知最早的《职贡图》作者是萧绎，他所绘制的《职贡图》尚有摹本残卷存世。[②] 萧绎为《职贡图》作序云：

> 皇帝君临天下之四十载，垂衣裳而赖兆民，坐岩廊而彰万国。梯山航海，交臂屈膝，占云望日，重译而至焉。[③]

作《职贡图》无非也是为了赞颂皇帝德化及远，受到中国之外的推戴。《职贡图》经萧绎首创，遂成为历代王朝竞相沿袭的成例，如王素所说，千余年内作者甚多。综上所述，在礼乐制度所展示的符号化的帝国结构中，在华夏统治者为自己进行的合法性论证中，夷狄都是一个不可忽略的元素。

第二节 星空中的华夷秩序：两汉至南北朝时期有关华夷的星占言说

一、天文星象中的帝国符号秩序

自秦汉以来，天文星象中一直留有对应夷狄的位置。星象对应人事

---

① 钱锺书：《管锥编》二三七"华夷之辨"条，2309～2313 页。
② 参看金维诺：《"职贡图"的时代与作者——读画札记》，载《文物》1960 年第 7 期，14～17 页。王素：《梁元帝〈职贡图〉新探——兼说高昌国史的几个问题》，载《文物》1992 年第 2 期，72～80 页。
③ 《艺文类聚》卷 55《梁元帝职贡图序》，996 页。

的观念先秦已经出现，到了汉代，战国时"凌杂米盐"般零碎的星占知识被综合起来，放进天人感应思想和阴阳五行的框架内，形成一个较为系统完整的学说。如《汉书》所言："凡天文在图籍昭昭可知者，经星常宿中外官凡百一十八名，积数七百八十三星，皆有州国官宫物类之象。"①地上有皇宫，天上有紫宫；地上有皇帝和三公，天上就有太一和其旁三星；地上有州郡列国，天上的二十八宿便各自分野，与之对应。天界与人间就这样被放到了同构的符号秩序之中，或者说，汉代人观察的星空，不过是华夏帝国在天上的投影。② 在帝国秩序的投影中，夷狄也扮演着不可或缺的角色。司马迁很清楚地描述了这种对应关系：

> 及秦并吞三晋、燕、代，自河山以南者中国。中国于四海内则在东南，为阳；阳则日、岁星、荧惑、填星；占于街南，毕主之。其西北则胡、貉、月氏诸衣旃裘引弓之民，为阴；阴则月、太白、辰星；占于街北，昴主之。……是以秦、晋好用兵，复占太白，太白主中国；而胡、貉数侵掠，独占辰星，辰星出入躁疾，常主夷狄：其大经也。③

---

① 《汉书》卷 26《天文志》，1273 页。

② 关于汉代的分野是以"中国"作为对应"天上"的"天下"的论述，可以参看曾蓝莹：《星占、分野与疆界：从"五星出东方利中国"谈起》，见甘怀真编：《东亚历史上的天下与中国概念》，181～205 页，台北：台湾大学出版中心，2007。关于中古时期天文学的政治意义，参看赵贞：《中古"天文"政治意义略说》，见《中国中古史研究》第 9 期，135～171 页，台北：兰台出版社，2009。

③ 《史记》卷 27《天官书》，1347 页。以下简称《天官书》。美国学者狄宇宙（Di Cosmo）注意到了《史记》将内亚游牧民族纳入占星学的问题，在《古代中国及其敌人》一书中设专章进行了讨论。他认为，司马迁的目的在于提供一种方法，使北方游牧民族的历史与华夏的历史连成一体。参看 Nicola Di Cosmo, "Taming the North: The Rationalization of the Nomads in Ssu-ma Ch'ien's Historical Thought", in *Ancient China and its Enemies: The Rise of Nomadic Power in East Asian History*, Chapter 8, Cambridge: Cambridge University Press, 2004, pp. 294-311. 中译本见狄宇宙：《古代中国与其强邻：东亚历史上游牧力量的兴起》，贺严、高书文译，350～368 页，北京：中国社会科学出版社，2010。由于中译本的译文有多处影响理解的翻译错误，本书引用以英文本为主。

此处街南、街北的街指天街二星,在昴、毕二宿之间,后人概括为"天街分中外之境"①。之所以用此二星作为分界,是因为黄道恰好从天街二星之间穿过。② 古代所说的黄道是太阳周年视运动在恒星背景中的轨迹。古人认为月和金木水火土五星也应从此道出入,否则将有祸福之变,故称之为"三光之常道"。③ 以天街二星作为分界,事实上就是以黄道作为分界。这条天空中最重要的线,被比作华夏帝国与引弓之民而非其他方向的异族的分界线,足见北方引弓之民在华夏心目中的重要位置。扬雄说唯北狄真为中国之坚敌,"三垂比之悬矣,前世重之兹甚",可以与此互相印证。④司马迁这段话似乎给人一个以昴毕之间中分阴阳的星宿图

① 语出张渊《玄象赋》,见《魏书》卷 91《术艺·张渊传》,1947 页。

② 《史记索隐》引孙炎曰:"昴、毕之间,日、月、五星出入要道,若津梁也。"(《天官书》,1306 页)《隋书》卷 20《天文志中》言:"昴毕间为天街,……黄道之所经也。"(546 页)

③ 由于太阳系九大行星公转轨道具有共面性、同向性和近圆性,行星在恒星背景上的相对移动基本是沿着黄道进行的。但各行星的轨道面都不完全与黄道重合,近圆而实为椭圆,虽同向而角速度不等,加上黄道面本身也不是规则的平面,所以行星视运动的轨道不与黄道完全重合,时而在南时而在北,并能呈现出顺行、逆行、留等复杂形态。开普勒第一次找到解释行星运动的正确方法,而准确的运动轨迹直到 20 世纪才得到完美的计算(参看《中国大百科全书·天文学卷》"行星"条,475~477 页;"行星的视运动"条,485~487 页,北京:中国大百科全书出版社,1980)。古人已经发现月亮和五星不完全在黄道上运行,但将此视作非常情况,所谓"日月五星不以道,必有贼"(《开元占经》卷 65"东西咸占"条引郗萌语)。并以此与背景恒星相联系提出种种占星学说。

④ 《汉书》卷 94 下《匈奴传下》,3815 页。六百多年以后的颜之推对此提出质疑,他说"昴为旄头,匈奴之次;西胡、东越,雕题、交阯,独弃之乎?"(颜之推撰,王利器集解:《颜氏家训集解》卷 5《归心》,344 页,上海:上海古籍出版社,1980)联系《天官书》写作的时代,这一疑问不难回答。如第一章中所指出的,汉代的扩张受阻于北方草原的匈奴,而在东南、南方、西南都能顺利推进。在南越、朝鲜、西南夷陆续平定之后,可以与汉帝国分庭抗礼的敌国唯有匈奴,为之单独划出昴宿在情理之中。另外,《天官书》言"越之亡,荧惑守斗,朝鲜之拔,星茀于河戍,兵征大宛,星茀招摇",并非没有对应南越、朝鲜等的星象。至东汉以下,南蛮、西南夷势力渐起,足为州郡之患,于是在《续汉书》以及《宋书》《晋书》的天文志中多有与之对应的星象。颜之推的质疑并不成立。

景，可事实上并非如此，《天官书》所记二十八宿中，对应引弓之民的唯有昴宿，而且昴宿尚有其他的星象意义（详后文），但几乎所有的星宿都与华夏帝国相联系，毕宿只是代表其中与边境事务有关的星宿之一。统观《天官书》所载的全天星宿及其星象意义，可以发现，一方面昴宿昭示了匈奴等北方夷狄在星象所表示的符号秩序中拥有永恒的位置；另一方面，这又是一个边缘的位置，与昴宿相关的人群只能是非华夏的北狄。夷狄在星象的符号秩序中既是常存的，又是边缘的，华夷之间主次分明，这反映了华夏主导的符号秩序中华夷之辨的基本精神，也成为夷狄在接受华夏文化以后必须面对的棘手问题。

二、昴为胡星的由来

昴在天空中标明了夷狄的位置，然而在二十八宿中，何以唯独昴主引弓之民呢？《天官书》给出的理由是"昴曰髦头，胡星也"。[1] 昴曰髦头，大约是因读音相近产生的联系。曾侯乙墓出土漆箱上的天文图写有二十八宿名称，其中昴被写作"茅"[2]，《睡虎地秦简·日书》中则写作"茅"或"卯"，[3] 说明昴作为一个指代星宿的符号，其读音比字形更加稳定，通过读音与另一事物联系起来是十分自然的。那么髦头是什么？又如何与胡星相关？

"髦头"又写作"旄头"，[4]《汉官仪》曰："旧选羽林为旄头，被发先驱。"[5]可知汉制天子仪仗中有旄头，此制度又继承自秦，楚汉相争时已有旄头公孙戏。[6] 但仪仗中的旄头究竟何义，到西晋时已经众说纷纭。《宋书·礼志五》载：

> 晋武尝问侍臣："旄头何义？"彭推对曰："秦国有奇怪，触山截

① 《天官书》，1305 页。
② 参看裘锡圭：《谈谈随县曾侯乙墓的文字资料》，载《文物》1979 年第 7 期，30 页。
③ 见睡虎地秦墓竹简整理小组《睡虎地秦墓竹简》，188、192、236、237 页。
④ 《汉书》卷 26《天文志》录此条即为"昴曰旄头"，1278 页。
⑤ 《后汉书》卷 1 下《光武帝纪下》，李贤注引《汉官仪》，79 页。
⑥ 《汉书》卷 99 上《王莽传上》，4061 页。

水，无不崩溃，唯畏旄头，故虎士服之，则秦制也。"张华曰："有是言而事不经。臣谓壮士之怒，发踊冲冠，义取于此。"挚虞《决疑》无所是非也。徐爰曰："彭、张之说，各言意义，无所承据。案天文毕昂之中谓之天街，故车驾以罼罕前引，毕方昂圆，因其象。《星经》，昂一名旄头，故使执之者冠皮毛之冠也。"①

徐爰认为车驾中的旄头是模拟天文而来，当是出于臆测，事实可能正好相反。但从徐爰的话中可以知道旄头是"冠皮毛之冠"，这应该是刘宋仪制的实情。唐贞观三年(629)时，西南边地的东谢首领(谢)元深入朝，冠乌熊皮冠，《通典》云"若今之旄头"。② 看来至少从刘宋到唐代，仪仗中的旄头一直是戴着皮毛冠的武士形象。然而这并不表示最初的旄头就是戴皮毛冠的。

从上面引文来看，仪仗中的旄头究竟源于何物，代表什么意义，晋武帝朝中饱学的大臣们已然众说纷纭。其中彭推的解释来自一个流行的传说，魏文帝《列异传》载：

> 秦文公时梓树化为牛，以骑击之，骑不胜，或堕地髻解被发，牛畏之，入水，故秦因是置旄头骑，使先驱。③

这一故事旨在解释集华夏衣冠文明之精华的秦汉天子仪仗中，何以会出现披发的先驱者。值得特别注意的是，旄头在此处不是戴着皮毛冠的人，而是指披散头发的骑士，这应该是旄头更原始的所指。汉代的旄头"被髪前驱"，或者"髪正上向而长衣绣衣"，④ 总之是散露头发，不缩髻不戴冠弁的。我们不难想到，披发正是华夏心目中戎狄的显著标志。据说周平

---

① 《宋书》卷18《礼志五》，500页。
② 《通典》卷187《边防三·南蛮上》"东谢"条，王文锦、王永兴等点校本，5049页，北京：中华书局，1998。
③ 《后汉书》卷1下《光武帝纪下》，李贤注引《列异传》，79页。
④ 《汉书》卷65《东方朔传》颜注引"应劭曰"，2862页。

王东迁时，辛有在伊川看到"被髮而祭于野者"，感叹"不及百年，此其戎乎"！① 孔子曰"微管仲，吾其被发左衽矣！"可见春秋时期人们已经习惯将披发与戎狄联系在一起。班固对匈奴的概括"被发左衽，人面兽心"，② 既是用典，也表明秦汉时期华夏心目中匈奴的形象特征依然是披发。③ 与此故事吐露的信息相一致，其他史料也证明天子仪仗中披发的旄头并非周制，而是来自秦国的，④ 秦人开拓关中，兼并西北异族的势力，"霸西戎"，征服的过程中也不免吸收一些异族的文化，常被东方诸国视同戎狄。仪仗中的旄头、毕网很可能是来自西戎的文化元素。另一方面，星占学中昴-旄头与胡的对应，与其推测它同样来自秦国，毋宁说更有可能是东方六国星占家的发明。太史公司马谈学天文于唐都，⑤ 而唐都与战国时的甘公、石申夫之间，有着传承与发扬的关系。⑥《天官书》关于昴

---

① 《左传》僖公二十二年，见杨伯峻：《春秋左传注》，393～394 页。

② 《汉书》卷 94 下《匈奴传下》，3834 页。

③ 邢义田比较了文献和图像中的胡人形象，指出"披发"是文献中惯用的刻板描写，在图像资料中胡人更多以头戴尖顶帽的形象出现。不过，霍去病墓前的"马踏匈奴"雕像里，马下的胡人就是披发而多须的。见邢义田：《古代中国及欧亚文献、图像与考古资料中的"胡人"外貌》，收入氏著《画为心声：画像石、画像砖与壁画》，197～314 页，北京：中华书局，2011。

④ 《宋书》卷 18《礼志五》史臣案："案《周礼》辨载法物，莫不详究，然无相风、罼网、旄头之属，此非古制明矣。"（500 页）《晋书》卷 25《舆服志》史臣曰："及秦皇并国，揽其余轨，丰貂东至，獬豸南来，又有玄旗皂旒之制，旄头罕车之饰，写九王之廷于咸阳北坂，车舆之彩，各树其文，所谓秦人大备，而陈战国之后车者也。"（752 页）由此可知旄头、罕车之饰是不同于周制的新制。

⑤ 《史记》卷 130《太史公自序》，3288 页。

⑥ 《天官书》太史公曰："昔之传天数者：……在齐，甘公；……魏，石申。"（1343 页）又云："自汉之为天数者，星则唐都，……故甘、石历五星法，唯独荧惑有反逆行。（至唐都，）逆行所守，及他星逆行，日月薄蚀，皆以为占。"（1349 页）《汉书》卷 30《艺文志》言"六国时楚有甘公，魏有石申夫。汉有唐都，庶得粗觕。"（1775 页）以上可证唐都和甘、石之间有继承和发扬的关系。狄宇宙（Nicola Di Cosmo）猜测司马迁是第一个将北方游牧民族纳入相互关联的宇宙论结构之内的占星学家（*Ancient China and its Enemies*，p. 309.），并无确切证据。

主胡人的说法，应当是继承了甘、石一系的学说。① 考虑到晋与戎狄、燕赵与"胡"的长期而激烈的对抗，而且修筑了划分中国与胡的长城，那么在山东六国尤其是三晋发展出以黄道划分华夷，并以昴星代表披发胡人的学说，是在情理之中的。② 秦并六国，仪仗中的旄头与星空中的旄头在新帝国的符号体系中不期而遇，遂造成了后世解说的纷纭。综上所述，旄头就是披发的骑士，既可以是天子仪仗中的先驱，也可以指披发的北方戎狄。相应地，昴宿的星占意义从"昴曰旄头"出发，分化为两种说法，毕与天街也分别有两重意义与之对应：

　　胡星说：昴—旄头—披发骑士—胡星；毕—罕车—弋猎—边兵；天街—华夷分界线；

　　仪仗说：昴—旄头—披发骑士—旄头羽林；毕—罕车；天街—天子出行之道路。

昴宿星占中的仪仗说出现较晚，首见于刘宋时徐爰倒果为因的解释，明确的说法要到唐李淳风在《晋书·天文志》中提出。③ 这也从侧面验证了上文的推断。

　　当然，对昴宿的联想并非只有这两种。在华夏文明的萌芽时期，昴宿已经为人们所认识，其名称在《尚书·尧典》《诗经》等古代文献中已经

---

① 二十八宿的天文体系定型于战国时期，甘氏、石氏为集大成者，两说大同而小异，《史记·律书》祖述甘氏，而《天官书》主要根据石氏，也不时混入来自甘氏的星宿名。参看郭沫若：《甲骨文字研究·释支干》，见《郭沫若全集·考古编》第1卷，总334～336页，北京：科学出版社，1982；夏鼐：《从宣化辽墓的星图论二十八宿和黄道十二宫》，载《考古学报》1976年第2期，37页。

② 昴宿七星聚拢的形状是否与披发有形象上的关联，还有待考证。昴为胡星，除了与旄头的形似与音近，还与毕的意象有关。毕为掩兔之具，常在弋猎中使用，故而毕与狩猎有关，引申为与军事有关。昴为胡星，而昴毕之间又有黄道穿过，遂演绎为毕主边兵，昴主胡人，黄道为华夷之边界的系统解释。

③ 《晋书》卷11《天文志上》，302页。

多次出现。①　至于其占星学上的意义,《开元占经》所引"先秦"诸说有:

甘氏曰:昴,茅也。

甘氏曰:昴星明,天下多犯狱。昴星动摇,必有大臣下狱。又曰:昴星大而数动尽跳者,胡兵大起,不出年中。又曰:昴一大星跳跃,余皆不动者,胡欲侵犯边境,期年中或三年。

巫咸曰:昴为天耳目。

黄帝曰:昴星,天牢狱也。

石氏曰:天街者,昴毕之间,阴阳之所分,中国之境界。②

《开元占经》所引的这些"古说",大多出于汉魏以来的伪托之作,从其语言风格不难判定。而且其破绽之处甚多,如"荧惑犯昴"条引"巫咸曰:荧惑守昴,以去后反守之,有臣为天子破匈奴者",殷商人巫咸竟然能说出匈奴之名,令人震惊;紧接着又引"《荆州占》曰:荧惑若守昴北,主突厥王死"③。《荆州占》乃汉末刘表命武陵太守刘叡编集,④　又岂能说出"突厥"一名?凡此种种,俯拾皆是。故而不能据此以为它们都是先秦之说。但是,我们有理由相信早在《尧典》中即被认识的昴宿,在秦汉之前一定有着不止一种星占的意义。其中"昴为胡星,主引弓之民"的说法应当较为晚出,因为"胡"这一名称的出现已是战国后期。⑤　即使司马迁不是第一个提出这种星占学说的人,但他在《天官书》中仅记下了昴宿的这一种星占意义,一定经过了慎重的考虑,其背景可能是汉武帝时代汉与匈奴激烈对抗的形势。从以后的历史来看,正是《天官书》对"昴为胡星"的强

①　参看潘鼐:《中国恒星观测史》第一章第一节"商、西周至春秋战国时期的星象著录与二十八宿的问世",3~11 页,上海:学林出版社,1989。

②　《开元占经》卷 62《昴宿占》,628~629 页。

③　《开元占经》卷 33《荧惑占》,366 页。

④　《晋书》卷 12《天文志中》,322 页。

⑤　E. G. Pulleyblank, "The Chinese and Their Neighbors in Prehistoric and Early Historic Times", in David N. Keightley ed., *The Origins of Chinese Civilization*, Berkeley:University of California Press, 1983, p. 449.

调,使得昴宿在此后的华夷符号秩序中,占据了至关重要的位置。

三、华夷双方对昴宿星占的运用

《史记》虽然写下昴为胡星,却没有给出更多具体的占词和事验。汉代能证明这一星占观念得到实际运用的材料,只有刘邦平城之围的天象记载,《史记》仅言:"平城之围,月晕参、毕七重。"①而《汉书》所述更为详细:

> 七年(公元前 200),月晕,围参、毕七重。占曰:"毕、昴间,天街也。街北,胡也。街南,中国也。昴为匈奴,参为赵,毕为边兵。"是岁高皇帝自将兵击匈奴,至平城,为冒顿单于所围,七日乃解。②

虽然这里提到了"昴为匈奴",但这次的月晕天象实际只发生在参、毕,与昴无关,《汉书》为了解释参、毕的象征意义而附带提到昴。如果《汉书》是忠实记录了当时的占词的话,至少说明昴为匈奴的观念是汉初占星家所熟悉的。此例以外,两汉记录下的以昴为胡的占例几近于无。

司马彪的《续汉书·天文志》中有关昴的星象多用"昴主边兵""昴为赵"或"昴为狱事"这三种思路去解释。"昴为狱事"亦见于前文《开元占经》所引"甘氏"说,"昴为赵"则是战国时形成的分野说的内容。只有"昴主边兵"较为独特,其例如汉明帝永平十四年(公元 71)正月客星出昴,"昴主边兵",故有窦固等将兵击匈奴之事。③ 又如,章帝建初元年(公元 76),"太白在昴西一尺"的天象,就应验在"安夷长宋延为羌所杀,以武威太守傅育领护羌校尉,马防行车骑将军,征西羌"一事上,昴所对应的边兵则为征西羌之兵。④ 在另一些时候,"边兵"所对应是边境被夷狄入侵,而非对外征伐。如顺帝永和六年(141)彗星历昴、毕,解为"昴为边兵,……羌

---

① 《天官书》,1348 页。
② 《汉书》卷 26《天文志》,1302 页。
③ 《后汉书志》卷 11《天文志中》,3231 页。
④ 《后汉书志》卷 11《天文志中》,3232 页。

周马父子后遂为寇"。① 昴和同样主边兵的毕有时被混为一谈，出现"昴、毕为边兵，又为狱事"，"太白犯昴、毕，为边兵，一曰大人当之"这样的占词。② "昴为边兵"之说仅见于《续汉志》，其他诸书皆无此说。自《天官书》以下，毕、昴之分即为华夷之别，昴为胡毕为边兵原本区分很清楚，不知为何独在此书中混为一谈。司马彪的《天文志》本于蔡邕和谯周的著述，③ 应该能代表东汉时代的星占学知识。或许由于东汉时期入塞的蛮夷渐多，尤其是西汉时昴所对应的匈奴已经入塞并受汉的监护，领护蛮夷诸武职如使匈奴中郎将、护乌桓校尉、护羌校尉等形成了完备的制度，边境的战事中常用归义蛮夷组成汉朝军队，④ 在这种情况下，旄头夷狄不再只是长城北边的敌人，也成了长城以内边兵的组成部分。相应地，星象中昴毕的界限也逐渐模糊，共同成为边兵的象征。东晋时的术士戴洋曾对陶侃说："昴毕为边兵，主胡夷，故置天弓以射之。"⑤说明东汉时期这种混同昴毕的观念，到东晋时仍然有人继承。

东汉帝国瓦解之后，昴为胡星的占星观念再度活跃起来。戴洋所在的时代，正是历史上以昴为胡占例出现最多的时期，他对陶侃所说的"昴毕为边兵"在东晋的星占记录中找不到第二例，而"主胡夷"的占辞出现频率极高。这应该是因为西晋末年五胡入主华北，一时间政权林立，称帝称王者众多，而且战事不断，旋起旋灭的势力不知凡几，发生在昴的星变很容易落实到某个"胡王"或"胡国"身上。《宋书·天文志》记载了 28 次与昴宿有关星象的占辞和事验（《晋书·天文志》略同），均发生于曹魏至东晋时，其中有 12 次明确提到了"胡"，另有相当数量的占辞以昴关联赵、魏，但对应

---

① 《后汉书志》卷 11《天文志中》，3246 页。

② 《后汉书志》卷 11《天文志中》，3240、3242 页。

③ 《续汉书志》刘昭注引谢沈书曰："蔡邕撰建武以后，星验著名，以续前志，谯周接继其下者"。（3215 页）又《晋书》卷 11《天文志上·序》曰："蔡邕、谯周各有撰录，司马彪采之，以继前志。"（278 页）

④ 参看吕思勉：《秦汉史》第十八章第六节"兵制"，614～615 页，上海：上海古籍出版社，2005。

⑤ 《晋书》卷 95《艺术·戴洋传》，2474 页。

的事件则是有关石赵或前燕的。其中最常用到的占辞是"月犯昴，胡王死"或"月犯昴，胡不安"，最早的事例系于曹魏少帝正始元年（240）：

> 四月戊午，月犯昴东头第一星。其年十月庚寅，月又犯昴北头第四星。占曰："犯昴，胡不安。"二年六月，鲜卑阿妙儿等寇西方，燉煌太守王延斩之，并二千余级。三年，又斩鲜卑大帅及千余级。①

唐长孺曾证明，魏晋时习惯称匈奴及其别部为"胡"，而称鲜卑及其别部为"虏"，这一习惯在北朝一直得到保持。② 然而此处以西部鲜卑对应"胡"，可能是将"胡"泛泛等同于"引弓之民"，如同《天官书》中对昴为胡星的解释，但更有可能的是遵从了"五胡"之说。据三崎良章考证，意指匈奴、鲜卑、羯、氐、羌的"五胡"概念，最早出现于东晋穆帝永和年间褚太后的诏书中"四海未一，五胡叛逆"一语，时已在 4 世纪中期。③ 曹魏正始年间似不当将西部鲜卑称为胡，这里的占辞很可能出于沈约的追述。

　　然而我们必须注意到，《宋志》和《晋志》所记载的有关昴宿的占例并非都是来自两晋南朝即华夏一方修史者的追述，其中有保留当时原始记载的内容，更有源自五胡诸国自身的星占记录，其迹斑斑可考。天文星占是关乎政权和统治者个人吉凶的实用之学，同时又是表明"天命"所钟和"正统"所在的合法性建构工具，因而在华夏文化的诸多分支中，最先得到异族统治者的青睐。十六国政权的统治者重视天文星占，史书中记载颇多。如慕容皝"善天文"，沮渠蒙逊"颇晓天文"，石虎之子石韬"素解天文"等，④ 他们究竟是否精通天文虽不无可疑，但此类描述亦足以说明

---

① 《宋书》卷 23《天文志一》，686 页。

② 唐长孺：《魏晋杂胡考》"乞伏"条，见氏著《唐长孺文集》第 1 册《魏晋南北朝史论丛》，424～425 页，北京：中华书局，2011。

③ 三崎良章：《五胡十六国の基礎的研究》第一章"「五胡」と「十六国」"，26～27 页，東京：汲古書院，2006。

④ 分别见《晋书》卷 109《慕容皝载记》，2815 页；卷 129《沮渠蒙逊载记》，3189 页；卷 107《石季龙载记下》，2783 页。

天文知识受到他们的尊重。精通天文星占的华夏知识精英如石氏后赵的赵揽、吕氏后凉的郭黁、秃发南凉的景保、北魏前期的许谦、崔浩等，都在本国的现实政治中扮演重要角色，他们利用对天文星变的解说来影响现实决策的例子也多有记载。十六国政权不仅接受了汉魏以来的占星学知识，还试图利用这一知识框架来建构自身的统治合法性，因此而留下了很多星占的记录。其中有些内容，被辗转收录进《宋书》或《晋书》的天文志中。以下试举数例加以说明。

　　五胡之中以羯胡石氏最有资格称为胡（刘曜即称石勒为大胡），其国号为赵，占据赵魏之地，故而与昴宿星变的对应也最多。以石勒之死为例，《晋书·天文志》记载了两个与之对应的星象：

　　　　成帝咸和六年（331）……其十一月，荧惑守胃昴。占曰："赵魏有兵。"八年七月，石勒死，石季龙自立。是时，虽二石僭号，而其强弱常占于昴，不关太微、紫宫也。

　　　　……其七月，荧惑入昴。占曰："胡王死。"一曰："赵地有兵。"是月，石勒死，石季龙多所攻没。八月，月又犯昴，占曰"胡不安"。①

这两次星象都与昴有关，所以华夏的史臣总结说"虽二石僭号，而其强弱常占于昴，不关太微、紫宫也。"《宋书·天文志》此段与《晋志》看似全同，实则文字上颇有差异：

　　　　咸和六年十一月，荧惑守胃、昴。占曰："赵、魏有兵。"八年七月，石勒死，石虎自立，多所残灭。是时虽勒、虎僭号，而其强弱常占于昴，不关太微紫宫也。

　　　　咸和八年……七月，石勒死……

　　　　咸和八年七月，荧惑入昴。占曰："胡王死。"石虎多所攻灭。八

---

①　《晋书》卷13《天文志下》，370～371页。

月，月犯昴。占曰："胡不安。"①

《宋志》第二段"胡王死"之后不见"一曰赵地有兵是月石勒死"11字，故而仅据《宋志》则对应石勒之死的星象只有"荧惑守胃昴"。生活在同一时代的戴洋对陶侃说"前年十一月荧惑守胃昴，至今年四月，积五百余日。昴，赵之分野，石勒遂死"，② 其星占分析与《宋志》相同。而《晋书·石勒载记》言石勒死前的异状有"荧惑入昴，星陨于邺东北六十里"，③ "荧惑入昴"正与《晋志》所记的第二重星象相合。而"星陨于邺东北"一事亦见于《开元占经》所引《赵书》中，且较《载记》为详，④ 可见《载记》此条的史源是《赵书》。此《赵书》作者不详，⑤ 但其所据当为石赵朝廷自身的记录。"荧惑入昴"尽管不见于《占经》所引部分，极有可能也出自《赵书》。可以认为，"荧惑入昴，石勒死"是北方的记录，而"荧惑守胃昴，石勒死"代表了东晋南朝一方的判断。这一例中南北方在记录上的差异虽不显著，但足以提示我们《晋》《宋》两志的不同处可能是不同的史源造成。

下面的例证更说明这种差异的复杂性。冉闵杀石遵一事，《宋志》《晋志》所记又微有不同：

> 《宋志》：（永和五年）十月，月犯昴。占曰："朝廷有忧，军将死。"……十一月，冉闵杀石遵，又尽杀胡十余万人，于是中土大乱。

① 《宋书》卷24《天文志二》，707～708页。
② 《晋书》卷95《艺术·戴洋传》，2474页。
③ 《晋书》卷105《石勒载记》，2751页。
④ 《开元占经》卷76《杂星占》引《赵书》，809页。
⑤ 汤球将此条辑入田融《赵书》（见汤球辑，吴振清校注：《三十国春秋辑本》，125～126页，天津：天津古籍出版社，2009），其实并无确凿证据。《史通》言："后赵石勒命其臣徐光、宗历、傅畅、郑谙等撰《上党国记》、《起居注》、《赵书》。其后又令陈宴、程阴、徐机等相次撰述。至石虎，并令刊削，使勒功业不传。其后，燕太傅长史田融、宋尚书库部郎郭仲产、北中郎参军王度追撰二石事，集为《邺都记》、《赵记》等书。"见刘知几撰，浦起龙释：《史通通释》卷12《古今正史》，358页，上海：上海古籍出版社，1978。

十二月，褚裒薨。

　　《晋志》：（永和）五年（349）……十月，月犯昴。占曰："胡有忧，将军死。"……十一月，冉闵杀石遵，又尽杀胡十余万人，于是赵魏大乱。十二月，褚裒薨。①

《宋志》下文接连又记了当年的几个星象占辞，此后再从是年八月开始叙述事验。当年十月之后的事验有两条，冉闵屠杀胡人以外，尚有"十二月，褚裒薨"一事。"朝廷有忧，军将死"更像是指褚裒之死，但若如此，此段冉闵杀石遵之事对应的天象为何？然而《晋志》十分明确，即使"将军死"对应"褚裒薨"，"胡有忧"只能对应冉闵杀胡之事。两部史书中，"朝廷有忧"和"胡有忧"的区别令人费解。无独有偶，展现类似差异的材料还有一条：

　　《宋志》：（升平）三年（359）正月壬辰，荧惑犯楗闭。案占，"人主忧"。三月乙酉，荧惑逆行犯钩钤。案占，"王者恶之"。月犯太白，在昴。占曰："人君死。"一曰："赵地有兵，朝廷不安。"……四年正月，慕容儁死，子暐代立。慕容恪杀其尚书令阳骛等。……五年五月，穆帝崩。

　　《晋志》：（升平）三年三月乙酉，月犯太白，在昴。占曰："人君死。"一曰："赵地有兵，胡不安。"四年正月，慕容儁卒。……（五年）三月丁未，月犯填星，在轸。占曰："为大丧。"五月，穆帝崩。②

同样地，《宋志》暧昧不清，《晋志》中星象与事验的关联则非常明确。"朝廷不安"与"胡不安"的差别再次出现。不妨做一个大胆推测，即两志所据的原始资料中，混入了北方政权的星占占辞，则"朝廷有忧""朝廷不安"原出于后赵、前燕邺城占星者之手。或许可以推测：沈约撰《天文志》时得此材料，因其"事验"昭然而采录，而实不甘以"朝廷"系之五胡，幸而

---

　　①　《宋书》卷24《天文志二》，713 页；《晋书》卷13《天文志下》，374 页。

　　②　《宋书》卷24《天文志二》，716～717 页；《晋书》卷12《天文志中》，348 页。

《宋志》以时间顺序依次记录事验，常常使得天象与人事对应关系暧昧不清，故能存之。《晋志》分天象为若干类各自系以事验，无法暧昧含混，是以改"朝廷"为"胡"，以明正统所在。①

羯胡石氏极为重视星占，完全有可能留下自己的星占记录，并写入国史。石勒攻下平阳后，不忘徙浑仪于襄国；石虎相信星占，却不相信负责的太史，竟"置女太史于灵台，仰观灾祥，以考外太史之虚实。"②石虎的太子石宣想要除掉领军王朗，恰逢"荧惑守房"，便使其亲信赵揽对石虎说："昴者，赵之分也，荧惑所在，其主恶之。房为天子，此殃不小。宜贵臣姓王者当之。"结果石虎将中书监王波腰斩投入漳水，以厌荧惑之变。③ 赵揽所说，在星占上毫无逻辑可言，房在东宫苍龙，昴在西宫白虎，相距甚远，荧惑守房与昴宿实无关联。④ 但这不知何故插入的"昴者，赵之分也"一句，充分证明了石赵的星占学将昴看作本国的分星，给予特别的重视。问题在于，在石赵的占星家眼中，昴与赵的关联是基于昴主胡人还是昴为赵之分野呢？

星占是实用之学，在当时人看来是与国运兴衰密切相关的重要知识，面对星空时不容自欺欺天。前赵太史令康相曾对刘聪说"月为胡王，皇汉

---

① 《宋志》又记："康帝建元元年（343）正月壬午，太白入昴。占曰：'赵地有兵。'又曰：'天下兵起。'……是年，石虎杀其太子邃及其妻子徙属二百余人。又遣将刘宁寇没狄道，又使将张举将万余人屯蓟东，谋慕容皝。"（711页）以"赵地"为"天下"，似亦为石赵占星官之辞。

② 《晋书》卷106《石季龙载记》，2765页。

③ 《晋书》卷106《石季龙载记》，2775页。

④ 关于此次天象，《石季龙载记》与《资治通鉴》（卷97，3059～3060页）均作"荧惑守房"，《通鉴》盖以"昴者赵之分也"一句在此不知所云，特删去之。而《开元占经》卷33引《石虎列传》曰："十一年冬，荧惑守房，五十余日不移，太史令赵揽奏'昴，赵分也。荧惑舍留分，其王恶之。宜以朝廷宠贵大臣姓王者当之'，虎于是假以他罪，诛中书监王浚（波），欲以消咎。"（365页）似有荧惑守昴之事。然而，《资治通鉴》同年同月又记"太史令韩皓上言：'荧惑守心，乃宗庙不修之遣。'"（3060页。又见《李势载记》，3047页）胡注："时赵太史以为荧惑守房，汉太史以为荧惑守心，是则躔度之难知也。"虽不可确知守房还是守心，但此年荧惑所守在房心而绝不可能在昴，应该无须怀疑，故《开元占经》所引不可从。

虽苞括二京，龙腾九五，然世雄燕代，肇基北朝，太阴之变其在汉域乎"。① 十六国的一些君主虽然力图宣称自己是承德运应符箓的正统天子，但内心里对此并不自信，康相以月与胡王对应刘聪，后者也无以反对。由此度之，对于昴宿与胡的密切关系，石勒石虎未必不知。石勒早年因司马腾"执诸胡于山东卖充军实"而被掠卖，两胡一枷，受尽凌辱，对于"胡"的身份有极为敏感，称赵王之后，"号胡为国人"，而且"讳胡尤峻"，② 不准在国中提"胡"字。石虎时代继续执行讳胡的政策，传说他因此改胡饼曰麻饼。③ 在这种氛围中，石赵重视昴宿，一定考虑到它是胡星，而不仅仅是赵的分星。④ 只是既然国中讳胡，太史在报告占辞时，只能以分野说进行缘饰，或者将胡改成"朝廷"。

四、从昴宿到紫宫：十六国北朝的星占学与合法性建构

五胡诸国一方面重视昴宿，另一方面也不放弃在星空中抢占太微、紫宫。太微、紫宫之所以重要，是因为它们以北极星为中心展开，北极星常年恒定不动，天球的这一区域被称为中宫，从地球上看，东西南北四宫的星宿都围绕中宫转动。中宫独一无二的核心地位被自然地与最高的天神"太一"联系起来。《淮南子·天文训》云："太微者，太一之庭也；

---

① 《晋书》卷102《刘聪载记》，2674页。

② 《晋书》卷105《石勒载记》，2708、2735、2737页。"讳胡"还有故事为证："勒宫殿及诸门始就，制法令甚严，讳胡尤峻。有醉胡乘马突入止车门，勒大怒，谓宫门小执法冯翥曰：'夫人君为令，尚望威行天下，况宫阙之间乎。向驰马入门为是何人，而不弹白邪？'翥惶惧忘讳，对曰：'向有醉胡乘马驰入，甚呵御之，而不可与语。'勒笑曰：'胡人正自难与言。'恕而不罪。"

③ 徐坚：《初学记》卷26《器物部》"饼"条引崔鸿《前赵录》，642页，北京：中华书局，1962。按："前赵录"当为"后赵录"之误。又《艺文类聚》卷85"豆"条引《邺中记》曰："石勒讳胡，胡物皆改名。胡饼曰麻饼，胡绥曰香绥，胡豆曰国豆。"（1453页）则改名者为石勒而非石虎。

④ 最迟到五代时期，已有人试图融合昴的赵魏说与胡星说，《旧唐书》卷36《天文志下》言："昴、毕，大梁之次。……其分野：自魏郡浊漳之北，得汉之赵国、广平、巨鹿、常山，东及清河、信都，北据中山、真定。又北尽汉代郡、雁门、云中、定襄之地，与北方群狄之国，皆大梁分也。"（1313页）

紫宫者，太一之居也。"其中"太一"在一些引文中也写作"天子"，① 其实天上的太一原本就是地上天子的投影，太微和紫宫于是成为地上皇宫前朝与后寝的象征。发生在太微和紫宫的星变，最直接地宣示王朝是否获得天命，而且由于它们与人间的关联不基于地域，那里的星变也就无法用分野说去解释。无论东晋南朝还是十六国北朝，继承秦汉式帝国政治文化的政权，对于太微与紫宫的星变，都必须宣称是应验于己的，除此以外没有退路。《宋志》中史臣说北方诸国"其强弱常占于昴，不关太微、紫宫"，只是东晋南朝一方一厢情愿又欲盖弥彰的表达。五胡诸国抢占太微、紫宫的努力并非这样一句话可以全部抹杀的，北宋人唐庚已经注意到这一点，他指出：

> 《晋天文志》称"二石虽僭号，其强弱常占昴宿，不关太微紫宫"。然以记载考之，流星入紫宫而聪殒，彗星扫太微而苻坚败，荧惑守帝座而吕隆破，故知推论正统，固自有理也。晋庾翼与兄冰书曰："岁星犯天关，江东无故而季龙频年闭关，此复是天公愤愤，无皂白之证也。"噫，人之责天亦太详矣！为天者不亦难哉！②

顾炎武在《日知录》中列举了更多的事例：

> 昔人言五胡诸国唯占于昴北，亦不尽然。考之史，流星入紫宫而刘聪死，荧惑守心而石虎死，孛星太微大角荧惑太白入东井而苻生弑，彗起尾箕扫东井而燕灭秦，彗起奎娄扫虚危而慕容德有齐地，太白犯虚危而南燕亡，荧惑在鹑瓜中忽亡入东井而姚秦亡，荧惑守心而李势亡，荧惑犯帝座而吕隆灭，月掩心大星而魏宣（道）武弑，荧惑入南斗而孝武西奔，月掩心星而齐文宣死，彗星见而武成传位，彗星历虚危而齐亡，太白犯轩辕而周闵帝弑，荧惑入轩辕而明帝弑，

---

① 刘文典：《淮南鸿烈集解》卷三《天文训》，冯逸、乔华点校，93～94页，北京：中华书局，1989。

② 唐庚：《三国杂事》，丛书集成初编，6页，北京：中华书局，1985。

岁星掩太微上将而宇文护诛，荧惑入太微而武帝死。①

唐庚所举的事例都在《载记》中有对应的记录，顾炎武所举的部分见于《载记》或《天文志》，有些可以结合两者考证得出，还有数例原始出处尚待查证。② 总之，说它们都出自十六国北朝一方书写的史料，当无大误。顾炎武在列举完这些例子之后，感到传统的华夷二分的星象秩序无法解释，只能感叹：

> 夫中国之有都邑，犹人家之有宅舍，星气之失，如宅舍之有妖祥，主人在则主人当之，主人不在则居者当之，此一定之理。而以中外为限断，乃儒生之见，不可语于天道也。③

这种说法其实是以地域为主体的分野说，它固然可以解释一些占例，却无法解释发生在太微、紫宫、轩辕、心等位置的星象。如前所述，秦汉以来的星占学中星象是人间帝国的秩序的投影，其中太微、紫宫等处的星象只能对应地上唯一的帝王，与地域无关。在数人称帝称王的时代，"验之天象"甚至可以成为确定孰为正统的依据。三国时黄权的故事是古今论天文者所熟知的：

> 魏明帝问权："天下鼎立，当以何地为正？"权对曰："当以天文为正。往者荧惑守心而文皇帝崩，吴、蜀二主平安，此其征也。"④

唐庚对黄权的说法颇有批评："癸卯月犯心大星，占曰'心为天王位，王

---

① 顾炎武撰，黄汝成集释：《日知录集释》卷30"五胡天象"条，栾保群、吕宗力点校，1691～1692页，上海：上海古籍出版社，2006。

② 其中"月掩心大星而魏宣武弒"一条有误，"魏宣武"未遭弒杀，当为"魏道武"之误。亭林所据当为《宋书·天文志》，然细读志文，道武帝遇弒在十月，而月掩心大星在当年十二月，两者无法关联。

③ 顾炎武撰，黄汝成集释：《日知录集释》卷30，栾保群、吕宗力点校，1691～1692页。

④ 《三国志》卷43《蜀书·黄权传》裴注引《蜀记》，1045页。

者恶之'。四月癸巳，蜀先主殂于永安宫，而二国皆自如，天道岂易言哉！"看来黄权的确有曲说媚上的嫌疑。事实上，黄权说法的对错甚至此故事的真实性都不必深究，它的意义在于说明当时人相信天文星变与正统间有密切的关系。两百年之后，另一个故事描述了梁武帝在天象面前的怅然若失：

> 先是，荧惑入南斗，去而复还，留止六旬。上（萧衍）以谚云"荧惑入南斗，天子下殿走"，乃跣而下殿以禳之，及闻魏主西奔，惭曰："虏亦应天象邪！"①

房亦应天象是无疑的，但对应的都是昴宿或其他有关蛮夷的星宿的变化。故事中萧衍理所当然地认为自己是唯一的天子，却发现天道无亲已经转而眷顾北方了。这个故事也见于《北史·魏孝武帝纪》，当为《通鉴》的史源，无疑它出自北方的记载，意在证明自己是"中国"和"正统"。

十六国和北朝的天文记录，无不融入了类似的意图。十六国的天文学可以区分为实用和宣传两个层面，星象占辞的模糊性和多元性又为两个层面之间的转换提供了条件。在实用层面，石赵等国不得不关心对应胡人的昴宿，但宣传时只以分野说来表达。在宣传层面，五胡诸国的大臣纷纷借紫宫、太微、心宿等处的变异分析本国政事以迎合上意，偶尔有帝王将相的生死祸福与此类天象相合，立即浓墨重彩地写入国史之中。

如《苻坚载记》记述了一个神奇的星占故事：

> （苻坚）以苻融为镇东大将军，代猛为冀州牧。融将发，坚祖于霸东，奏乐赋诗。坚母苟氏以融少子，甚爱之，比发，三至灞上，其夕又窃如融所，内外莫知。是夜，坚寝于前殿，魏延上言："天市南门屏内后妃星失明，左右阍寺不见，后妃移动之象。"坚推问知之，

---

① 《资治通鉴》卷156梁武帝中大通六年，4853页。

惊曰："天道与人何其不远。"遂重星官。①

此故事亦见于《开元占经》引车频《秦书》，文字较微异而较略，其中"魏延"作"太史令魏述"。②《载记》所本为《十六国春秋》，而《十六国春秋》系整理各国"霸史"而成，此条也不例外。《史通·古今正史》云："秦秘书郎赵整参撰国史，值秦灭，隐于商洛山，著书不辍，有冯翊车频助其经费。整卒，（宋梁州刺史吉）翰乃启频纂成其书。"③由此可知《秦书》虽署名车频，实为前秦秘书郎赵整所作，其主要内容为前秦时所撰的"国史"。天市南门内的后妃星，与太微、紫宫一样，仅与帝王的后妃相关联。苻坚之母的活动得到星变的响应，正可作为苻坚是正统天子的明证，苻坚的"惊"更多带着"喜"的成分。究竟有无此次星变，甚至苻坚与太史令之间的对话是否真的发生过，都是值得怀疑的。但可以肯定的是，前秦君臣有意利用天文星占来宣称政权的正统地位。

十六国北朝政权争夺紫宫和太微的努力，还表现在宫殿命名上。据《魏书》记载，北魏孝文帝"皇兴元年（467）八月戊申，生于平城紫宫"，④《水经注·漯水》言："（平城）太和殿之东北接紫宫寺，南对承贤门。"⑤殷宪推测紫宫寺是文明太后和孝文帝以紫宫改作成的寺观，颇为合理。⑥因此可知平城曾有宫殿名为紫宫。无独有偶，紫宫作为宫殿，很可能已出现于前秦苻坚时期。苻坚灭燕之后，宠幸慕容冲及其姊清河公主，"姊弟专宠，宫人莫进。长安歌之曰：一雌复一雄，双飞入紫宫"。⑦这里的紫宫也许只是一个借代的修辞，但参以上文中苻坚重星占的故事来看，

---

① 《晋书》卷113《苻坚载记上》，2895页。

② 《开元占经》卷90"彗孛犯天市"条，960页。又见汤球辑，吴振清校注：《三十国春秋辑本》，191页。

③ 刘知幾撰，浦起龙释：《史通通释》卷12《古今正史》，359页。

④ 《魏书》卷7上《高祖纪上》，135页。

⑤ 郦道元注，杨守敬、熊会贞疏：《水经注疏》卷13"漯水"条，1143页。

⑥ 殷宪：《北魏平城考述（十七）》，载《大同日报》2011年2月27日。

⑦ 《晋书》卷114《苻坚载记》，2922页。

不无可能苻坚的确将自己的后宫命名为"紫宫"。① 拓跋部的代国曾被前秦征服，在南朝史书及《苻坚载记》中更有什翼犍被徙长安并入太学的故事，对于此事真伪，古今中外学者意见并不统一，也有人倾向于折中，即认为什翼犍之子窟咄被徙往了长安。② 无论什翼犍或拓跋珪有没有被迁往长安，拓跋珪建国后的各种制度创设参考前秦制度文化，则是可以肯定的。平城的紫宫很可能是对前秦紫宫的模仿。后来隋炀帝在东都洛阳建紫微宫，或亦继承北朝以来的传统。

不管是星占占辞还是宫殿名称，十六国留下的记录都只剩下为数不多的片段。尤其是星占的占辞和事验，几乎全都隐藏在充满东晋南朝一方华夷之辨立场的《宋书》和《晋书》中，难以据此清晰解读五胡诸国借助天文观念进行的正统论证。北魏以后，北方政权开始留下出于己方的系统历史记载，能让我们更清楚地认识这一问题。《魏书·天象志》中不乏借星象进行的正统论证，下面我们仍取对应胡的昴宿和对应天子的太微、紫宫、南斗等为例进行分析。

由于北方的统一，昴宿的星变不再容易落实到"胡王"身上，加之《魏书·天象志》的原则是"以在天诸异咸入《天象》，其应征符合，随而条载，无所显验则阙之"③，所以志中记载与昴宿有关的星象虽多，大部分都没有对应的事验，少数根据"贵人死""有白衣之会"等占辞以贵臣之死为事验。以之对应胡的，仅有二例，都带给我们丰富的信息。第一例见于《魏

---

① 秦汉以来的文学中，常见以紫宫指代皇宫的修辞，唯两汉宫殿是否有以紫宫命名者则不可知。现存史料，唯有《文选》卷2《张平子西京赋》"正紫宫于未央"句下，李善注引辛氏《三秦记》言"未央宫，一名紫微宫"，李善又加按语曰"然未央为总称，紫微其中别名"[《文选》（点校本），52页，上海：上海古籍出版社，1986]。张衡的原文难以让人推测紫宫乃未央中的宫名，而李善的按语表示他对未央宫又称紫微宫的怀疑，因而此说不足信。后人有列紫宫为未央宫之一宫殿者，如宋敏求《长安志》，即明言据《三秦记》和《李善注》，故亦不足信。

② 详细的研究史梳理，可参看张金龙：《北魏政治史（一）》，173~174页，兰州：甘肃教育出版社，2008。

③ 《魏书》卷105之1《天象志一》，2333页。

书·天象志二》：

> 太宗永兴元年(409)二月甲子，月犯昴。占曰"胡不安，天子破
> 匈奴"。二年五月，太宗讨蠕蠕社崙，社崙遁走。①

这条记载很有问题。永兴元年始于十月改元，并无二月，十月以前当为
天赐六年。紧接着此前的一条是：

> (天赐)五年(408)五月丁未，月掩斗第二星。占曰"大人忧"。六
> 年十月戊辰，太祖崩。②

更有趣的是此次月犯昴的天象以及拓跋珪之死的事件在《宋书》中也有
记载：

> 义熙五年(409)二月甲子，月犯昴。占曰："胡不安。天子破匈
> 奴。"……九月壬寅，月犯昴，占同二月。……闰月丁酉，月犯
> 昴。……是年四月，高祖讨鲜卑。什圭为其子所杀。十一月，西虏攻安
> 定，姚略自以大众救之。六年二月，鲜卑灭。皆胡不安之应也。③

在南朝的星占家看来，此次月犯昴天象预示的"胡不安"应验在拓跋珪之
死，而"天子破匈奴"则应在刘裕灭南燕。④　而《魏书》为了避免将月犯昴
所对应的"胡不安"或"胡王死"与拓跋珪的被弑联系起来，刻意做了两处
策略性的变动。第一，将"太祖崩"与前一年的月掩斗放在一起，因为月
掩斗对应"大人忧"，是与天子相关联的天象；第二，"月犯昴"本发生在
天赐六年二月，但《天象志》特意错写成永兴元年二月，在字面上回避了
此一天象发生在天赐六年十月拓跋珪被弑之前的事实，而且，《天象志》

---

① 《魏书》卷105之2《天象志二》，2350页。
② 《魏书》卷105之2《天象志二》，2350页。
③ 《宋书》卷25《天文志三》，733页。
④ 此时刘裕尚为晋臣，"天子破匈奴"的占辞若非追述，则有借天文为禅代造
势的可能。

还将"胡不安，天子破匈奴"的占辞与一年以后的征伐柔然关联起来。这样，面对同样的一句"胡不安，天子破匈奴"，《魏书》不仅成功地回避了被指为"胡"的不利境地，更通过找到一个新的胡——"柔然"而使己方居于"天子"的地位。

《天象志》中第二例以昴宿对应胡的占例也很值得分析：

> 太祖皇始元年（396）夏六月，有星彗于髦头。彗所以去秽布新也，皇天以黜无道，建有德，故或凭之以昌，或由之以亡。自五胡踩轥生人，力正诸夏，百有余年，莫能建经始之谋而底定其命。是秋，太祖启冀方之地，实始芟夷涤除之，有德教之音，人伦之象焉。终以锡类长代，修复中朝之旧物，故将建元立号，而天街彗之，盖其祥也。①

此处的髦头即昴宿，对应昴宿的是十六国的五胡。通过这段论述，不仅让拓跋与五胡划清了界限，并通过"德教之音""中朝旧物"来证明拓跋政权是魏晋的真正继承者。需要说明的是，这一条材料出自《魏书·天文志三》，魏收所撰的《天文志》三、四卷早已亡佚，宋人校勘时推测是取唐张太素所著《魏书·天文志》补入，然而亦难以确证。② 要之，此二卷为隋唐人之著述可以无疑。因此，《天象志》三、四两卷中对东晋的态度与《魏书》其他部分有很大的不同。

魏收在《魏书》中立《僭晋司马叡传》来叙述东晋历史，称司马睿为"晋将牛金子也"，在血统上否认其政权承续西晋的合法性。在传末又言东晋的政治"君弱臣强，不相羁制，赏罚号令，皆出权宠，危亡废夺，衅故相寻，所谓夷狄之有君，不若诸夏之无也"，③ 这是通过突出东晋政权中皇权的旁落——即今天史家所习称的门阀政治，来说明东晋背离了汉魏以

---

① 《魏书》卷105之3《天象志三》，2389页。

② 中华书局点校本唐长孺所撰校勘记，见《魏书》卷105之3《天象志三》，2418～2419页。

③ 《魏书》卷96《僭晋司马叡传》，2091、2110页。

来的正统皇权政治模式，从而在政治文化方面否认其合法性。东晋既然是不具备中华政治文化的政权，所以只不过是"夷狄之有君者"。所有这些叙述，都是为了突出东晋的"夷狄"性，也就是从反面证明北魏及北齐的"中华"性。在"史臣曰"中，魏收直言："司马叡之窜江表，窃魁帅之名，无君长之实，局天蹐地，畏首畏尾，对之李雄，各一方小盗，其孙皓之不若矣。"①由此句足以看出，魏收的《魏书》对东晋的合法性取彻底否定的态度。

与魏收书不同，今本《天象志》三、四两卷记录了很多与人君人主相关的星象，而以东晋之事为验。卷中甚至明言："夫晋室虽微，泰始之遗俗也，盖皇天有以原始笃终，以哀王道之沦丧，故犹著二微之戒焉。"又说"自晋灭之后，太微有变多应魏国也。"②通过承认东晋的正统性，巧妙地过渡到北魏也是华夏王道的正统继承者的结论。即便没有禅让仪式，两者间仍通过同为"太微之变"的应验者实现了天命的转移。甚至对于北魏称帝与东晋灭亡间互相重合的那一段，《天象志三》也做出了解释：

> 天兴元年（398）八月戊辰，木昼见胃。胃，赵代墟也。□天之事。岁为有国之君，昼见者并明而干阳也。天象若曰：且有负海君，实能自济其德而行帝王事。是月，始正封畿，定权量，肆礼乐，颁官秩。十二月，群臣上尊号，正元日，遂禋上帝于南郊。由是魏为北帝，而晋氏为南帝。③

木星（岁星）象征有国之君，而太阳亦象征君主更不待言，木星昼见，相当于天有二日，故而下土也当有两位帝王。木星出现的区域在胃宿，它紧邻于昴宿，在某一派天文分野理论中昴胃为赵或冀州的分野。④《天象

---

① 《魏书》卷 96《僭晋司马叡传》，2113 页。
② 《魏书》卷 105 之 3《天象志三》，2397～2398 页。
③ 《魏书》卷 105 之 3《天象志三》，2390 页。
④ 《史记》卷 27《天官书》，1346 页，《正义》引《星经》。在另一派分野说中，胃与奎、娄一起，成为徐州的分野（《天官书》，1330 页）。

志三》的这段即取此说，在赵代之墟昼见的木星因而成为拓跋君主的象
征，然而代表"负海之君"即东晋皇帝的太阳还没落下，北魏至多只是与
之"并明"，故有南帝、北帝之说。"星昼见"用来表示天命正统的转移亦
有典可据，《吕氏春秋·慎大览》载："武王胜殷，得二虏而问焉，曰：
'若国有妖乎？'一虏对曰：'吾国有妖。昼见星而天雨血，此吾国之妖
也。'"①《天象志三》的木星与太阳之喻，隐然借用了这一典故，形象地描
绘出天命在东晋与北魏之间的转移。它既暗示着太阳的正统地位不容怀
疑，也隐喻着岁星将在日落之后成为独占天命的帝王。

不无巧合的是，《太平御览》中对皇王与偏霸两部的划分，正与此相
同。自东汉以下，列入"皇王部"的是"曹魏—西晋—东晋（含桓玄）—后
魏—西魏（附东魏孝静帝）—后周—隋—唐"，列入"偏霸部"的是蜀、吴、
十六国、南朝宋、南齐、北齐、梁、陈。唐代知识精英对于南北朝的正
统问题有过很多议论，其共识之处是起点处的汉与终点处的唐皆为正统
王朝，但汉唐之间的谱系则言人人殊。官方认定的谱系来自北朝传统，
即以西晋—魏—周—隋—唐前后相承，故唐以魏、周、隋为三恪。极端
者如王勃的《大唐千岁历》，直以唐承汉，而将魏晋至隋无分南北皆贬为
闰位，此说竟在天宝年间短暂获得了朝廷的采纳。又有韩愈门人皇甫湜
作《东晋元魏正闰论》，以北周承梁之后，而否定北魏与陈的正统地位。②
唐人在正统谱系上的困境正如欧阳修所说，"以东晋承西晋，则无终；以
周隋承元魏，则无始"。③ 南朝北朝各因无终与无始而不能建构完美的谱
系，关键在于如何认定正统自南向北转移的时间点。自来学者注意西晋
末、梁末、陈末、隋末诸说，管见所及未见有人提及东晋—北魏相传之

① 许维遹：《吕氏春秋集释》卷15《慎大览》，360页，北京：中华书局，2009。
② 饶宗颐：《中国史学上之正统论》，31～35页，上海：上海远东出版社，1996。
③ 欧阳修：《原正统论》，见《居士集》第16卷，收入《欧阳修全集》第2册，269页，北京：中华书局，2001。洪迈《容斋随笔》卷9"皇甫湜正闰论"条（114页，北京：中华书局，2005）也表达了类似的意思。

说，而且此说中南帝与北帝二主并立且借助天文实现正统交接的方式也甚为特别，或可为论正统者补充一条材料。

综上所述，华夏所创造的天文星占知识，运用想象和象征在星空中构建了一个虚拟的帝国符号秩序。如同地上的现实一样，在这个秩序中，夷狄也拥有自己的位置，但这个位置是边缘的、次要的。被贴上夷狄标签的各政权，为了证明自身的合法性，给已获得的政权锦上添花，做出种种努力，力图使自己摆脱帝国符号秩序中的边缘地位，进入核心——华夏的位置。

何为华夏？古代自居为华夏的人很少给出正面的定义，似乎华夏是不言自明的，需要说明只是哪些人不是华夏。华夏的概念只有在非华夏的关联或映照下才有意义，华夏是此关系中的一个角色，这个关系就是我们所说的华夷秩序。通过华夷之辨、礼乐制度甚至天文星占学等建构起的华夷秩序，与其说是一种现实的族群关系，不如说是描述华夏理想中的自我与他者秩序的符号系统。这个符号秩序萌生于周代，到战国而逐渐丰富，最后定型于两汉盛期。它犹如一尊塑像，留住了华夏帝国极盛时期的模样。其关键在于锁定了华夏与夷狄在此符号秩序之中核心与边缘的关系。像许多观念和符号体系一样，一经定型，它便拥有了自己的生命。当汉帝国走向衰败，最终瓦解时，华夷秩序的符号体系没有随之崩塌。汉代及以前的华夏知识精英在创造这个符号系统时，输入的语法是诸如"如果甲为华夏天子，则紫宫之变应验在甲"，"如果乙为胡王，则昴宿之变应验在乙"，即由华夏或夷狄的身份推出其应有的符号表征；当这一语法行之已久，又通过华夏帝国的话语霸权赋予其永恒的正确性，其逻辑关系得到强化，结果是其反命题也具有了某种权威性。即"如果紫宫之变应验在甲，则甲为华夏天子"，"如果昴宿之变应验在乙，则乙为胡王"。因此它不仅没有崩塌，反而强化成为判定孰华孰夷的标尺。越是在"华夏"或"正统"受到质疑的场合，这些有助于证明自己的符号就越是得到强调。传国玉玺受到十六国君主的热烈追逐，其义正在于此。

　　与西周封建秩序逐渐瓦解的春秋战国时期不同，汉帝国与西晋帝国衰亡以后，虽然实质上的大一统帝国秩序已经消失，但没有出现"礼崩乐坏"的局面。秦汉魏晋时华夏创造的符号系统随着远去的大帝国一起成为典范，当入主中原的五胡诸国争相证明自己承历运、应符箓，得天文之祥、获五行之瑞时，他们想做的只是从原来华夷符号秩序中夷狄的位置挪到华夏的位置。没有人想到重建一个新的符号秩序，事实上也无法做到。三垣二十八宿依旧如此划分，太微紫宫仍然代表天子，昴宿还在主宰胡夷，星空是大一统帝国的星空，地上的帝国也终将回到汉朝的局面。

第四章　塑造他者：华夏有关异族群的知识建构

　　古代华夏以文明的承载者自居，即使他们不以自己为唯一的文明，也一定自认为是最高的一个。他们有描述和记录所知世界的使命感，周边的殊俗异族也是华夏观察和了解的对象。匈奴、鲜卑、百越等一定也积累了丰富的有关自身以及华夏的知识，可惜因为缺乏文献记录，这些声音在历史中湮没了。除了西域流沙中偶尔残留的一些非汉字材料，唐代以前有关东亚的知识竟只能找到汉字写下的记录。自4世纪以下，北方一些原本非华夏的人群进入并占据中原，留下了很多文字记录，在南方也有相当多的非华夏土著开始用中文留下自己的声音。但是，使用汉字和汉语进行写作，已经从根本上决定了他们难以跳脱先秦秦汉以来定型的华夏文化传统。从思维和表达方式到具体的知识，先秦秦汉的文献是他们唯一可以学习、模仿、取材的对象，他们虽然为华夏传统注入了一些新的内容，但最终的结果是让他们自己越来越与华夏无法区分。因而有关非华夏的知识，仍然只有华夏单一视角的记录，虽然这个华夏有新旧之分。现代史学在研究古代非华夏族群时，面对的材料因视角单一而显得尤其一致，因而常常被认为是确定无疑的"客观事实"，并由此得出更多确定的"客观知识"。在无法找到更多视角的前提下，我们只能通过分析此单一视角的特性，来重新审视和反思已有的知识。

第一节　经学子学中的四夷说

秦汉时期华夏对周边异族的知识，有经学子学和史学两个体系。概括地说，经学子学体系的知识有更强的演绎性和建构性，而史学体系中有关异族的认识更重视实际收集到的信息。这两大体系虽有重大区别，但并非截然无关，它们互相吸收互相影响，到南北朝以下渐趋合流。

华夏知识精英习惯将事物抽象为整齐对称要素的倾向，在经学体系中发挥到极致。华夏对于周边异族的称呼原本是混乱而复杂的，清人崔述已有所考辨，而顾颉刚在 1923 年的笔记中写道："蛮、夷、戎、狄本无确定之方位。自秦汉间人强生分别……后人习诵其文（《礼记·王制》），于是蛮、夷、戎、狄必配东、南、西、北。"[1]童书业于 1937 年发表《夷蛮戎狄与东南西北》一文，引证了大量甲骨文、金文以及先秦传世文献，进一步详细论证了夷、蛮、戎、狄最初皆不仅用于某一方。[2] 后人习以为常的东夷、南蛮、西戎、北狄的"四夷"框架的形成，经历了春秋战国至汉代的漫长过程。顾颉刚和童书业的研究都着重在证明春秋及之前的时代不存在四夷框架，而对战国以下四夷框架的形成未做深论，[3] 下面试根据经部子部文献中的有关记载做一点讨论。

所谓四夷框架，至少包括以下几个层面：

---

[1]　顾颉刚：《淞上读书记（二）》"蛮、夷、戎、狄与其方位"条，见《顾颉刚全集·顾颉刚读书笔记》卷二，60～61 页，北京：中华书局，2011。

[2]　童书业：《夷蛮戎狄与东南西北》，原载《禹贡》第 7 卷第 10 期，1937，后收入童教英整理：《童书业历史地理论集》，169～176 页，北京：中华书局，2004。

[3]　黎小龙、徐难于《"五方之民"格局与大一统国家民族地理观的形成》（《民族研究》2008 年第 6 期，69～74 页）一文，对童书业文有所批判和补充，指出方位与族名的结合在西周时期已经处于初始阶段。但该文对于战国至两汉"四夷说"的复杂性，仍然未能充分揭示。

(1)周边异族的称谓固定化为夷、蛮、戎、狄，并与特定方位相绑定；

(2)四夷并举时逐渐凝成固定的顺序，即东夷—南蛮—西戎—北狄；

(3)四夷各按方位获得特定的属性；

(4)四夷中各方与特定的数字相配；

(5)四夷的名称获得训诂学的解释。

前三个层面是四夷框架的基本内容，后面两个则是进一步的延伸发展。从逻辑上来说，这几个层面的出现应该有一个时间上的顺序。由于早期文献的不足，加之相关文献断代的争议性，更由于现有文献所见的四夷表述很可能还存在学派、地域的差别，四夷说的发展大概本来就是复线的，想将所有资料按时间整齐地串联起来几乎不可能。另外，由于先秦文献中存在大量引用、转述更早文献的情况，对于思想观念的研究而言，能够判断的仅是下限，即书的形成时代为篇章形成之下限，篇章的形成时代为其中思想观念出现的下限。至于上限，一份西汉编纂的《礼记》可以包括春秋战国以来传承的篇章，战国时写成的篇章中的某些字句或观念可能西周时已经出现，故而上限是无法通过篇章年代来判断的。基于这样一些考虑，本节暂时放弃单线时间线索，而按照上述五个层面对相关文献加以整理。

一、异族名称的固定及与方位的绑定

四夷说的第一层面，即周边异族的称谓固定化，并与特定方位相绑定，能够在以下文献中反映出来。

《墨子·节葬下》：昔尧北教乎八狄……舜西教乎七戎……禹东教乎九夷。①

《礼记·曲礼下》：九州之长，入天子之国曰"牧"。天子同姓，

---

① 吴毓江：《墨子校注》卷6，孙启治点校，266～267页，北京：中华书局，1993。

谓之"叔父"，异姓谓之"叔舅"。于外曰"侯"，于其国曰"君"。其在东夷、北狄、西戎、南蛮，虽大曰"子"，于内自称曰"不谷"，于外自称曰"王老"。①

《管子·小匡》：故东夷、西戎、南蛮、北狄、中国诸侯，莫不宾服。②

《大戴礼记·明堂》：外水曰辟雍。南蛮、东夷、北狄、西戎。③

童书业前揭文已指出《墨子·节葬下》是有关四夷配四方的最早史料。《墨子》53 篇来源复杂，胡适将之划为五组，《节葬下》属于第二组，"大抵墨者演墨子学说所做"。④ 因为这一组上中下三篇内容同而文字略异，合于墨离为三之说，故被认为源于墨子及门弟子所录的篇章，著作期约在战国初期。⑤ 这里狄、戎、夷与方位产生了联系，但尚未出现北狄、西戎等词汇。《礼记·曲礼》的成篇时间存在很大争议，王锷根据《孟子》《荀子》和郭店楚简《尊德义》中有与《礼记·曲礼》类似的文句，甚至直接引述"《礼》云"，认为后者成书在春秋晚期至战国前期。⑥ 这一推断并不十分可靠，《礼记·曲礼》之命名来自于开篇引"《曲礼》曰"，孙希旦已指出另有"古《礼》篇之《曲礼》"，⑦ 为《礼记·曲礼》所据之资料，故而《孟子》《荀子》等所引之《礼》，不能排除为古《曲礼》的可能。而上揭引文的前半部分提到了"九州之长……曰'牧'"，以九州划分天下的设想虽早于《禹

---

① 《十三经注疏》，1265 页。

② 黎翔凤：《管子校注》卷 8，梁运华整理，425 页。

③ 王聘珍：《大戴礼记解诂》卷 8《明堂第六十七》，王文锦点校，150 页，北京：中华书局，1983。

④ 胡适：《中国哲学史大纲》，133~134 页，北京：东方出版社，1996。

⑤ 陈高华、陈智超等：《中国古代史史料学（修订本）》第二章"西周春秋战国史料"（刘起釪执笔），47 页，天津：天津古籍出版社，2006。罗根泽：《〈墨子〉探源》，见周勋初编：《罗根泽说诸子》，111~120 页，上海：上海古籍出版社，2001。

⑥ 王锷：《〈礼记〉成书考》，104~110 页，北京：中华书局，2007。

⑦ 孙希旦：《礼记集解》卷 1，沈啸寰、王星贤点校，1~3 页，北京：中华书局，1989。

贡》，或在春秋中期已有，① 但"州牧"之说在此之外则仅见于较晚成书的《周礼》②，《礼记·曲礼》的这一段话能否出现在春秋晚期至战国前期，是颇可怀疑的。不过，夷蛮之君"虽大曰子"，在鲁史《春秋》对楚国的称呼中可得到印证，在《左传》及诸子书中楚王自称"不谷"也历历可见，③因而《礼记·曲礼》此段内容或有更早期的文本渊源。《管子·小匡》与《国语·齐语》内容基本相同，研究者认为源于战国时期齐国稷下学宫中人的述作，④ 而《小匡》的编著当晚于《齐语》，或在西汉初期。⑤值得注意的是，《小匡》的这段文字不见于今本《国语·齐语》，根据上述对两者编定时代的研究，可推论这段文字出现较晚。《大戴礼记·明堂》原与《盛德》合为一篇，其中有与《周礼》相合的内容，或推测其作成年代在汉武帝时期。⑥ 上引《礼记·曲礼》《管子·小匡》《大戴礼记·明堂》关于四夷的表述，都已经将方位与异族名称相绑定，比之时代较早的《墨子·节葬》，

---

① 顾颉刚：《州与岳的演变》，原载《史学年报》第 1 卷第 5 期，1933，11～33页，后收入《顾颉刚全集·顾颉刚古史论文集》卷 5，50～51 页。另参看史念海：《论〈禹贡〉的著作年代》，原载《陕西师大学报（哲学社会科学版）》1979 年第 3 期，后收入氏著《河山集（二集）》，391～415 页，北京：生活·读书·新知三联书店，1981。

② 见《周礼·天官冢宰第一》"大宰"条。参看孙诒让：《周礼正义》卷 4，124～126 页，北京：中华书局，1987。

③ 杨伯峻统计出《左传》凡用"不谷"21 次，其中 16 次为楚子自称，但仍有周王、齐侯自称的用例，故而认为"不谷"为天子自贬之称，楚以称王故，自称不谷。故而《曲礼下》言专用于四夷是不对的。见《春秋左传注》僖公四年，291～292 页。

④ 顾颉刚说"我很怀疑《管子》一书竟是一部'稷下丛书'"，见《周公制礼的传说与〈周官〉一书的出现》，原载《文史》第 6 辑，收入《顾颉刚全集·顾颉刚古史论文集》卷 11，416 页。王树民：《国语的作者与编者》，见徐元诰：《国语集解》附录，王树民、沈长云点校，602～603 页。

⑤ 罗根泽：《〈管子〉探源》，见周勋初编：《罗根泽说诸子》，322～326 页。李学勤《〈齐语〉与〈小匡〉》，载《清华大学学报（哲学社会科学版）》1986 年第 2 期，49～53页。更多不同的观点，参看张居三：《〈国语·齐语〉与〈管子·小匡〉的关系》，载《古籍整理研究学刊》2010 年第 5 期，66～71 页。

⑥ 甘良勇：《〈大戴礼记〉研究》第五章，155～157 页，浙江大学博士学位论文，2012。

可以视为一种变化。但这四段材料对四夷的列举顺序各不相同,《节葬》按尧、舜、禹即时间先后为序,《曲礼》的顺序是"东夷—北狄—西戎—南蛮",《小匡》的顺序则是"东夷—西戎—南蛮—北狄—中国诸侯",《明堂》则是"南蛮—东夷—北狄—西戎"。这说明四夷说的第二层面即固定的顺序,在这几种文献中尚未发现。

二、四夷顺序的凝固

四夷说的第二层面,即东夷—南蛮—西戎—北狄的固定顺序,可见于以下文献中。

《逸周书·明堂解》:九夷之国,东门之外,西面北上。八蛮之国,南门之外,北面东上。六戎之国,西门之外,东面南上。五狄之国,北门之外,南面东上。(《礼记·明堂位》同)①

《大戴礼记·千乘》:东辟之民曰夷,精以侥,至于大远,有不火食者矣。南辟之民曰蛮,信以朴,至于大远,有不火食者矣。西辟之民曰戎,劲以刚,至于大远,有不火食者矣。北辟之民曰狄,肥以戾,至于大远,有不火食者矣。及中国之民曰五方之民。②

《礼记·王制》:广谷大川异制,民生其间异俗。刚柔、轻重、迟速异齐,五味异和,器械异制,衣服异宜。……中国戎夷,五方之民,皆有性也,不可推移。东方曰夷,被发文身,有不火食者矣。南方曰蛮,雕题交趾,有不火食者矣。西方曰戎,被发衣皮,有不粒食者矣。北方曰狄,衣羽毛穴居,有不粒食者矣。中国、夷、蛮、戎、狄……五方之民,言语不通,嗜欲不同。③

---

① 黄怀信等撰:《逸周书汇校集注》卷6《明堂解》,764页。《礼记·明堂位》引文见《十三经注疏》,1488页。
② 王聘珍撰:《大戴礼记解诂》卷九《千乘第六十八》,王文锦点校,162页。
③ 《十三经注疏》,1338页。

在这三段材料中都可以看出，所谓东南西北，是围绕天下之中的"中国"而言。① "东南西北"的顺序，合于五行学说中的五方之序。② 而上引《小匡》篇的"东西南北"之序，或可称为四至之序。③ 可以推测，它们之间存在过竞争。四夷的方位构图最终定型于"五方之序"，是战国以降五行说的日渐流行的结果，借此中国与周边异族的关系被赋予了宇宙论意义上的合理性。在《逸周书·明堂解》中，明堂所代表的中国与四门之外面向明堂的四夷，便是这种关系在礼仪空间的展示——虽然是纸面上的。

---

① "中国"之在天下之中，经过经学的诠释，自秦汉以下已不是一个相对的概念，仿佛成为一个用科学手段严格测量出的结论。《周礼·地官大司徒》："日至之景尺有五寸，谓之地中，天地之所合也，四时之所交也，风雨之所会也，阴阳之所和也。"汉代以来的注疏家对此有无数种解释，总之要证明日影尺有五寸就是绝对的大地中心点，而符合这一条件的地区就在洛阳附近，汉儒以为即颍川阳城。因为绝对的天下之中纯属无稽之谈，注疏家要为之证实，不免破绽百出，众说纷纭。至清代江永指出"所谓土中者，合九州道里形势而知之，非先制尺有五寸之土圭，度夏至景与土圭而后谓之土中也。既定洛邑，树八尺之表，景长尺有五寸，是为土中之景。……是景以土中而定，非土中因景而得也"。终于理清了天下之中与日景尺有五寸的关系（参看孙诒让：《周礼正义》卷18，王文锦、陈玉霞点校，721～725页。另可参看李学勤：《中国：天下之中》，见《走出疑古时代》，71页）。

② 其例甚多，如《逸周书·作雒》："其壝东青土，南赤土，西白土，北骊土，中央叠以黄土。"（《逸周书汇校集注》，570页）《周礼·考工记》："画缋之事，杂五色，东方谓之青，南方谓之赤，西方谓之白，北方谓之黑，天谓之玄，地谓之黄。"（《十三经注疏》，918页）《管子·五行》："昔者黄帝……得奢龙而辩于东方，得祝融而辩于南方，得大封而辩于西方，得后土而辩于北方。"（《管子校注》卷14，865页）不考虑"中"的话，五方序与五行相生之序基本一致，董仲舒《春秋繁露》59《五行相生》曰："天地之气，合而为一，分为阴阳，判为四时，列为五行……东方木……南方火……中央土……西方金……北方水……"（苏舆：《春秋繁露义证》卷58，钟哲点校，62～366页，北京：中华书局，1992）

③ 四至之序用于描述地理疆界，如《左传》僖公四年："赐我先君履，东至于海，西至于河，南至于穆陵，北至于无棣。"（《春秋左传注》，290页）《史记》载秦始皇时疆域："地东至海暨朝鲜，西至临洮、羌中，南至北向户，北据河为塞。"（239页）出土的北朝隋唐手实文书的田地四至，基本遵循东西南北之序，买地券、契约等文书中描述地域范围，东西南北与东南西北之序皆有，是否存在地域和时代的变化，有待进一步研究。

今本《逸周书》中，既有可信的西周史料，也有战国以下撰写的述古之作，①《明堂解》当属于后者，而《礼记·明堂位》相关部分则完全承袭了《明堂解》。② 经学文献中对周边异族的描述，最具代表性，同时也对后世影响最大的莫过于《礼记·王制》。甚至可以说，四夷框架最终以东夷—南蛮—西戎—北狄的顺序定型下来，在汉代今文经学中地位重要的《王制》发挥了决定性作用。将《大戴礼记·千乘》与《礼记·王制》对四夷的叙述放在一起，很容易发现两者有着同源关系，或者说《千乘》此段是《王制》该段更为原始的形态，《千乘》与《王制》的相似内容尚不止于此。《大戴礼记》与《礼记》同是西汉编纂的儒家礼学文献汇编，两者取舍不同，但存在许多关联或重合的内容。③《大戴记》中的《千乘》等七篇被认为是《孔子三朝记》或其残存部分，其写定年代应在战国时期。④ 即便按卢植所说，《礼记·王制》就是《史记·封禅书》提到的汉文帝命儒生"刺六经"而作的《王制》，因为找到了更早的《千乘》，仍可以认为《王制》中的四夷说的基本内容在战国时已经出现了。⑤ 必须指出的是，《管子·小匡》《礼记·曲礼》中"不规则"的四夷顺序，在时间上与《明堂解》《千乘》究竟孰早孰晚，很难断定，更可能的情况是，两种不同的说法和理念在相当长时间内并行，后来某一方逐渐占据了优势。

---

① 参看杨宽：《论〈逸周书〉——读唐大沛〈逸周书分编句释〉手稿本》，载《中华文史论丛》第 44 辑，1989，1～14 页；李学勤：《清华简与〈尚书〉〈逸周书〉的研究》，载《史学史研究》2011 年第 2 期，104～108 页。

② 持此论者较多，参看王锷：《〈礼记〉成书考》第三章，277～279 页；黄怀信等撰：《逸周书汇校集注》卷六《明堂解》引唐大沛说，764 页。

③ 参看李学勤：《郭店楚简与〈礼记〉》，载《中国哲学史》1998 年第 4 期，29～32 页。

④ 末永高康：《〈孔子三朝记〉初探》，载《南京师范大学文学院学报》2011 年第 1 期，20～32 页。

⑤ 关于《礼记·王制》的作成年代的争议，参看王锷：《〈礼记〉成书考》第二章第四节，178～188 页。

三、四夷按方位获得特性

四夷框架的第三个层面也已在《千乘》与《王制》中充分显现出来。《王制》"四夷说"成为后世尊奉的经典论述，影响深远。除了含蓄不显的四夷顺序，更为人熟知的是其对各方异族特性的概括。这段文字以"东方曰夷""南方曰蛮"这样的定义式语句开始，描述其独特之"性"。《王制》指出周边的异族有不同的服饰、居住、饮食习俗，还将这些差异归因于不同的地理生态环境，显得颇为"科学"。借由令人信服的"科学"描述，前面的定义也变得更加不容置疑。东方曰夷、南方曰蛮、西方曰戎、北方曰狄，按照与"中国"的相对方位进行的人群划分和命名原本只是外在的和地域性的，但在"五方之民，皆有其性"的论证下他们变成了拥有共同文化习俗的集团，被赋予了部分内在的族群性（ethnicity）。与《王制》相比，《千乘》对各方之民的特性描述得较为抽象化，显得不如《王制》具体和"科学"。四方至于"大远"皆"有不火食者"，也不如《王制》区分"不火食"与"不粒食"显得精细，上文推测《千乘》此段是《王制》的更原始形态，正基于此。另一方面，也可以说从《千乘》到《王制》，有关四夷及其特性的理论变得更加精密了。

方位与习性的关联，在子书中得到更为大胆和绝对的论说，《淮南子·墬形》的如下一段，颇可与《千乘》《王制》相对读：

> 东方川谷之所注，日月之所出，其人兑形小头，隆鼻大口，鸢肩企行，窍通于目，筋气属焉，苍色主肝，长大早知而不寿；其地宜麦，多虎豹。南方阳气之所积，暑湿居之，其人修形兑上，大口决眦，窍通于耳，血脉属焉，赤色主心，早壮而夭；其地宜稻，多兕象。西方高土，川谷出焉，日月入焉，其人面末偻，修颈卬行，窍通于鼻，皮革属焉，白色主肺，勇敢不仁；其地宜黍，多旄犀。北方幽晦不明，天之所闭也，寒水之所积也，蛰虫之所伏也，其人翕形短颈，大肩下尻，窍通于阴，骨干属焉，黑色主肾，其人蠢愚，

禽兽而寿；其地宜菽，多犬马。中央四达，风气之所通，雨露之所会也，其人大面短颐，美须恶肥，窍通于口，肤肉属焉，黄色主胃，慧圣而好治；其地宜禾，多牛羊及六畜。①

这里更加明确地将方位、环境与人的特性联系在了一起，而比之《王制》中饮食、衣服等外在文化特征更进了一步，直接将四方之人从体质和精神特征上划分开来，完全是"五行决定论"。《坠形》的文中虽没有将此四方之人称为夷蛮戎狄，但可以看出与《千乘》《王制》所记载的观念是一脉相承的。②

四、四夷名数的异说

四夷框架的前三个层面在《王制》中皆已得到体现，并不代表它就此定于一尊了。在涉及第四层即异族名号与数字相配的文献中，即使降至东汉，分歧仍显著地存在着。这些文献主要有以下几种。

《礼记·曾子问》佚文：九夷八蛮、六戎五狄，百姓之难至者也。③

《周礼·夏官·职方氏》：辨其邦国、都鄙、四夷、八蛮、七闽、九貉、五戎、六狄之人民。④

《尔雅·释地》：东至于泰远，西至于邠国，南至于濮铅，北至于祝栗，谓之四极。觚竹、北户、西王母、日下，谓之四荒。九夷、

---

① 刘文典：《淮南鸿烈集解》卷4《坠形训》，冯逸、乔华点校，145～146页。

② 被划为杂家的《淮南子》常在书中表现出相互矛盾的观点。同书的《齐俗》篇，明确地以文化风俗来区分不同的族群，而且取非常开放的态度，认为胡人、越人、羌人的礼俗虽与中国不同，但并无高下之分，只是各因其宜而已(《淮南鸿烈集解》，355页)。俗与礼的区别又是教育的结果，"羌、氏、僰、翟，婴儿生皆同声，不能通其言，教俗殊也。今三月婴儿，生而徙国，则不能知其故俗"(《淮南鸿烈集解》，352页)。

③ 《白虎通·礼乐篇》所引，不见于今本《礼记》。班固撰集，陈立疏证：《白虎通疏证》，吴则虞点校，112页。

④ 《十三经注疏》，861页。

八狄、七戎、六蛮，谓之四海。（李巡注本于此下有"八蛮在南方，六戎在西方，五狄在北方"十五字）①

《白虎通·礼乐篇》：东方为九夷，南方为八蛮，西方为六戎，北方为五狄。②

分歧最明显处，莫过于《尔雅·释地》自身的异文。据阮元的校语，《书·旅獒》正义、《诗·蓼萧》正义皆言《尔雅》此句下有"八蛮在南方，六戎在西方，五狄在北方"三句。《诗》正义补充说此三句唯李巡所注有之，其他诸本皆无。且《周礼·职方》《周礼·布宪》注引《尔雅》曰"九夷八蛮六戎五狄"，亦与李本合。③ 据此可知，另有以李巡注本为代表的"九夷八蛮六戎五狄"的异文。两者相比，唯一没有分歧的是九夷之数，这可能是因为《论语》中"子欲居九夷"一句广为人知，"九夷"遂成不易之论。其他狄、戎、蛮无论数字和顺序都互相矛盾。据顾颉刚的研究，《尔雅》成书当在西汉后期，该书杂采诸书训诂名物之同异以广见闻，四极、四荒及其所包含的具体名称，基本取自《说苑·辨物》《淮南子·氾论》。④《尔雅》之学盛行之后，后人每引用此句来注释"四海"。李巡为东汉灵帝时期的宦官，曾在熹平年间建议刊立石经，⑤ 他为《尔雅》所做的注也多被唐代注释家引用。今本《尔雅》与李巡注本的异文绝非简单的传抄错误，那么该如何认识呢？

经学家为了调和这一矛盾想了很多小法，比如，说今本的九八七六是殷制，李巡注的九八六五是周制。⑥ 这种解释是难以令人满意的。不

①　《十三经注疏》，2616 页。

②　班固撰集，陈立疏证：《白虎通疏证》，吴则虞点校，112 页。

③　阮元校勘记，见《十三经注疏》，2621 页。

④　顾颉刚：《尔雅释地以下四篇案语》，原题《读〈尔雅·释地〉以下四篇》，载《史学年报》第 2 卷第 1 期，1934，247～266 页，后收入《顾颉刚全集·顾颉刚古史论文集》卷 8，279～300 页。

⑤　《后汉书》卷 78《宦者列传》，2533 页。

⑥　《尔雅·释地》邢昺疏以及《礼记·明堂位》孔颖达疏，见《十三经注疏》，2616、1488 页。

难注意到,《释地》的九夷八狄七戎六蛮之数,前三种与前揭《墨子·节葬》的八狄、七戎、九夷相一致。是否可以认为《尔雅》此处取自《墨子》呢?问题的复杂之处在于,《墨子》此处亦存在异文。"八狄",《北堂书钞》引《墨子》作"北狄";"七戎""九夷",《太平御览》和《北堂书钞》均引作"犬戎""于越"。① 《墨子·节葬下》的文字很可能曾被篡改,果然如此,则后人改动的依据,正是《尔雅》。虽然这还只是一种可能的情况,但至少《尔雅》取自《墨子》的判断暂时难以成立了。早于《尔雅》的文献中,仅《淮南子·修务》"九夷八狄之哭也,殊声而皆悲"一句,② 出现了四个数字的前两个。《尔雅·释地》的这一组名数,来源仍然不明,或者说在已知文献中初见于此。这种独特性是如何造成的?顾颉刚曾指出此段文字凌乱抵牾,四极、四荒、四海地名远近交错,未能辨孰远孰近。上引文字之下"北戴斗极为空桐"一句更有常识错误,故曰《释地》作者"其学识实不足以事记述",但却善于杂凑名数,创造了不少新说。③ 由此看来,"九夷八狄七戎六蛮"完全可能也是《释地》新创之说。后世文献凡取此说,皆引自《尔雅》。

《尔雅》在王莽执政时受到尊崇,汉平帝元始五年(公元5)曾征天下"以《五经》、《论语》、《孝经》、《尔雅》教授者,在所为驾一封轺传,遣诣京师"。④《尔雅》已获得与五经、《论语》并重的地位,刘歆为之作注。东汉注《尔雅》者有樊光、李巡、孙炎、郑玄数家,魏晋以下注疏者更众,南北朝时立于学官。正因为《尔雅》最终成为经典,《释地》中独创的"九夷八狄七戎六蛮"遂能传于世间。然而,毕竟此说从四夷的顺序到数字,皆与其他儒家经典不合(参看表4-1)。反映东汉王朝欲定经义于一尊之成果的《白虎通义》,其《礼乐篇》重申了《礼记·明堂位》为代表的四夷数字与

---

① 《北堂书钞》卷92,孔氏三十三万卷堂影宋本,8b~9a。《太平御览》卷555,2512页。清人校语,参看吴毓江:《墨子校注》卷6,孙启治点校,282~285页。

② 刘文典:《淮南鸿烈集解》卷19,冯逸、乔华点校,637页。

③ 参看顾颉刚:《尔雅释地以下四篇案语》,285~286页。

④ 《汉书》卷12《平帝纪》,359页。

顺序，即九夷—八蛮—六戎—五狄，说明它已经在诸说中最具权威地位。于是东汉末年的李巡的注本，正文之后便多出了"八蛮在南方，六戎在西方，五狄在北方"15字，这一异文未必是李巡加入的，同时代的郑玄也引用过。李巡本的根据之一，应包括上引《礼记·明堂位》《礼记·曾子问》佚文，很可能也包括《白虎通义》，《礼记·曾子问》佚文虽不见于今本，但东汉时期的《白虎通》既引之，汉末应尚未佚失。

表 4-1　经子典籍中的四夷之序与数

数　　序	夷—狄—戎—蛮	夷—蛮—戎—狄	其他顺序
九八七六	《尔雅·释地》		《墨子·节葬下》
九八六五		《礼记·曾子问》佚文 《逸周书·明堂解》 《礼记·明堂位》 《白虎通·礼乐篇》 《尔雅》李巡注本	
其他数字	《礼记·曲礼下》	《大戴礼记·千乘》 《礼记·王制》	《管子·小匡》 《周礼·职方氏》 《大戴礼记·明堂》

　　让这一问题更加混乱的是，上引《周礼·夏官·职方氏》中又出现了"四夷、八蛮、七闽、九貉、五戎、六狄"，不仅数字与前举两说迥异，就连名称也多出了闽、貉两种。《郑志》载，郑玄的弟子赵商注意到《周礼·职方氏》与《礼记·明堂位》所载的蛮夷数目不同，向郑玄请教，郑玄答曰：

　　　　《职方氏》四夷谓四方夷狄也。九貉即九夷，在东方。八蛮在南方，闽其别也。戎狄之数，或五或六，两文异。《尔雅》虽有与同，皆数耳，无别国之名，不甚明。故不定。①

郑玄的回答很有意思，先将貉归于夷，闽归于蛮，从而重新恢复到夷蛮

　　①　郑小同编，钱东垣校订：《郑志》卷中，丛书集成初编，24 页，北京：商务印书馆，1939。

戎狄四种的分类，对原文的顺序也做了调整，于是四夷说的前两个层面得到了维持。对于具体的数字，他认为包括《尔雅》在内都是"皆数耳，无别国之名，不甚明。故不定"。即不能一一指出九种、八种的国名，所以都是不确定的约数。郑玄对于四夷的名数采取了模糊、调和的态度。一方面，在为《诗·小雅·蓼萧》毛传"泽及四海"一句作笺时，写道"九夷、八狄、七戎、六蛮，谓之四海"，孔疏言郑玄为纬书《尚书中侯》的《雒师谋》《我应》作注所引亦同此，①这明显是忠实引用了《尔雅》原文。另一方面，郑玄在为《周礼·夏官·职方氏》及《秋官·布宪》作注时，却引"《尔雅》曰：九夷、八蛮、六戎、五狄，谓之四海"，②与《诗笺》引文竟然不同。又，按《郑志》的记载，当赵商问及"父之仇，辟诸海外"时，郑玄答以"仇在九夷之东、八蛮之南、六戎之西、五狄之北"。③这次他采纳了《尔雅》对于四海的定义，使用的名数也同于《职方氏》注所引的《尔雅》。孔颖达认为："数既不同，而俱云《尔雅》，则《尔雅》本有两文。……郑读《尔雅》盖与巡同，故或取上文，或取下文也。"④郑玄对于经籍中有关四夷之数的分歧有充分了解，一定也试图理清其中的对错，但最终得出了"无别国之名，不甚明，故不定"的中立结论。他与赵商的对话应当发生在汉末献帝时期，郑玄已经年过六十，⑤可视为他对此问题的最终定论。

遍注群经的郑玄无法指出的"别国之名"，却被李巡一一列举出来。李巡对《尔雅》文本的处理已见上文，但他不满足于仅仅增加一处异文，为了加强这一替换的合理性，他在注中一一指出了"别国之名"。

> 九夷：一曰玄菟，二曰乐浪，三曰高骊，四曰满饰，五曰凫臾

---

① 《十三经注疏》，420页。

② 《十三经注疏》，861～862、884页；另参看前引《蓼萧》孔疏，见《十三经注疏》，420页。

③ 郑小同编，钱东垣校订：《郑志》卷中，19页。

④ 《蓼萧》孔疏，见《十三经注疏》，420页。

⑤ 《后汉书》卷35《郑玄传》载："时年六十，弟子河内赵商等自远方至者数千。"（1208页）

（一作更），六曰索家，七曰东屠，八曰倭人，九曰天鄙。

八蛮：一曰天竺，二曰咳首，三曰僬侥，四曰跂踵，五曰穿胸，六曰儋耳，七曰狗轵，八曰旁春（一作春，一作脊）。

六戎：一曰侥夷，二曰戎夫（一作夷），三曰老白，四曰耆羌，五曰鼻息，六曰天刚。

五狄：一曰月支，二曰秽貊，三曰匈奴，四曰单于，五曰白屋。①

然而这个整齐的名单是完全经不起推敲的，《礼记·明堂位》所记是周公时在明堂朝会的场面，《尔雅》所记也自称是周制，再看看李巡举出的国名，就破绽百出了。玄菟、乐浪为汉武帝灭朝鲜后所设的郡名，在此前从未曾见于文献，应劭曰玄菟本真番国，②《后汉书》言"以沃沮地为玄菟郡"，③ 则玄菟非原有的族名或国名是可以确定的。倭国在武帝灭朝鲜之后始与中国通使，④ 先秦亦无此名称。秽貊与高骊关系密切，却被分别归入狄与夷。匈奴与单于列为二国，简直像是在凑足数目。最说明问题的还是"天竺"，此名始见于东汉，在西汉的文献中尚写作"身毒"，所以《后汉书》云"天竺国一名身毒"。⑤ 从以上所举诸条，可以看出李巡为《尔雅》列举的国名族名有出自先秦文献的，有始见于西汉的，还有些是东汉才出现的，这样的注释，根本不能真的用来解释经文的本义，也不能帮助理解任何时代的真实的族群分布状况，纯粹只是凑够一个整齐的形式罢了。李巡的注解，历代注疏家引用无数，直到清末孙诒让说："郑君精博，犹未闻其别国之名，李、范之说，未知所据。"⑥

---

① 《尔雅·释地》邢昺疏、《礼记·王制》孔颖达疏所引，见《十三经注疏》，2616、1338 页。王利器将此辑入《风俗通义》佚文，而略去"李巡曰"等字，恐误（见王利器校注：《风俗通义校注》，487～488 页，北京：中华书局，2010）。

② 《史记》卷 115《朝鲜列传》《索隐》引，2985 页。

③ 《后汉书》卷 85《东夷列传》，2816 页。

④ 《后汉书》卷 85《东夷列传》，2820 页。

⑤ 《后汉书》卷 88《西域列传》，2921 页。

⑥ 孙诒让：《周礼正义》卷 63，王文锦、陈玉霞点校，2640 页。

五、四夷名称的训诂

对四夷之数进行整齐化的同时，东汉经学家们还试图对其名称加以训诂学的解释，这样便有了本节开头所说的四夷说的第五个层面。《王制》和《尔雅》中提出了蛮夷戎狄命名，但没有解释何以要用这四个字，以及它们的意义是什么。此后的学者沿着音义两个路径进行解释，发挥想象之外，有些也融入了各自时代的新知识。较早的有《白虎通·礼乐篇》所记：

> 何以名为夷蛮？曰：圣人本不治外国。非为制名也，因其国名而言之耳。一说曰：名其短而为之制名也。夷者，僔夷无礼义。东方者，少阳易化，故取名也。蛮者，执心违邪。戎者，强恶也。狄者，易也，辟易无别也。①

这里有两种说法。一种认为这些名字不是华夏圣人起的，而是异族们自称的国名。另一种认为是华夏根据四夷的缺陷而为他们命名的。后一种解释显然被更多的人所接受，成为主流。这完全是望文生义式的解释，其中夷、狄两条的释义可以看出字音上的关联，蛮、戎两条就显得十分牵强了。它只是说明东汉前期华夏的知识中，对夷蛮戎狄有"无礼义""执心违邪""强恶""辟易无别"等成见和偏见。到东汉中期，许慎从字形着眼，又给出如下的释义：

> 夷，从大从弓，东方之人也。
>
> 蛮，南蛮，蛇种。
>
> 戎，兵也，从戈从甲。
>
> 狄，赤（段玉裁以为当作"北"）狄本犬种。狄之为言淫辟也。②

许慎的逻辑是以偏旁为种族，故有蛇种、犬种之说。与之类似的还有以

---

① 班固撰集，陈立疏证：《白虎通疏证》，吴则虞点校，114～115页。

② 分别见许慎：《说文解字》，213、282、266、205页。

羌为羊种，以貉为豸种。现代学者亦有据此而论其族为蛇图腾或狼图腾者，殊为无稽。不过以偏旁推测字义，较之纯以字音，仍是一个进步。如夷从大从弓，夷与弓的确颇有渊源，上古善射者称后羿，而又称为夷羿。[1]东汉时被列为东夷的小水貊出好弓，称为貊弓；远在东北森林中的挹娄（即古肃慎）"弓长四尺，力如弩"；而夫余、高句丽等共同信仰的祖先东明即"善射"，奔逃之中又"以弓击水"。[2]值得注意的是许慎没有把"戎"释为种族，而仅取"兵"之义。在《说文》中取代戎而填补西方异族的位置的是"羌"：

> 羌，西戎牧羊人也。从人从羊，羊亦声。南方蛮闽从虫，北方狄从犬，东方貉从豸，西方羌从羊，此六种也。西南僰人、僬侥从人，盖在坤地，颇有顺理之性。唯东夷从大，大，人也。夷俗仁，仁者寿，有君子不死之国。孔子曰："道不行，欲之九夷，乘桴浮于海。"有以也。[3]

这条是《说文解字》中难得一见的长篇条目，可能因为"羌"字是在全书中首先出现的异族族名，故而将其他几方的异族一起综述。文中说"此六种也"，可列举出的只有羌、蛮、闽、狄、貉五族。段玉裁更言只有四种，[4]是又将蛮闽看成一种。下文中提到了东夷，所以唯一可能凑足六种之数的，只有戎。戎作为异族只是在此半遮半掩地出现了一下，像是不经意间被忽略了。贯穿整个东汉一代的羌乱，让当时的华夏对西方的羌人印象极其深刻，说起西方的异族，第一想到的是羌而不是戎。或许是出于这一原因，许慎在释戎字的时候没有说是西方的异族，而在羌的

---

[1]　《左传》襄公四年，见杨伯峻：《春秋左传注》，936～937页。

[2]　《后汉书》卷85《东夷列传》，2814、2812、2811页。东明（又名朱蒙）传说经《梁书》《北史》直到《三国史记》一直传承下来，细节每有增损，但"善射"与"弓"的元素始终得到保持。

[3]　许慎：《说文解字》卷4上，78页。

[4]　段玉裁：《说文解字注》（影印本），147页，上海：上海古籍出版社，1981。

条目下将四方的夷狄通通叙述了一番。戎与羌的微妙关系，反映的是上面提到的经学与史学两个系统的知识之间的分歧，这一点在下一节谈到《后汉书》时还要详论。

汉代学者中，最后一位对"蛮夷戎狄"进行发挥的人是应劭。《风俗通》云：

> 东方曰夷者，东方人（王辑本作"仁"，无据），好生，万物抵触地而出。夷者，抵也。
>
> 南方曰蛮者，君臣同川而浴，极为简慢。蛮者，慢也。
>
> 西方曰戎者，斩伐杀生，不得其中。戎者，凶也。
>
> 北方曰狄者，父子叔嫂，同穴无别。狄者，辟也，其行邪辟。①

表面来看，应劭又回到了"名其短而为之制名"旧路子，与《白虎通·礼乐篇》有继承的关系，戎、狄两条表现得尤为明显。仔细揣摩，两者实有重大区别。《白虎通·礼乐篇》纯粹从文字出发，而《风俗通》用具体的习俗来论证，在训释所用的同音字上，也重新选择了与习俗特征相应的字，可谓做到了音义的完美结合。应劭在《风俗通》中收录了诸如槃瓠、廪君、沙壹等出于本土记忆的族源传说，说明他对四夷的风俗、文化的关心和了解，超出同时代的其他学者。"君臣同川而浴"，"父子叔嫂，同穴无别"等风俗特征，比"执心违邪"之类的抽象精神特征更接近事实。而且这些风俗在此是作为确定知识出现的，然后才在迁就蛮戎狄读音的情况下挑选出"慢""凶""辟"等字进行概括。夷蛮戎狄从而变成了依据风俗特征做出的外部命名。应劭的解释因其精妙而广为引用，此后再也没有全面取而代之的新说。但是，应劭的解释仍然是在东夷南蛮西戎北狄的框架下做出的，既然夷本不全在东，蛮也可以称呼北方异族，② 山戎更在赤

---

① 王利器校注：《风俗通义校注》，487～488 页。

② 如《史记》卷 110《匈奴列传》即有"猃狁、荤粥，居于北蛮，随畜牧而转移"的句子（2879 页）。

狄白狄之北，那么夷蛮戎狄最初的意义一定不是应劭所说的那样。应劭
尽管注意到了当世有关异族风俗的新知识，仍然要用来解释经学中的四
夷框架，正因此，他的学说还是要归入概念先行的经学子学一类，不能
看作注重实际的史学。

　　经学体系的知识在古代具有崇高的权威性，但是如本节所分析的，
其对非华夏人群的分类与命名具有很强的主观演绎色彩。四夷框架的定
型经历了一个漫长的过程，在不同的文献中，五个层面的表现不一，它
们本是沿着多条路线并行演进的，最终以《礼记·王制》《明堂位》为代表
的一派占据了上风，成为魏晋以后对于四夷的通行观念。注疏家对于蛮
夷戎狄的名数的解释，旨在弥合经典文本内部的矛盾，基本是从文本到
文本，无视现实中的情况。至于对蛮夷戎狄羌等名称的讨论中，许慎、
应劭等在不同程度上将汉代周边异族的风俗等纳入解释，但是仍然是在
相信维护蛮夷戎狄等既有的对他者命名的前提下进行的。经学系统中关
于异族的知识，具有强烈的华夏自我中心倾向，应视为华夏单方面的建
构。但是，由于华夏在帝国秩序中的话语霸权，这些他称命名中的一部
分，转化为周边人群认同的自称族名，如蛮、羌。华夷五方的格局从主
观的建构，一定程度上变成了实际。

第二节　史学有关异族的知识建构

一、正史中异族诸传编次的变化

　　史学中有关周边异族的系统性知识，始于《史记》，此后历代正史中
几乎都有专门为夷狄异族所立的传记。正如王明珂所指出的，纪传体王
朝史作为一种文类，所对应的情境规范便是"华夏帝国"结构。"正史"文
类所蕴含的结构、规律与其文本内涵符号的变易性，也对应"帝国"内在
的结构、规律与变易。① 因此，考察正史中有关异族传记的结构变化和

---

　　①　王明珂：《英雄祖先与弟兄民族：根基历史的文本与情境》，57 页。

叙述范式，也有助于解明华夏帝国符号秩序的建构过程。

首先看异族传在纪传体王朝史主要是所谓"正史"编次结构中的变化。① 《史记》分别用《匈奴列传》《南越列传》《东越列传》《朝鲜列传》《西南夷列传》《大宛列传》六卷的篇幅书写了汉朝周边异族及其政权的历史。这六卷没有放在全书某个特别的位置上，也没有连缀在一起，中间还穿插了许多大臣、诸侯的传记。为分析方便，列表展示如下：

表4-2 《史记》周边异族诸传编次

卷数	传主	卷数	传主	卷数	传主
108	韩长孺	116	**西南夷**	124	游侠
109	李将军	117	司马相如	125	佞幸
110	**匈奴**②	118	淮南衡山	126	滑稽
111	卫将军骠骑	119	循吏	127	日者
112	平津侯主父	120	汲郑	128	龟策
113	**南越**	121	儒林	129	货殖
114	**东越**	122	酷吏	130	太史公自序
115	**朝鲜**	123	**大宛**		

《史记》这一部分的编次结构令后人费解。司马贞在《索隐》中曾对此表示不满，金代王若虚又进一步发挥说：

---

① 中古时期也出现了很多部编年体的王朝史，但编年体的特点决定了它只能进行叙事的详略取舍，无法对叙述对象进行结构性的安排，因而不在本章的讨论范围之中。

② 《史记·匈奴列传》的位置，按今本《史记》在《李将军列传》与《卫将军骠骑列传》之间，与今本《太史公自序》中所述一致；但《汉书》卷62《司马迁传》节录其文，则以其在《平津侯主父列传》之后，《南越列传》之上（《汉书》，2722页）。张守节《正义》注意到有两种本子，并说"若先诸传而次四夷，则《司马》、《汲郑》不合在后也"（《史记》卷110《匈奴列传》，2879页）。他认识到即使按第二种本子的编次，仍然不能说是"先诸传而次四夷"，因而《匈奴列传》无论取哪一种，都不能抹平《史记》在编次上的独特性。

《史记索隐》谓《司马相如传》不宜在《西南夷》下，《大宛传》不宜在《酷吏》《游侠》之间。此论固当，然凡诸夷狄，当以类相附，则《匈奴》亦岂得在《李广》《卫青》之间乎？①

赵翼也注意到《史记》这一部分编次得"不合常理"：

《李广传》后忽列《匈奴传》，下文列《卫青霍去病传》。朝臣与外夷相次，已属不伦，然此犹曰诸臣事皆与匈奴相涉也。《公孙弘传》后忽列《南越》、《东越》、《朝鲜》、《西南夷》等传，下又列《司马相如传》，相如之下又列《淮南衡山王传》。《循吏》后忽列《汲黯郑当时传》，《儒林》、《酷吏》后又忽入《大宛传》，其次第皆无意义，可知其随得随编也。②

赵翼感到无法理解《史记》的编次规则，只好说是"随得随编"。《史记》的编次原则究竟是什么，古今学者讨论很多，仍无定论。③ 下文仅就表中所列部分进行一点解释。

《史记》列传据篇目可划为三种类型，即"人名传"（单传或合传）、"国名传"（或族名传）和"类传"（又称杂传）。④ 人名传都以人名、爵称或官职

---

① 见王若虚：《滹南遗老集》卷11，胡传志、李定乾校注，153页，沈阳：辽海出版社，2006。所引司马贞的评论不见于三家注本《史记》，仅见于单行本《史记索隐》卷30，可参看四库全书所录汲古阁本《史记索隐》及其《提要》。

② 赵翼撰，王树民校证：《廿二史札记校证》卷1，"史记编次"条，6～7页，北京：中华书局，1984。

③ 上引两段之外，仍可参看梁玉绳：《史记志疑》卷36，1484页，北京：中华书局，1981。朱东润：《〈史记〉纪表书世家传说例》，见氏著《史记考索》，23页，上海：华东师大出版社，1996。

④ 徐复观将《史记》列传分为三种类型：一为个人为主体之列传，次为有关政治、社会、文化方面之集体活动之列传，又次为外夷列传（参看徐复观：《论〈史记〉》，见《两汉思想史》第3卷，233页，上海：华东师范大学出版社，2001）。本节的分类与此大体一致，但微有不同，除了更偏重以篇名而非内容进行划分，徐先生以外夷列传为一独立部分，而本节倾向于将它们与人名传归为一大类来讨论，由此得出的编次原则是很不相同的，详见下文。

命名，绝大多数列传都是这一类；国名传以政权名（或族名）为篇目，如
《匈奴列传》《朝鲜列传》；类传则以入传人物的共同身份冠名，始于《循
吏》终于《货殖》，①加上此前的《刺客》，也有人认为《扁鹊仓公》也是类
传。在《史记》中，人名传与国名传被作为同一种类型混编在一起，而类
传基本连成一片，与前两者判然有别。因而《史记》列传其实是人名国名
传与类传二分的结构。近年有研究者总结《史记》的编次规律是以历史活
动时间为根本，而在同一时期的则同类相从，同事相从，时间相同者以
影响或功劳的大小排序。②这一总结大体不错，但就列传而言，应该限
定为仅适用于人名国名传的部分，类传则另当别论。

《史记》列传中人名、国名传的"同事相从"和"同一时期"编次规律，
都需要做进一步的解释。第一，所谓"同事相从"指的是如韩李、匈奴、
卫霍等传紧紧相随，这点赵翼也指出了。但赵翼认为公孙弘、主父偃及
司马相如与前后诸传无关，这是不对的。公孙弘与主父偃都曾反对征匈
奴、开西南夷，在主父偃的传中还顺势记下徐乐、严安等人的上书，借
此可以更全面地了解武帝开边的活动及其影响，实与匈奴等夷狄诸传记
内容密切相关。主父偃是武帝削弱诸侯的主要推动者，淮南衡山之事又
与他间接相关。司马相如与开置西南夷的关系则更为明显。③这种同事

---

①　《汲黯郑当时列传》何以在《循吏》与《儒林》之间，始终没有一个完美的解释。
我推测，汲黯、郑当时为信奉黄老无为的"长者"吏，与前卷《循吏》所记先秦诸人有
相似处，而黄老（含汲、郑）—儒林—酷吏的安排，反映了汉初至武帝时期的政治文
化变迁。

②　杨光熙：《论史记的篇章排列顺序》，载《史学月刊》2002年第12期，111～
114页。

③　徐复观注意到卫将军以下有五篇朝臣传记侧杂于外夷及《循吏》之间，认为
这五传"或系反对当时对外用兵的政策，或系暴露出选将用兵的真实情形，及由此引
起的内部危机。若其次序不以侧杂出之，再加上《酷吏列传》，则因集中所反映出的
对武帝的批评性，更为强烈，史公于此不无顾虑"（参看徐复观：《论〈史记〉》，见《两
汉思想史》第3卷，232页）。此立论的前提，即徐先生认为司马迁强烈反对和批判武
帝的专制体制，然司马迁是否具有此种精神，尚不无可以存疑之处。就这几篇传记
而言，不妨以同事相从的原则去简单解释。

相从的原则提示我们，《史记》在编定列传次序时，是以事件而非人物身份为中心的。① 从韩长孺至主父偃传连续五卷的篇幅，都与汉匈战争有关，不惜"以朝臣与外夷相次"，为的只是从不同侧面展示同一事件。这与后代纪传体史书按传主身份安排编次是完全不同的。

第二，所谓"同一时期"是以本纪为标准划分的，世家、类传以外的列传，都可以分拆以对应于本纪，此种结构为后来历代纪传体正史所继承。表4-2中韩长孺、李广都是跨越景、武两朝的人物，始登场于平定七国之乱的战斗中，后在武帝朝对匈奴的战争中发挥重要作用。以下卫青、霍去病、公孙弘直至司马相如都确定无疑是武帝朝的人物，据此而论，则匈奴、南越、朝鲜、西南夷、淮南衡山等传在时段上也被归入了武帝一朝。② 《匈奴列传》的叙事始于上古，详细确切的记述也始于秦汉之际，南越、朝鲜等传也与此类似，何以被划入武帝一朝呢？根据上文所证的《史记》以事件为中心的编次原则，这个问题只能从叙事重心，即史家最想要强调的事件去思考。自汉初以来，汉帝国困扰于内部的种种问题，对外一直采取守势，尤其对于匈奴，说卑辞厚礼亦不为过。直到

① 逯耀东早已指出《史记》"列传并非专为叙人物，而是以人系事，如编年以时系事一样，而且所叙的事不是孤立的，和其生存时代的历史发展与演变息息相关，和个人独立的传记完全不同"，但逯先生认为《汉书》等纪传体史书的列传继承了这一特点，则与本节的观点不同。见逯耀东：《抑郁与超越：司马迁与汉武帝时代》，255页，北京：生活·读书·新知三联书店，2008。另外，姚大力也曾撰文指出，司马迁对历史编撰学的一大突破就是在其中加入了探查历史过程、原始察终的意识，这是先秦史学所不具备的。见姚大力：《把过程归还历史书写——论司马迁对中国历史编撰学的突破》，收入《社会·历史·文献——传统中国研究国际学术讨论会论文集》，75～112页。

② 徐复观认为"匈奴等外夷六列传的先后，大体上系按照与汉发生关系，或得到解决之先后为次……其以时间为次序之严如此"。如匈奴在高祖时已发生关系，故首《匈奴列传》。南越于文帝时愿奉贡职，故次《南越列传》等（参看徐复观：《论〈史记〉》，232页）。单就几篇异族传来说，这是可以成立的，但如果不以《汉书》以下将异族传单列的模式来理解《史记》，便不必认为卫将军等传有意厕杂在外夷传中，而可以说这几篇异族传夹杂在武帝朝诸臣僚列传之中，只是为反映武帝朝的事件而编次的。

武帝时四出征伐，开疆拓土，是为汉匈关系中空前重大的一个转折。而南越、朝鲜、西南夷等，原本是汉鞭长莫及之地，至武帝时纷纷国灭，成为汉的郡县，作为独立政权的历史于焉告终。淮南衡山二王虽始封于汉高祖和文帝时，但他们因谋反而被诛，国灭为汉郡县，却是在武帝朝。吴王、淮南王始封时间都在汉初，但其传记一系于景帝朝，一置于武帝朝，其编次标准只能是国灭入汉的时间。汉前期诸侯国高度自治，汉廷视之如敌国，得二国之地为郡县，与征服夷狄而拓境颇有相通。① 司马迁作为这一系列巨变的见证者，深知发生在武帝朝的上述事件是最具历史意义的，在各传中应当成为叙事的重心，所以才将相关的列传都归入武帝朝。总之，司马迁身处在华夏帝国急速扩张的时代，见证了帝国的成长，并以此作为《史记》的主题之一。因而《史记》所记下的不是静态的成熟的华夏帝国秩序，而是一个正在成长中的动态的华夏帝国秩序。描述一个动态的秩序，莫过于记下标志性的事件，如帝国疆土的开拓，新型华夷关系的确立等，这是《史记》以事件为中心进行编排的真正原因。

《史记》中的人名国名传有明显的时间性，类传则常跨越时间的框架，按某一标准将不同时代的人物编为一卷。因为人名传所记都是重要政治人物，国名传所记也是外交征伐等大事，类传的选编就有意采用另外的标准，如游侠、货殖之类，与朝政关系较远。人名、国名传与类传一起，构成纵横交织的网络，让史书所呈现的不再只是单纯的政治世界，而是更加立体的图景。如果说人名、国名传意在描述一个动态成长中的帝国，那么类传似乎是要留住一些帝国秩序中稳定甚至永恒的元素，因而对应的是相对静态的帝国秩序结构。《史记》中类传没有全部连在一起，《刺客》置于先秦诸传之末，或许仍是以其传主时代为标准，而《循吏》以下诸

---

① 《史记》卷118《淮南衡山列传》之末太史公曰："《诗》之所谓'戎狄是膺，荆舒是惩'，信哉是言也。……此非独王过也，亦其俗薄，……夫荆楚僄勇轻悍，好作乱，乃自古记之矣。"（3098页）似乎有意暗示此地为蛮夷之地。

类传中又混入了《汲郑》，还有同样难解的《大宛列传》，这或许是由于初创之时体例尚疏，今已不可深究，但类传与人名、国名传纵横互补的精神，仍昭然可见。

《史记》虽是纪传体史书的开创者，真正为后代王朝史树立成熟典范的则是《汉书》。《汉书》之于《史记》，有承袭有损益。就表 4-2 所列的诸传而言，主要的变化是《匈奴》《南越》《东越》《朝鲜》《西南夷》诸国名传被后移到类传中，并与新增的《西域传》连成一个单元，不再与人名传合为一编，开后世四夷传的先河。这可以分解为两个方面来分析。第一，韩李卫霍公孙主父诸朝臣的传记，不再与匈奴、南越等相错杂。《汉书》中的传记，在大体以朝代划分的前提下，严格遵循同类合传的原则，一朝臣僚的传记，一般按照相、将、诸侯王、能吏、儒生等不同类型分篇立传。决定传记位置的，不再是与某个事件的关系，而是传主的身份。编次的重心从事件转到了人物身份，附带的结果之一是家族传的大量增加。例如，淮南衡山二王的传记不再如《史记》置于武帝朝，而是以淮南王长始封于汉高祖为准，置于高祖朝诸传之末，并且将毫无事迹且《史记》无传的济北王与淮南衡山合传，只为使刘长家族的传记完整。第二，《汉书》继承并强化了《史记》区分人名传、类传的体例，尤其让类传部分更加严整有序。首先是让类传集中到一处，如《史记》中《刺客》或《汲郑》般混乱的编次不再出现于《汉书》中。其次，类传本身的顺序也做了调整。

　　《史记》：刺客、循吏、儒林、酷吏、大宛、游侠、佞幸、滑稽、日者、龟策、货殖

　　《汉书》：儒林、循吏、酷吏、货殖、游侠、佞幸、匈奴、西南夷两粤朝鲜、西域、外戚

《儒林》被提到了最前，《货殖》也被提到了《游侠》之前，经过这番调整，《史记》中混乱无序的类传获得了一种秩序，这种秩序以儒家道德为基准，

越往后的在儒家道德系统内的排名越低。① 从《儒林》到《佞幸》，能明显看出这种递减，而匈奴为代表的异族传仍被置于《佞幸》之后，也遵循这一规律。班固在《匈奴传赞》中说"夷狄之人贪而好利，被发左衽，人面兽心，……圣王禽兽畜之"，毫不隐晦他在道德上对异族的鄙夷，并且强调"《春秋》内诸夏而外夷狄"。② 因此，夷狄绝不可与华夏臣僚的传记并立无别，不能如《史记》一样按时间混编在人名传中，只能合成为类传，且立于类传之末，以示其伦理道德之低下。当赵翼说"朝臣与外夷相次，已属不伦"，王若虚说"然凡诸夷狄，当以类相附"时，他们心中奉为圭臬的，正是《汉书》的体例。

班固在《叙传》里自称《汉书》是"叙帝皇，列官司，建侯王。准天地，统阴阳，阐元极，步三光。分州域，物土疆，穷人理，该万方，纬《六经》，缀道纲"。③ 这与司马迁"究天人之际，通古今之变，成一家之言"的旨趣明显不同。司马迁想要探究终极真理和古今变化的过程，而《汉书》虽为史书，但"纬《六经》、缀道纲"意味着史事的过程并不是作者所追求的，重要的是通过讲述兴衰成败和褒贬善恶贤愚来阐明儒学的大道。如同汉代人相信《春秋》为汉立法一样，《汉书》也想为后世立法，借助对西汉历史的撰述和评判（所谓"拨乱反正"），为后世留下一个理想帝国的典范。这个典范只能是相对稳定静态的、甚至永恒的理想秩序。《汉书》的这一目标在很大程度上变成了现实，它所书写的汉帝国的政治制度、思想精神甚至士人言行，的确都对后世产生了不可估量的巨大影响。另外，作为对汉朝典范的模仿行为之一，后世纪传体王朝史的修撰者纷纷奉《汉书》为圭臬，采用《汉书》的体例进行写作。其表现之一，即《汉书》以下的纪传体正史无一例外地将夷狄异族传放到类传之中。

---

① 至于《外戚传》《元后传》和《王莽传》置于最后的问题，小林春树认为这几卷是为了说明前汉王统断绝的必然性，从而为后汉王朝进行正统性论证。见小林春树：《「漢書」「元后伝」・「王莽伝」の構成と述作目的》，载《東洋研究》172，2009，41～68页。

② 《汉书》卷94下《匈奴传》，3834页。

③ 《汉书》卷100下《叙传下》，4271页。

　　类传既是同类合传，说明纪传体王朝史撰述者们把华夏帝国周边的异族政权看作同类的存在，他们的共同点即同处于帝国有效管辖之外。异族诸传在类传中一般位于佞幸传之后逆臣传之前，在逆臣传缺失的情况下，异族传即为类传的最末。《史记》开创《汉书》确立的类传，其名目的增损变化暂且不论，即以编次而言，后世史书仍有不同于《汉书》的道德递减排序者。比较突出的是范晔《后汉书》，其类传的编次似不可以道德而论，否则难以解释《宦者》竟在《儒林》之前，而《逸民》仍在《方术》之后，合理的推测是按照各类人物在帝国权力结构中位置排序，从中心到边缘。各史编次标准不尽一致，但异族诸传的位置却非常稳定地居于较末位(参看表 4-3)。异族诸传的稳定存在表明了夷狄在帝国秩序中是不可或缺的存在；较末位则隐喻着夷狄在帝国秩序中若即若离的边缘地位，或在道德系统的边缘地位，其实这两者并无本质区别。

表 4-3　从《汉书》到唐初所修诸史的类传编次

书名	卷次及传名
汉书	88 儒林　89 循吏　90 酷吏　91 货殖　92 游侠　93 佞幸　<u>94 匈奴　95 西南夷两粤朝鲜　96 西域</u>　97 外戚　98 元后　99 王莽　100 叙传
后汉书	76 循吏　77 酷吏　78 宦者　79 儒林　80 文苑　81 独行　82 方术　83 逸民　84 列女　<u>85 东夷　86 南蛮西南夷　87 西羌　88 西域　89 南匈奴　90 乌桓鲜卑</u>
三国志·魏书	29 方技　<u>30 乌丸鲜卑东夷</u>
宋书	91 孝义　92 良吏　93 隐逸　94 恩倖　<u>95 索虏(附芮芮等)　96 鲜卑吐谷浑　97 夷蛮　98 氐胡</u>　99 二凶　100 自序
南齐书	52 文学　53 良政　54 高逸　55 孝义　56 倖臣　<u>57 魏虏　58 蛮、东南夷　59 芮芮虏、河南、氐、羌</u>
梁书	47 孝行　48 儒林　49—50 文学　51 处士　52 止足　53 良吏　<u>54 诸夷(海南、东夷、西北诸戎)</u>　55—56 (逆臣)豫章王综……

续表

书名	卷次及传名
隋书	71 诚节　72 孝义　73 循吏　74 酷吏　75 儒林　76 文学　77 隐逸　78 艺术　79 外戚　80 列女　81 <u>东夷</u>　82 <u>南蛮</u>　83 <u>西域</u>　84 <u>北狄</u>　85（逆臣）宇文化及、司马德戡……
南史	70 循吏　71 儒林　72 文学　73—74 孝义　75—76 隐逸　77 恩倖　78 <u>夷貊上（海南诸国、西南夷）　79 夷貊下（东夷、西戎、诸蛮、西域诸国、蠕蠕）</u>　80 贼臣
魏书	83 外戚　84 儒林　85 文苑（补）　86 孝感（补）　87 节义（补）　88 良吏　89 酷吏（补）　90 逸士　91 术艺　92 列女　93 恩倖　94 阉官　95 匈奴刘聪……略阳氏吕光　96 僭晋司马睿、賨李雄　97 岛夷桓玄、海夷冯跋、岛夷刘裕　98 岛夷萧道成、岛夷萧衍　99 私署凉州牧张寔……卢水胡沮渠蒙逊　100 <u>高句丽、百济、勿吉、失韦、豆莫娄、地豆于、库莫奚、契丹、乌洛侯</u>　101 <u>氐、吐谷浑、宕昌羌、高昌、邓至、蛮、獠</u>（补）　102 <u>西域</u>（补）　103 <u>蠕蠕、匈奴宇文莫槐、徒何段就六眷、高车</u>（补）　104 自序（补）
北齐书	44 儒林　45 文苑　46 循吏（补）　47 酷吏（补）　48 外戚（补）　49 方伎（补）　50 恩倖（补）
周书	45 儒林　46 孝义　47 艺术　48 萧詧　49 <u>异域上（东夷、南蛮、西戎）　50 异域下（北狄、西域）</u>
北史	80 外戚　81—82 儒林　83 文苑　84 孝行　85 节义　86 循吏　87 酷吏　88 隐逸　89—90 艺术　91 列女　92 恩幸　93 僭伪附庸　94 <u>（东夷）高丽、百济……　95（南蛮）蛮、獠、林邑……　96（西戎）氐、吐谷浑……　97 西域　98（北狄）蠕蠕、匈奴宇文莫槐……　99（北狄）突厥、铁勒</u>　100 序传
晋书	88 孝友　89 忠义　90 良吏　91 儒林　92 文苑　93 外戚　94 隐逸　95 艺术　96 列女　97 <u>四夷</u>　98—100（逆臣）王敦、桓温、桓玄……　101—120 载记

二、正史四夷传的成立

研究者习称异族诸传为"四夷传"，所谓"四夷"，即是经学体系中的东夷南蛮西戎北狄。事实上，从表 4-3 可以看出，"四夷传"的出现有一个历史过程，与"四夷传"名实俱合的编撰形式，要到唐初所编《隋书》《南史》《北史》和《晋书》中才出现。

司马迁使用过"四夷"的词汇，① 但没有在《史记》中将它们合为一传，甚至没有刻意归为一种类传。《汉书》将匈奴、西南夷、两粤、西域前后相接地放入类传中，表现出将异族视为同一类别的观念，在随后的纪传体正史中，异族外国传成为一个稳定存在的板块。《汉书》又将《史记》中各自独立的南越、东越、西南夷合为一编，其依据是"皆恃其阻，乍臣乍骄，孝武行师，诛灭海隅"，② 即因为他们都在武帝时被征服，与他们的方位无关。这三卷基本上还是按与汉朝的关系编次的，并未采用经学中东夷西戎南蛮北狄的整齐形式。东汉时官方编撰的本朝国史《东观汉记》的异族传部分几乎承袭了《汉书》的结构。据吴树平考证，《东观汉记》有《匈奴南单于列传》《西羌列传》和《西域列传》，还有一篇记载西南夷史事的，或名为《西南夷列传》，然而其篇次已全不可考。③ 魏晋以下的所谓八家《后汉书》，皆散乱不全，从辑佚的情况来看，谢承书有《东夷列传》，司马彪书有《西南夷传》《西羌传》《西域传》《鲜卑传》，华峤书有《西南夷传》《南匈奴传》，袁山松书有《西域传》。④ 其中有些是类书中引出篇名的，有些不过是辑佚者根据内容推测出的，⑤ 至于卷次更不可知。值得注意的是范晔的《后汉书》，从上述诸传的轶文来看，范晔书所列的异族诸传主要是承袭旧本。⑥ 范晔书用六卷篇幅为异族立传，而又在《狱中与

---

①　《史记》卷 130《太史公自序》云："三王不同龟，四夷各异卜。……作《龟策列传》第六十八。"(3318 页)

②　《汉书》卷 100 下《叙传下》，4289 页。

③　吴树平：《〈东观汉记〉中的本纪、表、列传、载记和序》，见氏著《秦汉文献研究》，157～158 页，济南：齐鲁书社，1988。

④　见周天游辑注《八家后汉书辑注》，上海：上海古籍出版社，1986。

⑤　类书所引篇目有时也不可尽信。如(宋)李昉等编《太平御览》卷 901 引《南史·四夷传》"滑国"条，又引《后周书·四夷传》(4000 页，中华书局，1960)，而今本《南史》无"四夷传"篇名，滑国在《夷貊传下·西域诸国》中。《周书》亦无《四夷传》，而称为《异域传》。

⑥　周天游指出："从谢书佚文推断，范书传目中之东夷列传，毫无疑问本之于谢书。"见周天游辑注《八家后汉书辑注》前言，5 页。

诸甥侄书》中提到"六夷诸序论",① 是否他所写的是"六夷传"呢？答案是否定的。六夷一词不见于经书，集中出现要晚到东晋十六国时期，时有"六夷大都督"等官职，此后成为习用的词汇。它与五胡一样，原是一个没有确指的概念，泛指诸异族。② 范晔书这六卷中的所记的异族数，无论怎么计算，也不可能是六种。范晔书的卷目标明了东夷、南蛮，如果再以西羌、西域对应西戎，以南匈奴、乌桓鲜卑对应北狄，可以发现范晔书异族传的编次顺序正是东夷南蛮西戎北狄。那么在现存的唐以前编撰的纪传体王朝史中，范晔《后汉书》的异族传最为接近"四夷传"的结构，恰恰从范书异族传的内容中也能看到很强的经学影响。

三国史的撰述，实际与东汉史同时，而完成得更早。《三国志》体裁独特，类传仅有一卷《方技》，异族传仅有一卷《乌丸鲜卑东夷传》。陈寿在行文中提到"备四夷之变"，又提到"西戎""东夷"，说明他对经学中的夷蛮戎狄的观念是熟悉的。但他在撰述时没有按这一框架进行，他的理由是："史汉著朝鲜、两越，东京撰录西羌。魏世匈奴遂衰，更有乌丸、鲜卑，爰及东夷，使译时通，记述随事，岂常也哉！"③三史中重视实际事实、不追求形式完备的传统，在《三国志》中仍然得到了体现。从《乌丸鲜卑东夷传》的裴注中，可以知道《魏略》立有《东夷传》《西戎传》，另外也有述及乌丸鲜卑的传记，但篇名不详，根据《御览》和《后汉书·南蛮传》注所引，可知《魏略》中还记有槃瓠、哀牢等内容④，或许是《南蛮传》。《西戎传》之目应首见于此，其内容不仅包括氐羌、赀虏，还包括了西域

---

① 《宋书》卷 69《范晔传》，1830 页。

② 参看三崎良章：《五胡十六国の基礎的研究》第一章，26 页，東京：汲古書院，2006。三崎先生还统计了"四夷""六夷"等词语在经书和正史中的出现次数，结果在《史记》到《北史》的十五部正史中，"四夷"出现 214 例，"六夷"仅仅 21 例（同上，25～26 页）。这也说明"六夷"不是可以和"四夷"相抗衡的一类概念。

③ 《三国志》卷 30《魏书·乌丸鲜卑东夷传》，858 页。

④ 《后汉书》卷 30《南蛮西南夷列传》李贤注，2830 页；《太平御览》卷 785"盘瓠"条，3476 页；卷 865"盐"条，3838 页；卷 912"獭"条，4042 页；卷 979"瓠"条，4337 页。

诸国，"西戎"的所指显然被重新定义了。《魏略》为"魏时京兆鱼豢私撰"，① 时间早于陈寿志，然而其受经学四夷说的影响更为显著。魏晋以下，经学对史学撰述的浸润仍在继续，② 刘知幾说"大抵作者，自魏以前，多效三史，从晋以降，喜学五经"，③ 概括得很准确。此种影响，前辈学者多以晋以下大量出现的《春秋》体史著以及其中对经学语言的模拟当之，④ 这固然是正确的，但看似仿效三史的纪传体史书在编撰中也不同程度融入了经学的观念。仅以异族传的编次而论，吴谢承《后汉书》、

---

① 刘知幾撰，浦起龙释：《史通通释》卷12《古今正史》，347 页。有关《魏略》的研究，可以参看津田資久：《『魏略』の基礎的研究》，载《史朋》31 号，1998，1～29 页。

② 史学史研究的一个重要命题是经史分离，即史学不再附庸于经学而获得独立的地位，这一进程即发生在魏晋南北朝时期，可以参看逯耀东《〈隋书·经籍志·史部〉形成的历程》以及《经史分途与史学评论的萌芽》，俱收入同氏《魏晋史学的思想与社会基础》，北京：中华书局，2006；胡宝国：《经史之学》，见氏著《汉唐间史学的发展》，北京：商务印书馆，2005；等等。那么如何解释在经学衰落、经史分离的时代，经学仍在影响史学撰述？首先，史学与经学、文学等明确知识分界，在目录学中被当作独立的门类，并不代表它们之间的联系完全丧失。如胡宝国指出的，史学从经学中独立的基础就是古文经学，"经史"一词的出现不仅意味着经史的分离，同样意味着经史仍有密切的关系。其次，魏晋南北朝虽被认为是经学衰落的时代，玄学、佛学等似乎成为思想的新潮流，但是不可否认的是，儒家经学作为国家意识形态并未被放弃，北方尤其如此。最后重要的一点是，现在知道的史学家中，大多同时治经学或者具有经学素养。如虞预"雅好经史，憎疾玄虚"（《晋书》卷82《虞预传》，2147 页）；谢沈"博学多识，明练经史。……沈先著《后汉书》百卷及《毛诗》、《汉书外传》"（《晋书》卷82《谢沈传》，2152 页）；裴松之"年八岁，学通《论语》、《毛诗》，博览坟籍，立身简素"（《宋书》卷64《裴松之传》，1698 页）；臧荣绪"惇爱《五经》，……著《拜五经序论》。常以宣尼生庚子日，陈《五经》拜之"（《南齐书》卷54《臧荣绪传》，937 页）。而范晔亦出身于经学世家，其祖父范宁是有名的经学家，不仅著《王弼何晏论》严厉批判清谈玄学，还著有《春秋穀梁传集解》（《晋书》卷75《范宁传》，1984、1989 页）；亦可参看吉川忠夫：《六朝精神史研究》第三章"范宁的学问"，王启发译，89～114 页，南京：江苏人民出版社，2012），范晔本人也有"少好学，博涉经史"的名声（《宋书》卷69《范晔传》，1819 页）。例子还有很多，不能一一列举。经史之学在学科范式上的分离，不妨碍它们在个人精神世界的交融。可以说，较之玄学，经学与史学更有亲和力。

③ 《史通通释》卷8《模拟》，224 页。

④ 胡宝国：《经史之学》，见《汉唐间史学的发展》，34～39 页。

魏鱼豢《魏略》、西晋司马彪《续汉书》都有按照东夷南蛮西戎北狄的框架编次的倾向，魏晋时期的确是经学全面渗入史学的转折点。范晔《后汉书》异族传的体例正与这种倾向一脉相承，而陈寿《三国志》仍可视为前三史风格的延续，站在了分水岭的另一侧。

南朝宋齐二史，皆为江左所撰，除了仍将异族传放入类传，无论从篇目还是编次都没有明显的规律可循。一方面，江左学术以玄学佛学为尚，经学退居次位，在史学编撰中的影响也随之变小。另一方面，时势与两汉魏晋已大不相同，北朝作为一个对等政权的地位逐渐得到承认，需要在夷狄传记之首为之立传，[①] 这类似于《史记》《汉书》中的《匈奴传》，而《史记》《汉书》的异族传并未遵循四夷传的结构。

与南朝不同，北朝始终存在着论证自身合法性以及争夺华夏正统的问题，在历史撰述上表现之一，就是僭伪附庸传的发达以及四夷传结构的空前完整。以《魏书》为例，魏收给十六国君主中的大部分冠以匈奴、羯胡、氐、羌、卢水胡、賨等强调族类属性（即非华夏）的称号，对于少数公认为华夏人物的君主张轨、李暠则冠以"私署"以标明其非正统所在。东晋被称为僭晋，是因为在孝文帝之后，北魏承西晋之统的观念已经根深蒂固。[②] 既然无法否定"晋"，只好去强调江东的晋不是西晋的合法继承者，《魏书》主要从司马睿的血统以及东晋政治文化偏离汉魏轨道两点来进行的论证，这点在本书第三章已经论及。对于宋齐梁三个政权，因为不需要顾忌与西晋的关系，《魏书》更是明确冠之以"岛夷"的称号，而且有意将东晋南朝与冯跋、李雄等同编等列。对魏收的这一套做法，刘知幾讥为"高自标举，比桑乾于姬、汉之国；曲加排抑，同建邺于蛮貊之邦"，浦起龙说是"夸己斥邻"，[③] 均可谓一语中的。

---

① 参看川合安：《沈約「宋書」の華夷意識》，载《東北大學東洋史論集》1995 年第 6 期，125～145 页。

② 参看罗新：《十六国北朝的五德历运问题》，载《中国史研究》2004 年第 3 期，55 页。

③ 《史通通释》卷 7《曲笔》，197 页；卷 4《题目》，93 页。

《魏书》的僭伪附庸诸传可以说是从显处否定十六国东晋南朝，正面
证明自身的合法性，正因为其显与正，破绽之处也至为明晰，说服力反
而下降。与僭伪附庸传相比，四夷传的结构可谓是委婉而含蓄地举四裔
而见中国，因其隐蔽，反能在不知不觉间塑造人们的观念。《魏书》似有
完整的四夷传存在，今本《魏书》仅存高句丽、百济、勿吉等传一卷，虽
未标"东夷传"之目，在卷末"史臣曰"中则有"东藩""东风入律"等词语，①
将本卷看作东夷之传当不致大错。其他几卷补自《北史》，尚不能确论其
篇目与编次，更无论其内容。或许我们可以从唐初官修诸史来加以推想。
唐初官方主持下集体修撰的诸史，包括《晋书》《隋书》在内，都是由北方
史家主导的，② 可以认为代表了北朝史学传统。《周书》《隋书》《北史》《晋
书》中都可以明显地看到完整的按夷蛮戎狄排序的四夷传，虽然篇目仍有
细微差异。③ 这一传统在唐代得到了发扬，杜佑在《通典·边防典》中，
严格地以东夷南蛮西戎北狄的格局，囊括了历代史书中出现的所有异族
和外国。宋初的《太平御览·四夷部》也完全采用这一结构，"四夷传"形
式的完备于此达到顶峰。两《唐书》以下，"四夷传"的结构又由排序松动
走向彻底解体。北朝的纪传体王朝史何以形成四夷传的结构？第一，北
方继承了汉魏旧经学的传统，没有像东晋南朝那样受到玄学的冲击。第
二，魏晋以来融经学入史学的倾向最终结集于范晔《后汉书》，而范晔书
在北朝也很受重视。北魏孝静帝逊位时，口咏范蔚宗《后汉书赞》，④ 即

---

① 　《魏书》卷 100，2224 页。

② 　胡宝国：《南北史学异同》，见氏著《汉唐间史学的发展》，187 页。

③ 　《太平御览》卷 901《兽部》"橐驼"条引"《南史》曰《四夷传·滑国》有两脚橐驼"
（4000 页），又引"《后周书·四夷传》曰：且末西北有流沙"（4000 页）。而今本《南史》
《周书》皆无"四夷传"之目，所引语句分别在《南史》卷 79《夷貊下·西域诸国·滑国》
和《周书》卷 50《异域传下·鄯善传》中。或许是唐初所修诸史虽未标明四夷传目，但
其体例已经至为明确，以致后人径以"四夷传"名之。

④ 　《魏书》卷 12《孝静帝纪》，314 页。关于南北之间书籍交流的情况，参看吉
川忠夫：《島夷と索虜のあいだ—典籍の流傳を中心とした南北朝文化交流史》，载
《東方學報（京都）》72，2000，133～158 页。

为一个很好的证明。范晔书按四夷传的框架编列诸异族，也会成为北方史家模拟的对象。第三，最关键的一点是，汉代经学中构建的四夷与中国相对的五方格局，本是用来强调华夏或中国在帝国秩序中的优先地位，故而标举四夷则中国自见。对急于建立自身华夏身份、争夺中国正统的北朝来说，四夷传是一个极好的手段。北朝纪传体王朝史中所展现的，与第三章天文星占中所展现的一样，可以称为攀附式华夏帝国秩序。

三、《史记·匈奴列传》的叙述策略与匈奴的谱系

为夷狄立传始于《史记·匈奴列传》，《汉书》因袭增补，遂成为后世纪传体史书夷狄传的标准范本。① 《史记·匈奴列传》的内容，可以划分为以下几个板块：

①族源；

②族源插叙；

③习俗；

④先周及西周与戎狄的关系史；

⑤东周诸侯与戎狄的关系史；

⑥冒顿的崛起；

⑦冒顿以下的政治军事制度；

⑧汉兴以来的和战史。

---

① 《史记》中的另外几篇国名传：《南越》《东越》《朝鲜》《西南夷》《大宛》，与《匈奴》的叙述结构并不相同。《南越》《朝鲜》《东越》，叙述的是三个政权的历史，南越国和朝鲜国的建立者最初来自中原，而东越的统治者可将族源上溯到春秋的越国，接上了《越世家》；《西南夷》《大宛》较为接近，政权林立，原始材料只能是汉使臣的报告，以及一些战争的记录，而这类报告的数量和深度显然不能与匈奴的材料相比，故而地望、风土、物产、习俗或可略知，更深入的内容则付之阙如。唯有匈奴方面提供了丰富的材料供各种叙述策略尽情施展。因而本节着重分析《匈奴列传》。后来的史书也证明，当材料足够充分时，史家更愿意模仿的是《匈奴列传》。

这八个板块的史源和行文风格各不相同，它们被巧妙地编在一起，本身就是一种高明的叙述策略，试做分析如下。第⑥板块冒顿崛起以后的历史，是基于汉代以来的官方档案，内容详细，可信度也较高。值得分析是之前的五个部分。说明族源的第①板块和第②板块只有两句：

> ①匈奴，其先夏后氏之苗裔也，曰淳维。②唐虞以上有山戎、猃狁、荤粥，居于北蛮。（2879 页）

清人梁玉绳发现这两句之间存在时间错乱的问题，他指出：

> 然言夏后苗裔，似夏后之先无此种族，安得言唐、虞以上有之。而《五帝本纪》又云"黄帝北逐荤粥"，服虔、晋灼亦皆云"尧时曰荤粥"。是知夏后苗裔之说不尽可凭，而乐彦所述者妄也。夫自辟天地即生戎狄，殷以前谓之獯鬻，周谓之猃狁，汉谓之匈奴。莫考其始，孰辨其类，相传有所谓淳维者，难稽谁氏之出，未识何代之人，而史公既著其先世，复杂取经传，合并为一，无所区分，岂不误哉。①

的确，这两句之间是有矛盾的。注意到这一问题的学者，采取的解决方法多是择其一而从，要么相信獯鬻、猃狁、匈奴一脉相承，② 要么相信夏后氏苗裔之说，③ 或者折中地将獯鬻、猃狁系于殷周之世。

然而，批评者或许没注意到，司马迁从未断言唐虞以上的"山戎，猃狁、荤粥"与匈奴到底谁是谁的族裔。他只是在写完匈奴族源之后，突然插入一条信息，说从前还有这样一群人。更有趣的是，太史公紧接着进

---

① 《史记志疑》卷 33，1380～1381 页。

② 如王国维：《鬼方昆夷獫狁考》，见氏著《观堂集林》，583～606 页，北京：中华书局，1959。

③ 如《通典》卷 194《边防典》云："匈奴先祖，夏后氏之裔，曰淳维。殷时奔北方，至周末七国时，而与燕赵秦三国为边邻。"（5302 页）

入第③板块，开始描述其生活习俗，"随畜牧而转移，其畜……其俗有名不讳，而无姓字"。这一段所描写的是典型的骑马游牧人的生活，而他们的作战方式是骑射。骑射最早出现于公元前 800 年近东的斯基泰人中，然后向东传播，约在公元前四五世纪，赵武灵王进行胡服骑射之前不久，才成为中国北部草原上主流的作战方式。① 因而，司马迁所描述的过着游牧生活和骑射作战的人群，不可能是唐虞以上的山戎，或殷、西周的獯鬻、猃狁，这一部分的真正史源只能是汉代派往匈奴的使节的报告。问题在于，从板块②进入板块③的过渡在语气上极为顺畅，以至于顾颉刚等在点校时将"唐虞以上有山戎、猃狁、荤粥，居于北蛮，随畜牧而转徙"合为一句，于是下文描述的游牧生活就变成山戎、猃狁等与匈奴自古以来的习俗了。但是，司马迁同样没有确然断言这究竟是匈奴的习俗，还是山戎、猃狁等共有的习俗。如果将"居于北蛮"从上断句，似乎也可以将"随畜牧而转徙"看作仅仅是对匈奴习俗的描述。

　　描述完习俗后，进入第④板块，从"夏道衰，公刘失其稷官，变于西戎"开始，历数周人与戎狄之间的重大事件，到"赵襄子踰句注而破代以临胡貉"以下转入第⑤板块与胡有关的叙述，又借由汉代"胡"和"匈奴"的互称，② 顺利从林胡、东胡过渡到匈奴。这部分的史源是周代以来的文献如《竹书纪年》《尚书》《诗经》《左传》等，大多可考其出处，也有很多信息已经出现于《史记》相关本纪、世家中。然而与它书每有不合，梁玉绳指出多处，如上引"公刘失其稷官"一句，按《国语》《周本纪》等均言"不窋以失其官而奔戎狄之间"，而公刘为不窋之孙。又如，"戎狄或居于陆浑"一句，梁引《大事表》曰："犬戎与山戎及陆浑各为一族，其地亦各殊，史

---

① E. G. Pulleyblank, "Tribal Confederations of Uncertain Identity: The Hsiung-nu", in Hans Robert Roemer ed., *History of the Turkic Peoples in the Pre-Islamic Period*, Berlin: Klaus Schwarz Verlag, 2000, p. 53; Robert Drews, *Early Riders: The Beginnings of Mounted Warfare in Asia and Europe*, New York: Routledge, pp. 115-116.

② 参看陈勇:《〈史记〉所见"胡"与"匈奴"称谓考》, 载《民族研究》2005 年第 6 期, 63～71 页。

公混诸戎而一之，并混戎、狄而一之，疏略甚矣。"又其传中屡屡用"其后百有余岁""二百有余年"等，按之多有夸大。① 太史公为什么会如此疏略呢？可能这部分的写作意图本不在于理清两周时期纷乱零散的戎狄史，也不在于说明林胡、东胡与匈奴的关系，只需要强调出戎狄自古为中国患，为匈奴的出现做好铺垫足矣。换个角度看，这种模糊和疏略，让相互关系不明的戎、狄、东胡、匈奴既保持足够的距离，又被编织在同一个文本空间之内，借助模糊和留白建立起一种松散的关联。

第⑥板块讲述完冒顿崛起的故事之后，太史公写道"至冒顿而匈奴最强大，尽服从北夷，而南与中国为敌国，其世传官号乃可得而记云"。于是转入板块⑦，描述匈奴的官制、法律、祭祀典礼等。在读者不经意间，又有这样一段内容插入进来：

> 其坐，长左而北乡。日上戊己。其送死，有棺椁金银衣裘，而无封树丧服。近幸臣妾从死者，多至数千百人。举事而候星月，月盛壮则攻战，月亏则退兵。其攻战，斩首虏赐一卮酒，而所得卤获因以予之，得人以为奴婢。故其战，人人自为趣利，善为诱兵以冒敌。故其见敌则逐利，如鸟之集。其困败，则瓦解云散矣。战而扶舆死者，尽得死者家财。（2892页）

这一段与第③板块中描述习俗的内容有明显的承接关系，如上文已经提到"其俗，宽则随畜，因射猎禽兽为生业，急则人习战攻以侵伐，其天性也。其长兵则弓矢，短兵则刀铤。利则进，不利则退，不羞遁走"，而此段中又有"故其战，人人自为趣利，善为诱兵以冒敌。故其见敌则逐利，如鸟之集。其困败，则瓦解云散矣"。如果将本段移到"其俗有名不讳，而无姓字"之下，也不会有丝毫的不妥。正是这种文本内容上的呼应，让读者感到冒顿的匈奴与开篇所描述的那群游牧人，是同一族群。如果一

---

① 《史记志疑》卷33，1381～1382页。

定要找出这两段关于风俗的描述有什么区别的话，前一段的重点是经济的和社会的特点，而后一段的祭祀、法律、战争赏赐制度等侧重于其政治形态。尽管这两段都来自于汉代人对匈奴的观察和记录，司马迁却将它们按照内容的侧重分成前后两个部分，经济和社会的部分代表一种原始朴素的生活，被视为淳维时代以来恒定不变的传统，隐约地与山戎、猃狁等关联起来；而政治形态的部分则被系于冒顿时代，代表着一种较高级的政治文化，甚至暗示这是冒顿时代始创的制度。在山戎、猃狁、淳维和冒顿之间的空白，则以与周人频繁冲突的戎狄的历史来填充。综上，《史记·匈奴列传》的叙述结构可用图 4-1 表示。

图中的序号标明上述各个板块，插叙而与匈奴直接关系不明的②、④、⑤板块列在了下一栏，文本叙述的线索将它们与匈奴的历史进程编织到了一起。且不论事实上匈奴与山戎、猃狁或殷周的各种戎狄之间是否存在渊源关系，① 后代学者能提出这一问题，很大程度上都源于《史记·匈奴列传》的这种叙述结构。它代表了而且塑造了古代华夏对于异族的认识模式。

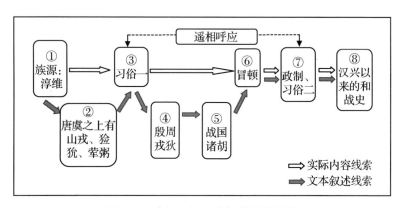

图 4-1 《史记·匈奴列传》的叙述结构

---

① 匈奴为北狄之后，到汉末已成为一种常识。如扬雄上书称："匈奴……本北地之狄，五帝所不能臣，三王所不能制，其不可使隙甚明。"见《汉书》卷 94 下《匈奴传》，3812 页。

四、《后汉书》异族诸传对《史记》的模仿

《史记·匈奴列传》的影响之大，还在于它开创的这一叙述策略为后代修史者所继承。《汉书》匈奴等传全袭《史记》而续以昭宣以后史事，可以不论，正史中真正全面发挥此种叙述模式的是范晔的《后汉书》。上节已经说过，《后汉书》的诸夷狄传在编次上采取了夷蛮戎狄的顺序，显然是接受了经学中东汉时期渐趋定型的四夷框架。而在各夷狄传叙述模式上，除了可以接续《史记》《汉书》的《西域传》《南匈奴列传》《西南夷传》①，《后汉书》新增的《东夷列传》《西羌传》《南蛮传》和《乌桓鲜卑列传》无一例外地模仿了《史记·匈奴列传》的叙述模式。如果考虑到作为断代史的《后汉书》与作为通史的《史记》之间的体裁差异，这种模仿就显得尤其突出。其中模仿得最为精确的首推《西羌传》。为了避免烦冗，先将《西羌传》的叙事结构表示如图 4-2。

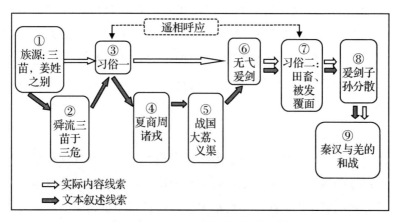

图 4-2　《后汉书·西羌传》的叙述结构

比较图 4-1 和图 4-2，可以发现《后汉书·西羌传》完全在模仿《史记·匈奴列传》。这里还有几点值得说明。第一，《史记·匈奴列传》中插叙殷

---

① 《西南夷传》除了接续《史记》《汉书》继续叙述其与汉朝的和战关系，还根据新积累的资料补充了一些族源传说，对风俗的描述也更为细致。

周时期的戎狄，兼采诸戎与狄的记载，没有明显的选择性，而《后汉书·西羌传》相应部分专取诸戎的记载，不涉及狄。这说明《西羌传》想要特意强调戎与羌之间的谱系关系，之所以单取戎而不取狄，一定是因为接受了经学中西戎北狄截然二分的观念。《后汉书》按照夷蛮戎狄的框架编次诸传，此处虽名为《西羌传》，占据的实际是《西戎传》的位置，西羌被视为西戎的继承者。这种观念在西汉经学知识体系中是被普遍接受的，李巡《尔雅》注编造的"六戎"之中有"耆羌"，①《说文》以羌为"西戎牧羊人"②，应劭《风俗通》也说"羌本西戎卑贱者也"。③《西羌传》在叙述殷周时期的戎狄时，两次插入古籍中有关羌的内容，一次是《诗·殷颂》中的"自彼氐羌，莫敢不来王"，另一次是"武王伐商，羌、髳率师会于牧野"，这与《史记》的手法一样，通过将没有直接关系的戎与羌紧密编在一起，使两者在读者印象中产生关联。而在叙述无弋爰剑的来历时，写道"羌无弋爰剑者，秦厉公时为秦所拘执，以为奴隶。不知爰剑何戎之别也"。④ 既与《风俗通》所说的"西戎卑贱者"相合，又以"不知何戎之别"为这一谱系留出了空白和弹性。《西羌传》对戎与羌的谱系建构是非常成功的，一直到现代研究羌族史的学者，如马长寿，仍然认为西戎内有大量的氐羌，只是从笼统的西戎转为强调其中的姜姓诸戎。他还认为义渠人属于氐羌一系，理由之一是范晔《西羌传》将义渠置于传首，列入西戎范围之内。⑤

第二，羌与匈奴在实际政治形态上有很大区别。汉代匈奴已经形成一个高级政治体，出现了稳定的最高首领单于，整个政治体以单于的部族为核心得以凝聚。因此以匈奴单于头曼、冒顿的世系来叙述匈奴史是

---

① 李巡注——指出了九夷、八蛮、六戎、五狄的名称，见《尔雅·释地》邢昺疏、《礼记·王制》孔颖达疏所引，《十三经注疏》，2616、1338 页。参看本书第四章第一节。

② 《说文解字》卷 4 上，78 页。

③ 《风俗通义校注》，488 页，北京：中华书局，2010。

④ 《后汉书》卷 87《西羌传》，2875 页。

⑤ 马长寿：《氐与羌》，92～97 页，上海：上海人民出版社，1984。

可行的。但是汉代西羌从未形成一个统一的政治体，更没有一个类似单于的最高首领，如何将他们作为一族来叙述呢？从图4-2中，可以看到《西羌传》文本将无弋爱剑置于《匈奴列传》中冒顿的位置。为了解决单一祖源和种类林立之间的矛盾，传中写道：

> 至爱剑曾孙忍时，秦献公初立，……忍季父卬畏秦之威，将其种人附落而南，出赐支河曲西数千里，与众羌绝远，不复交通。其后子孙分别，各自为种，任随所之。或为牦牛种，越巂羌是也；或为白马种，广汉羌是也；或为参狼种，武都羌是也。忍及弟舞独留湟中，并多娶妻妇。忍生九子为九种，舞生十七子为十七种，羌之兴盛，从此起矣。（2874—2875页）

通过无弋爱剑"子孙分别，各自为种"，解释了何以西羌种落林立，互不统属。不仅如此，越巂、广汉、武都等地的羌也得以与河湟羌联结到一个谱系之下。各地被华夏称为"羌"的人群是否有共同祖源的认识，我们已不得而知。从无弋爱剑作为秦国亡奴的身份符号以及劓女所暗示的罪人身份看，这不太可能是羌人的本土记忆，因而这个以无弋爱剑及其子孙为主线搭建的谱系也极有可能只是华夏单方面的建构。《西羌传》记载的羌人种落多达20余种，其中只有烧当种豪酋的传承谱系最为完整，烧当上溯八世至研，研为忍之子，忍为爱剑曾孙，而烧当以下豪酋姓名入传者十余人，大多符合父子连名制的特征，翔实可信。烧当以外的诸种，酋豪姓名偶见记录，都不成体系。可见东汉官方掌握的关于羌人的资料，以烧当羌最为翔实，而无弋爱剑最初可能只是被构建为烧当羌的祖先，《西羌传》既以烧当羌为核心组织诸羌的史事，遂以无弋爱剑为河湟诸羌以至越巂、广汉等地所有羌人豪酋的先祖。

《后汉书》中与《西羌传》性质相近的还有《东夷列传》。"东夷"原本是经学中建构的一个异族集团概念，欲立此传，首先需要确定到底哪些异族是当代的东夷。《东夷列传》中立传的对象有夫余、挹娄、高句丽、沃沮、濊、三韩、倭及海中诸国，这些族群或政权习俗各异，世系大多不详，很难将他们视为一个有内在联系的整体。他们唯一的共同点，不过是同在汉帝国的东部尤其是东北部边境之外。尽管如此，《后汉书》依然按照《史记·匈奴列传》的传统，从族源、习俗、先秦事迹三个板块开始叙述。因为汉晋以来积累了丰富的有关上述诸族的知识，可以分别叙述其族源和习俗，事实上《后汉书》的确这样做了。只是在分国分族的叙述之前，仍然有一个类似总述的部分：

> 《王制》云："东方曰夷。"夷者，柢也，言仁而好生，万物柢地而出。故天性柔顺，易以道御，至有君子、不死之国焉。夷有九种，曰畎夷，于夷，方夷，黄夷，白夷，赤夷，玄夷，风夷，阳夷。故孔子欲居九夷也。（2807 页）

这里每一句话的出处都很清楚。"《王制》云"点明了《东夷列传》所述的东夷正是《礼记·王制》中所言的东夷，意味着对经学知识中四夷框架的采纳。鉴于《东夷列传》是《后汉书》诸夷狄传的第一篇，这一句话所宣示的立场显得尤其重要。毫不意外地，在《南蛮西南夷列传》中，可以看到《王制》里的另一句"南方曰蛮，雕题交阯"。[①] "夷者，……万物柢地而出。"出自应劭《风俗通》。[②] "故天性柔顺，易以道御"，似脱胎于《白虎通·礼乐篇》"东方者，少阳易化"，[③] 而"至有君子、不死之国焉"来自《说文》"夷俗仁，仁者寿，有君子、不死之国"。[④] 下列九种夷的名称李贤注从《竹书纪年》中找到了出处，[⑤] 值得注意的是范晔没有采用李巡《尔雅注》

---

① 《后汉书》卷 86《南蛮西南夷列传》，2834 页。《王制》原文见《十三经注疏》，1338 页。

② 《风俗通义校注》，487～488 页。

③ 班固撰集，陈立疏证：《白虎通疏证》，吴则虞点校，114～115 页。

④ 许慎《说文解字》卷 4 上，78 页。

⑤ 另可参看范祥雍：《古本竹书纪年辑校订补》，11～13 页，上海：上海人民出版社，1962。《订补》与李贤注所引文句顺序不同，且另有"后芬即位，三年，九夷来御"一句（12 页），据《御览》卷 780 引文，"来御"之下仍有"曰畎夷，于夷，方夷，黄夷，白夷，赤夷，玄夷，风夷，阳夷"十九字（3455 页），此即《后汉书》本条的真正史源。

中的"九夷"之说。① 李巡是汉末人，无从见到《竹书纪年》。范晔书放弃李巡注而采用新出土的《竹书纪年》，多少显示出与经学间的距离。最后一句"孔子欲居九夷"当然来自《论语》。这样拼凑起来的族源、风俗，为本来仅在相对位置上具有共同点的诸族群找到了共同的渊源，甚至共同的族群性（ethnicity），从而让它们看起来像是从一个原点分化出去的分支。先秦事迹的部分，同样充当了连接经学想象中的远古东夷与东汉时有真实记录的夫余等国的桥梁，此种联系同样的虚实相间，具有很大的模糊和弹性。在先秦事迹之后，仍有"东夷率皆土著，喜饮酒歌舞，或冠弁衣锦，器用俎豆。所谓中国失礼，求之四夷也"，这是对下面分国叙述的习俗的总括，相当于《史记·匈奴列传》中冒顿以下的"习俗二"板块，其与开篇所描述的习俗相呼应的模式也是一样的。

五、《后汉书·南蛮传》与南蛮的谱系

在《后汉书》试图整合经学四夷框架与史料记载中诸蛮夷的努力中，《南蛮西南夷传》与前述《东夷列传》《西羌传》显得有些不同。尤其是所谓"南蛮"，既无"东夷"一样明确的政权区分，也不像西羌那样种落划分及首领传承清晰可知。蛮的地域处于汉朝郡县的包围之中，并未能建立起持续有传承的政治体，官方记录中习惯以地方化的某郡某县蛮称之。如何将郡县化的分类与收集到的族源传说相结合，以及如何将先秦的史事分配到不同种的蛮之中，使它们都各自具有《史记·匈奴列传》式的完整结构，充分体现出范晔的叙述技巧。

《后汉书·南蛮传》是现存最早的系统翔实描述"南蛮"历史的文献，依次记述了长沙武陵、交趾（含乌浒、九真、日南）、巴郡南郡、巴郡阆中四个区域被称为"蛮"的人群。此前的《史记》《汉书》均未为蛮立传，先

---

① 李巡《尔雅注》中列出的九夷是：一曰玄菟，二曰乐浪，三曰高骊，四曰满饰，五曰凫臾（一作更），六曰索家，七曰东屠，八曰倭人，九曰天鄙（见《尔雅·释地》邢昺疏、《礼记·王制》孔颖达疏所引，《十三经注疏》，2616、1338页）。参看本书第四章第一节。

于范晔的诸家《后汉书》大概也没有《南蛮传》，唯一可能立有《南蛮传》的是鱼豢《魏略》。① 从文本上看，范晔书不甘于仅仅整理东汉有关蛮的各种记录，而远法《史记·匈奴列传》，利用各种文献，追溯蛮的源流。于是原本按照地域划分的分支，分别获得了古老族源或先秦以来的历史连续性。具体来说，长沙武陵蛮上溯至高辛氏时的神犬槃瓠；巴郡南郡蛮上溯至廪君并与先秦的巴人联系起来；巴郡阆中夷人没有英雄祖先，只有在秦昭襄王时射杀白虎的英雄事迹，那时他们已经是"夷人"群体；交趾族源更不可知，仅据《礼记》所言"南方曰蛮，雕题交趾"而归入蛮类，最早的事迹则被追溯至周公时献白雉的越裳国。范晔所追述的部分，依据的是《风俗通义》《世本》以及《尚书大传》《礼记》《左传》等，史源皆可考知，但将这些资料分别与东汉时期活跃的四个区域的"蛮"联系起来，则应该是范晔或更早的撰史者研究的结果。以槃瓠传说为例，这一文本出自《风俗通》，李贤注已经指出。但细看李贤加注的位置，出自《风俗通》者，仅至"名渠帅曰精夫，相呼为姎徒"一句，下文"今长沙武陵蛮是也"则只能是范晔的判断。同样，"交趾"一条中"其俗男女同川而浴，故曰交趾"，前一句出自《风俗通》，"故曰交趾"则很像是范晔自己的推论。②

应该如何认识范晔书中的这个谱系呢？不能简单认为它是范晔的面壁虚构，他一定有所依据。以槃瓠与长沙武陵蛮的关系为例，南朝人记

---

① 按现存佚文来看，《东观汉记》和诸家《后汉书》均未发现有《南蛮传》。只有鱼豢《魏略》有一条关于槃瓠传说的记载，《后汉书·南蛮传》李贤注已引（2830页），另有一条"南蛮皆用獭皮为其冠"，见《御览》卷912"獭"条引，4042页。但有趣的是，《魏略》中的"槃瓠"或许与南蛮无关，《魏略·西戎传》曰"氐人……其种非一，称槃瓠之后"（《三国志》卷30裴注引，858页）。《魏略》"槃瓠"传说的"老妇耳疾"一项，亦不为《后汉书》所采，因此有理由认为两者的文本没有承袭关系。

② 鲁西奇在《释"蛮"》一文中，也从史源学和史书编纂的角度分析了槃瓠和廪君两大谱系的形成，同样认为这是干宝、范晔等史家的主观分类（71～72页）。不过，鲁先生并未专论这一问题，而且与大多数研究者一样，忽视了《后汉书》中的蛮还有"交趾"一支，因而与本章的角度是有所不同的。

载武陵的武山有间"槃瓠石室"，蛮人认为其中一块石头是槃瓠像。① 山有石室，在华南绝非罕见现象，但此处的石室独与槃瓠联系到一起，无疑是当地居民信仰文化的反映。但是，关键的问题是，我们无法知道这间"槃瓠石室"命名的时代，也完全有可能是在范晔《后汉书》流传以后，受其影响的文人附会出来的。而且，即使槃瓠信仰在当地非华夏族群中早已形成，而且最晚在东汉末被应劭在当地采集到并记录下来，也很难保证长沙武陵二郡广大区域的蛮人都具有这一族源信仰。六朝时也有这样的说法："沅陵县居酉口，有上就、武阳二乡，惟此是槃瓠子孙狗种也。二乡在武溪之北。"②"惟此"二字不知是当地人群的排他性强调，还是华夏作者自己的观察。可能有些地方的蛮人，是在读过华夏史书的长吏"教化"之下，才知道自己原来是"槃瓠子孙"。这种情形在 20 世纪中国的民族识别工作中尚大量出现，③ 在魏晋南北朝时期应该也会发生。有趣的是，同样记载了槃瓠神话的《搜神记》，描述完槃瓠子孙的习俗后，判断"今即梁、汉、巴、蜀、武陵、长沙、庐江群夷是也"。④ 这个范围

① "槃瓠石室"的记载见于黄闵《武陵记》，散佚已久，此条保存于《太平御览》卷 49"武山"条和《后汉书》李贤注，清末学者陈运溶在《麓山精舍丛书》中辑佚了此《武陵记》(影印本，97～98 页，长沙：岳麓书社，2008)。黄闵生平时代不详，仅知其撰有《武陵记》《神壤记》(原注：记荥阳山水。按姚振宗此条谬误特甚，既以此为河南之荥阳，又将其与王韶之《神境记》相并列。黄闵既撰《武陵记》，似不能又悉荥阳山水，观下文王韶之《神境记》内容，必为湘州之营阳。荥阳乃营阳之讹)，姚振宗、章宗沇皆不能考其始末。唐长孺在《读"桃花源记旁证"质疑》一文中引用了黄闵《武陵记》的材料(《唐长孺文集》第 2 册《魏晋南北朝史论丛续编》，187 页)，并推测是南朝后期著作。陈运溶在《麓山精舍丛书》(影印本，长沙：岳麓书社，2008)中题为"齐黄闵撰"(97 页)，然不知何据。

② 见李贤注引《荆州记》。《太平御览》卷 785"槃瓠"条亦引此条："阮陵县君居酉口，有上就、武阳二乡，惟此是槃瓠子孙狗种也。二郡在武陵溪之北。"文字稍异。此《荆州记》作者不详，故时代也无可考。

③ 参看费孝通：《关于我国民族的识别问题》，载《中国社会科学》1980 年第 1 期，147～162 页。菅志翔：《族群归属的自我认同与社会定义：关于保安族的一项专题研究》，北京：民族出版社，2006。

④ 干宝撰，李剑国辑校：《新辑搜神记》卷 24"盘瓠"条，401～402 页，北京：中华书局，2007。

包括了《后汉书》里交趾以外的三种蛮，显然与范晔的认识大不相同。但干宝在《晋纪》中又说"武陵长沙郡夷，槃瓠之后。杂处五服（当为溪）之内，凭山阻险。每常为猱杂鱼肉，而归以祭盘瓠。俗称赤髀横裙子孙"①。干宝在两部书中自相矛盾。范晔应当能参考到干宝的作品，这更说明他重新做了研究和取舍。另外，范晔并不总是有依据，有时甚至故意移花接木地使用史料。比如，在交趾蛮下提到："其西有啖人国，生首子辄解而食之，谓之宜弟。味旨，则以遗其君，君喜而赏其父。取妻美，则让其兄。今乌浒人是也。""今乌浒人是也"之前的部分剪裁自《墨子·节葬下》及《墨子·鲁问》，吕思勉早已指出"墨子所识，地不得至交广之间。范书所云，似近牵合"。②"今乌浒人是也"显然又是史家的判断。

不管怎样，范晔定下的蛮族谱系遂成为后代对蛮认识的基本框架。古代的历史编撰家如此认识，近现代的研究者也一样。在基本沿用的前提下，每一位修史者和研究者都多少要对此谱系做一些修正。首先是交趾一支有显著的变化。在范晔划出的谱系中，交趾一支不仅是南蛮，而且因为有"南方曰蛮，雕题交趾"的经文，甚至可说是最正统的南蛮。范晔在深为自豪的《南蛮传论》③中写道，"蛮夷……连涉荆、交之区，布护巴庸之外"，再次强调交趾是蛮的分布区。但后代的《南蛮传》中一律不再收入交趾的非华夏人群，现代研究者也不将其归入"蛮族"或"苗瑶系"而是归入"百越系"，因而在有关蛮族的研究中几乎不提。其次，另外三支中的板楯蛮，在其后的正史中不再获得独立标目的地位。仅在《通典》中，

---

① 《太平御览》卷785"槃瓠"条引干宝《晋纪》，3476页。

② 吕思勉：《中国民族史》第九章"粤族"，见《中国民族史两种》，189页。《墨子》文见吴毓江：《墨子校注》卷6《节葬下》（267页）及卷13《鲁问》（735页）。《节葬下》所记食人国在"越之东"，而《鲁问》所记在"楚之南"。

③ 范晔在狱中所作《自序》云："吾杂传论，皆有精意深旨，既有裁味，故约其词句。至于《循吏》以下及《六夷》诸序论，笔势纵放，实天下之奇作。其中合者，往往不减《过秦》篇。尝共比方班氏所作，非但不愧之而已。"见《宋书》卷69《范晔传》，1830～1831页。

魏晋以后荆雍梁豫诸蛮史事尽附于"板楯蛮"之下，马端临《文献通考》虽有疑问而仍照录。这或许如蒙默分析的，杜佑是因为汉以后蛮人"移徙交杂，不可得详别"而做出的无奈之举。① 杜佑的这一故意犯错的做法，事实上显示了他对前史中以廪君、槃瓠二种统括蛮族的不满。② 近代学者中也不乏这样的认识，吕思勉曾质疑"夫槃瓠、廪君，皆不过一小部落，安能散布至于如是之广？"③ 最后，即使廪君、槃瓠二系在后来的谱系中得以发扬光大，但哪些人群归入廪君种哪些归入槃瓠种，却从来没有定论。如沈约《宋书》以荆雍州蛮为槃瓠之后，以豫州蛮为廪君之后。对比《后汉书》不难发现，范晔所称廪君蛮活动的中心区域巴郡、南郡即宋时宜都、巴东、建平诸郡，到了沈约笔下全归入了槃瓠子孙活跃的地区。如果我们想到范晔正是生活在刘宋时期，这两人之间的分类差异就更说明问题了。

　　以上分析了范晔《后汉书》中《东夷列传》《西羌传》和《南蛮传》三篇在叙述模式上对《史记·匈奴列传》的模仿。《后汉书》中还有《乌桓鲜卑列传》，在叙述模式上与上述三篇十分接近，但其族源与习俗部分全录王沈《魏书》，④ 且一无先秦史事可述，最早的记录仅始于冒顿时期，所以不必仔细分析。《西域传》《南匈奴列传》不过是接续《汉书》相关部分，《西南夷传》在接续《汉书》之外补充了几条新采集到的族源传说，结构上并无太大变化，亦不足论。

　　本节分析了汉唐之间正史中诸异族传的撰述情况，主要是异族传在全书中的编次结构和异族传文本的叙述策略两个问题。

　　异族传在正史编次结构中的变化可以总结如下。《史记》的编次以事

---

　　①　蒙默：《魏晋南北朝时期的"蛮"》，见氏著《南方民族史论集》，273 页，成都：四川民族出版社，1992。

　　②　《通典·边防典》中的"南蛮"则是另一种混乱的大杂烩。既有狭义的南蛮，也包括巴蜀之獠、西南夷、岭南夷獠、南海诸国，基本等同于"所有南方的异族"。

　　③　吕思勉：《两晋南北朝史》第十六章，711 页，上海：上海古籍出版社，2005。

　　④　可参看《三国志》卷30《乌丸鲜卑东夷传》裴注引《魏书》，832～833、837～838 页。

件为中心，意在记录帝国秩序生成的重要节点，异族诸传被作为武帝朝的重大事件与相关朝臣传记编在一起，没有作为特别的一类。《汉书》以人物身份为中心，旨在展现理想状态下的帝国结构，于是将异族传转移到类传中，居于道德上和政治权力结构中双重边缘的位置。《东观汉记》以下诸史，承袭了《汉书》将夷狄置于类传中的体例，在对诸异族传内部编次和类目上，沿着两个方向发展。《三国志》仍遵循三史的传统，记述随事，不求有常，仅编《乌丸鲜卑东夷传》，以历史现实中的实际影响为准，不求形式的完备。而鱼豢《魏略》、谢承《后汉书》、司马彪《续汉书》代表另一方向，即借用经学中夷蛮戎狄的框架来编撰"四夷传"。这一趋向至范晔《后汉书》臻于成熟。随后南朝诸史中经学影响渐退，但在努力论证自身合法性的北朝，史家接续了《后汉书》以来的趋向，用更加完整的"四夷传"参与打造新的华夏帝国秩序。到延续北朝史学脉络的唐初官修诸史中，遂出现了形式最为完备的"四夷传"，正与新华夏帝国秩序的确立同时。

通过对《史记》《汉书》《后汉书》夷狄传叙述策略的分析，可以清晰揭示所谓夷狄谱系、分类的建构性。这三部正史一起构成了关于上古至两汉历史的典范叙事。它们所呈现的两汉帝国，成为后代王朝全方位效法或借鉴的对象，而其叙述模式本身，也为后代的修史者所模仿。具体到诸夷狄传，这三部正史完成了对两汉已知的所有异族的分类，并为其中的绝大部分建构了族源和谱系。此后的纪传体王朝史在撰写夷狄传之时，大多只需将其渊源上溯至两《汉书》的记载的某族，即完成了与上古以来诸异族谱系的对接。《史记》和两《汉书》奠定的叙述模式，加上此后诸正史对这一叙述模式的继承，不仅在华夏知识世界建立起源远流长纵横交错的夷狄谱系树，也让非华夏诸族群本身接受了这种分类和谱系，提供了族群凝聚可以借用的认同方向。更重要的是，这种谱系化的思维方式不仅深深植根于古代华夏和非华夏知识精英的思想中，也在现代民族史的研究中留下无处不在的影响。要想认识古代族群的实态，必须首先对谱系化的思维定式以及由此衍生的源流研究进行全面的反思。本节只是反思的初步尝试。

第五章　华夏网络断裂与南方山地人群的华夏化

——以六朝长江中游地区为中心

　　六朝时期南方被冠以"蛮""俚""獠"等名称的山地人群的动向，历来是此时代受到学界关注的基本问题之一。在 20 世纪，自周一良《南朝境内之各种人及政府对待之政策》、陈寅恪《魏书司马叡传江东民族条释证及推论》以来，中外学界已经积累了大量成果。[①] 这些研究对于史料记载中蛮、獠等族的分布、源流和迁徙，以及王朝政府与他们之间的相互关系等问题，做出了详尽的回答，让人几有题无剩义之感。进入 21 世纪之后，伴随着对于"民族史"研究范式的反思，此前那种将蛮、獠等理所当然地视为一个个"民族"或"族群"实体，再去追寻其源流、分布、迁徙、文化特性，或者作为一个个族与国家之互动的研究思路，受到了质疑。站在新的理论立场上重新思考这一问题的力作，首推鲁西奇《释"蛮"》和罗新《土化与山险——中古早期南方诸蛮历史命运之概观》两篇论文，[②] 两文同中有异，合而观之能得到许多有益的启示。鲁西奇《释"蛮"》一文首先由"蛮"的内部多样性解构了"蛮"作为一个族群的定论，进而有力地论证了南北朝时期蛮的主要共性在于不著户籍、不服徭役、不纳或少纳赋调，不居住于国家控制的城邑之中或附近，他们大部分是先秦以来即

---

　　① 对有关研究的细致梳理，请参看王万隽：《秦汉魏晋南北朝时期的蛮族研究综述》，见《中国中古史研究：中国中古史青年学者联谊会会刊》第 2 卷，221～231 页，北京：中华书局，2011。此处不一一赘述。

　　② 鲁西奇：《释"蛮"》，载《文史》2008 年第 3 辑，55～75 页。罗新：《王化与山险——中古早期南方诸蛮历史命运之概观》，4～20 页。

生活于此的土著，另一部分是逃亡而来的一般编户百姓，"脱籍"是其主要共同特征。因此鲁西奇指出，不如将"蛮"看作"社会群体"或"地域居民集团"。罗新《王化与山险——中古早期南方诸蛮历史命运之概观》一文同样强调山越、蛮等具有内部的多样性，不能简单视为一族，但更加强调他们在文化意义上非华夏的一面，认为过于重视山越与蛮中脱籍逃亡而来的编户民则不免过高估计了他们的华夏化程度。该文的另一个论证重点是南方的华夏化以不均匀的形态展开，华夏国家步步进逼，蛮夷在进入华夏政治体系、接受越来越重的赋役负担（即"霑沐王化"）与抗拒压迫"依阻山险"之间进行着艰难的抉择，博弈的结果则是王化由孤岛扩大为海洋，而蛮夷由海洋日渐沦为山险中的孤岛。因此华夏化主要是一个政治过程，必须关注国家在其中的能动角色。

以上所举两位学者观点的主要分歧在于对华夏化概念的界定不同。鲁西奇明确指出"华化"就是"王化"，罗新虽也同意从行政管理的角度来看编户化意味着华夏化过程已经完成，但他从土著族群的立场出发，仍然主要在族群和文化的意义上使用华夏化一词，而对编户化意义上的华夏化更多以"王化"称之。如何理解"华夏化"所包含的这种歧义性呢？在研究中国中古时期历史时，"华夏化"作为"汉化"的一个替代语，除了避免汉族族称出现较晚带来的时代错置，还有更重要的理论内涵，即它不再简单地指一族对另一族的文化同化，而是强调了进入或建立华夏式帝国政治体系的意义。换言之，华夏亦非一族，华夏化不只是族群间的文化同化。华夏化应可区分出政治体与文化认同两个层面，政治体意义上的华夏化是指加入或建立华夏式帝国政治体，被制度承认为华夏国家的成员，略等于"王化"；文化认同意义上的华夏化则涉及语言、习俗、祖源重构、心理认同等方面。这两者并非同步进行的，但一般来说，政治体意义上华夏化的完成基本可以宣告文化认同意义上华夏化的启动，只要不出现大的变故，两者间的差距只是时间。限于中古时代的史料状况，除了有限的几条史料，① 文化认同意义上的华夏化几乎是无法考察的。王化虽不全等于华夏化，但它是华夏化在此时期唯一可把握的部分。华夏化，实际描述的是帝国与族群的关系。②

第一节　华夏网络与南方山地

在中国南方地区，帝国与诸族群是在怎样的具体情境中相遇的？在许倬云和鲁西奇相关论述的基础上，本书第二章提出了"华夏网络"的概念，从空间和关系模式的角度为解读中古时期南方的历史提供了新的视角。华夏网络首先是地理意义上华夏国家所控制的郡、县、乡、里等聚落以及其间的交通线所连成的网络，进而还包括在此地理空间网络中流通的物资、信息、文化以及政治权力，在帝国中央权力的统一调度下，可以将广大区域甚至整个网络的力量集中在某一结点。此概念兼顾了帝国疆域内部的不臣之隙地，较直观地描绘了帝国政治体系的空间结构。秦汉华夏帝国的疆域扩张在西北、北方受到种种限制以后，在南方山地找到了长期的突破口。南方山地被圈隔在华夏帝国的郡县网络之中，在政治上无法形成高级政治体，而呈现破碎、分散的局面；在经济上又不能自足，严重依赖平原上的华夏经济网络，尤需从中获取盐、铁等物资，因

---

① 如《隋书》卷 31《地理志下》说荆州蛮人"相呼以蛮，则为深忌"（897 页），就是一条广为引用的此类史料。不过它仍然是来自华夏史家的观察，并非蛮人自己留下的说法。

② 族群（ethnic group）在此特指尚未被帝国完全吸纳的"他者"族群，该词从词源上即带有特指少数族或异族的倾向。古希腊语中 ethnos 的义项包括"非雅典人""野蛮人"；而在《圣经》希腊语（Biblical Greek）中，该词有"非犹太人"之意。现代英语中的 ethnic 也带有外族人、异教徒的义项。参看 Steve Fenton, *Ethnicity* (2nd Edition), Cambridge: Polity Press, 2010, pp. 12-15. 研究缅甸山地的斯科特说："族群和部落始现之处，正是赋税与君权终止之所——在罗马帝国与中国都是如此。"见 James C. Scott, *The Art of Not Being Governed: An Anarchist History of Upland Southeast Asia*, Preface, p. 11.

而陷入了郡城县城为中心的经济圈中；而帝国在需要对他们施压或者作战时，又能借助畅通的华夏网络而便利地调配兵力和物资。华夏网络的"圈隔"，正是王化与山险在历史空间中的表现，从长时段来看，它决定了南方山地的历史进程。然而，历史发展从来不会如此单线和单向，一方面南方山地的自然环境和地缘价值各处差别很大，另一方面华夏网络也因时而异地变换着形态。

秦汉时期，南方华夏网络日渐稠密化的成长轨迹十分明显。秦汉南方的政区十分稀疏，和北方的郡国密布形成鲜明对比，如以秦岭—淮河一线划分南北，周振鹤统计出秦代北方郡的分布密度是南方的2.2倍，两汉南北郡国数之比为3：7。① 若更具体来看长江中下游以南的情况，李子信统计出东汉交州和荆扬二州长江以南部分的郡国数为15，而全国的郡国数为99。② 南方华夏网络的稀疏于此可知大概。南方的郡国看似"幅员"广大，实际上所控制的著籍人口十分有限，按照元始二年（公元2）的数字，北方人口较多的颍川郡有户43万余，而南方长江中游的重镇南郡辖区幅员数倍于颍川，才有12.5万户。由南郡再往南，深入山地的武陵郡仅有户3.4万，零陵郡2.1万。③ 周振鹤以秦岭—淮河一线为界统计出元始二年北方在籍人口是南方的3.2倍。④ 总之，西汉时期南方郡国分布稀疏，而且郡县掌控的人口非常有限，所以此时南方的华夏网络稀疏且薄弱，在与帝国不能控制的土著族群的关系中，完全谈不上对山地非华夏人群的分割包围。另一方面，我们也须承认，汉代在南方为数不多的郡县的确占据了所有农业条件最优越或交通位置最重要的地区，降及隋唐乃至当代，汉代郡县所在地点大多仍是各区域的中心地。在帝国体系正常运转的情况下，这些网络结点与中央以及相邻郡县之间的联系也是可以保证的。例如，建武二十三年（公元47），武陵蛮精夫相单程

---

① 周振鹤：《中国地方行政制度史》第十章，290页。
② 李子信：《三国时孙吴的开发江南》，载《食货》第5卷第4期，1937，178页。
③ 《汉书》卷28上《地理志上》，1560、1566、1594～1595页。
④ 周振鹤：《中国地方行政制度史》第十章，286页。

寇郡县，朝廷遣武威将军刘尚发南郡、长沙、武陵兵万余人击之。① 刘尚战败后，又派马援"将十二郡募士及弛刑四万余人征五溪"，终于平息"蛮乱"。② 刘尚的军队集合了相邻三郡的力量，而马援所率的十二郡募士和弛刑徒涉及更大的地域范围，这些均有赖于帝国中央的调遣，显示了华夏网络集举国之力于一处的潜能。又如，延熹五年(162)车骑将军冯绲率军讨伐武陵叛蛮，不仅有中央"假公卿以下奉，又换王侯租以助军粮"的财政支持，③ 而且他的十万大军既"受丹阳精兵之锐，亦倚板楯以成其功"。④ 板楯蛮本在巴郡，但常被调用去参与别郡甚至他州的战争，他们虽然也称为"蛮"，很多时候却作为帝国的军事力量对其他非华夏作战。众所周知，汉帝国军队中有大量非华夏武装，⑤ 而且在实际作战时也会随时"广募杂种诸蛮夷"⑥参战。这一事实，除了说明华夏帝国的网络可以调用的力量不限于华夏编户民，更说明广大的南方非华夏族群之间缺少作为共同行动基础的网络，以及组建和维持网络的高级政治体。所以，两汉时代南方的华夏网络虽然稀疏，但它们所占据的关键位置和重要交通线，以及网络中较为顺畅的资源流通和力量支援，已经足以有效扼杀非华夏人群形成类似网络的可能。

在这种情况下，南方稀疏的华夏网络得以步步为营地添枝加叶，逐渐变得稠密起来。以两汉荆州刺史部所辖地域为例，两汉时仅有 7 郡，县数稳定在 115　117 之间，然而到西晋太康年间，郡已激增 3 倍到 21

---

① 《后汉书》卷 86《南蛮西南夷列传》，2831～2832 页。

② 《后汉书》卷 24《马援传》，843 页。

③ 《后汉书》卷 7《桓帝纪》，311 页。

④ 《后汉书》卷 86《南蛮西南夷列传》，2843 页。

⑤ 东汉时，远征北匈奴的主力为南匈奴军，对抗西羌多征发"湟中义从羌"，更有幽州乌桓突骑号称天下精兵，这些都是读史者所习见的。两汉三国时代诸政权使用非华夏武装的情况，参看吕思勉：《秦汉史》第十八章第六节"兵制"，614～615 页；翦伯赞：《三国时内战中的民族军队》，见《翦伯赞史学论文选集》，224～226 页，北京：人民出版社，1990。

⑥ 《后汉书》卷 38《度尚传》，1285 页。

郡，县亦增加了约30％达167县，[1] 大规模的郡县分置完成于汉末及三国时期。此时尚未出现大规模的侨置和滥置郡县，数字的增加显示了东汉以来日渐积累的华夏化成果。南方政区分置的趋势到东晋南朝仍在继续，分化的速度越来越快，刘宋大明年间这一区域的郡数已增至49，县数亦增至229，约为汉代的两倍，齐梁的郡县增置和滥置又远过晋宋。[2] 众所周知，侨置、双头、空立名目等情况给此时期的行政区划带来巨大的泡沫，即使如此，排除这些泡沫的影响，仍不得不承认原荆州地区的郡县数字有着不小的增长，华夏网络的结点变得更加稠密了。华夏郡县设立的地区不再限于最优越的农耕地带和主要交通线，而是深入稍具农业条件的山间河谷，交通线的脉络也随之大大复杂起来。[3] 另外，六朝于长江下游建都，并以长江中游为分陕重镇，长江中下游地区成为华夏网络的重心所在，与两汉时期相比，区域地位大大提升了。

然而正是在六朝时期，南方尤其是长江流域各地突然出现了势力强大的山地族群，被称为山越、蛮、獠、俚等，其人数不减编户齐民，[4]其力量足以残破州郡。在华夏网络变得稠密且重心移至此区域之后，似应拥有比汉代更强大的征服力量，何以在华夏与蛮獠等异族的力量对比上，反而不如汉代那样占据优势？

对于这一现象，不难从已有常识中找到一些原因。首先，与上述郡

---

① 《晋书》卷15《地理志》"荆州"条，453～454页。这里取两汉荆州的地理区域，而非行政区划意义上的荆州。从其他域划入荆州的郡如安成郡、上庸郡等不列入其中，而从此区域划出归属其他政区的如始兴郡则计入。

② 六朝政区增置的具体统计，参看胡阿祥：《六朝疆域与政区研究》第十章，377～380页，北京：学苑出版社，2005。

③ 汶阳郡是一个很好的例子："汶阳本临沮西界，二百里中，水陆迁狭，鱼贯而行，有数处不通骑，而水白田甚肥腴。桓温时割以为郡。"见《南齐书》卷58《蛮传》，1008页。

④ 按鲁西奇的统计，刘宋中后期雍、荆、郢、湘、司、南豫诸州蛮人不下数十万户、数百万口；而同时期此六州著籍人口仅有二十三万五千余户。参看鲁西奇：《释"蛮"》，67～68页。

县增置形成对比的，是六朝时代著籍户口的不断减少，梁大同年间朱异上奏所云"州郡虽多而户口日耗"，[①] 描述的就是这种情况，这一趋势早在东晋刘宋时期已经开始了。据鲁西奇统计，原汉代荆州区域内，刘宋大明时期的户数仅剩东汉盛期的1/7，政府控制的人力明显变弱了。[②] 就华夏网络而言，州郡县等结点数量的稠密化的同时，单个结点却变薄弱了。户口的衰减，更增加了剩下的编户民赋役严苦的程度，迫使更多的人逃亡山泽加入蛮人。其次，东晋南朝以都督区为基本军事战略单位，兵力集中于都督府治所亦可造成偏远州郡的兵力寡弱。如巴东、建平原为军府富实之名郡，宋孝武帝设郢州，二郡罢军府，为峡中蛮攻破，民人流散。[③] 那些深入山区的郡县城邑，作为华夏网络脆弱的末梢，更易受到非华夏势力的攻击。这些原因无疑是存在的，然而一些现象仍无法以此解释。比如，户口衰减在各州郡普遍存在，而山地势力在各地的活跃程度大不相同；又如，雍州为军事重镇所在，而山蛮的炽盛亦为各州之冠；再如，山区蛮獠虽盛，却未出现称帝建号或者建立非华夏高级政治体的现象。综合而言，以上原因未能解释山地势力的发展在时空上的不平衡性，以及山地非华夏人群内部究竟发生了怎样的变化。本章以下部分，试运用华夏网络的概念，对这两点加以探讨。

第二节　六朝华夏网络的断裂与华夷关系的局部逆转

六朝时期，华夏网络的变化，除了上述结点数量稠密化和单个结点薄弱化，还有一个重要的变化，即它不再完整和畅通。华夏网络的正常

---

①　《资治通鉴》卷158"梁武帝大同五年十一月"条，4904页。

②　鲁西奇：《释"蛮"》，68页。关于刘宋时期户口数字的计算方法，可参看何德章：《读〈宋书·州郡志〉札记二则》，原载《魏晋南北朝隋唐史资料》1997年第15辑，后收入氏著：《魏晋南北朝史丛稿》，320～324页，北京：商务印书馆，2010。

③　《宋书》卷74《沈攸之传》，1932页。

运行需要几个条件：一是帝国中央权力能够掌控全局；二是各州郡县结点之间在交通地理上能顺畅联络；三是各结点尤其是距离集力点较近处的结点拥有支持他处的人力、物力以及意愿。汉代在南方的网络虽然稀疏，但如前文所述，在面对蛮夷的反乱时，由于中央权威的稳定存在，能够统一调度周边各郡甚至各州，对蛮夷进行积极进攻或坚固防御。可以说上面的三个条件在两汉是具备的。到了东汉末年，帝国的体系瓦解，中央权威丧尽，群雄割据，互相攻伐。两汉所建立的华夏网络处处崩坏，山地与平原的关系在某些区域随之逆转。

华夏网络断裂的区域，首先是对立割据政权的边界地带。此类地带上山地族群的特殊面向已得到不少研究。谷口房男讨论了三国时代武陵蛮以及宋齐时代雍州、豫州蛮的问题，指出三国时武陵蛮处在吴蜀之间且主要密接吴的郡县，故蜀地政权对之采取怀柔策略，而吴则兼用武力讨伐和怀柔；宋齐的雍州蛮、豫州蛮的居住地也集中在南北朝对峙的边界线附近，南北双方对待他们的策略与吴蜀之对待武陵蛮颇有共通之处。[①] 陈金凤系统研究了魏晋南北朝时期的"中间地带"，也涉及对此地带少数民族的争夺，三国时期的秭中夷、武陵蛮、建平蛮、南北朝时期边界蛮人均在考察之列。[②] 两位学者都侧重于王朝政权对边界山地的争夺策略及过程，未能注意到华夷关系中优势与主动权的局部逆转，故而对山地人群在此历史契机面前的主动性论述不足。两位学者都没有更深入地追问何以在边界地区的蛮尤其活跃。在解释不见于两汉的雍州、豫州蛮何以出现时，谷口氏倾向于《魏书·蛮传》所代表的迁徙论，即"自刘石乱后，诸蛮无所忌惮，渐得北迁。陆浑以南，满于山谷，宛洛萧条，略为丘墟矣"。[③] 且

① 谷口房男：《華南民族史研究》第一编第二章、第三章，33～80页，東京：緑蔭書房，1997。

② 陈金凤：《魏晋南北朝中间地带研究》第七章、第八章，176～204页，天津：天津古籍出版社，2005。

③ 《魏书》卷101《蛮传》，2246页。

不说在南方山地大规模的族群迁徙是否可能，① 即使有少量的定向人口流动，真正值得追究的问题也应是某一区域何以成为合适的流入地。

其次，按华夏网络的分析方法，凡是两侧或多侧的华夏政权——无论是国家一级还是州郡一级——不能互相统属或共同服从更高的统属，处于对立甚至仅仅不配合的状态，就可以认为华夏网络出现了断裂，而断裂地带的局势有利于非华夏人群的政治体发育。故而断裂带可以出现在政权之间，也可以出现在存在区域对立的政权内部，这点此前学者较少论及。基于以上两点，下文试举几个局部逆转的典型例证，结合史事以具体说明。

一、巴賨

东汉末至三国时期，居于华夏网络断裂带的非华夏势力，除了谷口氏分析的吴蜀之间的武陵蛮，至少还可举出魏蜀之间的巴賨，以及魏吴蜀之间的柤中蛮夷。建安二十年（215），曹操入汉中伐张鲁，"巴七姓夷王朴胡、賨邑侯杜濩举巴夷、賨民来附，于是分巴郡，以胡为巴东太守，濩为巴西太守，皆封列侯"。② 此事在《华阳国志》中记曰："魏武以巴夷王杜濩、朴胡、袁约为三巴太守。"③增加了袁约，且将杜濩、朴胡都看作巴夷。对夷人首领授予太守的官职，而且封为列侯，这是此前从未有过的。这三人原为信奉张鲁五斗米道的巴賨首领，曹操赐予他们高官厚爵，当下目的是为了劝降张鲁，这一目的很快达到了。从长远考虑，曹操视汉中如鸡肋，无法投入过多兵力防守，一定也希望扶植利用当地的势力，来对抗蜀地的刘备。这三人后来的确协助了张郃与刘

---

① 罗新在多篇论文中提出要对民族迁徙论保持警惕，它们常常是外部观察者对于突发政治现象的简单化解释，忽视了同一地区有关族群的古老存在。"起源与迁徙，是传统民族史料最突出的两大陷阱"。参看罗新：《王化与山险——中古早期南方诸蛮历史命运之概观》，11页；罗新：《民族起源的想象与再想象——以嘎仙洞的两次发现为中心》，载《文史》2013年第2辑，8～9页。

② 《三国志》卷1《魏书·武帝纪》，46页。

③ 常璩撰，任乃强校注：《华阳国志校补图注》卷2《汉中志》，73页。

备军作战。① 据《张鲁传》，张鲁闻曹军已破阳平关，本欲归降，而阎圃建议他先依靠杜濩、朴胡等继续抵抗，再用杜濩等归降来试探曹操的态度，于是张鲁"奔南山入巴中"。② 可见杜濩等的势力范围不在汉中，而是在盆地以南的大巴山中。③ 曹操未曾真正掌控大巴山区，以杜濩、朴胡为巴西、巴东太守，实际只是虚名。对于双方都无力或无心直接统治的边缘地区，授予当地第三方势力（往往是非华夏）的首领高官厚爵，其官职辖境常在敌方控制区内，从而促成第三方势力与敌国相对抗，这是互相对峙的华夏政权常常使用的策略。

二、粗中夷

粗中的夷王梅敷处境与杜濩等颇为相似。习凿齿《襄阳记》曰：

> 粗中在上黄界，去襄阳一百五十里。魏时夷王梅敷兄弟三人，部曲万余家屯此，分布在中庐、宜城西山鄢、沔二谷中，土地平敞，宜桑麻，有水陆良田，沔南之膏腴沃壤，谓之粗中。④

"夷王"梅敷在文献中仅此一见，习凿齿是襄阳人，又熟知三国史事，他说梅敷是"夷王"应当可信。梅是较早出现的蛮夷姓氏，楚汉之际吴芮将梅鋗被项羽封十万户侯，其作战的区域正在南阳襄阳之间。⑤ 北魏明元帝时期，有蛮王梅安率数千人至平城贡献方物，太武帝始光中拜其子豹为安远将军、江州刺史、顺阳公。⑥ 梅安不知是何地的蛮酋，但从其子

---

① 常璩撰，任乃强校注：《华阳国志校补图注》卷6《刘先主志》，371页。
② 《三国志》卷8《张鲁传》，264～265页。
③ 任乃强推断杜濩所居在垫江界，即今广安与渠县间之"賨王城"；朴胡所居在阆中界，今巴中市之平梁城；袁约所居可能在胸忍县界。又指出三夷王的势力在乡村而不在城邑的特点。见常璩撰，任乃强校注：《华阳国志校注图志》卷2《汉中志》，77页注14；卷5《公孙述刘二牧志》，349页注1。
④ 《三国志》卷56《吴书·朱然传》裴注引习凿齿《襄阳记》，1307页。
⑤ 《史记》卷8《高祖本纪》，360、366页。
⑥ 《魏书》卷101《蛮传》，2246页。

"顺阳公"的封号来看，其势力根基很可能在沔水支流均水、丹水流域。而梅敷曾率"阴、酂、筑阳、山都、中卢五县民五千家"附吴，阴、酂二县溯沔、均水而上即至顺阳。梅安与梅敷在姓氏和活动地域上都呈现出相当的关联。另外，宋齐时代有西阳蛮酋梅虫生、梅加羊，[①] 西阳蛮常被认为与东汉时徙置江夏的南郡潳山蛮有关，[②] 也有人以为潳山即徂山。[③] 这两说均难成立，但荆山地区与桐柏-大别山居住的人群之间有某些联系和共性，是可以肯定的。梅姓在这两处都是蛮夷中的大姓，可以印证习凿齿"夷王梅敷"之说。然而，《三国志》却称他作"魏将梅敷"：

> （建安二十五年）秋，魏将梅敷使张俭求见抚纳。南阳阴、酂、筑阳、山都、中卢五县民五千家来附。[④]

"魏将"说明梅敷原已接受魏的官职，此时又改投孙吴。南阳阴、酂等五县民的附吴，显然与梅敷的投吴有关，他们当即习凿齿所说屯于徂中的部曲。部曲与县民两说，分别对应于夷王与魏将，对其身份的判断取决于该集团在政治上的归属。梅敷投吴的建安二十五年（220）秋，是荆州形势剧烈变化的时期。此前一年，关羽围襄阳，重创曹军，其后遭吴军突袭后方，十二月关羽兵败被杀，吴重获荆州之地，魏仅保襄阳以北。建安二十五年春，曹操薨，曹丕代为丞相魏王，改元延康。在荆州，刘备势力已遭驱逐，襄阳魏军元气未复，唯有孙吴乘胜势力大增，而曹操去世又为魏国带来潜在的变数，在这种形势下"魏将"夷王梅敷叛魏投吴。

数年之后，梅敷又重回了曹魏阵营。黄武七年（228），周鲂伪叛以诈诱曹休时，在致曹休的密笺中提到：

---

① 《南齐书》卷58《蛮传》，1007页。
② 对此迁徙论的批评，参看雷翔：《魏晋南北朝"蛮民"的来源》，载《湖北民族学院学报（社会科学版）》1990年第1期，112～117页。
③ 顾祖禹：《读史方舆纪要》卷75"沮水"条，3504页。
④ 《三国志》卷47《吴书·吴主传》，1121页。

东主顷者潜部分诸将，图欲北进。吕范、孙韶等入淮，全琮、朱桓趋合肥，诸葛瑾、步骘、朱然到襄阳，陆议、潘璋等讨梅敷。①

在这份虚拟的作战方案里，梅敷和合肥、襄阳一样，成为吴的攻击对象，说明他已恢复了"魏将"的身份。梅敷在魏吴之间的数次反复，如同杜濩等人一样，应该每一次都能得到更高的官爵封赏，从而加强他的"夷王"地位，"夷王"本身也应是正式册封的名号。那么，梅敷在两国之间辗转进退的资本是什么？柤中既是沔南之膏腴沃壤，为什么没有成为魏或吴直接控制的地区？这必须从柤中的地理特性与战略价值中寻找答案。

按前引习凿齿的描述，柤中应位于：（1）上黄县界；（2）中庐宜城西山鄢、沔二谷中；（3）沔南。又《水经注》"夷水"条载：

夷水导源中庐县界康狼山，山与荆山相邻。其水东南流，历宜城西山，谓之夷溪。……又谓之鄢水，……夷水又东南流，与零水合，零水即淓水也。上通梁州没（汶）阳县之默城山，司马懿出沮之所由。其水东径新城郡之淓乡县，县分房陵立，谓之淓水。又东历轪乡，……晋武帝平吴，割临沮之北乡，中庐之南乡，立上黄县，治轪乡。淓水又东历宜城西山，……东流合于夷水，谓之淓口也。与夷水乱流东出，谓之淇水。径蛮城南，城在宜城南三十里，……夷水又东注于沔。②

将这段材料与《襄阳记》引文合观，可以呈现非常丰富的信息。首先，上黄县是晋平吴后割临沮北乡和中庐南乡而立，故应处于临沮与中庐两县之间。其次，鄢水即夷水之别名，而沔水在中庐、宜城之东，在西山无河谷，"沔"字有误。淓水亦过宜城西山，与夷水合流后入沔，《襄阳记》"沔"或乃"淓"字之讹。最后，夷水发源于康狼山，淓水上通默城山，默

---

① 《三国志》卷60《吴书·周鲂传》，1388页。

② 郦道元注，杨守敬、熊会贞疏：《水经注疏》卷28"夷水"条，2393～2395页。

城山乃"司马懿出沮之所由",故熊会贞认为即沮山,其说可从。综上,沮中当在夷水中下游河谷地区(大致在今南漳县东部),河渠密布,素称膏腴;然而环绕河谷皆为山区,尤其向西溯流而上即至沮山、康狼山,二山与荆山相连,而荆山为沮、漳二水所出。沮、漳二水由荆山南出,顺流而下可达江陵。王基云:"今江陵有沮、漳二水,溉灌膏腴之田以千数。安陆左右,陂池沃衍。若水陆并农,以实军资,然后引兵诣江陵、夷陵,分据夏口,顺沮、漳,资水浮谷而下。"①反之,从江陵逆溯沮、漳北上,越过荆山、沮山,山险度尽,即至平敞膏腴的沮中,如《舆地纪胜》襄阳府沮山条引习凿齿《襄阳记》云"吴时朱然、诸葛瑾从沮中寻山险道,北出沮中"②,正是一例。当江陵与襄阳对峙时,沮漳—山险—沮中一路,常为偏师所取。从周鲂虚构的进攻路线以及朱然、诸葛瑾的实际行动来看,沮中是襄阳不可缺失的屏障。荆山、沮山深险,③魏吴双方均无力分兵驻守,而沮中梅敷等非华夏势力显然在山中有很深的根基,故笼络梅敷成为曹魏的上策。

　　沮中的战略价值,主要在于它背靠山险、扼守山中通道,而非因为它是膏腴沃壤。屯据襄阳的北方政权,其实无力控制这片沃土,更无论利用其人力与物产。曹爽欲修守于沔南,袁淮曰"襄阳孤在汉南,贼循汉而上,则断而不通,一战而胜,则不攻而自服",司马懿也质问曹爽"设令贼二万人断沔水,二万人与沔南诸军相持,万人陆钞沮中,君将何以救之?"④因沔水阻隔,沔南之襄阳城常虑不守,更无论远在其南的沮中,故司马懿主张徙民沔北,袁淮则拟土、民并弃。曹爽不从,修守于沔南,

---

①　《三国志》卷27《魏书·王基传》,752页。

②　王象之:《舆地纪胜》卷82《京西南路·襄阳府》(影印本),700页,扬州:江苏广陵古籍刻印社,1991。此条《太平寰宇记》引文"沮"误作"祖",熊会贞已辨(《水经注疏》,2394页);王文楚等点校本《太平寰宇记》作"沮"(乐史:《太平寰宇记》,王文楚等点校,2820页,北京:中华书局,2007),同误。

③　朱然两次征沮中,魏方都有"要遮险隘,图断其后"的举动,充分说明其进军路线要穿越山区(见《三国志》卷56《朱然传》,1307页)。

④　《三国志》卷4《魏书·齐王芳纪》裴注引习凿齿《汉晋春秋》,122页。

终为朱然所破。刘宋时何承天总结道：

> 曹、孙之霸，才均智敌，江、淮之间，不居各数百里。……及襄阳之屯，民夷散杂，晋宣王以为宜徙沔南以实水北，曹爽不许，果亡祖中。……斥候之郊，非畜牧之所。转战之地，非耕桑之邑。故坚壁清野，以俟其来，整甲缮兵，以乘其敝。[1]

两国对峙之时，边境难守之处，双方往往弃而不取，成为缓冲地带，尽管当地农耕条件优越，也因战火而无法耕作。当华夏政权势力撤出时，以山地为根基的非华夏势力循河谷而下，填补了这里的政治空白。夷王梅敷率部曲万家屯于祖中，且在魏吴之间反复选择于己有利的立场，正是这一形势的反映。梅敷可能仅是荆州西北部山地复杂的非华夏势力中最外缘的一支，到东晋南朝时沮水上游的汶阳郡仍时常为蛮人控制，足见山中非华夏力量的深厚和持久。

祖中以西的山区绝不只是一个隔断平原的障碍。这片广阔的山区有其居民、社会和政治组织，而且在平原交通线无法正常通行时，山中河谷的交通意义便凸显出来。关羽在麦城兵散之后，率十余骑逃亡，潘璋住临沮夹石断其径路，擒羽于章乡。夹石与章乡在漳水上游，[2] 关羽溯漳水而上，显然意欲进入荆山，荆山中当有路通向蜀将孟达驻守的房陵郡。此路线存在的旁证，可举《水经注》沔水篇所记"马穴山"的故事：

> （中庐）县故城南有水出西山，山有石穴出马，谓之马穴山。汉时有数百匹马出其中，马形小，似巴滇马。三国时，陆逊攻襄阳，于此穴又得马数十匹送建业。蜀使至，有家在滇池者，识其马毛色，

---

① 《宋书》卷64《何承天传附谢元传》，1707页。

② 郦道元注，杨守敬、熊会贞疏：《水经注疏》卷32"漳水"条："漳水出临沮县东荆山，……又东过章乡南……昔关羽保麦城，诈降而遁，潘璋斩之于此。"（2701～2702页）

云其父所乘马，对之流涕。①

马穴山的马显非本地所产，由其形似滇马且为蜀使所识来看，这些马来自蜀地。这提示我们在巴东鄂西山地中有一个华夏所不熟悉的交通网络。在华夏网络健全时，沿沔水和长江上下的平原区构成一个通畅的网络，荆山粗山等山地则被隔绝和孤立，显得无足轻重。当华夏网络崩裂为相互对峙的局面时，网络裂缝处的山地及山中河谷反而成为局部的强势力量，而且因为能与对峙各方保持交通和政治上的联络，常常成为双方的中间缓冲地带，甚至成为对峙各方竞相笼络的对象。在一定区域之内，夷夏之间的政治主动权已经易手。

汉末三国时的粗中地区，具体而微地呈现了华夏网络断裂处的历史进程，即平原与山地、华夏与非华夏、帝国与土著族群之间的强弱关系在局部发生了逆转。断裂处的非华夏势力都具有两个特征，一是以山地为根本控制山前的部分平原地带，二是借由山中的交通线与断裂对峙的各华夏结点同时联络，这种联络不仅是物质上的，也是政治上的。

三、武陵蛮与巴郡南郡蛮

武陵郡和巴郡南郡的山区位于四川盆地和江汉平原之间，东汉时期，这一区域的蛮乱，多是对日渐加重的赋役压迫的直接反抗。蛮人未见有明确的政治诉求，汉朝依赖完整、畅通的华夏网络，施行军事镇压，即使对协助镇压的所谓"善蛮"，也不过赏赐金帛，没有授予郡县官职或爵号。东汉顺帝时，荆州刺史移治武陵郡汉寿县，② 紧邻临沅，展现出集全州之力阻遏武陵蛮夷的态势，表明在与汉朝长期的斗争中，武陵蛮夷的势力已悄然壮大。东汉末华夏网络解体，压制已久的南郡和武陵山地势力随之崛起，江南"宗贼"大盛。在襄阳立足之后，

---

① 郦道元注，杨守敬、熊会贞疏：《水经注疏》卷 28"维水"条，2386 页。
② 见《后汉书志》卷 22《郡国志四》武陵郡条，3484 页。

刘表"招诱有方，威怀兼洽，其奸猾宿贼更为效用"，对异己势力采取怀柔退让的策略，表面上恢复了荆州的秩序。其辖境"南接五岭，北据汉川"，包括原武陵、零陵等郡在内。① 此时益州刘焉亦保境观望，三峡无事。在这种形势下，史料中几乎见不到武陵和南郡蛮夷的动向。

直到建安二十四年（219），孙吴杀关羽全有荆州之后，南郡与武陵山区东西两侧的华夏网络彻底崩裂且进入敌对状态，该区域的土著势力遂成为吴蜀双方力图拉拢的对象。孙吴初取荆州，"诸城长吏及蛮夷君长皆降"，陆逊"请金银铜印，以假授初附"。② 与魏对于杜濩等和梅敷的策略一样，陆逊也是以官爵赏赐来笼络蛮夷君长。其后刘备出峡伐吴，屯兵于夷道猇亭，四个月未见进取，仅仅"自佷山通武陵，遣侍中马良安慰五溪蛮夷"。③ 所谓"安慰"，就是"假与印传，许之封赏"，④ 与曹操和陆逊的做法并无二致。夷陵之战刘备的策略令人费解，但无疑武陵蛮夷在他构想中十分重要。《步骘传》云："骘将交州义士万人出长沙。会刘备东下，武陵蛮夷蠢动，权遂命骘上益阳。备既败绩，而零、桂诸郡犹相惊扰，处处阻兵。骘周旋征讨，皆平之。"⑤ 由此来看，刘备所发动的武陵蛮夷，在战争中牵制了步骘从交州返回的军队，其影响甚至持续到蜀军主力战败之后。刘备死后，诸葛亮与吴通好，三峡内外暂时解除了剑拔弩张的状态。在这种形势下，吴国得以专力消化境内的异己势力，于是有潘濬督兵五万讨五溪蛮夷之事，孙吴后期有人论曰："昔潘太常督兵五万，然后以讨五溪夷耳。是时刘氏连和，诸夷率化。"⑥ 即以"刘氏连和"为讨伐五溪蛮的前提。此后占据蜀地的魏和晋，灭吴之前同样采取招纳武陵蛮夷的措施。晋益州刺史王濬从泰始八年（272）起，一边造船聚谷，一边"怀

① 《后汉书》卷74下《刘表传》，2419~2421页。
② 《三国志》卷58《吴书·陆逊传》，1345页。
③ 《三国志》卷32《蜀书·先主传》，890页。
④ 《三国志》卷58《吴书·吴主传》，1122页。
⑤ 《三国志》卷52《吴书·步骘传》，1237页。
⑥ 《三国志》卷60《吴书·钟离牧传》，1394页。

辑殊俗，待以威信"，于是蛮夷徼外，多来归降，① 五溪蛮夷"各帅种人部落内附"②。这都是伐吴的必要准备。综上，当巴蜀与荆湘处于敌对状态，即跨越三峡的华夏网络发生断裂时，武陵、三峡山区的战略意义才凸显出来，成为值得争取的联盟力量，山地族群才可能获得择高而就的政治主动权。③

华夏网络的断裂带不仅限于两个敌国之间，在东晋南朝，以荆州、扬州为中心的上下游之争也能造成华夏网络的断裂，对处于断裂带的山地也能产生类似的影响。《南齐书·蛮传》载：

> 晋太兴三年(320)，建平夷王向弘、向瑾等诣台求拜除，尚书郎张亮议："夷貊不可假以军号。"元帝诏特以弘为折冲将军、当平乡侯，并亲晋王，赐以朝服。④

张亮所言当是晋朝定制，然晋元帝为何要破例对夷王向弘给予殊遇？东晋初年，在江东立足未稳，财政拮据，所谓"元后渡江，军事草创，蛮陬赕布，不有恒准，中府所储，数四千匹"。⑤ 是否元帝需要蛮夷进行财政上的供应，所以不惜赐予将军号和封爵呢？元帝作为外来者在江东立基，的确需要处理好与各种地方势力的关系，包括一些山地中的非华夏势力。

---

① 《晋书》卷 42《王濬传》，1208 页。

② 《晋书》卷 3《武帝纪》，68 页。

③ 甚至可以推论，东汉初年所谓"武陵蛮夷特盛"的现象，也与公孙述据蜀颇有关系。公孙述曾尝试跨有荆益，建武六年(公元 30)遣部将田戎、任满"出江关，下临沮、夷陵间，招其故众，因欲取荆州诸郡"，建武九年，又遣田戎等"拔巫及夷陵、夷道，因据荆门"(《后汉书》卷 13《公孙述传》，537 页)。田余庆认为诸葛亮《隆中对》中"跨有荆益"的认识，正是以公孙述的事迹为蓝本的(见前引《〈隆中对〉再认识》，收入《秦汉魏晋史探微(重订本)》，185～186 页)。果如此，《隆中对》所言"跨有荆益，保其岩阻，西和诸戎，南抚夷越"的联络蛮夷计划，是否暗示公孙述也曾联络蛮夷势力呢？另有学者推测田戎、任满、秦丰等本身可能就是蛮夷，他们的故众在临沮、夷陵间，多半也掺杂蛮人(见雷翔：《魏晋南北朝"蛮民"的来源》，112～117 页)。

④ 《南齐书》卷 58《蛮传》，1008 页。

⑤ 《晋书》卷 26《食货志》，783 页。

但若以为东晋初年财政完全仰仗"蛮陬赆布",又过于低估了南方华夏网络所拥有的经济实力。在历史上,非华夏的族群常被描述为"道洿先叛,化盛后宾",如果华夏政权失去了经济和军事优势,蛮陬赆布又如何可得?这条史料强调"蛮陬赆布",与《魏书·司马叡传》以岛夷之地描述江东一样,反映了北朝史学中"比桑干于姬、汉之国,同建邺于蛮貊之邦"的传统。①

晋元帝对蛮夷的需要主要不在经济方面,否则无法解释对其他地区的蛮酋为何不同样加以宠任。东晋立国之初,沿长江上下,蜀地为李氏所据,荆州是王敦的地盘,晋元帝号令所及唯有扬州。王敦总征讨于上游,曾经是东晋立国的支柱,后来由于元帝意图伸张皇权打压士族,引起王敦与朝廷间关系日益紧张。② 太兴三年,正是矛盾转向公开和尖锐的关键时刻,这一年因为梁州刺史周访去世,湘州刺史甘卓被调往梁州,王敦要求以沈充任湘州刺史,而元帝则以谯王承出镇湘州,明确摆出对峙的架势。两年之后的永昌元年(322),王敦即起兵东下,攻入建康。因此,太兴三年对建平夷王的特殊礼遇,当于荆扬对峙的时局中求解。建平郡在今巫山县一带,正处于三峡之中,吴末陆抗曾上疏言:

> 西陵、建平,国之蕃表,既处下流,受敌二境。……臣父逊昔在西垂陈言,以为西陵国之西门,虽云易守,亦复易失。若有不守,非但失一郡,则荆州非吴有也。如其有虞,当倾国争之。③

---

① 引文见刘知幾撰,浦起龙释:《史通通释》卷7《曲笔》,197页。《晋书》中反映北朝加于南方的蔑语,并非仅此一见。如《元帝纪》末尾云"恭王妃夏侯氏竟通小吏牛氏而生元帝"(158页),《明帝纪》言"帝母荀氏,燕代人,帝状类外氏,须黄"(161页)之类,很难认为是江东一方的官方记载。

② 参看唐长孺:《王敦之乱与所谓刻碎之政》,见《唐长孺文集》第2册《魏晋南北朝史论拾遗》,152~168页;田余庆:《释"王与马共天下"》,见《东晋门阀政治》(第5版),16~26页,北京:北京大学出版社,2012;赵立新:《西晋末年至东晋时期的"分陕"政治——分权化现象下的朝廷与州镇》第三章"东晋初年'分陕'政治的形成与发展",83~118页,台北:花木兰文化出版社,2009。

③ 《三国志》卷58《吴书·陆抗传》,1359页。

建平为荆州西门，如若有变，则荆州必当全力赴救。元帝在此时对建平的夷王加以殊遇，显然是要在王敦后方安插一个牵制势力。同时，蜀地的李氏政权对荆州始终是一个威胁，在荆州与扬州相争之时如何遏止成汉冲出三峡，一定也在东晋的考虑之中。这一担忧并非过虑，咸和五年（330），李寿即率军攻陷巴东、建平二郡，晋军只能退保宜都。[①]　这样，建平夷王得到的宠遇又多了一层意义。总之，益、荆、扬三处华夏网络的断裂和对抗，使建平夷王获得政治上发展的有利环境。

四、桐柏—大别山区的豫州蛮

既处荆扬之间，又处于南北边缘地带的是桐柏山—大别山山地。这一山脉是淮河、长江两大水系的分水岭，也位于南北气候的过渡带上，其东南麓直抵长江，成为划分长江中游与下游的标志。自汉代以来，这一山脉就充当荆、豫、扬三州的界线，今湖北、河南、安徽三省省界仍依此山脉划定。从平原的角度看，桐柏山—大别山构成交通的阻隔，但走进山中来看并不如此。这一山区虽有 1500 米以上的高峰，但大多数地区海拔在 500—800 米之间，并不十分险峻。且山中河流众多，东北麓诸河流注入淮河，西南麓的河流则注入长江，而它们在山中的发源地往往是十分接近的。如长江支流"西阳五水"中的赤亭水、浠水的上源，与淮河支流的淠水、黄水、泚水上源相距不过数十千米，对这片山地中居住的人群来说，在两大流域之间、荆州与扬州之间往返穿越，是轻而易举之事，他们甚至不会察觉到任何跨越。南北朝时期，居住在这片山地的人群被笼统地称为豫州蛮，《宋书》言其"所在并深岨，……北接淮、汝，南极江、汉，地方数千里"，[②]正是对上述地理特征的描述。这样的一个区域，由于华夏网络中长期的南北对峙和不时出现的荆扬之争，获得了特殊的地位。

首先，在东晋南朝的荆扬之争中，大别山区充当了中间地带。太宁

---

① 《晋书》卷 121《李雄载记》，3039 页。
② 《宋书》卷 97《蛮传》，2398 页。

二年(324)，王敦身死事败，其党周抚、邓岳逃亡入西阳蛮中，蛮酋向蛮纳之，藏匿获安。① 在此事件中，大别山区蛮人显示出中间势力的性质。邓岳原由王敦参军转任西阳太守，乱平后复为西阳太守，② 他与西阳蛮的深厚关系，或为王敦战略的一环。元嘉二十九年(452)，新蔡蛮破大雷戍，略公私船舫，悉引入湖。③ 此新蔡蛮得名于侨置的南新蔡郡(在今湖北黄梅县境)，④ 他们虽以长江北岸山地为根据，但影响及于江岸平原和湖泊，甚至攻破沿江的重要镇戍。这种实力是上下游的华夏集团都想要争取的，最显著的例子可于宋明帝即位初的战争中看到。《宋书》记载：

> 太宗初即位，四方反叛，及南贼败于鹊尾，西阳蛮田益之、田义之、成邪财、田光兴等起义攻郢州，克之。以益之为辅国将军，都统四山军事，又以蛮户立宋安、光城二郡，以义之为宋安太守，光兴为龙骧将军、光城太守。封益之边城县王，食邑四百一十一户，成邪财阳城县王，食邑三千户，益之征为虎贲中郎将，将军如故。……晋熙蛮梅式生亦起义，斩晋熙太守阎湛之、晋安王子勋典签沈光祖，封高山侯，食所统牛岗、下柴二村三十户。⑤

宋明帝即位之初，江雍荆郢徐司青冀湘广益梁诸州，扬州之会稽、吴、吴兴、义兴、晋陵、山阳诸郡一时俱反，拥护晋安王子勋，"国家所保，唯丹阳、淮南数郡，其间诸县，或已应贼"。⑥ 明帝依靠中央军和部分地

---

① 《晋书》卷58《周抚传》，1582 页。
② 《晋书》卷81《邓岳传》，2131 页。
③ 《宋书》卷97《蛮传》，2398 页。
④ 鲁西奇：《释"蛮"》，64 页。陈寅恪未辨此南新蔡郡与北魏之新蔡郡的区别，遂引此条材料解释《北史·董绍传》"瞎巴三千"之语，是不妥当的(陈寅恪：《魏书司马叡传江东民族条释证及推论》，见《金明馆丛稿初编》，81～82 页，北京：生活·读书·新知三联书店，2001)。
⑤ 《宋书》卷97《蛮传》，2398～2399 页。
⑥ 《宋书》卷57《蔡兴宗传》，1581 页。

方豪族的支持依次平定四方，而豫州蛮人的支持发挥了很大作用。① 豫、司二州是子勋阵营北线的主力所在，田益之率蛮万余人攻打其弋阳城，又围庞定光于义阳郡，② 且最终攻克郢州（治江夏），立功很大。大明二年（458）田益之始"起义"，明帝即授予辅国将军、督弋阳西山事，急于争取蛮人的意图十分明显。子勋一方的将领刘胡也曾"遣其辅国将军薛道标渡江煽动群蛮，规自庐江掩袭历阳"，③ 同样力图争取大别山区的蛮人。以上事例说明当东晋南朝发生上下游之争，即长江中下游的华夏网络发生断裂时，大别山的蛮人处于被双方竞相笼络的有利地位。反之，当南朝上下游关系和谐即华夏网络完整时，便是伐蛮战争最频繁的时期。

其次，六朝南北政权间的国境线总体上在淮河与长江之间摆动，④ 桐柏—大别山区处于南北之间的位置，更持久地塑造了它的处境。东晋前期陶侃已认识到武昌（今鄂州）北岸邾城（今黄冈地区）的蛮夷与北方有联系途径，他拒绝在邾城分兵镇守的提议，理由是：

> 我所以设险而御寇，正以长江耳。邾城隔在江北，内无所倚，外接群夷。夷中利深，晋人贪利，夷不堪命，必引寇虏，乃致祸之由，非御寇也。⑤

他认为邾城外接群夷，而群夷又可引致北方政权的军队，所以对邾城宁愿弃而不守。陶侃死后，庾亮谋北伐，以精兵一万戍邾城，果为石赵军二万骑攻陷。⑥ 石赵的骑兵，当是自北而南穿大别山而出，一定受到山中

---

① 安田二郎研究晋安王子勋之乱，将其视为一场受到门阀制度压抑的"豪族土豪"阶层主导的内战，并在论述中将上文所述的西阳蛮田益之等直接视为土豪。见安田二郎：《六朝政治史の研究》第六章，290页，京都：京都大学学術出版会，2003。

② 《宋书》卷87《殷琰传》，2209页。

③ 《宋书》卷87《殷琰传》，2209页。

④ 参看胡阿祥：《六朝疆域与政区研究》，89～137页。

⑤ 《晋书》卷66《陶侃传》，1778页。

⑥ 《晋书》卷73《庾亮传》，1923页；同书卷106《石季龙载记》，2769页；以及卷81《毛宝传》，2124页。

"群夷"的接应，陶侃"夷不堪命，必引寇虏"之忧应验了。这说明以山区为中心，向南向北都存在交通路线，也存在政治联系。蛮酋田益宗在南朝史书里称为"西阳蛮"①，北朝史书则称为"光城蛮"②。西阳和光城分在大别山南北两侧，田益宗的统治区域本在山中，故而南朝以南侧的西阳名之，而北朝以北侧的光城名之。在南北朝看来深险阻绝的山区，却是以山地为中心的"蛮人"政权可以轻松跨越的。《宋书》云"北接淮汝、南极江汉"③，既是在描述蛮的活动地域，也暗示着蛮人沟通淮汝和江汉的能力。

南北朝边境仍有一种"荒人"，与蛮的关系值得分析。北村一仁指出"荒"特指南北朝在淮河流域的边境地带，"荒"不是一般的法令教化所不及的化外之地，还须是南北政权之间所属不明的地域。④ 如同前引何承天说三国时"江、淮之间，不居各数百里"一样，南朝时淮河南北以及江淮之间的一些地区也被作为随时可弃的边境，并未深入稳定地建立统治，因此而形成的政治空白由当地的半独立势力填补。这种半独立势力有时被称为蛮，有时也称为"荒人"。北村一仁认为荒人由蛮、亡命和土豪组成，⑤ 事实上三者之间很难绝对区分。比如，桓诞既被称为荒人，又是大阳蛮酋，而他又自称门阀士族桓玄之子；又如，蛮酋田益宗也被魏收称为"荒帅"⑥。在蛮夏混杂的地区，土豪与蛮的重合度也很高，后文仍有详论。总之，荒人的特征不在于族属或法律身份，而在于游离于南北政权之间的半独立性质。荒人有自己的组织和首领，常在南北朝之间逐利而动。《通典》云："宋齐以后，荆雍二州……群蛮酋帅互受南北朝封

---

① 《南齐书》卷 58《蛮传》，1009 页。

② 《魏书》卷 61《田益宗传》，1370 页。

③ 《宋书》卷 97《蛮传》，2398 页。

④ 北村一仁：《南北朝期"淵藪"の地域の分布とその空間的特徵》，载《東洋史苑》第 71～72 辑，2008，166 页。

⑤ 北村一仁：《「荒人」試論：南北朝前期の国境地域》，载《東洋史苑》第 60～61 辑，2003，265～284 页。

⑥ 《魏书》卷 61《田益宗传》史臣曰，1377 页。

爵。"①谷口房男曾详列南北朝边境蛮酋归附南朝和北朝的情况,② 陈金凤亦分别整理了北朝与南朝利用蛮人争夺中间地带的过程,并注意到以北魏迁洛为标志,北朝对蛮人的政策从优待转向限制,③ 此处不赘。

随着南朝后期的国境线日渐向南退缩,桐柏—大别山区归附北魏的蛮酋数量明显增加,当北魏朝廷试图加强对蛮人的掌控时,他们也会伺机奔回南朝。如桓诞,在南朝本无官爵,被称为"荒人""荒贼"或"边人",当他率八万余落归附北魏时,被拜为征南将军、东荆州刺史,封襄阳王。④ 其后桓氏父子为北魏效命,多次在边境摧破南梁军队,但其子桓叔兴在正光二年(521)又拥部归梁,此事很可能与东荆州刺史郦道元"威猛为治"有关。"蛮夷荒帅"田益宗在获得萧齐授予的征虏将军、直阁将军后,又于太和十七年(493)叛归北魏,十九年被授予"员外散骑常侍,都督光城弋阳汝南新蔡宋安五郡诸军事,冠军将军,南司州刺史,光城县开国伯,食蛮邑一千户,所统守宰,任其铨置",后北魏又于新蔡立东豫州,以益宗为刺史。⑤ 在此后多次边境战争中,田益宗为北魏效命。至延昌三年(514),魏宣武帝遣刘桃符率众掩袭田益宗,征还为征南将军、金紫光禄大夫、加散骑常侍,改封曲阳县开国伯。表面理由是田益宗暮年聚敛无厌,而魏朝实际目的是要让田益宗与东豫州相分离,从而结束东豫州的半独立状态,变成北魏全面控制的普通州。在此事变中,田益宗之子鲁生、鲁贤及其从子超秀南奔降梁,萧衍"以鲁生为北司州刺史,鲁贤北豫州刺史,超秀定州刺史,为北境捍蔽"。⑥ 以上两例说明,北魏对归附的蛮酋初来时宠以重官高爵,为之置州郡自治,借其力量对抗南

---

① 《通典》卷187《边防三·南蛮序略》,5041页。

② 谷口房男:《南北朝时代の蛮酋》,见谷川道雄等编:《魏晋南北朝隋唐时代史の基本问题》,117~141页,东京:汲古书院,1997。中译本见谷川道雄主编:《魏晋南北朝隋唐史学的基本问题》,李凭等译,88~107页,北京:中华书局,2010。

③ 陈金凤:《魏晋南北朝中间地带研究》第八章,188~204页。

④ 《魏书》卷101《蛮传》,2246页。

⑤ 《魏书》卷61《田益宗传》,1370页。

⑥ 《梁书》卷22《安成王秀传》,344页。

朝。但等到局势稳定之后，就会渐渐削夺他们的权力，渐夺新置州郡的自治权，郦道元的"威猛为治"，刘桃符强行征还田益宗，都是此种策略中的一环。于是蛮酋或者被收服，或者起而反抗，而南朝对边境蛮人的政策与北魏并无太大区别。因此，边境有实力的蛮酋往往要在南北两边多次转变效忠的对象，尽量使自己处于"初附"的有利地位。

作为东西、南北华夏网络断裂带的重合处，南北朝时桐柏—大别山区的重要性远远超过其他蛮人地域（如武陵山区）。与之相应，宋齐时设置的左郡、左县几乎全都集中在这一地区。河原正博整理刘宋左郡、左县的所在地，发现除了宋末所设的湘州乐安左县位于今广西境内，其他所有左郡左县全都在以大别山为分水岭的诸水流域、桐柏山发源的淮水上源地区以及涢水流域，可以说刘宋的左郡左县就是以大别山—桐柏山一带的豫州蛮为对象设立的。① 南齐时左郡左县的设置数量与范围进一步扩大，但仍集中在上述区域，例外的仅有益州的齐开左郡、齐通左郡。② 最早见于记录的左郡左县是宋初设立的南陈左郡，以蛮人立郡而冠以"左"字，杨武泉推测是为了避免使用侮辱性的"蛮"字，与刘裕即位之初笼络各族势力的政策有关。③ 对于"左"有多种解释，④ 难以定论。

---

① 河原正博：《宋書州郡志に見える左郡・左県の「左」の意味》，原载《法政史学》14 号，1961，收入《漢民族華南発展史研究》第一編第二節，65～81 页，東京：吉川弘文館，1984。另外，可参看胡阿祥为左郡、左县制作的更详细的列表，见《六朝疆域与政区研究》第九章，349～354 页。

② 《南齐书》卷 15《州郡志下》"益州"条，302 页。

③ 杨武泉：《"蛮左"试释》，载《江汉论坛》1986 年第 3 期，70 页。

④ 代表性的看法有：河原正博以为"左"与"楚"音近，而蛮被看作楚（荆蛮）的后裔（见前引《漢民族華南発展史研究》，79～80 页）；杨武泉认为"左"来自文学中称夷狄为"左衽"的传统，以左代蛮，而南北朝后期习见的"蛮左"一词反而是来自宋齐时代的左郡左县（见前引《"蛮左"试释》，69～70 页），胡阿祥（《六朝疆域与政区研究》第九章"南朝的宁蛮府、左郡左县、俚郡僚郡"，259～361 页）、方高峰（《试论左郡左县制》，载《中国边疆史地研究》2006 年第 2 期，23 页）赞同杨氏的观点；川本芳昭据《大汉和辞典》认为是左与夷的古字形近而致（川本芳昭：《魏晋南北朝時代の民族問題》第四篇，484 页，東京：汲古書院，2006）。北村一仁在总结诸说得失之后提出新的猜想，他认为在六朝文学中"左"有荒僻、僻左之意，左郡左县正取义于此（北村一仁：《南北朝期「中華」世界における「蛮」地の空間性について》，载《東洋史苑》第 67 輯，2006，29～32 页）。

事实上，对于左郡左县来说，重要的是"郡、县"而不是"左"，设置郡县赐予官爵本身就是对蛮夷首领的笼络，这与曹操拜杜濩等为三巴太守的做法一脉相承。位于双重断裂带重合处的大别山区，在战略上尤其重要，所以就有更多的必要加以笼络。故而左郡左县集中见于这一区域，而不见于长江以南的蛮地。左郡左县之设常是在具体政治情境下展开，如上文所述宋安左郡之设并以蛮酋田义之为太守，即与在宋明帝即位时四方反叛的形势相关。又如，元嘉二十五年(448)设立了 25 个左县，当为宋文帝北伐的准备之一。[①] 反之，南北、东西两面局势都较为稳定时，也就是伐蛮战争频繁展开之时，左郡左县则被大量废止和合并。大明八年(464)南陈、边城等六个左郡被废止或降格并入他郡，刘宋所设左郡几乎全部撤销。这固然是宋孝武帝擅改制度，但其背景正是元嘉二十九年之后南北对峙的暂时缓和南朝略占优势，大明四年以后，宋得以专力讨伐沿江一带的蛮人。[②] 孝武帝废除的左郡左县，在此后宋明帝时又得到恢复，说明仍有必要继续维持蛮酋的郡守县令长的身份，对蛮民像编户齐民一样统治的条件尚不具备。左郡左县之"左"，不论其义为何，其功能一定是将之与正常郡县区别开来。这种区别实际是高下之分。《南齐书·州郡志》中诸州的左郡都列于全州各郡之最末，颇能说明这一问题。蛮酋既看重郡守县令的官职，自不甘总带一个"左"字，梁陈以下左郡左县不见于史籍，授予蛮酋的刺史、郡守都与华夏职官无异，这大概是符合双方愿望的变化。

第三节　南方山地的政治体演进方向

关于六朝时期长江中游山地非华夏人群显著活跃的问题，上节从此时期华夏网络断裂造成华夷政治主动权局部逆转的角度进行了分析，这主要是从华夏一方寻找的原因。既然华夏网络已经不复当年，处于这一

---

① 方高峰：《试论左郡左县制》，24 页。

② 参看《宋书》卷 77《沈庆之传》，2000～2003 页。

网络边缘的南方山地人群获得了新的外部环境，那么他们自身是否也发生了某种变化？答案是肯定的，从前学者多以"汉化"来笼统概括这种变化，强调他们与汉族的杂居，习俗、语言的改变等。然而对于山地人群的政治军事实力而言，更重要的是其社会结构和政治组织的变化，也就是政治体演进的问题，这点此前研究很少涉及，以下试做一考察。

从未受到华夏帝国影响的南方山地"原始"社会是什么状况？从汉字书写的古代文献中我们不可能直接看到。秦汉时代，南方除了西南云贵高原有少数酋邦，其他南方山地尚无较大的政治体，如武陵蛮、巴郡南郡蛮等都可以认为是中等规模政治体中偏小者。史书所记的武陵蛮夷，"有邑君长，皆赐印绶"，已受到华夏帝国的影响，不能代表"原始"的状态。就我们所知的历史时期华南山地社会而言，帝国影响只有深浅大小之别。那些受影响较小，尚未纳入或有意远离帝国政治体系的山地人群常被冠以"生"或"山"字，如生蛮、生獠、山獠等。他们的政治结构在一定程度上可以反映华夏帝国影响到来之前的情况。三国吴时岭南的俚人，"往往别村各有长帅，无君主，恃在山险，不用王"。① 《御览》引东晋裴渊《广州记》对俚獠有这样的描述：

> 俚獠贵铜鼓，……初成，县于庭，克晨置酒，招致同类，来者盈门。……风俗好杀，多构仇怨。欲相攻击，鸣此鼓集众，到者如云。有是鼓者，极为豪强。②

《隋书·地理志》亦引此段文字，且加以"有鼓者号为都老，群情推服"③一句，

---

① 《太平御览》卷785"俚"条引《南州异物志》，3478页。《南州异物志》作者为吴丹阳太守万震，详见向达：《汉唐间西域及海南诸国古地理书叙录》，见《唐代长安与西域文明》，566~567页。刘纬毅《汉唐方志辑佚》收录其佚文（44~51页）。

② 《太平御览》卷785引裴渊《广州记》，3478页。裴渊的生平不详，王谟以为系晋宋间人［王谟辑：《汉唐地理书钞》（影印本），370页，北京：中华书局，1961］。刘纬毅据文廷式《补晋书艺文志》而定其为晋人（刘纬毅：《汉唐方志辑佚》，135页）。

③ 《隋书》卷31《地理志下》，888页。

或亦为裴渊之文。拥有铜鼓的都老与村长帅应即同一种人，以鸣铜鼓集众的风俗来看，都老统摄的范围不会太大。至南北朝末期，四川盆地周围同样以铜鼓为权力标志的獠人，在华夏观察者眼中与前述广州的俚獠多有共性：

> 往往推一长者为王，亦不能远相统摄。父死则子继，若中国之贵族也。獠王各有鼓角一双，使其子弟自吹击之，好相杀害，多死，不敢远行。①

这里有明显的自相矛盾，既然推选长者为王，就不应该父死子继。大概獠人社会正在分化，一部分獠人仍然保持推选长者为王的传统，另一部分已经实行父死子继的贵族世袭制了，后者反映的可能只是基于亲属关系群体的社会分化。② 然而无论推选还是世袭，被称为王的长者不能远相统摄，则与都老豪强并无太大区别。两段材料中都强调獠人"多构仇怨""好相杀害"，让人想到西汉时"越人之俗，好相攻击"。③ 亲族复仇传统广泛存在于山地族群以及游牧族群中，是缺乏具有强制权威政治体的表现。④ 在

① 《北史》卷 95《獠传》，3154 页。

② 人类学家对一些从事狩猎、采集的群伙（band）进行的研究表明，原则上在群伙中每个人都有平等的机会成为首领，虽在一些群伙中有世袭首领，但真正的领导权却由掌握特殊知识或能力的人行使。其共同点是首领没有什么强制权力，只是临时的或协调性的。参看特德·C. 卢埃林：《政治人类学导论》第二章，朱伦译，30～35 页，北京：中央民族大学出版社，2009。

③ 汉高祖赐予尉佗玺绶时，所颁发的诏书中即有此语，见《汉书》卷 1 下《高祖纪下》，73 页。

④ 如东汉的羌人"更相抄暴，以力为雄"（《后汉书》卷 77《西羌传》，2869 页）；明代苗人世代复仇，有"苗家仇、九世休"的说法（田汝成：《炎徼纪闻》卷 4，丛书集成初编，55 页，北京：中华书局，1985）。林耀华认识到宗族之间的仇视械斗即打冤家是凉山夷家社会的重要传统，"冤家"是尤重于其他社会关系的枢纽性关系（林耀华：《凉山夷家》第八章"冤家"，74～82 页）。埃文斯·普里察德（Evans-Pritchard）对非洲努尔人的研究也指出了类似的现象，由于缺乏高级政治体和法律，努尔人在村落之内的冲突很容易解决，如果卷入部落一级分支的冲突，可能永远无法和解。努尔人通过冲突和战争维持了游牧社会的分裂型结构（segmentary structure）（Evans-Pritchard, "The Nuer of the Southern Sudan", in M. Fortes & E. E. Evans-Pritchard eds., *African Political Systems*, London: Oxford University Press, 1950, p. 283）。

帝国影响微弱的地区，山地人群的这种缺乏政治体的社会结构得到长期保持。南宋时范成大记广西右江溪洞之外的山獠，仍云：

> 依山林而居，无酋长版籍，蛮之荒忽无常者也。……无年甲姓名，一村中推有事力者，曰郎火，余但称火。旧传其类有飞头、凿齿、鼻饮、白衫、花面、赤裈之属二十一种，今右江西南一带甚多，殆百余种也。①

无酋长版籍，无年甲姓名，即没有常规的行政系统，种类繁多也说明其政治结构破碎而且规模甚小。这些山獠只有村落一级推举产生的事务协调者，称为郎火。顾炎武记明清时广州的莫徭说：

> 莫徭……号曰山民，盖盘瓠之遗种。本徭僮之类而无酋长……无赋役。自为生理，不属于官，亦不属于峒首，故名莫徭也。②

属于官者为编户，属于峒首者为熟蛮，而莫徭不统于两者，在汉人看来就是无酋长、无赋役的极其松散人群。

俚、獠、莫徭等远离帝国政治体系的山地族群的社会状况，可以帮助我们推想长江中游被称为"蛮"的人群，在与华夏势力初接触时的社会形态。至于这一初接触究竟发生在什么时代，已经难以确考了，至少应不晚于战国时期。春秋时楚国曾被北方诸侯称为荆蛮，楚的强大开始于冒蚡时期向濮人地域的开拓，其立国基础就在于整合江汉流域的土著人群。③ 在楚的军队里有"军而不陈"的蛮军，④ 可以推想大量蛮濮成了楚

---

① 范成大撰，严沛校注：《桂海虞衡志校注》，116～117页，南宁：广西人民出版社，1986。

② 顾炎武：《天下郡国利病书》下，《续修四库全书》（影印本）第597册，436页，上海：上海古籍出版社，2002。

③ 蒙默：《先秦楚境濮人简论》，见《南方民族史论集》，93～99页，成都：四川民族出版社，1992。

④ 《左传》成公十六年，见杨伯峻：《春秋左传注》，883页。

国编户。① 到战国时楚国已完成华夏化成为冠带之国，许多"蛮"作为楚人而融入了华夏之中。汉魏以下笼统称为"蛮"的人群，必有相当一部分曾经接受过高级华夏式政治体——楚国的影响。换言之，秦汉以来长江中游的蛮人社会早已不是所谓"原始"的状态。

汉代的蛮人已经出现一定的社会分化和政治组织，在华夏一方的史料中亦不乏痕迹。《风俗通》在追述盘瓠的传说后，说其后裔"名渠帅曰精夫，相呼为姎徒"，② 范晔的《后汉书》以长沙与武陵两郡的蛮人当之。东汉时期关于蛮乱的记载中，数次出现作为蛮人首领的"精夫"，长沙东牌楼出土的简牍中有一个临湘"精"姓家族，此姓氏即来自精夫的称号。③精夫最初极有可能是类似都老、郎火那样的由蛮人社会内部产生的集体事务协调者。正是在华夏帝国势力介入以后，处理蛮人群体与帝国之间的关系成为一种常规事务，精夫的地位才变得尤其重要。另一方面，帝国也需要一个维持基层秩序的代理人，因而积极扶持蛮人中原有的首领，向他们授予印绶和官爵。东汉时长沙、武陵蛮的邑君邑长，都佩着汉朝的印绶，即说明他们的地位得到了帝国的承认和支持。

华夏帝国的介入虽以尊重山地族群原有政治传统的方式开始，但久之却成为这种政治传统的破坏者。一方面，精夫地位的提高一定会扩大蛮人中已有的社会分化。另一方面，从已知的资料来看，尚未发现汉廷颁发的官印刻有诸如"精大""都老"的字样。迄今所见的汉印，除了对匈奴颁发过"汉匈奴栗借温禺鞮""汉匈奴姑涂黑台耆"等刻有本族官号的印，对其他周边族群颁发的印一律以王、侯、君、长、仟长、佰长、邑君、邑长等官名结尾，往往还在之前冠以"率众、归义、守善、率善、亲汉、

---

① 楚国建立户籍制的情况，参看杜正胜：《编户齐民：传统政治社会结构之形成》，24～25 页，台北：联经出版事业股份有限公司，1990。

② 《后汉书》卷86《南蛮传》引，2830 页。

③ 魏斌：《吴简释姓——早期长沙编户与族群问题》，载《魏晋南北朝隋唐史资料》第 24 辑，2008，35 页。

归汉"等词语。① 汉代与南方蛮夷相关的印文即有"汉归义蛮邑长""汉夷邑长""蛮夷邑侯""蛮夷邑长"等。通过授予官号和印绶，汉帝国逐步将周边族群纳入华夏主导的政治体系中，所谓"四夷国王，率众王，归义侯，邑君，邑长，皆有丞，比郡、县"。② 熊谷滋三指出，后汉王朝首先以尊重异民族内部身份秩序的形式授予官爵，等到他们接近汉朝以后，便依据功绩来对官爵进行增减，渐渐地把异族纳入汉朝的身份秩序之中，③ 这一总结是很准确的。由于汉朝授予的官爵一般伴随着物质赏赐，必将增加受官爵者在本族内的影响力，非华夏的首领们对汉的官爵名号是重视的。著名的例证是新莽遣使将汉朝赐给匈奴单于的"匈奴单于玺"换成"新匈奴单于章"，招致单于的怨恨。单于发现印文有变，遣人向使者说明"去'玺'加'新'"的不当，请求仍用故玺。④ 王莽不予，匈奴竟至"寇边郡，杀掠吏民"。⑤ 可见匈奴上层不仅十分熟悉汉的玺印制度，而且对于这套制度中蕴含的等级秩序颇为认同。与匈奴一样，王莽改西南夷的句町王为侯，也引起句町王邯的"怨怒不附"。⑥ 隗嚣奉汉讨莽，檄文中的拨乱之策，就有"驰使四夷，复其爵号"一项，说明爵号问题是造成当时四夷扰攘的原因之一，亦即四夷君长对汉的爵号颇为看重。

授予四夷的爵号不仅影响宏观的华夷关系，在涉及异族的日常地方行政中也起到规范秩序的作用。永初二年(108)，青衣道夷邑长令田与徼外三种夷31万口赍黄金、旄牛毦，举土内属，安帝增令田爵号为奉通邑君。⑦ 31

---

① 参看陈直：《汉晋少数民族所用印文通考》，原刊《秦汉史论丛》第 1 辑，1980，338~364 页，后收入氏著《文史考古论丛》，355~382 页，天津：天津古籍出版社，1988；熊谷滋三：《後漢の異民族統治における官爵授與について》，载《東方學》第 80 辑，1990，48~63 页。

② 《续汉书志》卷 28《百官志五》，3632 页。

③ 熊谷滋三：《後漢の異民族統治における官爵授與について》，59 页。

④ 《汉书》卷 94 下《匈奴传下》，3821 页。

⑤ 《汉书》卷 99 中《王莽传中》，4119 页。

⑥ 《汉书》卷 99 中《王莽传中》，4130 页。

⑦ 《后汉书》卷 86《南蛮西南夷列传》，2857 页。

万口的举土内属不过换来爵号从邑长进为邑君，可见此类名号价值不低。东汉石刻《张禅等题名》在郡、县掾之外，出现了夷侯、邑君、邑长、夷民等身份开头的题名，还出现了"白虎夷王谢节""白虎夷王资伟"。① 在后汉巴郡某县，居民身份十分复杂，既有夷王，又有夷侯、邑君、邑长、夷民。这些在题名中与县长、县掾同列的名号，都是帝国承认的正式身份。尽管该县的夷人势力强大，题名中却未见类似"精夫"或"都老"的非华夏式官号。汉帝国通过印绶的授予，逐渐用汉式官爵替代了旧的非汉语官号，华夏帝国的官僚制秩序随之渗透进了非华夏社会。

　　如果以上判断成立，对于文献中的"精夫"和简牍里的精氏家族还可再做一点说明。他们的确昭示了一种古老的非华夏传统，但这种传统正在趋于消亡。精夫在史书中仅见于《后汉书·南蛮传》，而且一共只出现了四次。第一次是采自《风俗通》的一般性描述，第二次是建武二十三年（公元47）精夫相单程寇郡县，第三次是建初元年（公元76）零阳蛮五里精夫为郡击破陈从，第四次是建初四年募充中五里蛮精夫不叛者四千人击澧中贼。精夫的三次有记载的具体活动，两次与"五里"有关，分别出现于零阳、充两县。"五里"大概是一个行政区划，即乡、亭、里系统中的编制，② 从他们仍有精夫且应州郡之募讨伐叛蛮来看，这里居住的蛮人处于熟蛮至非华夏编户的过渡状态。五里蛮精夫在汉字文献中最晚出现在汉章帝时，此后则泛称渠帅，精夫的名称未必于此突然消失，但华夏

---

　　① 此碑旧著录为《繁长张禅等题名》，见洪适：《隶释》（影印本）卷 16，429～430 页，北京：中华书局，1986。第一个题名便是"长蜀郡繁张君讳禅字仲闻"，中村威也据此认为此碑中的张禅是蜀郡繁人而任它郡某县之长，又因为《隶续》言此石"今在蜀道"，故推测其为巴郡临江县长，我认为这一考证是成立的。参看中村威也：《中国古代西南地域の異民族—特に後漢巴郡における「民」と「夷」について》，载《中國史學》第 10 卷，2000，201～206 页。

　　② 鲁西奇认为"'五里''六亭'之称，或暗示五里蛮已纳入乡、亭、里之编组，其蛮户或已成为编户齐民"（《释"蛮"》，第 60 页）。魏斌对此说进行了补充论证，一方面认定它仍属乡、亭、里之编制，另一方面设想这些蛮人处在种落君长与郡县乡亭双重体制之下。总之应是与官府关系较为密切的蛮民（参看魏斌：《古人堤简牍与东汉武陵蛮》，载《"中研院"历史语言研究所集刊》第 85 本第 1 分，2014，84～90 页）。

官方记录中不再采用这一称号，预示着它至少在与华夏密切接触的蛮人中即将淡出历史舞台。还有一点值得注意，《后汉书》中出现的精夫相单程，另有姓氏，并不以精为姓，而学者所统计得出的东牌楼汉简和走马楼吴简的长沙大姓中也没有精姓。东牌楼汉简中的精张、精昔是普通的临湘百姓，不具有异族身份，他们卷入一宗涉及田产的诉讼，需要郡县官吏来做出判决。① 这一点透露出在东汉末年，编户化的蛮人中精夫-姎徒的社会结构已经无从寻觅了。

华夏帝国的政治影响深入非华夏的山地社会后，引起两种显著的分化，第一是接受帝国的印绶、赏赐的熟蛮与保聚山林、"不沾王化"的生蛮之间的分化；第二是在熟蛮中出现上下层的等级分化。熟蛮往往居住在交通、农业条件较为优越的地区，如河谷和山前平原，本身就比生蛮具有优势，加以帝国的政治承认和物质赏赐使得这种优势更加强化，结果生蛮越来越被排挤到生产生活条件差的大山中，谷地的居民都变成了熟蛮。华夏帝国对于新附熟蛮一般采取轻赋役重赏赐的政策，短时期内蛮人移居平土成为熟蛮并无太大损失。而进入帝国体系后，赋役负担必然逐步增加，初附时的约定迟早会被打破，有时增加赋役的过程可以渐进地完成，有时地方官贪功，骤增赋役，便会激起蛮人的反抗。东汉时武陵蛮的反抗，大多是因为"郡县徭税失平"或地方官欲"比汉人增其租赋"；原本不输租赋、复为义人的板楯七姓，到汉灵帝时已处于"长吏乡亭，更赋至重，仆役棰楚，过于奴虏"的地位，这中间发生的变化波澜不惊但十分深刻。反抗的蛮人或被征服，或遁入山中再次成为生蛮，未来某个时候可能再被引出平土成为熟蛮，经历又一轮循环，帝国在南方的扩张正是在远近生熟转换的过程中逐步实现。②

第二种熟蛮内部的上下层分化，近年来亦有学者注意到。中村威也

---

① 长沙市文物考古研究所编：《长沙东牌楼东汉简牍》，73 页，北京：文物出版社，2006。

② 罗新：《王化与山险——中古早期南方诸蛮历史命运之概观》，12~15 页。

发现，在他考订为后汉巴郡临江县的《张禅等题名》中，郡县掾属、民的姓氏除一例外均不出同碑中夷侯、夷民的姓氏范围，重合度极高。郡县掾属中杨姓、杜姓居多，亦与《华阳国志·巴志》所记的临江县大姓"严、甘、文、杨、杜"①相合。中村氏据此认为后汉巴郡的豪族层中有许多是异民族出身者。② 我赞成这一结论，建安年间曹操任命的三巴太守中有賨邑侯杜濩，也可印证杜氏是当地极有影响的大姓。王万隽通过分析长沙东牌楼汉简中吏掾的姓氏，认为其中周、黄、陈、范诸大姓极有可能是蛮人的姓氏。③ 交州的郡县也出现了类似的吏掾，薛综曾向孙权上疏言东汉末年交州情形：

> 南海黄盖为日南太守，下车以供设不丰，挝杀主簿，仍见驱逐。九真太守儋萌……酒酣作乐，功曹番歆起舞属京，京不肯起，歆犹迫强，萌忿杖歆，亡于郡内。歆弟苗帅众攻府，毒矢射萌，萌至物故。④

第二例中功曹番歆的家族能率众攻杀太守，足见其势力之大。番之姓氏显非华夏，⑤ 而使用毒矢也几可认为是岭南山地狩猎民的一大特色，⑥

---

① 常璩撰，任乃强注：《华阳国志校补图注》卷1《巴志》，30页。

② 中村威也：《中国古代西南地域の異民族—特に後漢巴郡における「民」と「夷」について》，204～205页。

③ 王万隽：《汉末三国长沙族群关系与大姓研究之一——汉末部分》，载《早期中国史研究》第2卷第1期，2010年，52～62页。

④ 《三国志》卷53《吴书·薛综传》，第1252页。

⑤ 长沙走马楼吴简中亦可见大量的番姓编户，如果将潘与番视为一姓，则此姓为吴简中出现人数最多的大姓。参看魏斌：《吴简释姓——早期长沙编户与族群问题》，25～26页。

⑥ 马援平定交趾征侧之乱，收编骆越万余人，其中"便习战斗者二千兵以上，弦毒矢利，以数发，矢注如雨，所中辄死"，便是使用毒箭作为武器的（见《水经注疏》卷37"叶榆河"条引《交州外域记》，641页）。明代田汝成《炎徼纪闻》仍记载"獞人五岭以南皆有之，……善为毒矢，射人物中者焦沸若灸，肌骨立尽"（62页），可见这种作战技术在岭南地区长期延续。

可以判定番歆是当地的土豪。以此推之，更在九真之南的日南郡，那位被挝杀的主簿也是类似的土豪。综合以上数例，可以认为在东汉时期，南方各郡县的掾吏普遍包含有蛮族出身的土豪。他们成为地方豪族，正是从蛮夷君长身份转换而来，其实力基础仍在蛮夷中。不过，这些掾属既已成为官吏，不论其背景或家族是否还与蛮夷有关，至少他们自身已经开启了华夏化的进程，在法律上不能再称为蛮人了。如果局势不生变故，数代之后，他们就能通过改造家族记忆而彻底与蛮解除关系，实现文化认同的转变。非华夏人群的上层，可以通过获得华夏官爵、入仕州郡来实现华夏化。

那么下层的情况如何？从西汉到东汉，南方州郡的人口有显著的增长，其中有很大部分来自当地非华夏人群的编户化，这已是学界的共识。虽然用战争的手段强制掠取非华夏人口作为公私奴婢的做法始终存在，但更主要的华夏化途径是和平的和主动的。普通蛮夷民众变身成为华夏也有一个长期的过程，概括而言有生蛮—熟蛮—非华夏编户—普通编户四个阶段，其中从非华夏编户到普通编户的转变不是法律上的，而是社会和心理意义上的。编户本指政府按户登记人口，引申为户口已经被掌握的人。① 因为编户是华夏帝国一切制度和实力的基础，所以在朝廷看来，编户大体上等同于华夏。汉晋时人屡屡以编户或齐民与夷狄对称，如司马相如说"割齐民以附夷狄，弊所恃以事无用"。② 然而编户之中确有非华夏的成员存在，如潘岳《马汧督诔》云"羌反未弭，而编户之氓又肆逆焉"。③ 潘岳提到的是元康六年（296）开始的齐万年之乱，而江统在乱平之后写下的《徙戎论》云"关中之人百余万口，率其少多，戎狄居半"，

① 《汉书》卷1下《高帝纪下》颜师古注云"所谓编户者，言列次名籍者也"（79页）。关于编户的更全面研究，请参前引杜正胜《编户齐民：传统政治社会结构之形成》一书。不过杜氏没有论及非华夏编户的问题。

② 《史记》卷117《司马相如列传》，3049页。

③ 萧统编：《文选》卷57，李善注，2455页。关于北方的非华夏编户，可参看唐长孺《晋代北境各族"变乱"的性质及五胡政权在中国的统治》一文的相关部分，见《魏晋南北朝史论集丛》（《唐长孺文集》第1册），131～133页。

又言"因其衰弊，迁之畿服，士庶玩习，侮其轻弱"。[①] 正因为其部落组织已经解体，成为"编户之氐"、编户之羌，所以才会变得轻弱，被华夏士庶所侮。汉末刘璋以庞羲为巴郡太守，屯阆中抵御张鲁。"羲以宜须兵卫，辄召汉昌賨民为兵。……羲惧，遣吏程郁宣旨于郁父汉昌令畿，索益賨兵。"[②]汉昌的賨人已称民，可以征发为兵，与《后汉书》所言巴郡板楯蛮随官府四处征讨相符。这些板楯蛮已经处于"长吏乡亭，更赋至重"，"愁苦赋役、困罹酷刑"的地位，其管理形式与华夏编户无异，赋役负担更有过之，然其非华夏身份仍被强调，说明他们正是非华夏编户。非华夏编户是一个过渡阶段，即政治体意义上的华夏化已经完成而文化认同上的华夏化尚在进行中的阶段，它的存在揭示了普通蛮人华夏化过程的复杂和艰难。

华夏化过程中几种身份渐次变换，对应的是对华夏政权赋役负担的逐渐增加。可是蛮夷为何愿意接受越来越重的赋役负担，陷入奴役的深渊呢？事实上，一个群体的行动决策，往往是由少数首领做出的。如果区分开蛮的上层与下层在华夏化进程中的得失，这个问题就变得十分清楚。如前所述，华夏帝国的影响到来之后，蛮人的上层从原来的村落协调人被扶植为具有强制权力的蛮夷君长，接受华夏式的官爵印绶之后成为帝国的邑君、邑长，进一步与郡县体制靠拢则转变为州郡的大姓豪强，入仕州郡成为官吏。与此过程相对应，帝国影响下蛮人社会内部的阶序化进程首先使大部分蛮民成为服从蛮夷君长权威的部落属民，进而成为邑君、邑长管理下的熟蛮，开始对帝国承担一定的义务，当邑君、邑长决定率领归义蛮夷加入郡县编户之后，他们进一步沦为非华夏编户，最终可能成为普通的华夏编户。在这个过程中，蛮夷君长层在每一步都得到利益，政治地位和社会地位不断升高，其代价正是普通蛮民承担越来越多的负担，最终成为帝国的编户。帝国是整个华夏化进程的推动者，

① 《晋书》卷56《江统传》，1533、1532页。

② 常璩撰，任乃强注：《华阳国志校补图注》卷5《公孙述刘二牧志》，346页。

推动的主要方式就是利用官爵授予造成蛮人的等级分化，以此培植从内部促成蛮人归附的代理人。

尚未受到或者远离华夏帝国影响的山地人群的社会结构较少阶层分化，他们难以依靠自己的力量建立高级政治体。来自汉帝国的官爵、印绶，以及它们所象征的帝国的承认与支持，使一些蛮人首领获得高于其他人的政治地位，从而加速了他们的社会分化。另外，帝国的官爵赏赐一定同时包含着物质赐予，这是两汉以来华夏帝国一贯的政策。如东汉时的辽东郡，"鲜卑大人皆来归附，并诣辽东受赏赐，青徐二州给钱岁二亿七千万为常"，① 居于内地的南匈奴，也是"开口仰食，岁时赏赐，动辄亿万"。② 南方虽然记载较少，情况也是一样的。东汉和帝时旄牛徼外白狼、楼薄蛮夷王唐缯等帅种人归义内属，"诏赐金印紫绶，小豪钱帛各有差"。③ 前面还提到过陆逊和刘备用金帛爵赏诱动五溪蛮夷的例子，北宋时还有赏赐五溪蛮酋食盐而得其归顺之事④。总之，来自华夏帝国的物质赏赐是官爵的伴随物，对它们的分配进一步强化了蛮酋的权力。在两汉时期，与山地被平原华夏网络所孤立的形势相应，不管是官爵还是金帛，山地人群都只能从汉帝国这一个来源获得，而这两种资源对于维护蛮酋已有的地位又至关重要，因此山地中已经成为熟蛮的人群对华夏帝国在政治上也有依赖性。这种依赖性是吸引熟蛮一步步走进华夏帝国的关键。

东汉末年以后华夏网络出现了多处断裂，随着断裂带山地与平原关系的逆转，山地与华夏帝国的政治依赖也得到缓解。断裂带的山地首领可以得到来自多方的官爵、赏赐，获得主动选择的权力。而断裂带两侧的华夏政权，竞相笼络山地的首领，授予他们的官爵一步步突破汉代以来的限制，不再限于夷王、夷侯、邑君、邑长等标示异族的官爵，而是

---

① 《后汉书》卷90《乌桓鲜卑列传》，2986页。
② 《后汉书》卷85《南匈奴列传》，2952页。
③ 《后汉书》卷86《南蛮西南夷列传》，2857页。
④ 《宋史》卷493《蛮夷传一》，14174～14178页。

开始授予将军号以及县令、太守、刺史等重要的华夏式地方官职。上文提到晋元帝突破"夷貊不可假以军号"的旧制，以建平夷王向弘为折冲将军，此后授予蛮夷豪酋将军号逐渐成为常态。据《通典》，在魏晋九品官品中，折冲将军为第五品，与郡太守同级。① 这一除授仍参考了汉代"四夷国王，率众王，归义侯，邑君，邑长，……比郡、县"②的旧制，有意授予了比郡的折冲将军。到萧齐初年，对于宋代所封梅虫生、田治生等人的侯爵，有司也奏称"蛮封应在解例"，但经过一番讨论，萧道成决定"以治生为辅国将军、虎贲中郎，转建宁郡太守，将军、侯如故"。③ 不仅保留了宋代的封爵，还增以辅国将军、虎贲中郎将、建宁郡太守。其中虎贲中郎将与郡太守在晋宋官品中为第五品，而辅国将军为第三品，较之晋元帝授予向弘的五品折冲将军，级别增高了很多。比之东晋南朝，北朝在授予蛮酋官爵时更加慷慨，北魏第一次授予南境蛮酋的官爵是在太武帝始光年间(424—428)，蛮王梅安之子梅豹被封为安远将军、江州刺史、顺阳公，④ 北魏一开始就授予蛮酋刺史和公爵。北魏授予蛮酋的官爵还不止于此，孝文帝延兴二年(472)桓诞率八万余落投魏，得到"征南将军、东荆州刺史、襄阳王"的高官重爵，⑤ 此为南北朝蛮酋获得的最高待遇。投奔北魏的一般蛮酋也都能得到刺史的官职。而在同时期的南朝，左郡左县制度下蛮酋授官不过左郡太守，赐爵不过封侯。南朝授予蛮酋刺史之职最早的记录，是梁武帝普通二年(521)的义州刺史文僧明，他于普通二年叛入魏。⑥ 这与左郡左县的记载消失于梁代可以关联考虑。在南北竞相招怀边境中间势力的形势下，南朝的左郡左县制度授予的太守、县令，在名号上无法与北魏授予的正州刺史相抗衡，只有终结左郡

①　《通典》卷37《职官十九》，1004页。
②　《续汉书志》卷28《百官志五》，3632页。
③　《南齐书》卷58《蛮传》，1007页。
④　《魏书》卷101《蛮传》，2246页。
⑤　《魏书》卷101《蛮传》，2246页。
⑥　《梁书》卷3《武帝纪下》，65页。

左县的称号,授予蛮酋正郡太守甚至刺史,才不至于在这场软交锋中过于被动,这或是左郡左县制度在梁代终结的一个原因。

南北帝国授予山地蛮人首领的官爵名号节节攀升,其影响不仅是符号和心理意义上的。太守、刺史、将军等名号,均伴随着一套可供借用的成熟政治体架构,刺史之下可以任命太守、县令,州郡县及将军府又各有僚佐职务,这些名号资源都可供蛮酋在蛮人内部再次分配。如北魏任命桓诞为东荆州刺史时,特言“听自选郡县”;① 南司州刺史田益宗也受命“所统守宰,任其铨置”;② 其他新归附的蛮酋,史料中虽未明言,可以想见其所受到的待遇是相似的。蛮酋在部众中进行这些名号资源的分配,不仅进一步强化了自己的权力,加深社会的序阶化程度,更重要的是所有的这些政治演进都是朝着华夏政治体的方向进行的,原来的非华夏中等规模政治体一步步地成长为华夏式的州、郡、县。归属南朝还是北朝已经无关紧要,因为它们已成为华夏帝国很容易吞并与整合的次级政治体。

本章借助“华夏网络”的概念,以长江中游为中心,具体分析了六朝时期帝国与山地人群的关系模式,以及在华夏化进程中,山地人群政治上的主动性和政治文化上的被动性并存的状况。由于东汉以后原帝国范围内的华夏网络不复存在,在南北之间、东西之间出现了多处网络断裂带,它们往往都是具有地理分界意义的山区,也是从前被圈隔在交通线之中的边缘地带。此时这些山区的战略价值受到重视,生息其中的非华夏人群成为两侧华夏政权竞相笼络的对象,笼络的方式是竞相授予爵号,赏赐金帛,局部地区的华夷力量对比发生逆转。从华夏帝国出现之时起,南方山地社会的政治体发育就依赖华夏帝国从外部输入的政治、经济资源,在两汉时期这种输入被严格控制在有利于华夏的规模。但是华夏网

---

① 《魏书》卷 101《蛮传》,2246 页。
② 《魏书》卷 61《田益宗传》,1370 页。

络的断裂打破了这种依赖-限制的格局,在华夷关系局部逆转的地区,来自外部的政治和经济资源大量涌入,非华夏人群的政治体规模迅速壮大,组织能力和军事实力都随之增强。因为从一开始其政治体演进就是在华夏帝国的官爵框架下进行,所以当其规模壮大以后,演进的方向也不出华夏帝国官僚制度的范围。从夷王、邑君到左郡太守左县令长,再到一般州郡的刺史、太守,蛮酋官爵的华夏化反映了其领导下的政治体的华夏化。到隋唐时期,随着华夏网络断裂带的消除,这些在断裂带上成长且已完成华夏化的政治体,顺理成章地被整合进新的华夏帝国网络之中。另一方面,华南那些不处于断裂带上而继续被圈隔的山区,以及西南、岭南那些位于华夏网络末端的山区,其历史进程与本文分析的长江中游山区差异很大,如何更全面地把握华夏网络与山地族群的关系模式,仍有待未来的继续探索。

第六章　十六国的华夏化："史相"与"史实"之间

第一节　"十六国"及其华夏化"史相"的反思

西晋末年的八王之乱中，北方的各种非华夏势力被发动起来，最终他们脱离司马氏诸王的控制，攻陷了洛阳。华夏的晋帝国退守南方，北方从此开始了被史家称为"五胡十六国"的时期。正如这一名称所显示的，学者一般从族群的视角去把握此时期的历史，从而得出匈奴、鲜卑、羯、氐、羌等族群相继兴盛与扩大、又衰落而消失的图景。因为族群被看作这一时期历史的主体行动者，所以族群间的融合，如汉化、胡化、华夏化、鲜卑化等成为重点关注的问题。而解释这些变化，主要从语言（胡语和汉语）、姓氏（胡姓和汉姓）、生产生活方式（游牧与农耕）、社会组织（部族与编户齐民）、官僚制度（胡制与汉制）等方面进行。从这一路径进行的研究已经积累了非常丰富的成果，构成了我们对五胡十六国史的基本认识。

然而必须承认，十六国中没有一个政权是由单一族群组成的。即使是各国的统治集团，在族群意义上也是多元的，这一点也为众多学者所注意到。如吕一飞指出，汉赵国的政治结构虽以南匈奴五部之众为核心，仍以"其他胡族"尤其是人口众多的氐、羌为准核心，再争取晋人大族的支持。[①] 陈勇从对刘聪麟嘉二年（317）刘乂案的政治史研究出发，指出匈

---

① 吕一飞：《匈奴汉国的政治与氐羌》，载《历史研究》2001年第2期，171～172页。

奴与氐羌的联盟是汉赵立国的政治基础，而这一联盟因刘义案而瓦解成为汉政权由盛而衰的转折点。① 氐羌在石赵政权中依然占有重要地位，从蒲洪、姚弋仲受到石虎的优礼不难推知。而且以蒲氏和姚氏为首的枋头、滠头集团本身也不是单一的族群，苻氏集团中有南安羌，姚氏集团中有略阳氐。② 前秦在淝水之战后一蹶不振，主要是由国内的异族势力如慕容鲜卑等的反叛造成，而慕容垂借以复国的力量中丁零翟斌发挥了重要作用，也不能说仅凭鲜卑一族之力。刘聪时创立的以单于台系统管理"六夷"，从而实现"胡汉分治"的制度，为石赵、前燕、前秦等众多政权所继承，也说明各国都有数量众多的"六夷"需要特别管理。③ 在此意义上，如将汉赵称为匈奴国家，将前燕称为鲜卑国家，或将前秦称作氐族国家，都是非常不准确的。另外，被泛称为五胡的匈奴、鲜卑、氐、羌等并不以族群集团为单位进行活动，匈奴除了政治组织明确的"五部"，尚有众多"杂胡"与刘渊集团毫无关系，如屠各路松多就曾起兵与刘曜对抗；④ 被冠以鲜卑之名的部落分布于从辽东到河西的广大地区，即使地

---

① 陈勇：《汉国匈奴与氐人联盟的解体——以刘义案为中心》，原载《历史研究》2008 年第 4 期，后收入氏著《汉赵史论稿——匈奴屠各建国的政治史考察》，163～188 页，北京：商务印书馆，2009。

② 参看罗新：《枋头、滠头两集团的凝成与前秦、后秦的建立》，载《原学》第 6辑，1998，147～164 页。

③ 关于十六国"胡汉二重体制"的研究极多，自陈寅恪、唐长孺、周一良、内田吟风等学者以下，观点略同，即单于台系统管理六夷，皇帝为首的汉式官僚机构管理汉人；前者使用军事编制，主要从事征战，后者主要从事耕织生产。黄烈最先对此说提出质疑，他认为"匈奴五部"与匈奴其他的部分不同，五部民不应属于单于左右辅所管的六夷范围，而应属于左右司隶所管的民户范围，与汉族人同属编户齐民。因此这一制度促成了五部结构的解体（黄烈：《中国古代民族史研究》第三章"南匈奴的变化和消失"，201～205 页，北京：人民出版社，1987）。陈勇也同意此说，并提供了更丰富的证据，他认为这套制度不仅是"胡汉分治"，还应该视为"胡胡分治"。但对于"汉人"在这种制度下的位置，陈勇文并未做出回答（陈勇：《汉赵国胡与屠各异同考——兼说汉赵国的胡汉分治》，见氏著《汉赵史论稿——匈奴屠各建国的政治史考察》，130～162 页）。黄烈与陈勇的论述，都有助于揭示十六国政权被"胡汉二元论"掩盖的更多元的族群结构。

④ 《晋书》卷 103《刘曜载记》，2685 页。

域邻近如秃发、乞伏、吐谷浑，也始终处于势同水火的对立状态，并未因"族属"而产生任何认同感；仇池杨氏虽为氐族，终难免为苻坚所灭、民徙而地空的命运；当姚氏自立反秦之时，同为羌人的雷恶地却效力于苻登。以上种种都说明族群不是历史活动的主体，不能天然地作为历史学至少不能是政治史分析的对象。

那么这时期的历史活动主体是什么呢？仍然是大小不同的各级政治体。可被观察到的一切历史活动，都是以政治体而非文化意义上的族群为单位进行的。其小者如石勒最初的"十八骑"，大者如苻坚混一北方的大帝国，只要具有一定的政治组织，就可以作为一个拥有自身利益诉求并可将其表达出来的活动主体。在急剧变化的局势中，大大小小的政治集团之间展开军事的、政治的竞争，有些逐步壮大，从一个数百人的小团体成长为帝国级政治体，另一些则在同一过程中被吞并、消灭，被整合进那些取得成功的政治体中。高级政治体在一定的条件下，也会分崩离析，重新分裂为众多各自独立的较小型政治体。中小型政治体可以以部落、军阀等多种形式存在，但最高级政治体帝国，其制度和相应的政治文化则已有成熟的模板，那就是秦汉魏晋一脉相承且大体稳定的华夏帝国。后起的中级政治体在向高级演进的过程中，一般会袭用此现成模板——虽然未必能一步到位而发生许多变形，因为创制全新的制度和政治文化需要漫长的时间和苛刻的条件，并非随时随地都可能。建立和完善一个华夏帝国式政治体的过程，可以称为政治体的华夏化。在文化领域，政治体首先关注的是对其统治合法性的论证。袭用汉晋帝国模式的政治体，面对着一套写满华夷秩序符号的政治文化传统，他们要论证自身的统治合法性，最终不得不牵涉到华夏或非华夏的身份认同问题。从这个意义上说，族群意义上的华夏化成了政治体华夏化的一个阶段或后果，故而华夏化的进程也应放在政治体的框架中去解释。这就是本书采取的政治体视角。

从政治体视角来看，既然此一时期有数量众多、规模不等的政治体在活动，为何仅有"十六国"受到特别重视呢？学界普遍认为"十六国"的概念来自崔鸿《十六国春秋》。崔鸿所作《呈奏〈十六国春秋〉表》言："自晋永宁以后，虽所在称兵，竞自尊树，而能建邦命氏成为战国者，十有六家。"①崔鸿的标准是"建邦命氏"，即建立独立的国家级政治体，他以"战国"来比拟这些政权，又以"家"来称呼各政权的核心统治集团。如甘怀真所指出的，中古观念中的"家"即指一种以君臣关系凝聚的大型政治集团。② 所以崔鸿的撰述是以各国政治体为对象的，不是以族群。在《呈奏〈十六国春秋〉表》和现存《十六国春秋》佚文中，崔鸿都表现出淡化族群的倾向。他在表文开头言"臣闻帝王之兴……必有驱除，……故战国纷纭，年过十纪，而汉祖夷殄群豪，开四百之业"，是为了将西晋灭亡后至北魏道武帝称帝之间的"八十余年"定为战国，即看作北魏的"驱除"。因此反而需要强化这些"驱除"都是建立在"中国"的政权，就像战国一样，而淡化其夷狄的色彩。直到魏收才有意在刘渊、石勒等人传目上冠以"匈奴""羯胡"等字样，构成《魏书》"僭伪附庸"诸传。

尽管如此，崔鸿的标准还是多少令人费解的。若以政治体规模和稳定程度为标准，前仇池国、后仇池国、吐谷浑等，存在时间远长于十六国中的任何一个政权，政治体规模也不小于南凉、西凉，为什么没有被写入崔鸿的书里？若以占据两汉魏晋华夏帝国的旧土为标准，则仇池国一度控制的武都、阴平二郡一直在帝国疆域之内。若以政权覆灭后土地入魏而论，则成汉不当被计入。这些抵牾之处说明崔鸿在选择写作的对象时，应有另外的标准。《崔鸿传》在叙述他的著述动机时写道：

　　以刘渊、石勒、慕容儁、苻健、慕容垂、姚苌、慕容德、赫连屈孑、张轨、李雄、吕光、乞伏国仁、秃发乌孤、李暠、沮渠蒙逊、

————————————

① 《魏书》卷67《崔鸿传》，1503页。《呈奏〈十六国春秋〉表》是严可均定的标题，原名不详。据《崔鸿传》，这篇表文并未上奏给宣武帝，而是崔鸿利用修起居注的职权，违规放进（"妄载"）起居注里的。另可参看梶山智史：《崔鸿『十六国春秋』の成立について》，见《明大アジア史論集》10，2005，106～125页。

② 甘怀真：《从天下国家的观点论中国中古的朝代》，见《中国中古史研究：中国中古史青年学者联谊会会刊》第2卷，3～22页。

冯跋等，并因世故，跨僭一方，各有国书，未有统一，鸿乃撰为《十
六国春秋》，勒成百卷，因其旧记，时有增损褒贬焉。①

其中"各有国书""因其旧记"两条特别值得注目，这说明崔鸿的著述对象
是已经修撰了"国书"且其"旧记"能够被搜集到的政权。十六国诸政权的
国史修撰情况，根据刘知幾在《史通》的《古今正史》和《史官建置》两篇中
所举，② 辅以《隋书·经籍志》霸史类的著录，③ 再参以其他史料，可以
知其大略。如表 6-1 所示：

表 6-1　十六国国史一览表

政权	在位君主	《史通》提到的修史者和史书	《隋志》等著录
汉赵	刘聪	公师彧《高祖（刘渊）本纪》、功臣传二十人	
	刘曜	和苞《汉赵记》	和苞《汉赵记》
后赵	石勒	徐光、宗历、傅畅、郑谙等；《上党国记》《起居注》《赵书》	
		后燕田融，宋郭仲产、王度；《邺都记》《赵记》等	田融《赵书》；王度《二石传》《二石伪治时事》
前燕		《起居注》；杜辅全《燕纪》	
后燕	慕容垂	董统《后书》	
		申秀、范亨《燕书》	范亨《燕书》；封懿《燕书》④
南燕	慕容德、超	王景晖"二主起居注"、《南燕录》	王景晖《南燕录》；张诠《南燕录》；游览先生《南燕书》

① 《魏书》卷 67《崔鸿传》，1502 页。
② 刘知幾撰，浦起龙释：《史通通释》卷 11《史官建置》、卷 12《古今正史》，312～
313、358～360 页。
③ 《隋书》卷 33《经籍志二》，962～963 页。另可参看金毓黻：《中国史学史》第
四章所列十六国史表，92～94 页，石家庄：河北教育出版社，2000。
④ 封懿撰《燕书》，见《魏书》卷 32《封懿传》760 页所载，《史通》和《隋志》均未
提及。参看金毓黻：《中国史学史》，92 页。

续表

政权	在位君主	《史通》提到的修史者和史书	《隋志》等著录
成汉	李势	常璩《汉书》(《蜀李书》)、《华阳国志》	常璩《汉之书》《华阳国志》
前凉	张骏	边浏、索绥《凉国春秋》	张谘《凉记》；刘景(昞)《凉书》；喻归《西河记》
	张重华	刘庆《凉记》；索晖《凉书》；刘昞《凉书》	
前秦	苻坚	赵渊、车敬、梁熙、韦谭；董谊 赵整、车频；裴景仁《秦纪》	何仲熙《秦书》；裴景仁《秦记》
后秦		马僧虔、卫隆景并著《秦史》；姚和都《秦纪》	姚和都《秦纪》
夏	赫连勃勃、昌	赵思群、张渊	
西凉		或当代所书，或他邦所录	刘景(昞)《敦煌实录》
西秦			
后凉		段龟龙	段龟龙《凉记》
北凉		宗钦《凉记》	《凉书》；高道让《凉书》
南凉	秃发乌孤	郭韶	
	失名		《托跋凉录》
北燕		韩显宗	高闾《燕志》(实韩显宗撰)

　　资料来源于刘知幾：《史通》卷11《史官建置》、卷12《古今正史》；《隋书》卷33《经籍志二》。

　　表6-1中修史者时代明确的，则与在位君主同列一栏，由此不难看出绝大多数政权都修撰了当代国史，有些君主还修了起居注。表中一些无法与某个君主同列的撰史者，其实仍是任职于该政权的，如《燕书》作者范亨，《隋志》标为"伪燕尚书"，《秦纪》作者姚和都实为姚泓从弟，是后秦政权的重要人物，而段龟龙则是"伪凉著作佐郎"。他们署名的史书即使不是在职时官方组织撰述的，也是在国灭之后依据某种起居注或实录追撰的，说它们在很大程度上反映了十六国政权的自我叙述，应不致大错。上表所列是今天所知的十六国旧史，崔鸿所见的应不止于此，他

说"各有国书",并非夸张。崔鸿在《呈奏〈十六国春秋〉表》中自云"始自景明之初,搜集诸国旧史,属迁京甫尔,率多分散,求之公私,驱驰数岁",说明诸国旧史是他撰写《十六国春秋》的基础史料,缺少这些他的著述就无法进行。其中《蜀录》收集资料的曲折尤可作为佐证:

> 商校大略,著《春秋》百篇。至三年之末,草成九十五卷。唯常璩所撰李雄父子据蜀时书,寻访不获,所以未及缮成,辍笔私求,七载于今。此书本江南撰录,恐中国所无,非臣私力所能终得。其起兵僭号,事之始末,乃亦颇有,但不得此书,惧简略不成。久思陈奏,乞敕缘边求采,但愚贱无因,不敢轻辄。①

崔鸿因为尚未收集到常璩所撰《汉之书》,竟至辍笔以求。如果没有此书,关于成汉的资料就会变得过于简略,与其他各录的撰述风格不合。这也从反面说明其他各录都是以详细的国史为基础撰写的,"因其旧记,时有增损褒贬"之言不虚。根据崔鸿之子崔子元的上奏,崔鸿直到魏正光三年(522)才终于购得常璩《汉之书》,前后搁笔等待了12年的时间。崔鸿执着地寻购《汉之书》,不是因为在他的观念中成汉是十六国史不可缺少的一部分,而是他知道常璩这本著述的存在。他的目标对象既是所有已有旧史的政权,自然不愿放弃成汉。从他的上表文来看,最初计划的《十六国春秋》为100卷本,正始三年(506)完成了95卷,因未得常璩书,特为《蜀录》留下了5卷的空白。

说崔鸿根据已有的旧史来确定撰述范围,还有一条材料必须做出解释。《隋书·经籍志二》"霸史"类著录各国史书24种,其中除了《天启纪》和《吐谷浑记》,都不出"十六国"的范围。②《天启纪》乃"记梁元帝子谓据湘州事",可以不论。唯《吐谷浑记》若是吐谷浑的国史,崔鸿为何不据以撰写《吐谷浑录》呢?首先,《吐谷浑记》归入霸史类或许是不准确的。据

---

① 《魏书》卷67《崔鸿传》,1504 页。
② 《隋书》卷33《经籍志二》,963 页。

《经籍志》，《吐谷浑记》的作者是宋新亭侯段国，此人在《宋书》中未见提及，姚振宗亦云其"始末未详"。① 《水经注》《初学记》《太平御览》中皆引过段国《沙州记》，因吐谷浑阿犲自号沙州刺史，论者以为即《隋志》著录之《吐谷浑记》，清人张澍据此辑出 20 余条。从张澍辑本来看，《沙州记》实为使臣行记的性质，如其中有这样两条：

> 六月二十六日，发龙涧。昼夜肃肃常寒，不复得脱褥袴。将从七十二人，面尽黎黑，口唇青淤。（辑自《太平御览》）
>
> 自龙涧至大浸川，一千九百里。夜肃肃常有风寒。七月雨便是雪，遥望四山，皓然皆白。（辑自《太平御览》）②

这两条明显是使臣记录行程及沿途见闻的文字，与《隋志》归入地理类的诸"行记""风俗记"更为接近，绝非一国之"霸史"。吐谷浑国可能没有自己修撰的国史，南朝诸史的《吐谷浑传》，其史源应即来自《沙州记》这样的使臣行纪，故其风格更接近《史记·匈奴列传》。《魏书·吐谷浑传》原阙，今本补自《北史》，主要内容与《宋书》《南齐书》同源，仅在魏太武帝时期以下加入北魏与吐谷浑之间的册封、通使、战争等内容。这些都印证了吐谷浑自己没有留下"国史"，关于它的信息基本来他国使臣的记录。其次，吐谷浑终北魏一代始终独立存在，不能作为北魏受命的"驱除"，这或是崔鸿不将吐谷浑列入十六国的另一个原因。加之吐谷浑占据的地域处在汉晋华夏帝国直接管辖范围之外，故而吐谷浑在北魏的帝国秩序中得以被视为现存的"四夷"之一，而不是已往跨僭一方而终于覆灭的"驱除"。

崔鸿既然是以"国""家""建邦命氏"的政治体视角来看待十六国史，又仅著录已有"霸史"的十六个政权，这两个标准是否有关联呢？答案是肯定

---

① 姚振宗：《隋书经籍志考证》卷 14《史部》四"霸史"类，见《二十五史补编》第四册，5293 页，北京：中华书局，1956。

② 张澍辑：《沙州记》，丛书集成初编，2 页，北京：中华书局，1985。

的。如学者已经反复论述的，在汉晋华夏帝国旧壤建立的"五胡十六国"政权，随着政治体规模的扩大，普遍袭用两汉魏晋的官僚制度来组织政府，①运用华夏式的礼乐制度来进行各种仪式，② 在论证政权的合法性时，也利用华夏原有的符号系统如祥瑞、图谶、德运等，甚至利用华夏传统的天文星占和史书编撰体例来论证自身的正统地位。③ 可以说这些政权都是采用了汉晋政治文化的帝国，用崔鸿的说法便是"建邦命氏"。而在华夏的政治文化传统中，修史关系到本政权的历史形象和现实合法性，是

---

① 这里需再说明一下所谓"胡汉双重体制"的问题。有些学者认为前赵、后赵等国实行的大单于制度代表了匈奴政治传统，是胡族制度的体现。然而这只是一种表象。如前文所引述的，黄烈、陈勇等都已证明了单于台系统统领的"六夷"不包括屠各、羯等本族人。谷川道雄的观点更值得注意，他指出两赵的大单于制度中单于元辅、左右辅以及其下的都尉、部司等，都是官僚制下的职位，它们与草原帝国的政治制度有本质的区别。反而"与魏晋时期的五部制颇有相通之处"（谷川道雄：《隋唐帝国形成史论》，李济沧译，38 页，上海：上海古籍出版社，2004）。这一判断极有见地，十六国政权中实行的单于台制度，其直接来源正是汉末魏晋五部南匈奴的政治制度。两汉魏晋华夏帝国中原本就有管理非华夏异族的职官体系，在另一篇论文中，谷川道雄又指出，东汉时南匈奴已经被置于"汉帝国中的匈奴国家"这样的二重构造下，之后的五胡国家，可以理解为翻转此二重构造的产物（谷川道雄：《五胡十六国》，李明仁译，见郑钦仁、李明仁译著：《征服王朝论文集》，215 页，台北：稻乡出版社，2002）。二重构造没变，变化的是匈奴五部在此二重构造中的地位。汉赵国家的主体制度依然是汉晋华夏帝国的制度。另一方面，复杂之处在于，华夏皇帝制度的外表下常常包裹着草原传统的躯干，谷川认为塞外匈奴国家的军事体制，体现在以皇帝为中心由皇太子、诸王所实行的对国家军队的管理之中（谷川道雄：《隋唐帝国形成史论》，李济沧译，40 页）。三崎良章也指出后燕的官僚制度中始终存在草原传统的"宗室封建制"的影响（三崎良章：《五胡十六国の基礎の研究》第四章，89～95 页）。北魏早期也出现过类似的问题，利用普遍封爵来弥补官僚制度的不完备，同时实现从内亚名号传统向华夏式官爵制度的转变（详见本书第七章）。

② 阎步克钩稽了十六国冕服制度的相关史料，发现石勒、石虎、慕容儁等不仅遵用晋代的冕服制度，而且对冠服的细节十分认真进行推敲。见阎步克：《服周之冕——〈周礼〉六冕礼制的兴衰变异》第八章，278～280 页，北京：中华书局，2009。另外，十六国史料中反复出现的"依汉魏故事""如魏晋故事""依霍光辅汉故事"等说法，不仅仅是一个名义上的合法化，也涉及具体的礼仪标准。

③ 参看本书第三章第二节"星空中的华夷秩序：两汉至南北朝时期有关华夷的星占言说"；第四章第二节"史学有关异族的知识建构"。

一个帝国必须进行的事业之一。那些修撰了国史的政权，更可视为奉行华夏帝国政治文化的政权，而它们的国史书写，又将进一步强化作为华夏式帝国的形象。崔鸿的两个标准——"各有国书"和"建邦命氏"，正是在此语境下，统一为一个标准，即是否为华夏式帝国政治体。崔鸿从当时的诸多政治体中挑出拥有史学撰述的华夏式帝国政治体，构建了"十六国"的历史图景，这一选择本身相当于对历史进行了一次"华夏化过滤"。

另一方面，如前文所述，"十六国"霸史大多是当朝修撰的国史，或者是以起居注、实录等当代史料为基础，由该政权旧人追述的，它们传达了该政权自己的声音。十六国君主大多重视修史，南凉在十六国中算是距离华夏文化核心区较远的一个，而秃发乌孤"始定霸基，欲造国纪，以其参军郭韶为国纪祭酒，使撰录时事"；① 石虎刊削徐光等人所撰的石勒史事，为了"使勒功业不传"；苻坚因为在赵渊等所撰的史书中看到苟太后幸李威事，"怒而焚灭其本"；② 赫连勃勃占领长安以后，召见隐士韦祖思，既而嫌其恭惧过礼，是"以非类"视己，并言"我今未死，汝犹不以我为帝王，吾死之后，汝辈弄笔，当置吾何地"，遂杀之。③ "汝辈弄笔"正说明赫连勃勃担心自己在史书上的形象。以上诸例皆可见十六国君主对于史书中呈现的"史相"的重视。在政治文化的隐性要求和君主的直接干涉下，这些用中文写成的"十六国"霸史，使用了大量的叙述策略来掩饰本政权及其君主非华夏的一面，而突出强调其华夏化的言论、政策和制度，下几节将做详细证明。这可以看成是在崔鸿之前已经完成的第一次"华夏化过滤"。经过这次过滤以及崔鸿的第二次过滤，史料中呈现的十六国"史相"必然与"史实"之间有了相当的距离。现代学者再根据崔鸿整理的十六国"史相"去论证"五胡的华夏化"，不免又进行了第三次过滤。这样似乎陷入一个循环论证，使得"十六国的华夏化"这一论断建立

① 《史通通释》卷 11《史官建置》，313 页。
② 《史通通释》卷 12《古今正史》，358～359 页。
③ 《晋书》卷 130《赫连勃勃载记》，3209 页。

在重重过滤的"史相"而非"史实"的基础上。

那么如何才能跳出循环论证的陷阱呢？一方面应该从认识十六国的"史相"与"史实"的距离开始。这就要对十六国史料的性质、形成过程以及叙事风格等进行分析，以避免简单地从史料推导出史实的错误，为进一步分析史实奠定基础。这绝不是说十六国的华夏化仅是虚构的幻象，毕竟有关制度和重大事件的记载是基本可信的，但是在一些叙述细节上仍有不少虚构或拔高，只有对这种叙述偏向有清醒认识，才能更准确地理解十六国华夏化的真实进程。另一方面，十六国史料最初的来源是各政权的国史，它们对本政权"华夏化形象"的记述，本身就是这些政治体接受华夏帝国政治文化的表现之一，本身就是华夏化的重要一步。以下第二、三节即对十六国史中的华夏式帝王形象这一最重要的"史相"进行分析，第四节进而讨论十六国如何复制前代华夏史书的某些叙事模式，以此具体说明十六国"史相"与"史实"的距离和关联，作为对上述设想的一个实践。

第二节 十六国"史相"辨析之一："僭伪诸君有文学"

赵翼在《廿二史札记》中立有"僭伪诸君有文学"一条，专论十六国中的非华夏君主的文化素养。文虽略长，但搜罗材料堪称齐备，故具引如下：

> 晋载记诸僭伪之君，虽非中国人，亦多有文学。刘渊少好学，习《毛诗》、京氏《易》、马氏《尚书》，尤好《左氏春秋》，孙、吴兵法。《史》、《汉》、诸子，无不综览。尝鄙随、陆无武，绛、灌无文。一物不知，以为君子所耻。其子刘和亦好学，习《毛诗》、《左氏春秋》、郑氏《易》。和弟宣，师事孙炎，沈精积思，不舍昼夜。尝读《汉书》至《萧何》、《邓禹传》，未尝不反覆咏之。刘聪幼而聪悟，博士朱纪大奇之，年十四，究通经史，兼综百家之言。工草隶，善属文，著述怀诗百余篇，赋颂五十余篇。刘曜读书，志于广览，不精思章句，

亦善属文,工草隶。小时避难,从崔岳质通疑滞。既即位,立太学
于长乐宫,立小学于未央宫,简民间俊秀千五百人,选朝廷宿儒教
之。慕容皝尚经学,善天文。即位后,立东庠于旧宫,赐大臣子弟
为官学生,亲自临考。自造《太上章》以代《急就》。又著《典诚》十五
篇,以教胄子。慕容儁亦博观图书。后慕容宝亦善属文,崇儒学。
符坚八岁,向其祖洪请师就学,洪曰:"汝氐人,乃求学耶。"及长,
博学多才艺。既即位,一月三临太学,谓躬自奖励,庶周、孔之微
言不坠,诸非正道者悉屏之。自永嘉之乱,庠序无闻,至是学校渐
兴。符登长而折节,博览书传。姚兴为太子时,与范勖等讲经籍,
不以兵难废业。时姜龛、淳于岐等皆耆儒硕德,门徒各数百人,兴
听政之暇,辄引龛等讲论。姚泓博学善谈论,尤好诗咏。王尚、段
章以儒术,胡义周、夏侯稚以文学,皆尝游集。淳于岐疾,泓亲往
问疾,拜于床下。李流少好学。李庠才兼文武,曾举秀异科。沮渠
蒙逊博涉群史,晓天文。赫连勃勃闻刘裕遣使来,预命皇甫徽为答
书,默诵之,召裕使至前,口授舍人为书,裕见其文曰:"吾不如
也。"此皆生于戎羌,以用武为急,而仍兼文学如此,人亦何可轻
量哉。①

赵翼所举,在《晋书·载记》中都有据可查。除了沮渠蒙逊和赫连勃勃的
事例稍嫌单薄,上列君主的"文学"大多有细节性的事实支持,如所习之
经、所从之师、所著之文、所兴之学等,看起来是确凿可信的。这些材
料常被现代学者引用来说明五胡十六国政权在文化上的"汉化"。若仔细
分析,《载记》叙述了"十六国"中的 14 国的历史(比通常所说的 16 国少了
华夏势力建立的前凉、西凉两个政权),赵翼列举的人物分别属于其中汉
赵、前燕、后燕、前秦、后秦、成汉、北凉、夏 8 个政权,《载记》中为
君主立传的后赵、后凉、西秦、北燕、南凉、南燕 6 个政权未见提及。

---

① 赵翼撰,王树民校证:《廿二史札记校证》卷 8,164~165 页。

前凉、西凉的君主既为公认的华夏人物，北燕冯跋也自称华夏，均可置之不论，南燕与后燕一脉相承也可推而言之，那么没提到的只剩下后赵、后凉、西秦、南凉。为什么赵翼不提他们？不妨从这四国的记载开始分析。

一、后赵石氏

石勒虽号称羯胡部落小率之子，但从其幼年经历看实处于普通非华夏编户的地位。此后他一度沦落为田客与奴隶，还有过"两胡一枷"被执卖山东的遭遇。[①] 他没有机会像刘渊父子一样从师读经，《世说新语》明言"石勒不知书"，事实上连他的华夏式姓名"石勒"都是起兵以后牧率汲桑取的，石勒在华夏经典文化上的素养几近空白。或许出于这个原因，赵翼没将石勒列入"有文学"之列。

然而细读《石勒载记》，又不难找出石勒"有文学"的一些证据。当石勒得知刘曜停授殊礼，撤销对自己的赵王加封之时，怒而下令，其文中即有"孤惟事君之体当资舜求瞽瞍之义"一句；[②] 其后假意辞让群臣上尊号之请的诏书中，也有"昔周文以三分之重，犹服事殷朝；小白居一匡之盛，而尊崇周室。况国家道隆殷周，孤德卑二伯哉"之语（2730 页）。当然，这些诏令文书出于词臣之手，尚不能直接代表石勒的才学。然《载记》中又有如下情节：

> 勒因飨高句丽、宇文屋孤使，酒酣，谓徐光曰："朕方自古开基何等主也？"对曰："陛下神武筹略迈于高皇，雄艺卓荦超绝魏祖，自三王已来无可比也，其轩辕之亚乎。"勒笑曰："人岂不自知，卿言亦以太过。朕若逢高皇，当北面而事之，与韩彭竞鞭而争先耳。脱遇

---

① 参看唐长孺：《晋代北境各族"变乱"的性质及五胡政权在中国的统治》，见《唐长孺文集》第一册《魏晋南北朝史论丛》，145 页。

② 《晋书》卷 104《石勒载记上》，2729 页。本文以下部分将大量使用《晋书·载记》的材料，为免冗繁，仅在文中以括号标明页码，不再出页下注。

光武，当并驱于中原，未知鹿死谁手。大丈夫行事当礌礌落落，如
日月皎然，终不能如曹孟德、司马仲达父子，欺他孤儿寡妇，狐媚
以取天下也。朕当在二刘之间耳，轩辕岂所拟乎！”其群臣皆顿首称
万岁。（2749 页）

此段记述若为实录，则石勒在宴会上即兴说出的话，没有词臣代笔的可
能，只能说明他对两汉魏晋的历史不仅熟知，而且有自己的思考。按照
《载记》的叙事，石勒的历史知识大概是听来的：

> 勒雅好文学，虽在军旅，常令儒生读史书而听之，每以其意论
古帝王善恶，朝贤儒士听者莫不归美焉。尝使人读《汉书》，闻郦食
其劝立六国后，大惊曰：“此法当失，何得遂成天下！”至留侯谏，乃
曰：“赖有此耳。”其天资英达如此。（2741 页）

此段亦见于《世说新语·识鉴篇》：

> 石勒不知书，使人读汉书。闻郦食其劝立六国后，刻印将授之，大
惊曰：“此法当失，云何得遂有天下？”至留侯谏，乃曰：“赖有此耳！”①

比较两段材料不难发现，《载记》删去了“石勒不知书”五字，易以“勒雅好
文学”。“好”与“善”意义有别，但毕竟将他与“文学”关联起来。又隐以
“虽在军旅”来解释何以不自己阅览而使人讲读，以进一步掩盖其“不知
书”的痕迹。在这段叙事之前，《载记》写道“勒亲临大小学，考诸学生经
义，尤高者赏帛有差”，这是利用同样的模糊手法，给人以石勒亲自考校
经义的印象。不仅如此，《载记》中多处叙述石勒尊礼儒臣、招引贤良、
在中央与地方兴立学校的举动，与赵翼所举的刘曜、慕容皝、苻坚无异。
石勒又为其太子弘取字“大雅”，使其“受经于杜暇，诵律于续咸”（2752

---

① 徐震堮：《世说新语校笺》卷中，216 页，北京：中华书局，1984。同条刘孝标注
引邓粲《晋纪》曰：“（石）勒手不能书，目不识字，每于军中令人诵读，听之皆解其意。”

页）。总之，《石勒载记》展示给读者的石勒，虽少无学术可称，但长而好学尊儒，随着地位的逐步升高，言谈举止中的华夏文化素养也随之增长，最终完成了从羯胡小率、田客牧奴到华夏帝王的转变历程。

二、后凉吕氏

后凉的建立者氐人吕光，《载记》言其"不乐读书，唯好鹰马"（3053页）。或即由此赵翼不将他列入"有文学"之君。然而《载记》中至少可以举出三例，旨在描写吕光具有较高的文化素养。其一在破龟兹时：

> 光入其城，大飨将士，赋诗言志。见其宫室壮丽，命参军京兆段业著《龟兹宫赋》以讥之。（3055页）

其二：

> 光后宴群僚，酒酣，语及政事。时刑法峻重，参军段业进曰："严刑重宪，非明王之义也。"光曰："商鞅之法至峻，而兼诸侯；吴起之术无亲，而荆蛮以霸，何也？"业曰："明公受天眷命，方君临四海，景行尧舜，犹惧有弊，奈何欲以商申之末法临道义之神州，岂此州士女所望于明公哉！"光改容谢之，于是下令责躬，及崇宽简之政。（3058页）

其三：

> 著作郎段业以光未能扬清激浊，使贤愚殊贯，因疗疾于天梯山，作表志诗《九叹》、《七讽》十六篇以讽焉。光览而悦之。（3059页）

在第一例记述中，没有明言赋诗者是否包括吕光本人，但从他主持这一仪式性的举动来看，至少他是想展示自己"有文学"的一面。第二例颇似上文中石勒评论古帝王的场景，也是在必须即兴发言的酒宴上，故而同样显示他对古代治国学说的熟悉。而借助段业之口，尧、舜作为帝王最高典范的地位得以重新确认，与石勒自言"轩辕岂所拟乎"一样，史籍借此表现出"五胡"君主们对儒家塑造的华夏古圣王及其背后的政治文化的认可。第三例再次表明吕光具有解读诗歌中微妙的"表志""讽喻"的能力。被赵翼标为"有文学"的姚兴，也曾因为好田猎，引起京兆杜诞著《风草诗》、冯翊相云作《德猎赋》的讽谏，"兴皆览而善之"（2983 页）。吕光在此事上的表现与姚兴无异。这些用诗赋讽谏的传统，即使不追溯到《诗经》的《国风》，至少也可以在"司马相如-汉武帝"以及"扬雄-汉成帝"的史事中找到原型。不只是对诗赋的解读能力，而是这种"诗赋讽谏-览而悦之"的行为本身，就已经起到塑造华夏式贤明君主的作用。

三、西秦乞伏氏与南凉秃发氏

乞伏氏与秃发氏进入华夏文化圈的时间比较晚，在建立政权之后，也仅仅占据着原华夏帝国中较为边缘的地带。乞伏氏将本族的族源追溯至乞伏可汗讬铎莫何，传说他是大如陵阜的巨虫所化，也就意味着自他以上的世系已不可亦无须追溯，即他被看作乞伏部的始祖。这位乞伏可汗不过是活动于西晋泰始年间的人物。秃发氏所追溯的先世谱系中，确切可考的英雄人物是树机能，而树机能之祖父寿阗，即被看成是因寤生而获得"秃发"姓氏的人物，即本部族的得名始于此时。寿阗之父匹孤，便是本族记忆中第一位姓名可知的人物。树机能是泰始年间陇西的风云人物，上推至寿阗，应该活动于汉魏之际。乞伏部族记忆中的始祖乞伏可汗讬铎莫何出生于从大漠南迁的路上，其后的祖谱跳跃至"祐邻"，他"率户五千迁于夏缘，部众稍盛"（3113 页）。此句中"夏缘"二字，若为地名则史籍中仅此一见，无法考证其方位。故有学者将缘字下属，仅以夏为地名。并以赫连勃勃建夏及北魏夏州为据指此为河套以南之地。[1] 此说难以成立，首先"缘部众稍盛"文辞不通，其次用后代出现的地名来解

---

[1]　周伟洲：《南凉与西秦》第二编第一章，118 页，西安：陕西人民出版社，1987。

释之前的事件也不妥当。林幹认为夏缘不是确切的地名，而是"接近中原的边缘地区"。① 这一思路更有道理，但与其说接近中原，不如说这里的夏就代指华夏帝国，也就是指他们从塞外进入华夏的边缘地带了，这一地区很可能就是河套以南。祐邻代表的是乞伏部对"入塞"的记忆。而秃发部始祖匹孤也是"率其部自塞北迁于河西"的人物。总而言之，后来的乞伏与秃发两部族的历史记忆，都将起点设定于迁入华夏边缘地区的时段，其始祖则被设定为率领迁徙的人物。这种对塞外历史的"结构性失忆"，是华夏化以后的历史想象，其中对入塞时间的记忆，反映了两部进入华夏地域时间较短的事实。②

乞伏与秃发二部，不仅接触华夏文化的时间和机会有限，而且有史料表明秃发部仍保持着游牧的社会和军事组织。秃发利鹿孤的将领鏻勿崘曾说"昔我先君肇自幽朔，被发左衽，无冠冕之仪，迁徙不常，无城邑之制，用能中分天下，威振殊境。今建大号，诚顺天心。然宁居乐土，非贻厥之规；仓府粟帛，生敌人之志"（《秃发利鹿孤载记》，3145 页），因此建议放弃城居。他们在战争中热衷于掳掠牛羊和人口（即"徙民"），也体现了游牧社会的战争习惯。乞伏部的情况与秃发不会相差太远。史料中所见的两国人物，除了占领州郡之后吸纳的华夏人物，基本都没有华夏式姓名，其国君姓名皆为译音无疑。《魏书》与《晋书》中的乞伏炽磐及其子慕末，在《宋书·大且渠蒙逊传》中被称为"乞佛炽槃""茂蔓"。③ 聂溦萌注意到《宋书》此传以沮渠北凉为中心撰述淝水之战后西北地区各政权的历史，而北凉沮渠茂虔曾献书刘宋，由此推测《大且渠蒙逊传》就

---

① 林幹：《鲜卑拓跋、秃发、乞伏三部的早期历史及其南迁路线的初步探索》，见林幹、再思著：《东胡乌桓鲜卑研究与附论》，87 页，呼和浩特：内蒙古大学出版社，1995。

② 这里说的两部，指的是拥有书写历史记忆权力的乞伏西秦与秃发南凉的统治集团。迁徙无疑发生过，只是这里的迁徙路线和英雄谱系都只是某一部族集团的记忆，融入西秦、南凉政权的其他部族、人群可能有完全不同的来历，但在失去历史书写权力的情况下，他们的历史湮没在了统治集团讲述的历史中。

③ 《宋书》卷 98《大且渠蒙逊传》，2415 页。

是以茂虔献书中的北凉国史《凉书》为基础写成的。① 其说可从。如此则"乞佛""茂蔓"等为北凉一方的译写，译音常无定字，也说明通行于西北的不是他们的华夏式姓名，而是某种胡语的发音，只有到要写成文字时才取汉字来对音。更为复杂的是"秃发"，秃发与拓跋乃同音异写，自钱大昕以来学者已无异议。《隋书·经籍志》有《讬跋凉录》十卷（963 页），《旧唐书·经籍志》作《拓跋凉录》（1993 页），被认为是南凉国史，因而南凉官方认定的译名不是"秃发"而是"讬跋"。姚薇元认为"秃发"乃魏收所改，② 罗新更将其推前到孝文帝时代，指出其后崔鸿作《十六国春秋》已尽写作"秃发"。③ 事实上，在《宋书·大沮渠蒙逊传》中已经出现了"西平虏秃发傉檀"的名字，目前没有发现版本异文，如上所论这可能是沮渠北凉国史中的贬义译写，因而崔鸿所为或许只是借用了《凉书》中已有的做法。总之，秃发南凉与乞伏西秦一样，姓名的译写在当时尚不固定。这一点也说明了他们接触华夏文化不深。正是因为这样显著的事实，《载记》中对乞伏和秃发君主的直接描述从未涉及其"文学"，仅仅是"雄武"（乞伏乾归）、"骁勇善骑射"（乞伏可汗讬铎莫何）、"勇果英毅"（乞伏炽磐）、"壮果"（树机能）等体现武勇的字句，最多加上"权略过人"（乞伏炽磐）、"有才略"（秃发傉檀）等，然谋略与"文学"仍然没有直接关系。这些源出于本国史臣之手的描述再次表明，西秦与南凉的君主在华夏式文化素养上，的确乏善可陈。赵翼当然洞见及此，故而列举"有文学"诸君主时没有提及西秦和南凉。

然而，读过《晋书》中乞伏、秃发诸国君《载记》的人一定会注意到，西秦、南凉两国的君臣谈吐儒雅，甚至动辄引经据典，不让符姚而远过二石。如乞伏益州战败，乾归引咎自责，史言：

---

① 聂溦萌：《三崎良章〈五胡十六国の基础的研究〉》，载中国中古史青年学者联谊会会刊《中国中古史研究》第 2 卷，273～275 页。

② 姚薇元：《北朝胡姓考》，239 页，北京：中华书局，1962。

③ 罗新：《论拓跋鲜卑之得名》，见氏著《中古北族名号研究》，62 页。

乾归曰："孤违蹇叔，以至于此。将士何为，孤之罪也。"（3118 页）

"孤违蹇叔"是出自《左传》的典故。秦穆公不顾蹇叔的劝阻派遣军队远袭郑国，不克，更在归途遭到晋军的伏击，致使三帅被俘。三人被释放回秦国时，秦穆公"素服郊次，乡师而哭，曰：'孤违蹇叔，以辱二三子，孤之罪也。'不替孟明，曰：'孤之过也，大夫何罪？且吾不以一眚掩大德。'"①此处乾归派遣乞伏益州出征姜乳，也受到边芮、王松寿等大臣的谏阻，但他执意而为，终于迎来益州战败的后果，这一事件的确与崤之战的故事有相似之处。只是乞伏乾归脱口而出《左传》中的典故，而且用得如此恰当，岂非甚有文学的明证？在另一个场合，乾归对诸将说："昔曹孟德败袁本初于官渡，陆伯言摧刘玄德于白帝，皆以权略取之，岂在众乎。光虽举全州之军，而无经远之算，不足惮也。"（3119 页）又显示出对汉末三国历史的熟悉。

再举南凉秃发傉檀的例子。当为质于秃发政权的乞伏炽磐逃归被执回时，秃发傉檀阻止利鹿孤杀炽磐，说道："臣子逃归君父，振古通义，故魏武善关羽之奔，秦昭恕顷襄之逝。炽磐虽逃叛，孝心可嘉，宜垂全宥以弘海岳之量。"（3148 页）这里也是脱口而出两个典故，"魏武善关羽之奔"见于《三国志·关羽传》，广为人知，但"秦昭恕顷襄之逝"则大有问题。据《史记》，楚怀王被秦国扣留，太子自齐国归而立为顷襄王，并非逃归。而楚怀王欲自秦国逃归，中途被追回，这与炽磐被执颇为相似，但怀王不久即死于秦，故无"恕"事可言。其后楚顷襄王之太子完又为质于秦，顷襄王病，太子在黄歇（春申君）的谋划下成功逃归楚国，后即位为考烈王。秦昭王始欲杀黄歇，在其相应侯建议下最终无罪而归之，这符合"秦昭""恕""逝"三个要素，但逃亡的人是楚太子完而非顷襄王。②或许因为这里面涉及数次与秦、楚有关的逃亡事件，读者久之不免记忆淆乱。用来关联乞伏炽磐的被执和被宽恕的"秦昭恕顷襄之逝"，糅合了

---

① 杨伯峻：《春秋左传注》僖公三十三年，500～501 页。

② 《史记》卷 40《楚世家》，1728～1729 页；卷 78《春申君列传》，2393～2394 页。

楚怀王的逃亡被执、顷襄王的成功归国、楚太子完的"逝"以及秦昭王对此事件的"恕"等复杂的元素。作为一个用典修辞，它无疑是错误的，因为"秦昭恕顷襄之逝"从来不曾发生过。但想要犯这样的错误，至少需要知道与秦楚两国有关的这三次逃亡——尽管记忆有些混乱。这一错误本身反而显示了说话人对战国历史的丰富知识，《载记》中此人竟是戎马一生的秃发傉檀，不得不令人怀疑其真实性。

傉檀曾在与姚兴凉州主簿宗敞的对话中引用"《诗》云：'中心藏之，何日忘之'"来表达对其父宗鉴的怀念，之后又说："卿鲁子敬之俦，恨不与卿共成大业耳。"（3148 页）这里不仅提到鲁肃，且"恨不与卿共成大业耳"亦绝类陈寿笔下刘备对田豫所说的"恨不与君共成大事也"。[①]面责其湟河太守文支时，傉檀说："二兄英姿早世，吾以不才嗣统，不能负荷大业，颠狈如是，胡颜视世，虽存若陨。庶凭子鲜存卫，藉文种复吴，卿之谓也。"（3155 页）又是一连用了两个春秋时的典故。傉檀对与春秋战国和汉末三国史事的谙熟，又可通过他与姚兴史臣的会面得到印证：

> 傉檀与宗论六国从横之规，三家战争之略，远言天命废兴，近陈人事成败，机变无穷，辞致清辩。宗出而叹曰："命世大才、经纶名教者，不必华宗夏士；拨烦理乱、澄气济世者，亦未必《八索》、《九丘》。《五经》之外，冠冕之表，复自有人。"（3151 页）

所谓"六国""三家"之事，正好可以概括上面傉檀引经据典的范围。春秋战国与汉末三国是华夏历史上群雄逐鹿的时期，与十六国所处的时代有诸多相似之处，五胡诸君主如果想要了解华夏的历史，或"以史为鉴"，则这两个时代的历史最有实用价值。他们可能的确通过种种途径获得了一些相关的知识。另一方面，修史者如果想要用历史典故来比附当下，也自然会首选六国、三家时的人与事。

---

① 《三国志》卷 26《魏书·田豫传》，726 页。

以上详细分析了赵翼没有言及的后赵、后凉、西秦、南凉四国君主是否有文学的问题。其结果是矛盾的，一方面，有诸多史料支持赵翼的常识性判断：这些君主的华夏文化素养不高。另一方面，在史料记载的对话、诏令中，他们又常常口出雅言，动引经史，显示出对华夏经史典籍的熟悉，给人留下"有文学"的印象。熟知史书形成过程的赵翼当然不会轻易将史料当成史实，故而对《载记》塑造的十六国君主形象，采取了怀疑与甄别的态度。他在这对矛盾的史相中选择了相信前者，后面那些文雅之辞或被归为史臣重重润色的结果。从上述分析来看，尤其是乞伏、秃发诸君主，其儒雅程度很显然被严重夸大了，而且其润饰的手法都十分接近。赵翼的判断是合理的。那么是谁在润色这些君主的儒雅形象呢？

前面第一节中已经论述了十六国各政权撰述国史的情况，可惜这总计达数十种的"霸史"皆已无完书流传。清人汤球曾辑 18 种"霸史"佚文，收入《三十国春秋辑本》。[①] 近年日本又有《五胡十六国霸史辑佚》一书出版，[②] 这是日本五胡研究会众学者历时 19 年集体工作的成果，收集佚文1940 条，搜罗得十分细致，可以认为霸史佚文的辑录已基本完成。霸史佚文有助于我们了解十六国国史的原貌，也确认了《晋书载记》《十六国春秋》与十六国国史的因袭关系。自撰的"国史"是集中体现一个政权对自身的形象塑造的文本，十六国"霸史"所具有的国史性质，也保留到了《十六国春秋》与《晋书载记》之中。在十六国国史零碎不全的情况下，《晋书载记》和《十六国春秋》成为我们探讨十六国政权历史书写的最主要材料。特别是其中具有溢美性质的言辞，与其说出于唐代史官或者北魏崔鸿之手，毋宁说是十六国政权的史官苦心润色的结果。

---

① 汤球辑，吴振清校注：《三十国春秋辑本》，天津：天津古籍出版社，2009。以下简称汤球《辑本》。

② 五胡の会编：《五胡十六国霸史輯佚》，東京：燎原书店，2012。下简称《霸史辑佚》。本章下面涉及的十六国史料，很多直接或间接得自本书以及上注《辑本》，除文字有异需要考订以外，仅引原始出处如《太平御览》《初学记》等，不再注《辑佚》和《辑本》的页码。

因此，我们可以暂时放下五胡诸君主是否有文学以及赵翼的真伪鉴定是否正确的问题，转而将秃发、乞伏等君主的"文学素养"看作一种有意塑造的"史相"。姑且不管它是否与"史实"相符，至少它代表了史书撰写者的意图。而如第一节所述，这些史书的撰写者往往是仕宦于该政权的官僚，有些史书还是在君主命令之下写作的，这种历史书写意图也应是统治者所认可的，甚至就是他们意志的体现。进而，赵翼所列举的刘渊、苻坚、姚泓等人固然拥有真正的华夏文化修养，但是他们的文化修养以及尊儒兴学的行动被特意强调，也是给我们留下"有文学"印象的重要因素。尽管与"史实"的相符度可能较高，它仍然是一种有意塑造的"史相"。

第三节 十六国"史相"辨析之二：君主的诞载之异与奇表之异

十六国史料所呈现的君主"史相"，除了具有华夏文化素养，还有很多其他的特征。其中较为显著的，是他们出生时的神异和长大后体貌的奇特。借《北堂书钞·帝王部》的标目，可称为诞载之异与奇表之异。可是他们既与常人有异，互相之间却大有共同点，更重要的是，他们的神异与奇表几乎都能在历代华夏帝王的"神异库"中找到对应者。

在出生之前，诸国的君主已经具备许多相似之处。例如：

刘渊：（刘）豹妻呼延氏，魏嘉平中祈子于龙门，俄而有一大鱼，顶有二角，轩鬐跃鳞而至祭所，久之乃去。……其夜梦旦所见鱼变为人，左手把一物，大如半鸡子，光景非常，授呼延氏，曰："此是日精，服之生贵子。"寤而告豹，豹曰："吉征也。"（2645页）

刘聪：聪之在孕也，张氏梦日入怀。寤而以告，元海曰："此吉征也，慎勿言。"（2657页）

慕容德：母公孙氏梦日入脐中，昼寝而生德。（3161页）

此三例所言都是"帝王"感生之事，且都与梦和日有关，不管是吞服日精，还是日入怀、入脐，要点都是太阳进入了其母的身体。太阳是帝王的象征，这种神异始见于汉武帝，其母为景帝王夫人，"男方在身时，王美人梦日入其怀"。① 其后多有追随者，如孙坚妻吴氏"夫人孕而梦月入其怀，既而生策。及权在孕，又梦日入其怀"②。与梦日不同者，仍有梦神与梦大蛇两种：

> 苻坚：其母苟氏尝游漳水，祈子于西门豹祠，其夜梦与神交，因而有孕。（2883 页）
> 李雄：罗氏因汲水，忽然如寐，又梦大蛇绕其身，遂有孕。（3035 页）

这两者看似不同。然车频《秦书》记苻坚母之事曰："苻坚母苟氏浴漳水，经西门豹祠，归，夜梦若有龙蛇感己，遂怀孕而生坚。"③所以《载记》中所云之神，即龙蛇。这让人想起汉高祖刘邦之母的故事。《史记·高祖本纪》："其先刘媪尝息大泽之陂，梦与神遇。是时雷电晦冥，太公往视，则见蛟龙于其上。已而有身，遂产高祖。"（341 页）刘媪自梦所见为神，太公所见则龙蛇，苻坚、李雄事皆本于此可知。

感种种神异而受孕之后，多位十六国君主都被记录为孕期超长。刘渊 13 个月，刘聪 15 个月，苻坚 12 个月，李雄 14 个月。孕期超长也是华夏古圣王的特征，"二十月黄帝生""十四月生帝尧"，④ 这些观念在西汉时期已经广为流行，汉武帝钩弋夫人孕昭帝，"任身十四月乃生，上

---

① 《史记》卷 49《外戚世家》，1975 页。
② 见《三国志》卷 50《吴书·妃嫔传》，1195 页，裴注引干宝《搜神记》。
③ 《太平御览》卷 360 引车频《秦书》，1659 页。
④ 《北堂书钞》卷 1《诞载三》，孔氏三十三万卷堂影宋本，3 页。黄帝在孕月数有多种说法，此处所引二十月与《论衡·吉验篇》同，除此之外，《史记》卷 1《五帝本纪》《正义》云"二十四月而生"（2 页），而《宋书》卷 27《符瑞志上》言"二十五月而生"（760 页）。"尧十四月而生"，诸家无异说。

曰：'闻昔尧十四月而生，今钩弋亦然。'乃命其所生门曰尧母门"。① 孕期超长被认为是吉验，《论衡》言黄帝"性与人异，故在母之身留多十月"。② 汉武帝立钩弋子（昭帝）为太子的一个理由是"感其生与众异"，也是这种观念的体现。

帝王出生之时，记载中往往有神异，十六国君主也不例外。最突出的是"神光"：

> 刘聪：夜有白光之异。（2657 页）
>
> 石勒：生时赤光满室，白气自天属于中庭。（2707 页）
>
> 苻坚：有神光自天烛其庭。（2883 页）（车频《秦书》：初生，有赤光流其室③）
>
> 吕光：夜有神光之异，故以光为名。（3053 页）

神光之异不见于东汉之前的帝王，第一个拥有此项神异的是汉光武帝。《后汉书·光武帝纪》"论曰"："建平元年（公元前 5）十二月甲子夜生光武于县舍，有赤光照室中。"李贤注引《东观记》曰："光照堂中，尽明如昼。"④其后附会者转多，如"高贵乡公初生，有光气照耀室屋，其后即大位"，⑤ 晋元帝"生于洛阳，有神光之异，一室尽明"。⑥ 又如，宋武帝刘裕"始生之夜，有神光照室"。⑦ 十六国诸君亦对神光之瑞颇有偏好，表明这一点上，他们共享了同一种有关"正统天子"的观念。

与出生有关的另一神异是身上有文字：

---

① 《汉书》卷 97 上《外戚传上》，3956 页。

② 王充：《论衡》卷 2《吉验篇》，29 页，上海：上海人民出版社，1974。

③ 《世说新语·识鉴》刘孝标注引车频《秦书》，见徐震堮《世说新语校笺》卷中，223 页。

④ 《后汉书》卷 1 下《光武帝纪下》，86 页。

⑤ 《宋书》卷 27《符瑞志上》，779 页。

⑥ 《晋书》卷 6《元帝纪》，143 页。

⑦ 《宋书》卷 27《符瑞志上》，783 页。

刘渊：左手文有其名。（2645 页）①

符坚：背有赤文，隐起成字，曰"草付臣又土王咸阳"。（2883 页）②

在汉晋华夏的知识体系中，出生时手有文字的人物，最早的是舜。《孝经援神契》曰："舜龙颜大口，手握褒。"曹魏博士宋均注云"握褒，手中有褒字。喻从劳苦受褒饰，致大祚也"。③《孝经援神契》成书年代不详，但其上限不早于西汉成帝时期。因此这里虞舜握褒的说法，以及宋均的解释，很可能来自更早形成的晋国始封君唐叔虞的故事。《史记》载："初，武王与叔虞母会时，梦天谓武王曰：'余命女生子，名虞，余与之唐。'及生子，文在其手曰'虞'，故遂因命之曰虞。"④刘渊因手有文字而得名，与唐叔虞极为相似。刘渊的汉国定都平阳，魏晋时匈奴五部尽在古晋国之地，很可能刘渊因此有意模仿了一个与晋国有关的神异故事。符坚之事，暂无更早的原型可考。在他之后，同属前秦统治集团的吕光，借鉴这种手法制造了另一个神异：吕光征西域围攻龟兹城时，"左臂内脉起成字，文曰：'巨霸'"（3055 页）。身有文字当是受到符坚等的启发，而文字的内容"巨霸"尚有其他来源。王莽天凤六年（公元 19），夙夜连率韩博上言："有奇士，长丈，大十围，来至臣府，曰欲奋击胡虏。自谓巨毋霸。"王莽字巨君，晋灼言"巨毋霸"乃"讽言毋得篡盗而霸"之意，故而王莽恶

---

① 又《太平御览》卷 370 引《三十六国春秋》（或为《十六国春秋》之误）曰："渊生而左手有文曰渊，遂以命之。"（1704 页）同书卷 119 引《十六国春秋·前赵录》："渊生左手有文曰渊海，遂以名焉。"（574 页）

② 又《太平御览》卷 371 引车频《秦书》曰："符坚生，肩背赤色，隐起状若篆文付，因为符氏"，"又曰：坚背文曰草付之祥，因为符氏"（1711 页）。前秦的史书和《载记》中以"苻"姓起于符坚背上的篆文。其实不然，氐人中的"符"姓早已有之，三国时蜀后主建兴十四年（236）即有"徙武都氐王苻健及氐民四百余户于广都"之事（《三国志》卷 33《蜀书·后主传》，897 页；又同卷 43《蜀书·张嶷传》，1051 页）。而魏青龙三年（235）降魏的氐王苻双应即苻健之弟（《晋书》卷 1《宣帝纪》，9 页）。蒲、苻同音，皆为氐语的译写，洪将"蒲"改为"苻"，可能为迎合谶语，也可谓有成例可据。

③ 徐坚等：《初学记》卷 9《总叙帝王·事对》"手握褒"条引，206～207 页。

④ 《史记》卷 39《晋世家》，1635 页。初见于《左传》昭公元年，见杨伯峻：《春秋左传注》，1218 页。

之，征博下狱，弃市。① 吕光的"巨霸"，似是将"巨毋霸"反其意而用之，且击胡虏亦与围龟兹相合。至于吕光与"巨"的关联，大约是因为他身长八尺四寸，按晋代一尺为 0.24 米保守换算，他的身高至少有 2 米。② 即使在当代，这一身高也可称为"巨"了。

十六国君主中，吕光的身高还不是最高的。最高的刘曜身长九尺三寸，约合 2.23 米；姚襄与赫连勃勃同样是八尺五寸，约合 2.04 米。姚苌曾说"吾不如亡兄有四：身长八尺五寸，臂垂过膝，人望而畏之，一也"（2971 页）。刘渊与吕光一样是八尺四寸。李雄八尺三寸。慕容氏诸帝都是长人，慕容廆"幼而魁岸，身长八尺"，慕容皝"七尺八寸"，皝之子慕容儁"身长八尺二寸，资貌魁伟"，慕容德"年未弱冠，身长八尺二寸，资貌雄伟"，慕容垂"身长七尺七寸，手垂过膝"。有记录的最矮的是石虎，长七尺五寸。③ 华夏古圣先王也多是身材伟岸之人，尧身长十尺④、禹长九尺九寸⑤、汤九尺⑥、周文王八尺二寸⑦、孔子九尺六寸⑧、秦始皇八尺六寸⑨、项羽八尺二寸⑩、汉高祖刘邦七尺八寸⑪、汉

---

① 《汉书》卷 99 下《王莽传下》，4157 页。

② 汉尺约为 0.23 米，魏晋以下逐渐增长，魏尺增至 0.241 米，而东晋时的尺已长 0.245 米。参看杨宽：《中国历代尺度考》，见河南省计量局主编：《中国古代度量衡论文集》，65～68 页，郑州：中州古籍出版社，1990。

③ 见《太平御览》卷 386"健"条引《石虎别传》，1786 页。

④ 《宋书》卷 27《符瑞志上》，764 页。

⑤ 《宋书》卷 27《符瑞志上》，763 页。另一说为"九尺二寸"，如《史记》卷 2《夏本纪》《正义》引《帝王纪》49 页。

⑥ 《宋书》卷 27《符瑞志上》，761 页。

⑦ 《史记》卷 4《周本纪》《正义》引《雒书灵准听》，116 页。另一说见同注引《帝王世纪》："文王龙颜虎肩，身长十尺，胸有四乳。"《宋书》卷 27《符瑞志上》取《帝王世纪》之说，764 页。

⑧ 《史记》卷 47《孔子世家》，1909 页。另《太平御览》卷 377 引《春秋演孔图》曰："孔子长十尺，大九围，坐如蹲龙，立如牵牛，就之如昂，望之如斗。"（1740 页）

⑨ 《太平御览》卷 86 引《河图》，407 页。

⑩ 《汉书》卷 31《项籍传》，1796 页。

⑪ 《史记》卷 8《高祖本纪》《正义》引《河图》，343 页。

昭帝八尺二寸①、刘备七尺五寸（一说七尺七寸）②。这些数字大多有异说，除了孔子、项羽、汉昭帝、刘备等可信度略高，其他明显不可信。上古帝王的身高，多出于《河图》或《帝王世纪》，《河图》为汉儒造作之纬书自不待言，《帝王世纪》乃西晋皇甫谧所作，也是综合了汉魏以来的谶纬学说而写成的上古史。③ 毋宁说出于这些书的身高数据，都是编造出来的。尧作为第一圣王，其身高十尺也是最高的，纵有些书中将周文王与孔子的身高拔高到十尺，终不能成为主流学说。此类编造身高唯一的意义，在于反映了汉晋时期人们理想中的圣贤帝王应该具有超出常人的身高，即"资貌魁伟"。十六国诸君主的身高，按记录下的数字都很高，最低的石虎亦与刘备持平。但必须注意到，如石勒、苻坚、姚苌等人的身高没有记载，或许就是不足以达到"魁伟"的标准，正如大多数华夏帝王的身高也无记录一样。这种选择性的记录说明，五胡十六国的国史撰述在对君主形象中身高一项进行记录时，遵循了汉晋以来华夏为"受命天子"所设定的标准，不达标准的宁可不记。更有甚者，这些记录下的身高数字也未必是完全真实的，以慕容家族诸人为例：

　　(1)慕容皝：身长七尺八寸，龙颜版齿。(2815页)

　　　　汉高祖：身长七尺八寸，隆准而龙颜。④

　　(2)慕容垂：身长七尺七寸，手垂过膝。(3077页)

　　　　刘　备：身长七尺七寸，垂手过膝。⑤

　　(3)慕容德：身长八尺二寸，额有日角偃月重文。(3161页)

　　　　周文王：高长八尺二寸，日角鸟鼻。⑥

_____

① 《汉书》卷97上《外戚传上》，3964页。

② 《三国志》卷32《蜀书·先主传》，871页。一说为七尺七寸，见《宋书》卷27《符瑞志上》，779页。

③ 参见徐宗元辑：《帝王世纪辑存》，北京：中华书局，1964。

④ 《史记》卷8《高祖本纪》，342页。

⑤ 《宋书》卷27《符瑞志上》，779页。

⑥ 《史记》卷4《周本纪》，116页，《正义》引《雒书灵准听》。

这些数字和体貌特征的双重巧合，而且全都出现在慕容氏家族中，实在有些令人难以置信。与其说是真实记录，不如说是对照传说中华夏帝王的体貌进行的附会，甚至"汉高祖—刘备"与"慕容皝—慕容垂"之间也隐约存在某种比附的逻辑。

按这一思路还可发现，"垂手过膝"也是受到重视的帝王之相。不只刘备垂手过膝，晋武帝司马炎也有这一特征。当司马炎的晋王太子地位有动摇的危险时，何曾于司马昭前"固争"："中抚军聪明神武，有超世之才。发委地，手过膝，此非人臣之相也。"①这当然是一场表演，但是"发委地，手过膝，非人臣之相"应当是当时非常流行的观念。十六国君主中仅"垂手过膝"的就有刘曜、苻坚、姚襄、慕容垂四人。此后南北朝双方在需要进行"天命所归"的论证时，不乏强调君主这一相貌特征的例子，如陈霸先、宇文泰皆是。②

十六国政权的君主有称皇帝和称王之别，而且一些君主在称帝之前曾有一个长期的藩王阶段。他们的相貌特征，相应地也有"帝王"与"霸主"两种不同的建构方向。吕光就是一个很好的例子，当他围攻龟兹之时，尚没有取苻坚而代之的想法，最多不过留在西域做半独立的藩王，除了临死前短暂地称"太上皇帝"，吕光的正式名号只是"天王"。所以他的神异宣传是"左臂内脉起成字，文曰：'巨霸'"，志止于霸王而已。他的体貌特异处还有"目重瞳子"，具有此种特征的除了舜，还有项羽③，而项羽是华夏传统中"霸王"的典型。此一时期明确自比于项羽的人物还有吐谷浑首领吐延，他"长七尺八寸，雄姿魁杰，羌虏惮之，号曰项羽"。④

另一个霸者特有的神异为十六国君主所看重者，为"寤生"，即其母在熟睡中分娩，醒后方觉已生一儿。这一神异最初发生在春秋初年郑庄

---

① 《晋书》卷3《武帝纪》，49页。

② 《陈书》卷1《高祖纪》，1页。《周书》卷1《文帝纪上》，2页。

③ 《史记》卷7《项羽本纪》"太史公曰"，338页。

④ 《晋书》卷97《吐谷浑传》，2538页。有趣的是，七尺八寸的身高则与刘邦相同。

公身上："庄公寤生，惊姜氏，故名曰寤生，遂恶之。"①郑庄公是春秋年间第一位可以称为"伯"（同霸）的人物，具有重要的地位。关于"寤生"，杜预注"寐寤而庄公已生，故惊而恶之"，② 然而杜注并非唯一的解释，《史记·郑世家》言"生之难"，③ 后人因此解"寤"为"逜"或"牾"，即脚先出而难产，④ 应劭《风俗通》言"俗说儿坠地便能开目视者，谓之寤生"⑤，都与杜注不同。但是作为西晋时人，杜预注应该代表了魏晋时期的知识，与后人力求与常理相合不同，在谶纬盛行的时代风气下，他们追求的正是不合常理的神异性解释。所以十六国史料中出现"寤生"或"昼寝而生"，无一例外地取与杜预注相同的意义。十六国君主或其先世寤生者有：

> 蒲洪：其母姜氏因寤（寝）产洪，惊悸而寤。⑥
>
> 秃发乌孤七世祖寿阗：寿阗之在孕也，母梦一老父被发左衽乘白马谓曰："尔夫虽西移，终当东返至京，必生贵男，长为人主。"言终胎动而寤，后因寝生寿阗被中，因以秃发为号，寿阗为名。⑦
>
> 慕容德：母公孙夫人，晋咸康中昼寝生德，左右以告，方寤而起。既生，似郑庄公。曰："长必有大德"。遂以德为名。⑧

慕容德的记载中明确出现了郑庄公，说明"寤生"的神异正是以郑庄公为原型的。蒲洪臣于石虎，秃发氏始终未能称帝，而慕容德为隽少子，本

---

① 杨伯峻：《春秋左传注》隐公元年，10 页。

② 《十三经注疏》，1715 页。

③ 《史记》卷 42《郑世家》，1759 页。

④ 此说见焦竑《焦氏笔乘》续集卷 5"寤生"条，331 页，上海：上海古籍出版社，1986。清人黄生《义府》，朱骏声《说文通训定声》亦主此说，见马固钢：《说"寤生"、"昼寝"及其他》，载《湘潭大学学报（社会科学版）》1991 年第 15 卷第 3 期，141 页。杨伯峻也同意这种解释。

⑤ 《太平御览》卷 361"产"条引《风俗通》，1663 页。

⑥ 《太平御览》卷 361"产"条引《十六国春秋》，1662 页。

⑦ 《太平御览》卷 361"产"条引《十六国春秋》，1662 页。《晋书》卷 126《秃发乌孤载记》同此而言略，但多"鲜卑谓被为秃发"一句（3141 页）。

⑧ 《太平御览》卷 361"产"条引《十六国春秋》，1662 页。

无缘继承皇位，因而此三人皆被定位为“霸”。霸既可以是号令天下的实际领袖如项羽，亦可以是尊奉王室的强大诸侯如齐桓公、晋文公。华夏传统中微妙的“霸”，也成为十六国君主在塑造自身形象时使用的符号。

以上分析了十六国君主的诞载之异与奇表之异，发现他们是高度模式化的。十六国君主的种种奇异之处，都能在华夏历史上帝王圣贤的“奇异库”中找到。这些神异原本是华夏帝王们专属的符号，在建构应天受命的理想君主形象时，十六国的帝王与他们的史臣们，没有更多的素材可资利用，他们所用的论证正统性和合法性的全部符号资源都来自“历史”，而且只能是华夏帝国的“历史”。之所以加上引号，是因为这种有关华夏帝王的“历史”，诸如尧高十尺、文王四乳之类，自身也不是真实的，只是作为一种观念或者符号体系而存在。由于在华夏帝国的政治生活中，尤其是禅代之际的合法性宣传中占有重要地位，这套符号体系成为华夏政治文化的一部分。十六国的非华夏君主们的种种奇异特征或许不全是杜撰的，如从身高一项来看，也存在着选择性记录的问题，但选择的标准仍然是华夏帝王的“奇异库”。由于这些史书大多脱胎于十六国的国史，也就是十六国实际政治中进行的正统性宣传的一部分，它们说明了这些君主所期待的自身形象正是华夏圣王。与之形成对比的是，那些没有在华夏文化圈建立政权的异族的君主神异传说，如高车与突厥的狼生传说，则无法在华夏帝王的“奇异库”中找到相似的元素。

更有甚者，班彪《王命论》言汉高祖之受天命，有五条理由，其中前三条是“帝尧之苗裔”“体貌多奇异”“神武有征应”，[1] 后两条正是本节所论的诞载之异和奇表之异，它们所表达的是同一政治文化传统。既然后两条被接受，第一条的血统标准是否也会被考虑呢？当我们看到《慕容廆载记》说“其先有熊氏之苗裔”（2803 页），《苻洪载记》云“其先盖有扈之苗裔”（2867 页），《姚弋仲载记》称“禹封舜少子于西戎，世为羌酋”（2959

---

[1]　萧统编：《文选》（点校本）卷 52《班叔皮王命论》，李善注，2266～2267 页。

页），赫连勃勃在统万城南刻石云"我皇祖大禹"（3210 页）等，应该不会太意外吧。族群意识中最重要的祖源认同，就这样以华夏帝国的政治文化为媒介构建出来了。

第四节　十六国"史相"辨析之三：模式化叙事举例

除了正面塑造华夏式君主形象，十六国的史学书写还使用更为隐晦的方式将本国历史写成"华夏"的历史。最集中地体现在"模式化叙事"中。下面举几个例子进行说明。

一、石勒征刘曜

《石勒载记》记石勒赴洛阳征刘曜时有这样一段：

> 勒统步骑四万赴金墉，济自大碣。先是，流凘风猛，军至，冰泮清和，济毕，流凘大至，勒以为神灵之助也，命曰灵昌津。勒顾谓徐光曰："曜盛兵成皋关，上计也；阻洛水，其次也；坐守洛阳者成擒也。"诸军集于成皋，步卒六万，骑二万七千。勒见曜无守军，大悦，举手指天，又自指额曰："天也。"（2744—2745 页）

这样一段充满细节的描写，包含三个部分，值得逐个进行分析。第一部分是石勒从灵昌津渡黄河，原本流凘风猛，流凘即流动的冰块，漂浮在迅疾的河水中，令舟船难以行驶。曹操诗云"流凘浮漂，舟船行难"，[1] 即指此。大风也是渡河的重要障碍。但石勒到达之后，"冰泮"，即浮冰竟然消解，或者是流量忽然大减，大风也停息变得"清和"。等到军队渡河完毕，大规模的流凘又出现了。因为有此神异，石勒命名此处为灵昌津。此事是真是假，今天无从考证，但是仅从情节和叙事手法而言，它与光武帝渡滹沱河的故事极为神似。刘秀在蓟为王郎所购，慌乱中向南

---

① 《宋书》卷 21《乐志三》，619 页。

逃亡,《东观汉记·王霸传》记曰:

> 光武发邯郸,晨夜驰骛,传闻王郎兵在后,吏士惶恐。南至下曲阳呼沱河,导吏还言河水流澌,无船,不可渡。官属益惧,畏为王郎所及。上不然也,遣王霸往视之,实然。王霸恐惊众,虽不可渡,且临水止,尚可为阻。即还曰"冰坚可渡"。士众大喜。上笑曰:"果妄言也。"比至河,河流澌已合可履。……遂得渡。渡未毕军,冰解。①

此故事亦见于《宋书·符瑞志上》,编列在光武帝的其他种种神异之中。与石勒渡河的故事略为不同的是,刘秀没有船,要靠河水结冰才能让车马过河。但是君王受到上天庇佑,使得面前的河流瞬间从不可渡变为可渡,这一点两个故事是完全一致的。刘秀渡滹沱河的故事,流传很广。北魏孝文帝曾脱口而出"昔刘秀将济,呼沱为之冰合"。② 李贤《后汉书注》还说,"光武所度处,今俗犹谓之危度口"。③ "危度口"一名不见于正史,不知出现于何时,若石勒命名"灵昌津"时已经存在,则可能成为他的灵感来源。这一类天子渡河的故事,还见于北魏道武帝追击慕容宝之时:

> 冬十月,宝烧船夜遁。是时,河冰未成,宝谓太祖不能渡,故不设斥候。十一月,天暴风寒,冰合。太祖进军济河,……急追之。④

因为这次黄河突然冰合,拓跋珪军队意外而至,遂至慕容宝有参合陂的惨败。类似事件再见于北魏太武帝拓跋焘征赫连昌时,

---

① 刘珍等撰,吴树平校注:《东观汉记校注》,364 页,郑州:中州古籍出版社,1987。
② 《魏书》卷30《楼毅传》,718 页。
③ 《后汉书》卷1《光武帝纪》,13 页。
④ 《魏书》卷95《慕容垂传》,2067 页。

> 冬十月丁巳，车驾西伐，幸云中，临君子津。会天暴寒，数日
> 冰结。①

拓跋部两次利用出人意料的冰合取得战争的主动权。这些记事如果都是
真实的，原因应当是拓跋部掌握了一种使流渐变为坚冰的技术，早在昭
成帝时期，就有这样的记载：

> 帝征卫辰。时河冰未成，帝乃以苇絚约渐，俄然冰合，犹未能
> 坚，乃散苇于上，冰草相结，如浮桥焉。②

道武帝和太武帝能够让河水在适当的时候冰合，可能就是使用这种技术
做到的。但是在史书的叙事中，却似乎是上天相助，而非假手人力，故
而是有意自我神化的结果。以上所述从刘秀到拓跋焘的渡河故事，或许
不乏真实的成分，但是同一神异化母题的重复再现，说明它们至少是采
取了一种"模式化叙事"的形式。因此，在这个文本链条中的《石勒载记》
的渡河故事，也应看作一种"模式化叙述"。

上引《石勒载记》的第二部分是他对谋臣徐光分析局势的话。我们不
能否认石勒具有出色的谋略，只是他说这句话的表达形式又有先例可循，
石勒对徐光说：

> 曜盛兵成皋关，上计也；阻洛水，其次也；坐守洛阳者，成
> 擒也。

而干宝《晋纪》记景初二年(238)司马懿征公孙渊，行前曾对魏明帝说：

> 渊弃城预走，上计也；据辽水拒大军，其次也；坐守襄平，此
> 为成禽耳。③

---

① 《魏书》卷4上《世祖纪上》，71页。
② 《魏书》卷1《序纪》，15页。
③ 《三国志》卷3《魏书·明帝纪》裴注引干宝《晋纪》，111页。

石勒与干宝为同时代人，恐怕没有机会读到《晋纪》。只是《晋纪》此条一定有更早的史源。为石勒撰《起居注》者恰有徐光，此事的最初记录者应该是他。而徐光或许读过作为《晋纪》史源的某种史书。另外，《载记》的文字与徐光的原始撰述之间又经历了田融、郭仲产、崔鸿等中间环节，每一个环节都有润饰改写的可能。总之一个不识字的羯人，说出与司马懿说过的几乎一模一样的话，无论如何也应视为修史者润色词句的结果。

引文的第三部分描写了一个非常形象的画面：

> 诸军集于成皋，……勒见曜无守军，大悦，举手指天，又自指额曰："天也。"

在魏晋及以前的华夏文献中，我尚未找到与此类似的描写，那么或许可以认为这是对石勒当时行为的实录。但是在沈约笔下的刘裕做出了类似的行为：

> 初公将行，议者以为贼闻大军远出，必不敢战，若不断大岘，当坚守广固，刘粟清野，以绝三军之资，非唯难以有功，将不能自反。公曰："我揣之熟矣。鲜卑贪，不及远计，进利克获，退惜粟苗。谓我孤军远入，不能持久，不过进据临朐，退守广固。我一得入岘，则人无退心，驱必死之众，向怀贰之虏，何忧不克。彼不能清野固守，为诸君保之。"公既入岘，举手指天曰："吾事济矣！"①

刘裕远征南燕与石勒征刘曜有很多近似之处，在战争之前的谋划中，他们都为敌人划定了上中下三计。等到军队到了第一道防线，也就是他们分析的上计应当设防的第一险关，而没有遇到守军，便感到事情已经成功了大半。在这样的瞬间，刘裕竟然做出了与石勒一模一样的动作"举手指天"。这只是一个巧合吗？沈约《宋书》较之十六国诸霸史为晚出，但南朝文宗沈约应当不至于去模仿石赵的历史写作。所以这两条史料之间可

---

① 《宋书》卷1《武帝纪上》，15页。

以排除互相模仿的关系。那么它们何以如此相似，如果不是巧合的话，只有可能是拥有共同的模板——一个早于两者的权威文本。只是这个文本目前尚不能确定，也可能已经失传了。

二、石勒哭张宾

《石勒载记》附《张宾传》载：

> 及卒，勒亲临哭之，哀恸左右，赠散骑常侍、右光禄大夫、仪同三司，谥曰景。将葬，送于正阳门，望之流涕，顾左右曰："天欲不成吾事邪，何夺吾右侯之早也。"程遐代为右长史，勒每与遐议，有所不合，辄叹曰："右侯舍我去，令我与此辈共事，岂非酷乎。"因流涕弥日。(2756 页)

张宾是石勒的谋主，"机不虚发，算无遗策，成勒之基业，皆宾之勋也"。他的去世，石勒的哀痛可想而知。石勒的感情虽然真挚，但这段材料他说的话却不一定是实录。《三国志》里有一段与之非常类似：

> 初，太和中，中护军蒋济上疏曰"宜遵古封禅"。诏曰："闻济斯言，使吾汗出流足。"事寝历岁，后遂议修之，使隆撰其礼仪。帝闻隆没，叹息曰："天不欲成吾事，高堂生舍我亡也。"[1]

高堂隆的去世，使得魏明帝的封禅大计遇到了困难，所以说"天不欲成吾事"。石勒的话恐怕是从此句化用而来，"天不欲成吾事"扩展为"天欲不成吾事邪，何夺吾右侯之早也"，"高堂生舍我亡也"替换为"右侯舍我去"。也可能《三国志》这一段话所依据的某种曹魏国史的文本与《载记》中石勒的话更为接近，今已无法确考。

值得注意的是，《载记》中石勒的这段话，本身就成为十六国北朝的历史文本中反复出现的一个"模式化叙事"。《苻生载记附苻雄传》：

---

[1] 《三国志》卷 25《魏书·高堂隆传》，717 页。

> 及卒，健哭之欧血，曰："天不欲吾定四海邪？何夺元才之速也。"（2880 页）

《苻坚载记下附王猛传》：

> 比敛，三临，谓太子宏曰："天不欲使吾平一六合邪？何夺吾景略之速也。"（2933 页）

《姚襄载记》：

> 俄而亮卒，襄哭之甚恸，曰："天将不欲成吾事乎？王亮舍我去也。"（2963 页）

《苻坚传》与《王猛传》的叙述与石勒哭张宾一段的相似性至为明显，《姚襄载记》则可能直接仿拟自《三国志》。苻、姚两个政治集团都曾臣服于石氏，且被迁徙于关东。他们与石赵政权有着千丝万缕的联系，① 史学书写上的相似也是其中之一。此后北方史学撰述中仍可见这一"模式化叙述"，如《周书·萧詧传附王操传》记萧岿为王操举哀时写道："（萧岿）流涕谓其群臣曰：'天不使吾平荡江表，何夺吾贤相之速也。'"②《苏绰传》写送苏绰之丧归葬武功时，宇文泰也说道"方欲共定天下，不幸遂舍我去，奈何"。③ 值得注意的是，类似的叙事没有出现在南朝的史书中。

三、其他例子

十六国史书暗中运用旧史的模式化叙事以塑造人物或政权形象的例子还有很多。最后再举三证。第一个例子来自《刘曜载记》：

---

① 　苻秦在五德历运上承石赵之水德而为木行，也是两者关系深厚的表现。参看罗新：《十六国北朝的五德历运问题》，载《中国史研究》2004 年第 3 期，51～52 页。

② 　《周书》卷 48《萧詧传》，870 页。

③ 　《周书》卷 23《苏绰传》，395 页。

（曜）常轻侮吴、邓，而自比乐毅、萧、曹，时人莫之许也，惟聪每曰："永明，世祖、魏武之流，何数公足道哉！"（2683页）

作为匈奴贵族的刘曜，轻侮与自比的对象都是华夏历史上人物，而不是冒顿、呼韩邪之类的匈奴英雄，这是值得注意的。汉赵贵族以两汉的名臣自比，亦见于刘宣，史言其"每读《汉书》，至《萧何》、《邓禹传》，未曾不反覆咏之，曰：'大丈夫若遭二祖，终不令二公独擅美于前矣'"（2653页）。更重要的是，在叙事的句式和文字上，这一段非常明显地仿拟了《三国志》卷三五《蜀书·诸葛亮传》：

每自比于管仲、乐毅，时人莫之许也。惟博陵崔州平、颍川徐庶元直与亮友善，谓为信然。①

刘曜身在魏晋时期，大约是知道诸葛亮的事迹的，不排除他在行为上有模仿的可能。但史书的叙事仍成于史臣之手，是他们选择了使用《三国志》中的句式。

第二个例子来自南燕的史料，但说话人是后秦的姚兴。南燕使臣韩范是姚兴的布衣旧交，在两人一番引经据典的外交辞令大战之后，姚兴败下阵来，说了一句：

吾久不见贾生，自谓过之，今不及矣。（3179页）

这是一句明显的用典，原句出自《史记·屈原贾生列传》：

上因感鬼神事，而问鬼神之本。贾生因具道所以然之状。至夜半，文帝前席。既罢，曰："吾久不见贾生，自以为过之，今不及也。"②

---

① 《三国志》卷35《蜀书·诸葛亮传》，911页。
② 《史记》卷84《屈原贾生列传》，2502～2053页。

姚兴的话既然出自《慕容超载记》，当是本于南燕使臣韩范的记录而来。
韩范在借贾谊的典故夸耀自己，同时也不觉让姚兴当了一回汉文帝。

　　第三个例子来自秃发南凉。秃发政权的三位君主为兄终弟及，这在
草原游牧政权中是屡见不鲜的。但是，为了在史籍中维持华夏政权的形
象，需要在华夏认可的历史中找到依据。《秃发利鹿孤载记》中借助使臣
梁昶与段业的对话，为本政权的继承制度做出解释：

> 使记室监麴梁昶聘于段业。业曰："贵主先王创业启运，功高先
> 世，宜为国之太祖，有子何以不立？"梁昶曰："有子羌奴，先王之命
> 也。"业曰："昔成王弱龄，周召作宰；汉昭八岁，金霍夹辅。虽嗣子
> 冲幼，而二叔休明，左提右挈，不亦可乎？"昶曰："宋宣能以国让，
> 《春秋》美之。孙伯符委事仲谋，终开有吴之业。且兄终弟及，殷汤
> 之制也，亦圣人之格言，万代之通式，何必胤己为是，绍兄为非。"
> 业曰："美哉！使乎之义也。"（3144 页）

面对段业以华夏的父死子继传统相诘问，梁昶找出传位于弟的宋宣公、
孙策为据，又以殷汤之制为言，机智地回答了这个问题。这是秃发氏君
主只进行了一次兄弟相传，所以可以援引宋宣公、孙策的成例。等到秃
发傉檀再次以弟继兄，上面的两个典故就不再适合了。于是，《傉檀载
记》言：

> 傉檀少机警，有才略。其父奇之，谓诸子曰："傉檀明识干艺，
> 非汝等辈也。"是以诸兄不以授子，欲传之于傉檀。（3147—3148 页）

这样的叙事很容易让人想起春秋时吴国季札和他兄长们的故事。《史
记》载：

> 寿梦有子四人，长曰诸樊，次曰余祭，次曰余眜，次曰季札。
> 季札贤，而寿梦欲立之，季札让不可，于是乃立长子诸樊，摄行事
> 当国。……王诸樊卒，有命授弟余祭，欲传以次，必致国于季札而

止，以称先王寿梦之意，且嘉季札之义，兄弟皆欲致国，令以渐至焉。……王余昧卒，欲授弟季札。季札让，逃去。①

除了季札逃去的结果与傉檀即位不同，之前的情节非常相似。都是父亲赏识幼子，于是兄长们故意不传位给自己的儿子，而是兄弟依次相传，目的是为了最小的弟弟能继承王位。王明珂认为季札让国的故事，是对太伯奔吴传说的有意重演，用这种方式宣称吴国的确是太伯的后裔。②季札是否有意重演太伯故事，不是本节所要讨论的问题，但可以肯定的是，秃发傉檀兄弟相传的行为一定不是在模仿时空上都很遥远的吴国，这样的一个叙事模式，是掌握华夏历史知识的史臣精心选择的。事实上，匈奴在汉宣帝时代的呼韩邪单于以下，单于位相继在其子之间传递，兄终弟及，共传了六任，持续近80年。③此事载于《汉书》，必为修史者所熟悉。南凉的使者与史臣舍近求远，无论在外交辞令还是国史撰写中，都有意不提背景与时间都较接近的西汉后期匈奴的兄终弟及，而远追至春秋甚至殷商的华夏传统，这是非常耐人寻味的。

如上所举的模式化叙事，其要义在于通过复制华夏史书已有的叙事，让人在读十六国北朝的历史时，自然联想到秦汉魏晋的类似事件。从而在不知不觉间，将十六国北朝的历史当作秦汉魏晋华夏帝国历史的自然延续。第三节中的帝王神异，同样是有选择地模仿华夏历史上帝王的神异，因此它也应该被看作一种模式化叙事。以此反观第二节所提出的十六国君主是否"有文学"的问题，即可明了君主的"有文学""尚儒学"如同"有神异"一样，主要也是史学文本上使用模式化叙事的结果，其实质是

---

① 《史记》卷31《吴太伯世家》，1449～1461页。

② 王明珂：《华夏边缘：历史记忆与族群认同》，175～177页。

③ 呼韩邪卒时，"立雕陶莫皋，约令传国与弟"。见《汉书》卷94下《匈奴传下》，3807页。对此时期兄终弟及制的研究可参看内田吟風：《北アジア史研究·匈奴篇》，214～218页，京都：同朋舍，1975。

利用专属华夏帝王的符号，来塑造十六国君主作为华夏帝王的"史相"。一方面，用这些史料直接得出十六国君主华夏文化修养深厚，不免低估了史料文本与史实之间的距离；另一方面，这些不断模仿、复制的文本得以产生，正透露出十六国政权的政治文化并未远离华夏帝国的传统。这些文本与政治文化氛围一起，塑造着君主、统治阶级和整个社会的文化认同，最终将史书文本中的"历史"变成历史，让十六国北朝重回华夏帝国的轨道。

第七章　北朝华夏化进程之一幕：北魏道武、明元帝时期的"爵本位"社会

上一章讨论了十六国霸史及崔鸿《十六国春秋》中华夏化"史相"，得出它具有虚实相间的独特性格。从结果来看，十六国时期无论在政治体发育上还是在族群文化的意义上，华夏化都是不容否认的变化方向。但由于史料过于稀薄，限制了更为全面和深入的分析。相比之下，北魏以及其后的北齐、北周三个政权，留下的史料就丰富多了。对于北朝的华夏化问题，学界的研究更可谓汗牛充栋，达到了很高的水平。本书既然取政治体的视角来认识华夏与华夏化，尤其需要关注北朝在政治体发育上的变化，而北魏早期的官僚制度成为一个极好的入手点。

近几十年来，北魏前期历史一度成为学界的新热点，在政治史和政治文化、社会转型、文化转变、祭祀制度等诸多领域，都涌现了出色的著作，大大加深了我们对这段历史的理解。① 具体到官制，一般探讨汉

---

① 唐长孺的两篇论文《拓跋国家的建立及其封建化》(见《唐长孺文集》第 1 册《魏晋南北朝史论丛》，185～239 页)和《拓跋族的汉化过程》(见《唐长孺文集》第 2 册《魏晋南北朝史论丛续编》，149～175 页)可谓这一研究的奠基之作，唐先生在扎实的史料基础上，运用历史唯物主义关于国家形成和社会经济制度的相关理论，第一次对北魏国家的建立给予了理论性的阐释，文中对许多观点至今仍然是不易之论。其后，在政治史和政治文化方面，有李凭：《北魏平城时代》，北京：社会科学文献出版社，2000；田余庆：《拓跋史探》(修订本)，北京：生活·读书·新知三联书店，2011；张继昊：《从拓跋到北魏——北魏王朝创建历史的考察》，台北：稻香出版社，2003。这几部著作都是从对北魏早期政治史上的重大事件如部落离散、太子监国、国史之狱等的考察切入，论及整体的政治体发育过程。川本芳昭《魏晋南北朝时代の

唐之间职官演变的著作往往只关注孝文帝改革以后的时期，但从 20 世纪上半叶以来，一直有学者致力于北魏早期官制独特性的研究。严耕望在 1948 年发表的长篇论文《北魏尚书制度考（附论北魏初期之大人制度）》当中，就已经通过详密的考订，论证了北魏早期"新旧竞替，制杂胡华，敷汉名于旧制，因事宜而立官"的特点。① 郑钦仁在 20 世纪 70 年代向东京大学提交了研究北魏早期官僚机构的博士论文，后来扩展为《北魏官僚机构研究》及《北魏官僚机构研究续篇》，较早关注了胡汉官名的翻译问题，认为许多使用汉名的官职实际是拓跋氏旧有的制度，如中散官。② 严耀中的专著《北魏前期政治制度》，从行政机构（分部制、尚书分曹）、经济、司法、军事、宗教方面，系统地论述了北魏前期游牧行国政治制度与农业帝国封建制度并存的特点。③ 窪添庆文自 20 世纪 70 年代以来，发表了一系列研究北魏早期官制的论文，涉及尚书省、大人官（回应严耕望文）、将军号、太子监国制等问题，最后收入其《魏晋南北朝官僚制研究》一书。④

接上页注释①

民族問題》（東京：汲古書院，1998）从胡族观、汉族观、正统论以及早期封爵制度等方面，论及太武帝及其之前的时代。偏重文化转型的研究中，代表著作是逯耀东：《从平城到洛阳：拓跋魏文化转变的历程》，北京：中华书局，2006。这部书的第一章"北魏前期的文化与政治形态"以民族志式的笔调，细致描述了拓跋鲜卑的旧文化面貌以及其在北魏早期的延续情况。康乐：《从西郊到南郊——国家祭典与北魏政治》（台北：稻禾出版社，1995），从祭祀制度切入来探讨北魏的权力结构和政治认同，可谓独辟蹊径。此外还有一系列论文，如宋德熹《北魏前期文化的转折与肆应——以〈嘎仙洞石刻祝文〉、〈南巡碑〉为线索》（载《国际中国学研究》12 辑，2008，217～233 页），大知聖子《北魏の爵制とその実態—民族問題を中心に》（载《岡山大学大学院文化科学研究科紀要》12 号，2001，59～73 页）等，在此恕不备举。

① 严耕望：《北魏尚书制度考》，载《中央研究院历史语言研究所集刊》第 18 本，1948，251～360 页。

② 郑钦仁：《北魏官僚机构研究》《北魏官僚机构研究续篇》，台北：稻禾出版社，1995。

③ 严耀中：《北魏前期政治制度》，长春：吉林教育出版社，1990。书评参看刘驰：《读〈北魏前期政治制度〉》，载《中国史研究动态》1992 年第 2 期，27～28 页。

④ 窪添庆文：《魏晋南北朝官僚制研究》，東京：汲古書院，2003。

较新的著作是松下宪一的《北魏胡族体制論》，除了传统的部族解散问题，还利用新发现的《文成帝南巡碑》对北魏的内朝官做了系统的研究，取得了新的突破。①

综上，以往的制度史研究多着眼于某一具体官职或职系的演变，如严耕望研究尚书，郑钦仁考察秘书省、中散，窪添慶文研究将军号，川本芳昭整理封爵制，等等。近年来也有少数研究者开始从官阶品级整体结构的角度来考察北魏前期的官爵制度。孙正军《从"五等"到"三等"——北魏道武帝"制爵三等"原因钩沉》从道武帝时期政治文化与经学的关系入手，考察了从五等变为三等背后的意义；② 冈部毅史《北魏前期の位階秩序について—爵と品の分析を中心に》(《東洋學報》第 94 卷第 1 号，27～57 页)认为，北魏前期爵制与两晋南朝具有不同的本质机能，即与品一起作为身份基准，北魏前期的官人身份以爵位与官品为中心来表示，同时也包含将军号和其他官职的多元基准。③ 官制作为一个整体的等级结构，其意义不只在于名号和职权，同时也充当着社会资源和利益的分配框架。如果这样理解，则王朝对不同人群如何做分等分类，不同等级序列之间的搭配关系怎样，就成为不得不研究的重大问题。④ 关注官僚制度的整体结构，可以揭示出整个政治体的权力分配方式以及社会的结构，这对于研究北族政治体向华夏帝国的演进过程无疑很有意义。本章就遵循这一思路，对北魏道武、明元时期的分等分类方式即官爵品级制度做一个研究。

---

① 松下宪一：《北魏胡族体制論》，札幌：北海道大学出版会，2007。
② 孙正军：《从"五等"到"三等"——北魏道武帝"制爵三等"原因钩沉》，载《文史》2010 年第 1 辑，63～78 页。
③ 冈部毅史：《北魏前期の位階秩序について—爵と品の分析を中心に》，载《東洋學報》第 94 卷第 1 号，27～57 页。
④ 这一思路在古代官制研究中的出色运用，主要见于阎步克：《品位与职位——秦汉魏晋南北朝官阶制度研究》(北京：中华书局，2002)，《服周之冕——〈周礼〉六冕礼制的兴衰变异》《从爵本位到官本位：秦汉官僚品位结构研究》(北京：生活·读书·新知三联书店，2009)。

第一节 独具一格的"天赐品制"

《魏书·官氏志》载：

> 九月，减五等之爵，始分为四，曰王、公、侯、子，除伯、男二号。皇子及异姓元功上勋者封王，宗室及始蕃王皆降为公，诸公降为侯，侯、子亦以此为差。于是封王者十人，公者二十二人，侯者七十九人，子者一百三人。王封大郡，公封小郡，侯封大县，子封小县。王第一品，公第二品，侯第三品，子第四品。又制散官五等：五品散官比三都尉，六品散官比议郎，七品散官比太中、中散、谏议三大夫，八品散官比郎中，九品散官比舍人。文官五品已下，才能秀异者总比之造士，亦有五等。武官五品已下堪任将帅者，亦有五等。若百官有阙者，则于中擢以补之。①

天兴七年(404)九月，北魏道武帝拓跋珪亲临昭阳殿，分置官职，简择文武，并制爵四等，追录旧臣。② 其分官制爵的主要内容，即见于节首《官氏志》引文。经过这番"制作"之后，道武帝于十月正式改元天赐(故而《官氏志》记为天赐元年九月)，随后十一月将新官爵制度大规模颁行诸部。这一制度在北魏历史上第一次搭建了一个综括爵、散、文武职官的总体框架，在道武、明元两朝基本沿用下来，在太武、文成两朝以下官僚制度的渐次整备中开始动摇，③ 但其核心结构直到孝文帝延兴年间才被真

---

① 《魏书》卷113《官氏志》，2973 页。以下简称《官氏志》。

② 《魏书》卷2《太祖纪》，41~42 页。

③ 在制度史的领域，目前学者们对北魏平城的时代很少进行更细的阶段划分。由于材料尤其是《官氏志》的疏略，这个问题可能难以确切定论。大体上，可以道武、明元两朝为第一时期，太武帝至文明太后孝文帝之前为第二时期，其中太武帝朝的前后阶段也有较大差别。此问题与本节论旨较远，不拟展开论证。此处仅举数条史料以备考索，太武帝神麚三年(430)曾有诏曰："昔太祖拨乱，制度草创，太宗因循，

正打破。因此这一官爵制度是北魏从道武帝初年的部落级政治体制，走向太武帝以下直到孝文帝时期逐渐成熟的华夏官僚制过程中重要的过渡阶段，是研究北魏早期制度史时不容忽视的一环。因为这一品阶制度的定型时间在天赐年间，本章姑且称之为"天赐品制"。这一制度的内容被很多学者从不同侧面提及，但尚缺乏一个正面的整体性研究，因此本章拟对这一制度的性质、特色、运行情况以及其意义、渊源背景做一番讨论。

首先要澄清天赐品制的性质。用九品将爵、官划出一个整齐的序列，正是魏晋官品的做法。甚至天赐制度中四等爵占据前四品，也显系继承魏晋官品中五等爵占据高品的做法，因为在两汉的禄秩序列中不列入封爵。然而，天赐品制不是九品官品制度，因为其中的后五品明显具有选官资格制的属性。历来学者的讨论，往往截引"亦有五等"之前的部分，而默认为它是与魏晋官品制度等同的制度。① 但后面那一句"若百官有阙者，则于中擢以补之"，正是全文——至少是后半段"又制散官五等"之下的统摄："百官"已经存在，这九品或者五品只是用来补阙。仅从文字分析做出定论未免草率，下面试做进一步的证明。《官氏志》天赐二年（405）条："又制诸州置三刺史，刺史用品第六者，……郡置三太守，用七品者，县置三令长，八品者。"② 刺史用第六品者，即先有第六品，才有资格

接上页注释③

未遑改作，军国官署，至乃阙然。今诸征镇将军、王公仗节边远者，听开府辟召；其次，增置吏员。"（《魏书》卷 4 上《世祖纪上》，76 页）显然是以道武、明元为较粗糙的草创阶段而与自己统治的时代划出界线。另外，《南齐书》卷 57《魏虏传》云"什翼珪始都平城，犹逐水草，无城郭，木末始土著居处。佛狸破梁州、黄龙，徙其居民，大筑郭邑。截平城西为宫城，四角起楼，女墙，门不施屋，城又无堑"（984 页），也形象地展示了自道武帝至太武帝北魏文化的演进过程。

① 如宫崎市定即认为天赐制度是继承魏晋将爵品载入官品的制度，见《九品官人法の研究》，446 页，京都：同朋舍，1985；中译本见宫崎市定：《九品官人法研究》，韩昇、刘建英译，275 页，北京：中华书局，2008。严耀中也认为北魏为爵定了品名，为爵名带上了官品，见《北魏前期政治制度》，190 页。

② 《官氏志》，2974 页。

被选任为刺史，文义非常明确，这个先具有的第六品，就是天赐品制中的第六品。即使根据这个表格，此时期的刺史也不只是区区第六品，孝文帝延兴二年(472)诏书中有"旧制诸镇将、刺史假五等爵"①的字样，可见在任刺史的地位当在第四品以上。天兴年间的几位刺史，都是地位极高的人来担任，如天兴二年(399)为援救晋将辛恭靖，遣太尉穆崇赴之，未至而恭靖败，即除穆崇豫州刺史，旋即征为太尉；②又庾岳在天兴四年为首任相州刺史，天兴五年征为司空；③说明至少此时刺史与三公之间品级相差不太远。天赐年间之后，更能看到任刺史太守而得晋爵的例子，如尉诺少侍太祖，天兴年间赐爵安乐子，至太宗初为幽州刺史，晋爵为侯。④辽西公意烈之子拔干，"太宗践祚……除勃海太守，吏人乐之，赐爵武遂子"。⑤看来"旧制诸镇将、刺史假五等爵"不是一句空话。可以肯定，天赐年间及以后的刺史不会是第六品。还可以提供一个旁证，在天赐品制中，六品散官比议郎，经查议郎在魏、晋官品中均为第七品，而领兵刺史为第四品，即便单车刺史也是第五品，⑥刺史和议郎之间的品级差距不可谓不大，既然天赐品制只能以魏晋为模板，那么比议郎的第六品显然不能作为刺史的品秩，何况北魏初年刺史的地位还远高过魏晋。所以，"刺史用品第六者"正是天赐品制中后五品作为选官资格制度运行的一个显证。

说到选官资格制度，不能不想到九品官人法。《官氏志》甚至暗示了天赐品制与九品官人法有关。按《魏书·太祖纪》："(天赐元年)十有一月，上幸西宫，大选朝臣，令各辨宗党，保举才行，诸部子孙失业赐爵者二千余人。"⑦这是天赐品制的第一次大规模推行。《官氏志》在同年同月写道："十一月，以八国姓族难分，故国立大师、小师，令辩其宗党，品举人才。自

---

① 《官氏志》，2975 页。

② 《魏书》卷 27《穆崇传》，662 页。

③ 《魏书》卷 28《庾业延传》，685 页；《魏书》卷 2《太祖纪》，40 页。

④ 《魏书》卷 26《尉诺传》，656 页。

⑤ 《魏书》卷 15《昭成子孙·辽西公意烈附子拔干传》，384 页。

⑥ 《通典》卷 36《魏官品》，992～993 页；同书卷 37《晋官品》，1004 页。

⑦ 《魏书》卷 2《太祖纪》，42 页。

八国以外，郡各自立师，职分如八国，比今之中正也。宗室立宗师，亦如州郡八国之仪。"①显然，这段话是对《纪》中"令各辨宗党，保举才行"的详细说明，而且特别注明"大师""小师""师""宗师"等"比今之中正"。这些"师"们所做的分辨宗党，保举才行，是天赐品制得以授予诸部子孙的直接依据，这一点与中正品评人物而授予中正品似乎大有异曲同工之处。并且，先具有天赐品制中的品级，再按此品级为依据去补职官，也仿佛正是九品官人法的精髓所在。甚至"某官用几品者"，也是九品官人法的习语。

那么天赐官品是不是模仿九品官人法创制的？仍然不是。它与九品官人法之间，至少有以下明显的区别：② 第一，九品官人法的九品是对人品的划分，不管有没有官职，它的对象是人，具体各品级都是对人的德行才能的鉴定；天赐品制却是对各种爵、散官、职官的排序，其对象是官爵。而且，中正品与封爵无涉已经得到学者的证明。③ 第二，自从宫崎市定指出中正品和起家官品的关系大约相差四品，相关讨论接踵而至，但不管是否严格相差四品，抑或中正品仅与具体官职关联，④ 中正品高于起家官品则是不争的事实。在天赐品制中，从刺史用第六品者，太守用第七品者这样的情况看，前文已证刺史高于第六品，同样太守也高于第七品，因而天赐品制中的第五品以下品级低于所任官品，这一点区别绝非无关紧要。第三，魏晋南朝的中正九品因为来自《汉书·古今人表》对人的划分，其中一品为圣人，所列为三皇五帝周公孔子之类，现实中从来未曾许人；七、八、九品属于下品，在《古今人表》中基本是一些

---

① 《官氏志》，2974 页。
② 九品官人法是一个学界聚讼已久的话题，拙文无力介入对它的讨论。本节对九品官人法的基本认识，来自唐长孺（《九品中正制度试释》，见《魏晋南北朝史论丛》，81~121 页）、宫崎市定（《九品官人法の研究》）和阎步克（《乡品与官品关系之再检讨》，见《阎步克自选集》，108~135 页，桂林：广西师范大学出版社，1997；及《品位与职位》第 6 章"中正品与勋位"，297~259 页）等学者的研究，有些已经成为学界的共识的，不再一一注出。
③ 阎步克：《品位与职位》第 6 章"中正品与勋位"，303 页。
④ 阎步克：《乡品与官品关系之再检讨》，109~118 页。

反面或不光彩的人物，现实中也不授人。① 而在天赐品制中，一品为王，天赐元年当年就已经有 10 人，绝非虚置；七、八、九品在散官为比三大夫，比郎中，比舍人，在文官为才能秀异者，在武官则堪任将帅，显然都不是愚人恶人可以当之。从这点来看，天赐品制显然把《古今人表》扔在了一边，对九品中正制有多少参照，也是在虚无缥缈之间。

综上所述，天赐品制的性质实在难以简单定论，它虽有魏晋官品的外形，却又过于疏略，而且六品以下作为选官资格的等级而非现实官品；它虽与九品官人法有形似之处，仔细观察，实在又大相径庭。前四品的性质更类似官品，后五品则具有候补任官资格的性质。无以名之，姑且称之为"天赐品制"。

第二节　天赐品制的实际运行情况

这样一个与魏晋官品、九品官人法皆形似实非的制度，又有如此规整的序列结构，不免让人怀疑它在多大程度上为当时真实实行的制度，或者竟只是纸上谈兵？如果是真实制度，又是怎样运行的呢？下面即以道武帝天赐年间以及明元帝时期为主，对其运行情况逐一进行验证。

天赐品制的第一项措施是："减五等之爵，始分为四，曰王、公、侯、子，除伯、男二号。皇子及异姓元功上勋者封王，宗室及始蕃王皆降为公，诸公降为侯，侯、子亦以此为差。"爵是五等或四等，在北魏前期变动无常，不必深究。② 首先看"皇子及异姓元功上勋者封王"一条，皇

---

① 唐长孺已经指出"一品徒有其名，无人能得到"，见《九品中正制度试释》，105 页；方北辰首先将一品虚设的问题与九品中正仿《古今人表》联系起来解释，见《释九品中正制度之一品虚设问题》，载《许昌师专学报》1989 年第 1 期，51～52 页；阎步克总结了前人在这一问题上的种种看法，并将方北辰的看法推而及于解释下品不授人，见《品位与职位》第 6 章"中正品与勋位"，319 页。

② 按《官氏志》说法，改五等为四等，废伯、男二号，那么原本当有六等。杨光辉早已论证北魏前期伯、男二号时废时置，变化无方，见氏著《汉唐封爵制度》第一章，14 页注六。

子封王，确有其事，但异姓封王在天赐年间却未见记载。太武帝时期以前的异姓王，仅有永兴三年(411)在京师发动叛乱的昌黎王慕容伯儿，①与泰常七年(422)被封为长乐王的嵇敬，② 慕容伯儿大概是胜朝之后，而嵇敬则是献怀长公主之子，且因公主在平定元绍之乱中有功，③ 与包括太武帝在内的诸位皇子在泰常七年一同受封。④ 自太武帝即位初所封长孙嵩、奚斤、长孙翰三人以下，⑤ 才符合"异姓元功上勋者"的标准，此时上距天赐元年已经过了二十年。事实上，《官氏志》所记天兴七年即天赐元年的"封王者十人"，是大致可考的。根据《魏书·道武七王传》，"道武皇帝十男"，⑥ 除了最后的皇子浑及聪未记封爵，可能因为早夭而无爵，其他的八人都有王爵。其中，明元帝(齐王)、清河王绍、阳平王熙、河南王曜四人天兴六年(403)封王，另外四人则要晚至天赐四年(407)才得王爵。与四位皇子封王同时，天兴六年还"封故秦愍王子爱为豫章王，陈留王子右将军悦为朱提王"。⑦ 此六人之外，考诸纪传可知，天赐元年拥有王爵的人还有卫王仪、高凉王乐真、常山王遵和毗陵王顺，⑧ 正好凑齐"封王者十人"之数。卫王仪等四人都并非皇子，可以认为是同姓元功上勋者。这与《官氏志》所载诏书文本稍有出入，或因记载简略所致。

---

① 《魏书》卷3《明元帝纪》，51页；同书卷29《奚斤传》，698页。

② 《魏书》卷3《明元帝纪》，61～62页；同书卷34《嵇拔传》，805页。

③ 《魏书》卷34《嵇拔传》，805页。

④ 《魏书》卷3《太宗纪》，61～62页。

⑤ 《魏书》卷4上《世祖纪》上，69页；又见万斯同：《魏异姓诸王世表》，见《二十五史补编》第四册，4485页，上海：开明书店，1936。

⑥ 《魏书》卷16《道武七王传》，389页。

⑦ 《魏书》卷2《太祖纪》，41页。

⑧ 卫王仪，皇始二年(397)封，至天赐六年叛逃未遂被赐死，其间一直保持王爵(《魏书》卷2《太祖纪》，30、44页)；高凉王乐真至晚天兴二年已袭祖封，至明元帝永兴元年改封为平阳王，天赐元年无疑有王爵(《魏书》卷2《太祖纪》，34页；卷3《太宗纪》，50页；卷14《神元平文诸帝子孙·高凉王乐真传》，349页)；常山王遵天兴元年封王，天赐四年得罪赐死，其间爵位不变(《魏书》卷2《太祖纪》，32、43页)；毗陵王顺也封于天兴元年，至天兴六年得罪以王还第，后薨于家，不知其卒年是否在天赐元年以后(《魏书》卷2《太祖纪》，32、41页)。

其次看"宗室及始蕃王皆降为公"一条，根据上面的论述，卫王仪等四人正是宗室，但未降为公；另外此处"始蕃王"意义不明，有待讨论。北魏有"始蕃王""二蕃王""三蕃王"，这几个名词不见于其他朝代，《通典》《文献通考》只是在照抄《官氏志》时提到，没有加以解释，今人对北朝封爵的研究中尚未见提及，那么只好在此做一推测。《隋书·百官志》记梁十八班制，按照其中对诸侯府官的分等，可将诸侯分为五等：(1)皇弟皇子，(2)嗣王，(3)庶姓公，(4)皇弟皇子之庶子，(5)蕃王。很多情况下，(4)、(5)两类的同名府官班次相同。① 在《官氏志》所记"太和后职令"中，诸王分为四等：(1)皇子，(2)始蕃王，(3)二蕃王，(4)三蕃王。② 根据这两个序列，推测北魏的始蕃王与梁的嗣王相似，应该比较合理，也就是说，始藩王就是皇子之嗣子，二蕃王则是再传，依次类推。按照这种理解，天赐品制中所规定的"始蕃王降为公"在天赐年间尚无记录，"始蕃王"所袭王爵都得以保持，没有例降。比如，高凉王孤之孙乐真袭祖爵为高凉王，最晚天兴二年袭高车时已经袭爵，直到太宗明元帝即位，在永兴元年(天赐六年)十二月改封为平阳王，中间并未见有降爵。③ 又如，天兴六年故陈留王虔之子悦被封为朱提王，《太宗纪》载朱提王悦于永兴元年闰十月谋反赐死，可见他此前的爵位一直为王爵。④ 又阴平王烈以迎立太宗之功封王，泰常五年薨，子裘袭爵为王。⑤ 再如，明元帝初年封卫王仪之子良为南阳王，以绍仪后，⑥ 也可看成是另一种方式的袭爵。

---

① 《隋书》卷26《百官志》上，730页。

② 《官氏志》，2996～2997页。

③ 《魏书》卷14《神元平文诸帝子孙·高凉王乐真传》，349页；《魏书》卷3《太宗纪》，50页。

④ 参看《魏书》卷2《太祖纪》，41页；卷3《太宗纪》，50页；卷15《昭成子孙列传》，381～382页。

⑤ 《魏书》卷15《昭成子孙列传》，374页；同书卷3《太宗纪》，60页。又据同书卷105-2《天象志二》记"(延和三年)五月甲子，阴平王求薨"(2355页)，能确证裘所袭王爵未降。

⑥ 《魏书》卷3《太宗纪》，50页。

这一条显然没有真正执行。最后看"诸公降为侯，侯、子亦以此为差"。检之《魏书》，既非宗室，亦非始蕃王降爵而来的公颇有几位，如南平公长孙嵩、任城公稽拔、会稽公刘洁等，① 都活跃于天赐及永兴年间，而且其中长孙嵩可以确定天兴元年(398)已有公爵，并未降为侯。束州侯尉古真、北新侯安同等都在天赐元年以前封侯，至明元帝时爵位仍旧，② 可见在天赐年间未降爵为子。袭爵的例子，如宜都公穆崇天赐三年死后，次子穆观袭爵，一直到泰常八年穆观病卒，其宜都公爵位未变。③ 又如，泰常三年崔宏卒后，崔浩袭爵白马公，亦未降等。④ 不过，降爵的例子也是有的。长孙肥曾由庐乡公降爵为蓝田侯，传载长孙肥从破姚平于平阳后还镇兖州，此为天兴四年事。本传下文列叙其战功政绩后，才言"后降爵为蓝田侯"，不像是得罪而降爵，既然时间在天兴四年至天赐五年肥卒之间，那么当有可能是天赐元年按制降爵。⑤ 又拓跋屈之父为文安公泥，泥卒于道武帝之世，传云"子屈，袭爵。太宗时居门下，出纳诏命。性明敏，善奏事每合上旨，赐爵元城侯"。⑥ 既然已袭父爵为公，何以又赐以侯爵？大概这两件事之间还有一个降爵的经历，至于是袭爵之时降等还是另有原因，便不得而知了。总之，高级爵位的升降，涉及很多具体的政治的因素，因人而异，天兴七年诏书所规定的依次降等并未实际执行。

第二项措施是："王封大郡，公封小郡，侯封大县，子封小县。"爵级的高低对应封地的大小，这一原则基本得到贯彻，只是在执行中加入了更复杂的细节。《官氏志》下文记天赐二年(405)十二月赐臣吏时，就已经

---

① 《魏书》卷3《太宗纪》，51、53 页。又见同书卷25《长孙嵩传》(补自《北史》卷22)，643 页；卷28《刘洁传》(《北史》卷25同)，686 页。

② 《魏书》卷26《尉古真传》，655 页；同书卷30《安同传》，712 页；同书卷3《太宗纪》，50～51 页。

③ 《魏书》卷27《穆观传》，664 页；同书卷3《太宗纪》，63 页。

④ 《魏书》卷24《崔玄伯传》，623 页；同书卷35《崔浩传》，812 页。

⑤ 《魏书》卷26《长孙肥传》，652 页。

⑥ 《魏书》卷14《神元平文诸帝子孙列传》，364 页。

有"大郡王""次郡王""上郡公""次郡公"等区别，说明"王封大郡""公封小郡"只是一个大致的说法。又，同一地名搭配不同爵称的情况并不罕见，如崔宏先后为白马侯与白马公，① 拓跋纂曾封中山公，又晋爵中山王。② 又如，山阳侯、山阳公，③ 北新侯、北新公，④ 等等。这些例子说明爵位与大小郡县之间没有如诏书所言的严格对应关系。此外，严耀中指出，北魏前期的这些封爵都是徒有其名，天赐制度中所谓"大郡""小郡""大县""小县"只不过是用西晋的历史地名和旧等级区分，当时很多王、公、侯所封的郡县根本都不在北魏境内，如新兴王、日南公之类。所以这些"仅是爵名的区别而已"⑤。严先生指出这些封爵都不是实封是完全正确的，不过也要看到，这种"爵名的区别"背后，有着森严的等级，而且这样的等级作为现实利益分配的框架，绝非无关紧要。在史传中，经常能看到大臣因为功劳或罪过而徙封——即不变爵级而变更封地，如穆崇初封历阳公，后官升太尉，爵也徙为安邑公，历阳县远在江边，自然不如安邑为河东首县，洛京近畿来得光彩。后来又进一步进为宜都公，宜都在西晋为郡，故较安邑为大。⑥ 现在虽然还难以弄清准确的封爵郡县等级，但可以确认的是这种等级一定是存在的，并随着制度的成熟而趋于完备和精细。

第三项措施，"又制散官五等：五品散官比三都尉，六品散官比议郎，七品散官比太中、中散、谏议三大夫，八品散官比郎中，九品散官比舍人。文官五品已下，才能秀异者总比之造士，亦有五等。武官五品已下堪任将帅者，亦有五等。若百官有阙者，则于中擢以补之"，体现了天赐品制的精髓，即爵、散、文、武官的品级划分。为了观察方便，将

---

① 《魏书》卷 24《崔玄伯传》，622 页；同书卷 35《崔浩传》，812 页。

② 《魏书》卷 15《昭成子孙列传》，372 页。

③ 此为奚斤之封爵，分见《魏书》卷 3《太宗纪》(50、52 页)及同书卷 37《司马楚之传》(855 页)、卷 43《严稜传》(959 页)。

④ 此为安同之封爵，分见《魏书》卷 3《太宗纪》，50、51、62 页，及其他传、纪。

⑤ 严耀中：《北魏前期政治制度》，178 页。

⑥ 《魏书》卷 27《穆崇传》，661～662 页。

天赐品制的内容制作为表 7-1。

表 7-1　天赐品制内容示意表

第一品	爵	王：10 人			爵
第二品		公：22 人			
第三品		侯：79 人			
第四品		子：103 人			
第五品	散官	比三都尉①	文官五品以下（总比之造士）	武官五品以下	职官
第六品		比议郎			
第七品		比太中、中散、谏议三大夫			
第八品		比郎中			
第九品		比舍人			

　　从表 7-1 中得到的第一个直观印象是，爵与官之间泾渭分明，四等爵占据前四品，高高叠压在散官以及五品以下文、武官之上；王与五等爵在官品中高居最前列，魏晋官品已然。汉魏爵分王、侯二级，侯及以下尚在二十等爵的框架之下。至魏晋禅代之际，始复五等爵，位于王与列侯之间。这与九品官品创制同在咸熙元年（264），都属于司马氏掀起的制度创新的一部分。② 所以在《通典·魏官品》中，诸国王、公、侯、伯、子、男统统位于第一品。③ 在稍后的《晋官品》中，王已经凌驾于官品之上，不再列入；开国郡公、县公位于第一品，开国县侯、伯、子、男位于第二品。④ 这里我们再次看到天赐品制与魏晋官品相比的形似实异。天赐品制不仅将王、五等爵所占的品级范围大大扩展，而且前四品显得

---

　　①　三都尉指奉车都尉、驸马都尉、骑都尉，见《通典》卷 29 "三都尉"条，810～812 页。

　　②　《晋书》卷 2《文帝纪》，44 页。杨光辉：《汉唐封爵制度》第一章，9 页。阎步克：《品位与职位》第 5 章"官品的创制"，238 页。

　　③　《通典》卷 36，991 页。

　　④　《通典》卷 37，1003 页。

过于单薄，没有像魏晋官品一样列入三公、丞相、大将军、尚书令之类。显然，这时北魏已经有这些官职了，翻开《魏将相大臣年表》则一目了然。[1] 为什么完全不提这些官职呢？我想原因之一是这些官职是旧有的，不是天赐新制度，故而不在此记录；另外，不记官职而记爵品正反映了该制度的实际运行情况，如我们在《魏书》诸纪传中看到的，这时期的高等文、武官几乎都有爵位，以《魏将相大臣年表》所列天赐年间的高官为例，可列为表7-2。赫连文陈是赫连夏王室降魏者，严格意义上不算魏臣。其他人物均有爵位。仅仅列出爵位而不列官职，似乎显示出爵是比官更重要的标尺。这一点还将在后文得到印证。

表7-2　天赐年间高级官员的爵位情况

人物	官职	爵位	备注
拓跋嗣	相国	齐王	后为太宗明元皇帝
拓跋仪	丞相	卫王	
穆崇	太尉	宜都公	天赐三年(406)薨
长孙嵩	司徒	南平公	
庾岳	司空	西昌公	
赫连文陈	上将军	？	赫连屈孑弟，天兴二年(399)归魏，太祖妻以宗女
拓跋遵	征西大将军	常山王	
拓跋绍	征南大将军	清河王	
崔宏	尚书令	白马侯	天赐二年(405)，尚书职罢，赐爵，加周兵将军

从表7-1中得到的第二个直观印象是，散官最高从第五品开始，与文、武官中五品以下者并立。这些散官是什么人？似乎至今没人给出确切的答案。[2] 郑钦仁在研究"中散"的文章里写道："即以'七品散官比太

---

[1]　万斯同：《魏将相大臣年表》，见《二十五史补编》第四册，4490页。

[2]　陈苏镇曾经指出"明确的散官制度始见于北魏"，即天赐年间的五等散官，参看陈苏镇：《魏晋的散官》，1页，北京大学硕士学位论文，1986。仍有不少学者持此观点。但如本文下面所论述的，天赐年间的散官与隋唐或魏晋的散官，实际上是性质迥异的两类官。

中、中散、谏议三大夫'，但查太和十七年（493）之职员令，则太中大夫为第三品下，中散大夫为第四品上，且此时所设七品散官之内容亦不详（疑非采中国官号），竟比太和十七年令之三、四品散官，当与后来官制性格大不相同。……中散、侍御中散等'散官'，说不定即在其中。"①郑先生的推测很有道理。这里的散官并非真正作为阶官的散号，② 而是有一定职事的"中散"之类，从他们所"比"的官名来看，他们的性质应当类似于汉代的"宦皇帝者"，③ 即在宫中皇帝身边做各种事务和杂务的人员。这与《魏书》里提到的"侍官"、比"侍中、常侍"的"内官"、"三郎卫士直宿禁中者自侍中已下、中散已上"，《南巡碑》中的"内三郎""内行内小"，很可能是同一群人。政治体发育的早期，"宦皇帝者"往往扮演重要的角色，如周代的士庶子、辽代的舍利、蒙古的怯薛，都应与北魏前期的"散官"类似。这些"散官"的确存在于宫廷之中，且发挥相当重要的作用。《官氏志》载天赐二年（405）"置内官二十人，比侍中、常侍，迭直左右"，四年"增置侍官，侍直左右，出内诏命"及永兴元年（409）"置骐驎官四十人，宿直殿省，比常侍、侍郎"，正与天兴七年诏书中所言的"散官"相呼应。道武、明元两朝的纪传史料尽管极度简略，"散官"的活动依然班班可考。以猎郎为例，此职常常成为贵族子弟少年时的起家官。长孙翰，道武帝时为猎郎，天赐五年袭父爵蓝田侯；④ 古弼，"初为猎郎，使长安，称旨，转门下奏事，以敏正著称，太宗嘉之……世祖即位……赐爵灵寿侯"；⑤ 安原，"太宗时为猎郎，出监云中军事"，后抵御蠕蠕有功，赐爵武原侯。⑥ 此外，尚有"内侍"或"内侍左右"，这一时期曾任该职者有拓

---

① 郑钦仁：《北魏官职机构研究》第二章"中散"，163～164 页。

② 仅从所比之官来看，参照魏晋官品，三大夫实在议郎之上，舍人也在郎中之上，与天赐品制的序列亦不相合。可见它并非模仿魏晋散官系统而制定的。

③ 参看阎步克：《论张家山汉简〈二年律令〉中的"宦皇帝"》，载《中国史研究》2003 年第 3 期，73～90 页。

④ 《魏书》卷 26《长孙翰传》，652～653 页。

⑤ 《魏书》卷 28《古弼传》，689～690 页。

⑥ 《魏书》卷 30《安原传》，714 页。

跋素①、穆观②、叔孙俊③等，都在少年无爵之时。还有"中散"，④ 如皮
豹子"泰常中为中散，稍迁内侍左右。世祖时，为散骑常侍，赐爵新安
侯"。⑤ 结合上注提到的叔孙俊由内侍左右转为猎郎，似乎"散官"诸职之
间还存在一定的迁转等级。这些"散官"都承担具体的事务，任职者暂无
爵位，但功劳积累到一定的阶段有可能获得爵位。

文官五品以下，总比之"造士"。"造士"一词在此亦有深意。《礼记·
王制》云：

> 命乡论秀士，升之司徒，曰选士。司徒论选士之秀者而升之
> 学，曰俊士。升于司徒者不征于乡，升于学者不征于司徒，曰造
> 士。乐正崇四术，立四教。顺先王《诗》、《书》、《礼》、《乐》以造
> 士。春秋教以《礼》、《乐》，冬夏教以《诗》、《书》。王大子、王子、
> 群后之大子，卿大夫、元士之适子，国之俊选，皆造焉……大乐
> 正论造士之秀者，以告于王，而升诸司马，曰进士。司马辨论官
> 材，论进士之贤者，以告于王，而定其论。论定，然后官之。任
> 官然后爵之。⑥

这段话描述的历程，始于学而终于爵，经历以下几个阶段：秀士—造士
（选士—俊士）—进士—试守官—任官—爵之。⑦ 对于"升于司徒者不征于
乡，升于学者不征于司徒"，《正义》解释为："征谓力役，故云'不给繇

---

① 《魏书》卷15《昭成子孙·常山王遵附子素传》，375页。

② 《魏书》卷27《穆观传》，664页。

③ 太祖时，叔孙俊年十五内侍左右，后以便弓马转为猎郎，见《魏书》卷29《叔
孙俊传》，705页。

④ 参看张金龙：《北魏"中散"诸职考》，见氏著《北魏政治与制度论稿》，286～
299页，兰州：甘肃教育出版社，2003。

⑤ 《魏书》卷51《皮豹子传》，1129页。

⑥ 《十三经注疏》，1342～1343页。

⑦ 《汉书》卷24上《食货志上》有"诸侯岁贡少学之异者于天子，学于大学，命
曰造士。行同能偶，则别之以射，然后爵命焉"（1122页）。以封爵命官合而言之。

役'。此繇役者，供学及司徒细碎之繇役也。上文'命乡论秀士，升之司徒，曰选士'者，虽升名司徒，犹给乡之繇役，以艺业未成。次云'司徒论选士之秀者而升之学，曰俊士'者，身虽升学，亦以学未成，犹给司徒繇役。若其学业既成，免其繇役。……升诸司徒，则不征于乡，升之于学，则不征于司徒，皆免其繇役者，是为造成之士。"造士的原始意思是动词，指由乐正教育造就士，引申为名词指艺业已成的士，艺业造成的标志就是一层层地脱离徭役。造士在这个序列中的位置，是学已有成而尚未有官、爵者，他们是进士的候补者，而进士之贤者就能得到官爵了。造士就处在一个"学而优"与"仕"的临界点上，准确说是获得百官候补资格的人，这一点，正和天赐品制中"若百官有阙者，则于中擢以补之"合若符契。同时，细微的区别再次出现，天赐品制中的五品以下文官已经是"官"了，那么他们和真正的"百官"的区别是什么？正在于牢牢压在这五品之上的爵位。爵是造士的最后归宿，天赐品制下五品的文、武、散官又何尝不是？他们虽然是官，却是爵的候补者。所谓文、武、散的区分，只是宫内宫外、文职武职这样的分工不同，在作为爵的候补者一点上，他们完全可以一视同仁，即在官员分等的意义上他们是完全等同的，这是他们得以整齐并立的原因。

最后再回来看第一节引用过的《官氏志》天赐二年（405）条"又制诸州置三刺史，刺史用品第六者，……郡置三太守，用七品者，县置三令长，八品者"，及孝文帝延兴二年（472）诏书"旧制诸镇将、刺史假五等爵"这两条材料。上文没有细究"假五等爵"中的"假"字，事实上该诏书即解释了"假品"与"赐爵"的区别，即"在职有效，听下附正，若无殊称，随而削之"。① 按制度，镇将、刺史、太守等只是暂时假借一个爵位，要根据在任政绩来决定能否真正得到该爵位。任官的目的在于得爵，由这一特别的制度设计得到完美的证明。张鹤泉和明建两位学者对假爵制度的性质和运行情况进行了考证，根据他们的研究，道武、明元帝时期已经有假

---

① 《官氏志》，2975 页。

爵的记录，而太武帝以下假爵更加频繁地见于史料之中。① 同时，道武、明元帝时期也有大量的已有爵位者出任刺史、太守，或者出任刺史太守而直接赐予正爵或晋爵的例子。后者说明此时先假爵再附正的制度尚未成熟，但地方治民之官需要爵位并且有资格获得爵位这一点，与假爵制度是一致的。那么，"刺史用品第六者"意味着什么呢？品第六者是没有爵位的，一旦被选为刺史，就可以按例被假予五等爵，表现正常则可附正为正爵，或被直接赐予爵位，即使被赐予的是子爵，他也已经晋升到前四品的上层阶级了。爵是官的目标，这是天赐品制运行的真正方式，也是解读北魏前期社会的关键。

第三节 道武、明元时期的"爵本位"社会

从上节对天赐品制运行情况的考察可知，道武、明元时期爵位的封赐对象、降等制度以及封地等级系统的实际情况，都远比天兴七年诏书所描述得更为复杂甚至混乱。但是该诏书所反映的基本精神，即爵重于官，任官的目的在于得爵这一点，是符合当时实际的。爵位在当时的北魏社会到底承担了怎样的角色？阎步克曾提出以"品秩五要素"的配置来考察官僚制中分等分类的具体安排，"五要素"即权责、薪俸、资格、特权、礼遇。② 本节不妨借用此模型，来分析道武、明元时期的爵和官各自的角色。

首先看权责，它无疑主要配置在职官之上。早在天兴年间，邓渊已经主持建立了比较成型的官僚系统，尤其是尚书台系统。北魏前期一度

---

① 张鹤泉：《北魏假爵制度考》，载《吉林大学社会科学学报》2009 年第 5 期，52～59 页；明建：《北魏假爵制度考补》，载《魏晋南北朝隋唐史资料》第 25 辑，2009，62～72 页。

② 阎步克：《从爵本位到官本位：秦汉官僚品位结构研究》，13～14 页。更详细的阐释见阎步克：《中国古代官阶制度引论》第二章至第六章，北京：北京大学出版社，2010。

还发展出了尚书行台，① 这正说明尚书系统在政务处理中的重要性。然而对此时期官僚制度运行的规范性不可估计过高，如神瑞元年(414)春，诏南平公长孙嵩、山阳侯奚斤、北新侯安同、白马侯崔宏等八人坐止车门右，听理万机。这就是《魏书》津津乐道的"八公"。② 长孙嵩此时任司徒；奚斤为行左丞相、郑兵将军；安同为安远将军；崔宏以周兵将军"居门下"，可能相当于侍中，另外四人不详。这里仅有长孙嵩与奚斤的职务与"八公"所做的事名实相副，崔宏居顾问之职，安同只带将军号，这八人坐在同一个地方听理万机，放在华夏式官僚制中看，实在是荒唐。然而他们又都是北魏开国元勋、两朝元老，地位、威望足以当之，这地位的标志，正是他们的封爵。所以史书记载此事，从来都是只写爵位，不言官职。③ 同样的还能见到永兴三年(411)"诏南平公长孙嵩、任城公嵇拔、白马侯崔玄伯等做朝堂，录决囚徒，务在平当"。④ 另外，史书中还有很多官职与活动不符的例子，如泰常年间奚斤为司空，却长期在外征战；⑤ 明元帝时叔孙俊为卫将军，但"群官上事，先由俊铨校，然后奏闻"；⑥ 甚至直到太武帝始光四年(427)征讨赫连昌时，还排出来这样的阵容："司徒长孙翰、廷尉长孙道生、宗正娥清三万骑为前驱，常山王素、太仆丘堆、将军元太毗步兵三万为后继，南阳王伏真、执金吾桓贷、

① 参看祝总斌：《关于北魏行台的两个问题》，见《材不材斋文集下编·中国古代政治制度研究》，322 页，西安：三秦出版社，2006。

② 《官氏志》，2975 页；《魏书》卷 24《崔玄伯传》，622 页；卷 25《长孙嵩传》，643 页。

③ 唯一例外的是《官氏志》，记为"置八大人官""世号八公"。综合纪传资料来看，这更像一个临时的安排，根本不能算是一个制度。张新武在《北魏时期的"八部大夫"、"八大人"和"六部大人"简论》(载《怀化师专社会科学学报》1987 年第 3 期，123 页)一文中就指出这"八大人"或"八公"是特指这八人，不是什么常设官，这一认识是值得赞同的。

④ 《魏书》卷 3《太宗纪》，51 页。

⑤ 《魏书》卷 29《奚斤传》，698～699 页。

⑥ 《魏书》卷 29《叔孙俊传》，705～706 页。

将军姚黄眉步兵三万部攻城器械，将军贺多罗精骑三千为前候。"①按照司徒、廷尉、宗正的常规职能，这个安排也是无法理解的。这是否说明，某些重大职权的分配，实际还是按照威信、地位以及与最高统治者的关系为规则呢？那么，比起尚不健全的官僚制度，这种分配原则与爵位具有更大的一致性。

其次看薪俸。《魏书》明确写道："太和八年（484），始准古班百官之禄，以品第各有差。"②那么在太和八年以前，北魏的百官是无禄的。这时期的官员要么贫苦异常，极端者如高允"惟草屋数间，布被缊袍，厨中盐菜而已"；③ 要么结纳富豪巨贾，共同盘剥牟利。这一现象，早已为赵翼所指出。④ 可见"官"上配置的经济利益的确有限，除非使用非法手段，难以靠当官发财致富。相反，爵虽然是虚封，却是按体制进行财富分配的标尺。⑤孝文帝之前的封爵有没有食邑，还是一个没有定论的问题，内田吟風、宮崎市定、杨光辉等都认为北魏太和十六年以前的封爵没有租秩，没有封邑。⑥ 但川本芳昭认为通北魏一代一直存在食邑制，而且在孝文帝爵制改革以前，只是制定封土地域，不限定食邑户数，孝文帝的改革限定食邑户数反而是皇权的一次伸张。⑦ 且将封邑有无搁置在一边，可以肯定的是，劳动力和财富的直接赐予在此时与爵位大有关联。《官氏志》记天赐元年十一月分赐"臣吏"事曰："诏始赐王、公、侯、子国臣吏，大郡王二百人，次郡王、上郡公百人，次郡公五十人，侯二十五

---

① 《魏书》卷 4 上《世祖纪上》，72 页。

② 《魏书》卷 110《食货志》，2852 页。

③ 《魏书》卷 48《高允传》，1076 页。

④ 赵翼撰，王树民校证：《廿二史札记校证》卷 14"后魏百官无禄"条，301 页。

⑤ 这时高允亦有爵汶阳子，或许爵位过低，或许是操守清廉，总之他应看作一个极端的例子。

⑥ 内田吟風：《北魏封邑制度考》，见《北アジア史研究 鮮卑柔然突厥篇》，125 页，京都：同朋舍，1975。宮崎市定：《九品官人法の研究》第二编第五章九《北魏の封建制度》，446 页。杨光辉：《汉唐封爵制度》第二章，75 页。

⑦ 川本芳昭：《魏晋南北朝時代の民族問題》第二篇第三章《封爵制度》，252〜275 页。

人，子十二人，皆立典师，职比家丞，总统群隶。"唐长孺先生认为"臣吏"指家臣与家兵，这时的私家隶户和奴婢身份较为接近，都属于私家控制的劳动力。① 这次的劳动力赐予，就是以爵为标准的。北魏此时处于四处征服开拓时期，岁岁征伐，作为战利品的隶户、畜产、财货都依功而赐，这样的例子《魏书》里不胜枚举。而爵的赐予和晋升在早期也主要按照军功，既然爵与财富的赐予遵循相同的原则，得爵者必为战功最著、获赏最多者，爵在某种意义上就成了财富分配的尺度。或许正因为只有封爵才能保证经济利益，故而刺史、太守、镇将都必须拥有爵位才能履职，资格尚不够获得正爵的，也要临时假爵。

最后看后三个要素。至于资格，爵位一经授予则为终身制，而且可以世袭。官罢之后，以爵归第也通行于这一时期。相比于官，爵更加牢固地从属于个人。特权方面，世祖神䴥年间崔浩所定律令中有"王官阶九品，得以官爵除刑"，② 可见官和爵在司法上都享有特权。川本芳昭总结出"爵＝官品"的规律，认为封爵者在除官时可享受任同品官的优遇。③ 严耀中也说"由于爵与官品相当，对广大代族及功臣子弟来说，袭爵就是入仕的依据，袭什么爵就能以什么品级的官起家"。④这两个说法都还有待确证，但封爵者要么是王室近亲，要么是功臣勋贵及其子弟，在任官上无疑享受优待。直到唐代，起家叙阶之法，第一标准仍然是封爵，《唐六典》所记的制度是"嗣王、郡王初出身，从四品下叙；亲王诸子封郡王者，从五品上；国公，正六品上；郡公，正六品下；县公，从六品上；侯及伯、子、男并递降一等"。⑤ 在礼遇上，通观历史，"各级封爵地位

---

① 唐长孺：《拓跋国家的建立及其封建化》，见《魏晋南北朝史论丛》，239 页。
② 《魏书》卷 111《刑罚志》，2874 页。
③ 川本芳昭：《魏晋南北朝時代の民族問題》第二篇第三章《封爵制度》，274 页。
④ 严耀中：《北魏前期政治制度》，178 页。事实上，很多贵族子弟早在袭爵之前已经起家做官了，参见本章第二节有关五品以下散官的讨论。
⑤ 李林甫：《唐六典》卷 2《尚书吏部》"吏部郎中员外郎"条，陈仲夫点校，31～32 页。

尊崇，处于历史金字塔的顶端"。① 北魏前期的封爵既然在政治上地位尤其突出，在礼制上自然也享尽优待。天赐二年（405），大驾由鱼丽雁行改为方阵卤簿，"列步骑，内外为四重，列标建旌，通门四达，五色车旗各处其方。诸王导从在钾骑内，公在幢内，侯在步稍内，子在刀盾内，五品朝臣使列乘舆前两厢，官卑者先引。王公侯子车旒麾盖、信幡及散官构服，一皆纯黑"。② 这一安排完全按照天赐元年的官爵品级结构进行，是此品级结构在礼制上最直接的反映。值得注意的是，王公侯子四等有爵者在方阵中的位置完全由爵位决定，与其所居官职无关。

根据以上五要素在爵、官之间配置情况的分析，不难看出，道武、明元时期，爵往往和重大行政职权、丰厚的经济利益、优越的特权和礼遇等联系在一起，而且比官更牢固地附属于个人，更能合法地传递给子孙。联系上一节论述的天赐品制中爵官叠压、爵为官的目标，现在可以得出结论：北魏前期，官僚制度尚未成熟，在社会利益的分配秩序中，爵充当着更重要的标尺。可以说，北魏前期是一个"爵本位"的社会。

第四节　爵本位的政治文化渊源

北魏成为"爵本位"的社会，既是遵循政治体发育的一般途径，也有自身的政治文化渊源。最早建立的游牧高级政治体匈奴，《史记·匈奴列传》记其"官制"曰：

> 置左右贤王、左右谷蠡王、左右大将、左右大都尉、左右大当户、左右骨都侯。匈奴谓贤曰"屠耆"，故常以太子为左屠耆王。自如左右贤王以下至当户，大者万骑，小者数千，凡二十四长，立号曰"万骑"。诸大臣皆世官。呼衍氏、兰氏，其后有须卜氏，此三姓其贵种也。诸左王将居东方，直上谷以往者，东接秽貉、朝鲜；右

---

① 杨光辉：《汉唐封爵制度》，182 页。
② 《魏书》卷 108-4《礼志四》，2813～2814 页。

方王将居西方，直上郡以西，接月氏、氐、羌；而单于庭直代、云
中：各有分地，逐水草移徙。而左右贤王、左右谷蠡王最为大（国），
左右骨都侯辅政。诸二十四长亦各自置千长、百长、什长、裨小王、
相封、都尉、当户、且渠之属。①

从这段史料可以看出，匈奴单于之下，仍有诸多"王、将"组成的"二十四
长"，他们"各有分地"，独当一面，世袭其位，且其下仍有"千长、百长、
什长、裨小王"等，与单于庭直属机构是平行的。美国学者巴菲尔德将这
种结构称为"帝国联盟"（imperial confederacy），单于充当战争首领以及
中原与草原部落之间的单一调解人，在外交与军事事务方面独裁专断，
但在处理内部问题上却依靠协商与联盟。② 由于游牧经济的分散性和移
动性，以及由此带来的分枝型社会结构（segmentary structure），③ 在广
阔草原上，匈奴单于只能以氏族—部落—部落联盟层层聚合的方式建立
起有限的统治，而且这种统治非常依赖于二十四长以及其他有实力的部
落首领的拥戴。这种政治结构中，单于与二十四长间的关系，与其说像
皇帝与朝臣的关系，不如说更接近西汉前期皇帝与关东诸侯王国的关系。
也就是说若与华夏制度相比附，较之官僚制，更接近分封制。同时代的
汉人与匈奴人对于这种政治结构都有明确的认识，故而在将匈奴的政治
名号用汉字表示时，如在匈奴单于至汉皇帝的书信中，就选用了"王"
"侯"这样与分封和爵制相关的词语。这是一种将北族分散君主制与华夏
式封建制度加以链接的努力，此后"王侯林立"遂成为华夏史家理解北族
政治文化的一种既定心理构图。

如果说匈奴建立了一个单于领导下的分散君主制的帝国联盟，那么

① 《史记》卷110《匈奴列传》，2890～2891页。《汉书·匈奴传》此段与《史记·
匈奴列传》基本一致，仅有数处文字调整。

② 巴菲尔德：《危险的边疆：游牧帝国与中国》，袁剑译，46～52页，南京：
江苏人民出版社，2011。

③ 关于分枝型结构与匈奴游牧政治体的关系，可参看王明珂：《游牧者的抉
择：面对汉帝国的北亚游牧部族》，142～147页。

鲜卑诸部在建立国家之前，政治结构上处于远比匈奴松散的状态。东汉安帝时通胡市，筑质馆，"鲜卑邑落百二十部，各遣入质"，① 可见其部落林立，互不统属的状况。大大小小的各部落由"大人"分别统治着，所谓"氏姓无常，以大人健者名字为姓"，② 大人们通过将自己的"名字"冠于部落或氏族之上来标志其统治权。最初大人们的统治权并不稳固，部落常常打散重组，故而氏姓无常。东汉后期维持了 25 年左右的檀石槐联盟，是鲜卑历史上的一个重要时期，檀石槐治下分为东中西三部合六十余邑，无疑是一次大规模的政治体重组，③ 此后"诸大人遂世相袭"。④经过檀石槐联盟时期，鲜卑诸部在政治体演进上前进了一步，诸大人的世袭表示政治体的稳定性加强了，个人名号转化为部族名号的成功率更高了。如《晋书·卫瓘传》言"于时幽并东有务桓，西有力微，并为边害"，⑤ 此处务桓当即乌桓，⑥ 那么与务桓并提的力微也是作为部族名而非人名，至少也是以人名代称部族名。根据罗新的研究，史书上所记的许多"姓"或"名"实际都是官号，许多官号本身也是由官号＋官称构成的，如拓跋（可能是力微的另一官号）、乞伏、沙漠汗、吐谷浑等，多数时候

---

① 《后汉书》卷 90《乌桓鲜卑列传》，2986 页。

② 语出《三国志》卷 30《魏书·乌丸鲜卑东夷传》裴注引王沈《魏书》，832 页。这句话原本是描述乌丸的状况，但既然鲜卑"言语习俗与乌丸同"（同上，836 页），将之看作鲜卑的情况也不至大错。吐谷浑之孙叶延以祖父之名为姓氏，此即鲜卑"以大人健者名字为姓"的显例。

③ 参看黄烈：《中国古代民族史研究》第四章"乌桓和东部鲜卑的社会结构和社会性质"，245～246 页。

④ 《三国志》卷 30《魏书·乌丸鲜卑东夷传》裴注引王沈《魏书》，838 页。

⑤ 《晋书》卷 36《卫瓘传》，1057 页。

⑥ 将乌桓、乌丸写作"务桓"是不常见的。铁弗刘虎之子名务桓，此处务桓是否也是人名呢？仅从此条材料不能完全排除，然而刘务桓在昭成帝初始领部，不得与力微并称；又，铁弗屡寇拓跋西境，不得在拓跋之东。因此，此处幽并之东的务桓所指应当是乌桓。《晋书·卫瓘传》接着写道"瓘离间二虏，遂致嫌隙，于是务桓降而力微以忧死"（1057 页），《魏书·序纪》"其年，始祖不豫。乌丸王库贤，亲近任势，先受卫瓘之货，故欲沮动诸部……"（5 页）所记之事当有关联。

是官号而非姓名成为这一集团的"他称",并最终转变为"自称"。① 也就是说,在国家形态之前的北族社会中,官号和官称的组合以及多层组合是各级统治者标志身份、宣示权力的传统方式。北族的"官号+官称"与华夏的"爵号+爵称"之间,在形式上具有高度的相似性与亲和性。

另一方面,活动于长城边塞附近的北族,对华夏封爵并不陌生,汉代即封周边四夷君长为"国王""率众王""归义侯"等,赐予印绶,② 这一传统也为魏晋所继承。久之,汉式外臣王侯封号与北族自身的名号传统发生了相当程度的混融。东汉末年,三郡乌丸各称王,其中辽东属国苏仆延自称峭王,右北平乌延自称汗鲁王,而在袁绍矫制版文中,他们被称为"辽东属国率众王颁下""右北平率众王汗卢",又云"克有勋力于国家,稍受王侯之命"。③ 从这段史料来看,三郡乌丸的王号具有双重性质,对乌丸部落是"自称"之王,对于汉朝则是自朝廷获得的"率众王",如汗鲁王一名,显然是"官号汗鲁+官称王"的结构,但到袁绍的版文中,则称作"右北平率众王汗卢",王的性质变成了"率众王",原王号汗鲁便被当作了人名。更值得注意的是,此时在乌丸诸"王"之上仍有"单于"之号,袁绍上述版文的内容便是赐三郡乌丸率众王印绶,以蹋顿为"乌桓单于",另外二王为左右单于。其后,"楼班大,峭王率其部众奉楼班为单于,蹋顿为王"。④ 由此不难看出,汉末乌丸中单于-名王的政治结构,既有匈奴制度的影子,同时又被纳入了汉廷授予外臣的封爵制框架中。事实上,南匈奴附汉已数百年,单于之号已大为贬值,成为位居皇帝之下、诸名王之上与封爵性质相近的名号,已被纳入汉魏晋华夏帝国主导的外臣封爵体系之中。魏晋时期,华夏政权对乌丸的名号赐予更加慷

---

① 罗新:《论拓跋鲜卑之得名》,原载《历史研究》2006 年第 6 期,收入氏著《北族名号研究》,49~79 页。

② 《续汉书志》卷 28《百官志五》,3632 页。参看熊谷滋三:《後漢の異民族統治における官爵授興について》,48~63 页。

③ 《三国志》卷 30《魏书·乌丸鲜卑东夷传》,及裴注引《英雄记》,834 页。

④ 《三国志》卷 30《魏书·乌丸鲜卑东夷传》,及裴注引《英雄记》,834~835 页。

慨，景初元年(237)，毌丘俭讨辽东，右北平乌丸单于口娄敦率众降并遣弟诣阙朝贡，朝廷"封其渠帅三十余为王，赐舆马、缯采各有差。"①从汉末的一郡一王到此时的一郡三十余王，封爵供给量的暴增十分显著，这与第五章中提到的南方山地人群所获官爵资源的急剧增长是可以相对照的，其结果都是既加深了华夏式封爵在当地社会中的影响力，又促进了他们政治体的发育。

比乌桓离汉塞更远的鲜卑诸部，也经历了类似的进程。东汉桓帝时，尽有匈奴故地的鲜卑檀石槐联盟势力强大，汉廷也曾"遣使者赍印绶，即封檀石槐为王"，但是"檀石槐拒不肯受"。② 檀石槐不肯接受汉廷所封的王，或者是因为自恃强大不屑于受汉封，也可能是他对单于-名王的外臣封号体系有所了解，故不愿接受更低的"王"号。檀石槐死后，原联盟中的东部诸大人素利、弥加、厥机在建安年间都被曹操掌控的汉廷封为王，厥机死又立其子为亲汉王，魏文帝时以素利、弥加为归义王。③

拓跋部进入边塞地区更晚，然而至西晋末年，也已经进入华夏帝国的封爵体系之中。"桓帝"猗㐌以兵助司马腾，《序纪》云"晋假桓帝大单于，金印紫绶"，④ 时在晋永兴二年(305)。此事《晋书》未载，但卫操为猗㐌所制碑文中，提到"金龟箫鼓"，⑤ 金龟即指龟纽金印，可以印证《序纪》的记载。对于首领自称"可寒"的拓跋而言，从晋朝获得的大单于及其印绶，与其说是来自草原传统的官称，不如说是汉晋外臣官爵之一种。猗㐌死后，猗卢独统三部并援助刘琨有功，永嘉六年(312)，"晋怀帝进帝大单于，封代公"。⑥ 建兴三年(315)，又从代公晋封为代王。有趣的

① 《三国志》卷30《魏书·乌丸鲜卑东夷传》裴注引《魏略》，835页。

② 《三国志》卷30《魏书·乌丸鲜卑东夷传》裴注引《魏书》，837页。

③ 《三国志》卷30《魏书·乌丸鲜卑东夷传》，840页。

④ 《魏书》卷1《序纪》，6~7页。

⑤ 《魏书》卷23《卫操传》，601页。

⑥ 《魏书》卷1《序纪》，7页。又《晋书》卷5《怀帝纪》仅言："刘琨……表卢为代公。"(124页)未记进大单于。但在同卷《愍帝纪》中则记载"单于代公猗卢遣使献马"(128页)，此事据封代公仅两年，可见确同时授予单于之号。

是，此时代郡并不在拓跋部势力范围内。史言猗卢进位代王之后，置官署，明刑峻法，从代公到代王的时期，拓跋政治体建设应有不少进展。猗卢在内乱中猝死，据推测由刘琨所立之碑的残石上，尚有"王猗卢之碑也"六字，学者均同意其上残去一"代"字。① 从猗卢时期开始，拓跋首领世称代公、代王，② 什翼犍在《晋书》中被称为"代王涉翼犍"，③ 拓跋珪复国时也是即代王位，"代"遂成为拓跋集团政治认同的一部分，终北魏一代在石刻中始终有称本国为"大代"的例子。④ 代王之封对于拓跋政治体发展的意义，不容低估。初为代王时，拓跋珪即分封同为昭成子孙的从兄弟仪为九原公、虔为陈留公、顺为南安公，开始了借用华夏爵制改造北族传统政治构造的进程。

此外，西晋在华夏历史上也是一个分封贵族制复兴的时期，司马氏在禅代之际恢复了五等爵制。以八王之乱为契机纷纷入主中原建立政权的五胡诸集团，无不或隐或显地以西晋为制度建设的范本，较之汉代的外臣封号，西晋五等爵制为北族政权提供了更精细的爵制框架，五胡政权中发达爵制之最近渊源即西晋制度。刘渊称帝之时："以其大将军刘和为大司马，封梁王；尚书令刘欢乐为大司徒，封陈留王；御史大夫呼延翼为大司空，封雁门郡公；宗室以亲疏为等，悉封郡县王；异姓以勋谋

---

① 参看田余庆：《关于拓跋猗卢残碑及拓本题记二则——兼释残碑出土地点之疑》，见氏著《拓跋史探》（修订本），252~264 页。此文引柯昌泗"后件题记"推测"其全文当是'晋故大单于代王猗卢之碑也'十二字两行"，田先生认为此说于"残碑上全然无此痕迹，纯系揣测，未必有当"（253~255 页）。然而猗卢初为大单于、代公，进位为代王后，大单于之号应该仍然保持，同时拥有大单于与王两个名号甚至可说是晋末至十六国的惯例，大单于的重要性还在王之上，因而猗卢的头衔至少包括大单于、代王，其碑上刻有大单于的可能性似不宜排除。

② 拓跋仪出使后燕时，对慕容垂说："先人以来，世据北土，子孙相承，不失其旧。乃祖受晋正朔，爵称代王，东与燕世为兄弟。"见《魏书》卷 15《昭成子孙·卫王仪传》，370 页。

③ 《晋书》卷 9《简文帝纪》，228 页；卷 113《苻坚载记》，2898 页。

④ 参看松下宪一：《北魏胡族体制論》第五章《北魏の国号「大代」と「大魏」》，111~158 页。

为差，皆封郡县公侯。"①石勒称赵天王，行皇帝事时，"署其子宏为……大单于，封秦王；左卫将军斌太原王；小子恢……南阳王；中山公季龙……中山王；石生河东王；石堪彭城王；以季龙子邃……封齐王；……挺……梁王。……论功封爵，开国郡公文武二十一人，侯二十四人，县公二十六人，侯二十二人，其余文武各有差"。② 其余十六国政权也不同程度地建立了封爵制。③ 北魏处在十六国历史潮流中，并后来居上，马端临云："元魏时，封爵所及者尤众，盖自道武兴于代北以来，凡部落之大人与邻境之降附者，皆封以五等之爵，令其世袭，或赐以王封。"④已经朴素地认识到了爵制在北魏建国历程中的作用。

综上，自匈奴以来草原游牧政治体已经摸索出适应游牧经济和社会状况的分散君主制——即单于与诸王、将的联合统治，草原传统的政治体制与华夏制度中的封爵制更为接近；鲜卑、乌桓诸部比匈奴更加分散，且缺少总领诸大人的"单于"，其政治常态是部落林立，由大人分别统治，大人们的个人名号以"官号＋官称"构成，又常被冠于其部落之上，成为政治权力的标志，而"官号＋官称"的组合与"爵号＋爵称"也具有很强的亲和力。这两点使得爵制很容易为北族所理解和借用。另一方面，汉魏以来，匈奴、乌桓、鲜卑等北族先后接触到华夏帝国的封爵制度，在边塞附近的诸部中两种制度传统发生了混融，魏晋时代对北族官爵授予的扩大化，进一步加深了华夏爵制在北族中的影响。根据上述几点，可以认为，爵制成为了北族政治体从部落联盟走向官僚制国家的一条捷径。

对于北魏而言，从等级模糊的官号到序列整齐的爵号，虽然体现了传统在一定程度上的延续，但毕竟更重要的意义是使名号背后的权力有

---

① 《晋书》卷101《刘元海载记》，2651页。

② 《晋书》卷105《石勒载记下》，2746页。

③ 关于十六国爵制的基本情况，参看王安泰：《再造封建：魏晋南北朝的爵制与政治秩序》第二章第二节"十六国时期爵制的特点"，60～84页，台北：台湾大学出版中心，2013。

④ 《文献通考》（影印本）卷273《封建十四》，2172页，北京：中华书局，1986。

了秩序，而这个秩序的保证，是新建立的皇权专制国家。进而，爵由亲和功两个途径获得，再经由部落解散，虚封爵邑，赐予臣吏等方式，又加以官爵渐趋一体化，爵的封建性质和部落大人性质逐渐淡化，却与皇权和官僚制越来越紧密地结合起来，直至成为后者的附庸。天赐品制所处的阶段，正是拓跋国家从酋邦旧传统中走出，爵重于官但二者已经开始悄然融合的时期。爵本位注定是一个短暂的阶段，随着皇权专制之下官僚制度的逐渐成熟，分等分类的细密化成为迫切的需求，等级粗疏的爵制需要加入官阶、将军号等因素来进一步区别高下，后两者逐渐分担与取代爵的功能，爵的标尺作用被相对化，爵本位阶段也就宣告结束了。在北魏历史上，这一进程大致发生在太武文成帝时期。

秦汉以来直到近代的中国被习惯地看作官本位的社会，从总体上看当然如此。但如果算上非华夏的各族群建立的政权，恐怕就另当别论了。阎步克曾指出爵禄与吏禄有着不同的起源，针对不同的人群，而且随历史时间的推移而此消彼长。[①] 横向来看，北族建立的所谓征服王朝或者渗透王朝的华夏化过程，也往往伴随着爵禄向吏禄的过渡，即爵本位向官本位的过渡。

第五节　攀附的华夏官僚制

北魏前期社会的爵本位特性已经揭示如上。现在还留下一个问题：为什么天赐品制所反映的这一层性质曲折如此，需要发覆索隐才能推出个大概？本章第一节花了较大篇幅论证天赐品制既非九品官品制，又非九品官人法，不仅仅因为前辈学者对此制度多有误解，更是因为这层误解背后实在有更深刻的原因。误解，是因为《魏书》有意让人错误理解。

通过上文对天赐品制的实际运用情况的考察，可以看出这是一个虚

---

① 参看阎步克：《品位与职位》第二章"爵禄与吏禄"，第三章"从稍食到月俸"，72～159 页。

实相间的制度，而且其中多设有惑人耳目的陷阱。道武、明元时期，异姓封王、始藩王降爵这些或者没有见到实行，或者直接能找到反例，是由于前期制度多变，还是原本没有这样一个系统的制度，均有可能。另一方面，品分为九，四等封爵又居九品之端，形似魏晋官品；百官有阙则补，又立大师、小师、宗师等职比中正，意合九品官人法；文官五等比之造士，暗用《礼记·王制》经说；散官五等各有比附，上追魏晋，下连太和之制。似乎天赐品制就是一个融合官品制与九品官人法，继承了魏晋散官、职官之别，又合于儒经古典的完美制度，而且绝对是华夏制度。

然而，《官氏志》在叙述天赐品制之后的一段话值得注意："初，帝欲法古纯质，每于制定官号，多不依周汉旧名，或取诸身，或取诸物，或以民事，皆拟远古云鸟之义。诸曹走使谓之凫鸭，取飞之迅疾。以伺察者为候官，谓之白鹭，取其延颈远望。自余之官，义皆类此，咸有比况。"《资治通鉴》在处理这段材料时，完全没有理会"初"字，将这套"鸟官"直接看作天赐品制下的官名。[①]《通鉴》的理解或许不无道理。天赐品制中之所以不曾出现一个真正的官名，而只有爵名和比某官，正是因为它的官名"不依周汉旧名"，写下来则华夏美制的光环尽失。在一个官名尚且靠"云鸟"来比拟的时期，这套"鸟官"是否已经有了一个严整的九品序列，而且还有了爵、文、武、散这样细致的划分？看来天赐品制的完美性和华夏性，都要大打折扣了。

在《官氏志》中，我们能看到太多的"比"和"拟"，如"受恩职比特进""八品散官比郎中""初置六谒官，准古六卿""麒麟官……比常侍、侍郎"，等等。这些不仅仅是为了便于理解的诠释性写法，也是一种有意引导读者的叙述策略。郑钦仁认为，《魏书·官氏志》或《南齐书·魏虏传》所见的"比官"，大体有两种意义："其一，即所设的制度与中国过去官制比况，但实际上当时还没有被用以比况的中国官制。其次，所设的官制与

中国官制比况，而两者并存。"①张庆捷指出这种"比"的方式，是为了建立鲜卑官号与汉族官号之间的关联。② 笔者同意张先生的看法，同时按照郑先生的研究，有些用来比况的官职根本不是当时北魏真实存在的。这意味着什么呢？《魏书》以一些不存在的汉晋官名替代了那些不雅观的真实官名，替代的结果，造就了拓跋政权从一开始就是华夏式政权的"史相"。③

这种现象，可以称为"攀附的华夏官僚制"。④ 对于十六国北朝的政权，正统性是一个大问题。这些政权为宣称或建构正统性，或攀附旧皇族血统，如汉赵刘氏政权，可称血统论；或自称合于五德历运，辅以祥瑞图谶，可称天命论；或占据旧京，跨有大片领土，⑤ 可称为疆域论。尽管有这些正统论的支撑，十六国政权和其中的士人大多仍然承认东晋的正统地位，王猛遗言曰："晋虽僻陋吴越，乃正朔相承。"⑥"正朔相承"不仅仅是皇室血统的传承，更重要的是衣冠礼乐为代表的华夏制度文化在南而不在北。北魏孝文帝时期，通过汉化改革，不仅实现了皇权的重振、国家的富强，还为北朝最终夺得正统大旗做好了铺垫。《魏书》所依

---

① 郑钦仁：《北魏官僚机构研究》，162 页。

② 张庆捷、郭春梅：《北魏文成帝〈南巡碑〉所见拓跋职官初探》，载《中国史研究》1999 年第 2 期，59 页。

③ 顺着这一思路，我们至少能发现以下两个疑问：第一，前面考证的"始蕃王"一名，不见于太和前职令，而见于后职令。是其中出现了制度的断裂，还是用太和之制写天赐之事？第二，"宗师"一职，在太和以后为宗室之监察机构，还根据鲜卑旧俗拥有一些类似旧族长的权力（参看周一良：《魏晋南北朝史札记》"宗师"条，330 页，北京：中华书局，1985）。在天赐之世，理应保留更多的鲜卑旧俗，这时的宗师究竟是职比中正，还是更像族长？这两点疑问目前笔者难以回答，且附记于此。

④ 《魏书》在记载北魏早期的史实与制度时，大量运用了这样的叙述策略。如《礼志》中提到明元帝常以九、十月之交亲行的"貙刘之礼"（《魏书》卷 108-1《礼志一》，2737 页），佐川英治正确地指出该仪式仅在"秋季苑中杀牺牲"这点上符合中国貙刘之礼的原意；但又并非在立秋这一天举行，所以其仪式就显得似是而非（佐川英治：《遊牧と農耕の間—北魏平城の鹿苑の機能とその變遷》，载《岡山大学文学部紀要》47，2007，159 页）。对于《魏书》的史料批判，是值得今后继续推进的课题。

⑤ 如徐光对石勒之语："陛下苞括二都，平荡八州，帝王之统不在陛下，当复在谁！"见《资治通鉴》卷 95 晋成帝咸和七年"赵右仆射程遐言于赵主勒"条，2982 页。

⑥ 《晋书》卷 114《苻坚载记下》，2933 页。

据的北魏国史，恰好也是孝文帝以来汉化改革的一个重要组成部分。孝
文帝不仅要将现实制度华夏化，还要通过历史书写让北魏从前的时代也
变得华夏化。佐川英治在关于《魏书》成书历程的研究中，突出强调了李
彪的作用，他在太和年间和宣武帝初年两次编纂国史，不仅将编年体改
为纪传体，而且重构了一个突出道武帝——因为他引入了华夏制度——
的新历史图景，把北魏历史写成一部以孝文帝的汉化改革为顶点的中华
王朝的发展史。佐川还指出《魏书》的书法也受到新的东西对抗形势的影
响，即在与西魏北周对峙的形势下，东魏北齐一方主动对魏末的传统进
行一次反动，上接孝文以来的华夏传统，借以建立正统地位。《魏书》编
纂的背景，是代人历史观与汉人历史观的对立，而《魏书》代表山东士族
一方的立场。[1] 笔者赞同佐川先生的看法，再联系本节所揭示的叙述策
略，《官氏志》所记的天赐品制，之所以那么容易被看作华夏官品制或中
正品制，又与太和以后的制度如此一脉相承，正是从李彪直至魏收数代
史臣不断剪裁、润饰与攀附的结果。

　　本章以《魏书·官氏志》所记的天赐品制为中心，考察了其性质、运
行情况，进而论证道、武明元时期社会的爵本位性质，最后对《官氏志》
的这段材料进行史料批判性的反思。天赐品制的九品既不是九品官品，
也不是九品官人法，而与两者都似是而非。前四品的性质更类似官品，
后五品则具有候补任官资格的性质。前四品有爵者迭压在后五品之上，
后五品的散、文、武尽管职任不同，在爵位候补者这一点上是同质的。
进一步分析可以发现，道武、明元时期的权责、薪俸、资格、特权、礼
遇等要素大多是以爵位为标准配置的，因此这一时期的北魏是个"爵本
位"社会，任官的目标是得爵。爵本位不仅是政治体发育的一般途径，也
有符合北族自身的政治文化渊源，又与西晋末十六国的整体制度环境相

---

　　[1]　佐川英治：《東魏北齊革命と〈魏書〉の編纂》，载《東洋史研究》64卷1号，
2005，37～64页。

适应，因而成为北族借以沟通部落联盟与华夏官僚制帝国的一条捷径。另一方面，从次序模糊的北族官号到序列整齐的华夏爵号，虽然体现了传统在一定程度上的延续，但更重要的意义是使名号背后的权力有了秩序，而这个秩序的保证，是新建立的皇权专制国家。而天赐年间制度之所以如此云山雾罩，是因为《魏书》自李彪以下的历任编者，试图用各种叙述策略将北魏历史描述成一部一开始就高度华夏化的历史，如同十六国的历史撰述一样，这种史学叙述本身也构成北魏华夏进程的一部分。

结语　政治体视角下的华夏与华夏化

为了从政治体而非族群的角度来认识华夏，本书主要进行了如下的探讨。

第一章首先考察了华夏这一认同符号的出现过程。华夏最初被称为"有夏"，是灭商占据中原之前周人及其军事联盟的自称。周人没有自居夏后氏后裔的意识，"有夏"之"夏"最有可能取义"西方"，"有夏"等同于"西土之人"，很可能来源于殷商对周人的他称，这个以地缘和共同政治目的结合的短暂联盟，不能看作族群。西周时，"周人"和"诸姬"成为宗法制下各诸侯最常用的认同符号，"夏"与"诸夏"一度被淡忘了。直到春秋年间，"诸夏"重新成为霸主们团结诸侯尊王攘夷的一面旗帜，从现存史料来看其首倡者是齐桓公。齐国在以"诸姬"为核心的西周诸侯中处于"异姓为后"的不利地位，因而齐桓公需要找到一个更具包容性，且能突出齐国的重要地位的新认同符号，西周初年以姬姜联盟为核心的"有夏"恰好符合这一要求。一方面，它比"周人"具有更大的包容性，着眼于共同的礼乐文化和政治立场，开始超越一族一姓的狭隘血缘关系；另一方面，以姓氏血统为标准的旧族类观还有相当的力量，所以一些尚在夷夏边缘的诸侯国设法通过联姻、攀附祖先谱系等方式加入诸夏。这一阶段的"诸夏"，和族群最为接近。经过数百年的兼并战争，中原地区的夷狄已经被消化殆尽，诸夏成为一个最强势的政治集团，尊夏卑夷的观念也于此时定型。从前不被认为是周人的诸侯国如杞、陈、吴等纷纷加入诸夏的大旗下，各诸侯国内部上下层的周人、殷人之分得以渐渐消弭，趋于融合。楚在春秋时被诸夏视为"非我族类"的大敌，到战国时也跻身冠带七国之一，不能自外于诸夏的政治体系。因为七国皆为诸夏，战国时的争战从未打出"攘夷"的旗号，所争的是谁能兼并诸侯统一诸夏，不管秦帝还是楚王，天下都已是诸夏的天下。

接续战国末期诸夏连成一体的趋势，秦最终吞并六国，将战国时复数的诸夏整合为单数的华夏，并且建立了一个权力空前集中的大帝国。华夏帝国建立后，在中央集权的控制下，用交通线将大大小小的郡县城市、驿传、亭障联结成一个巨大的网络，在此网络上人力、物资以至信息、观念可以顺畅地流通，以达到集举国之力于一处的目的。这使得华夏帝国与尚未加入帝国的周边人群之间的实力对比变得更加悬殊，构成了秦汉两朝大举扩张疆域的基础。但是，在汉武帝时期，汉朝的扩张在各个方向上显出力不从心的态势，一些已经设置的边郡也被放弃。汉帝国疆域的层次结构可自内而外分为内地层、网状边郡层和触角层。其中网状边郡层是帝国较为稳定的边境，最适合用来分析帝国的疆域情况。尤其是汉代一度设置而又被迫放弃的几个郡，说明了帝国扩张的极限所在。限制秦汉帝国扩张的因素主要有三个：第一是中央集权制度容易使局部的问题变成全国的负担，从而引发帝国内部反对集权的离心要求，出现"土崩"之势。第二是地理环境和相应的经济生态。海拔较高、交通不畅、居住分散，以及更为重要的当地的生态环境不适合进行农业开发等原因，都能有效地阻止帝国势力的进入。第三是原住人群的政治组织形态，这一点与第二个因素有关又独立发挥作用。最易被华夏帝国吞并和整合的是规模较小的华夏式高级政治体；最难被统治的是缺少稳定政治体的分散居住的山地人群；居于两者之间的是从部落到酋邦的形形色色的中等规模政治体，他们可以以间接统治的方式被吸纳进帝国体系，在相当长的时期内帝国需要维护甚至扶植当地人群中已有的政治体及其首领，而且不能向他们摊派过多的赋役负担。在正式成为帝国的郡县之前，这些地域应被视为帝国的内部边缘。

华夏帝国的扩张，在西北、北方、东北、西南等方向都受到明显的外部限制以后，在华南和西南的山地丘陵地带，找到了突破口。在华夏网络稳固建立以后，南方的山地被平原郡县城邑和连接其间的交通线所分割，被圈进华夏网络的网眼中。这种格局，使得上述三个限制因素都得到了一定的化解。首先，一片山地被数个平原郡县所包围的形势，使针对山地未归化人群的军事活动可以依靠邻近郡县的力量完成，一般无须动用举国之力或长途运输后勤补给。其次，山区密布的河流既提供了入山的通道，也具备进行农业开发的潜质，到六朝时期，这些河谷逐渐被开辟为郡县。最后，南方山地已有的中等规模政治体，较容易被帝国以间接统治的手段加以控制。在此之外，被华夏网络分割后的南方山地的经济表现出明显的不自足性，对于有些山中无法生产的盐、铁等物品，山中的居民不得不仰赖与平原地区的贸易。而由于帝国对这些重要物资的生产和运销实行管控，山中的人们便无法真正地远离帝国政治体系而封闭地生活。这成为华夏势力深入山地的一个积极助力。总之，汉帝国在北方的扩地受到重重限制之后，转而采取"来远人"的方式诱导或强迫塞外的非华夏人群迁徙入塞，以获得更多的人口；而在南方，内地的边缘上帝国的疆土在很长时期内都拥有扩张的潜力，官府致力于将统治深入山中的河谷，也试图将山上的人引出河谷和平原成为承担赋役的承担者。南方的开发潜力也吸纳了大量从北方南迁的人口，其中也包括很多因逃避赋役或战乱遁入山林加入蛮人的原华夏编民。北方吸纳的匈奴、乌桓、氐、羌等非华夏族群，需要漫长的时间去转化为完全的华夏编户，在转化完成之前其人数的迅速膨胀对帝国本身形成了重大威胁；在北方的华夷力量对比终于出现"五胡乱华"的失衡局面以后，南方新扩展和有待开拓的广阔土地成为接纳北方华夏移民的最佳区域。在此意义上，两汉魏晋在南北的扩张模式的差异，为此后数百年的南北对峙并存奠定了基础。

当华夏帝国的疆域在各方向达到极限，无法再向前推进时，华夏知识精英认识到边境线内外的异族将长期与华夏共存。虽然在政治上短期内无法整合，但华夏知识精英所建构的符号化的帝国秩序，已将非华夏人群冠以"蛮夷戎狄"等名称整齐地纳入其中。帝国符号秩序（即符号化的帝国秩序)是以现实中的汉帝国为基础而进一步理想化的结果,涉及非华夏族群的部分也常被称为"华夷秩序"。华夏认同不是在排斥夷狄的基础上建立的,华夏及其主导的帝国符号秩序只有加入夷狄的角色才能完整,华夏正是在与夷狄的相对关系中才能定位自身。夷狄在帝国符号秩序中的存在体现在华夏的天文图景、地理想象、礼乐制度、官僚制度等诸多方面,第三章中选取了前人较少注目的礼乐制度和天文图景中的华夷秩序展开论述。最晚从王莽开始,围绕禅让的各种合法性论证中,蛮夷率服就成为不可缺少的一环,在魏晋以下的受禅者的郊天策文中,普遍提到蛮夷的支持、服从或者对胡虏的征服。王朝的日常的礼乐制度中也有夷狄的位置。在两晋南朝的宫廷雅乐歌词中,亦有很多涉及夷狄的内容。其中指其他华夏政权如三国时的吴、蜀为夷狄是在符号秩序上维持大一统的重要手段。

天文星占在中古时期具有双重性质,既是一种富有权威的实用性知识,又是具有意识形态色彩的符号秩序。天上的星官与地上的皇帝、宫廷、百官、州郡一一对应,使天界与人间被放进了统一秩序之中,星空因此成为华夏帝国在天上的投影。在这个投影中,夷狄依然有着不可忽视的位置。在战国后期形成的天文星占诸家学说中,一派以昴宿对应匈奴,而以昴毕之间作为华夷中外的界限,这一学说在后代得到了发扬。昴宿与匈奴的对应,源于昴与旄头的同音,而秦汉皇帝仪仗中的旄头原义为披发之人,由此昴宿与披发的匈奴建立了关系,而形似掩兔工具的毕宿因此对应于边境的军队。借助昴宿,在华夏的天文图景中,夷狄获得了一个永恒但边缘的位置。作为胡星的昴真正受到重视,从边缘走到中心,要等到五胡十六国时期。十六国的君主们重视昴宿星占的实际作用,但在宣传中一般回避昴为胡星的说法,而尽量采用分野说进行化解。在重视昴宿之外,一些十六国政权还开始努力使紫宫、心、房、大角等象征帝国宫廷或皇帝的星象与自己关联起来,显示出他们利用华夏的符号体系维护自身合法性的努力。

除了意识形态色彩较重的帝国符号秩序,华夏精英还通过经学、史学两种路径，进行有关异族群的知识建构，以塑造他者的形象。现代史学在研究古代非华夏族群时，面对的材料因视角单一而显得尤其一致，因而常常被认为是确定无疑的"客观事实"，并由此得出更多确定的"客观知识"。第四章对这种知识的创建过程进行分析，第一节考察了经学子学中四夷框架的形成过程，从中可以看出其主观演绎性，说明夷蛮戎狄的命名、与四方的对应以及各方异族与固定数字的搭配，都仅仅反映了华夏对四方的认识与想象，不能据此认识周边非华夏人群的实际状态。第二节讨论史学中有关异族知识的建构，首先通过分析夷狄传在正史编次结构中变化，发现无论是《史记》的以事件为中心编排列传以说明帝国秩序的形成，还是《汉书》中用类传来展示理想的帝国秩序结构，史学中有关夷狄的撰述总是服务于阐释帝国秩序的目的。魏晋以下的史学撰述进一步接受经学的影响，从鱼豢的《魏略》、谢承的《后汉书》到司马彪的《续汉书》能明显看到借用经学夷蛮戎狄的框架来编撰"四夷传"的趋势，这种史学撰述的实践在范晔的《后汉书》中臻于成熟。北朝史学撰述传承了《后汉书》的体例，到唐初官修诸史中，遂出现了形式完备的"四夷传"。由于四夷框架原本就带有很强的想象性，以四夷框架来编撰的四夷传在"客观知识"之外就具有了更多的仪式色彩。在史书的编次之外，第二节还进一步讨论了正史夷狄传中叙述策略的问题。《史记·匈奴列传》使用了巧妙的叙述策略，用插叙和留白的手法将匈奴与古代的戎狄关联起来，从而建立其匈奴的谱系渊源；这种文本结构和叙述策略被范晔的《后汉书》严格地模仿，用来叙述西羌、东夷和南蛮的渊源。《史记》《汉书》《后汉书》既记载了作为后世华夏帝国典范的两汉王朝的历史，而且它们的史学撰述方法本身也成为后世修史的典范。正是这种对异族渊源的叙述手法，不仅在华夏知识世界建立起复杂的夷狄谱系树，而且最终也影响了非华夏族群对自身历史的认知，以及他们借以凝聚族群的认同方向。更重要的是，这种谱系化的思维方式，在现代民族史研究中仍然无处不在，民族谱系的存在是将民族看作一个永恒实体的重要表现，因此反思这种谱系化思维定式是十分必要的。

在帝国符号秩序日臻完备的时期，现实中的东汉帝国崩溃了，此后的几百年中，在原汉帝国疆域之类出现了多个并立的政权。虽然现实中"大一统"帝国已不复存在，但是两汉时期构建的符号帝国秩序却存留下来。西晋政权覆灭以后，五胡十六国的北方与东晋控制的南方走上了极不相同的历史道路。在南方，华夏帝国的统治得到了保留和强化，引起一些原本非华夏的人群和地域走上华夏化的道路；在北方，五胡十六国北朝的大多数政权都是由非华夏的力量建立的，但到了北朝末期，北魏及其后继者北齐北周已经是完全的华夏式帝国了。

第五章讨论了南方山地的华夏化进程。这一进程不是直线推进的，非华夏的力量一度出现膨胀的趋势，在局部地区出现了华夷力量对比逆转的局面，其原因之一是华夏网络在南北之间以及南方内部出现多处断裂。位于断裂带的山区，摆脱了被华夏网络的平原结点包围的处境，一变而成为连接和平衡各方平原势力的枢纽，在政治上获得了主动地位。与之相应，这些地区的非华夏人群成为两侧华夏政权竞相笼络的对象，笼络的方式是竞相授予爵号，赏赐金帛。南方山地社会的政治体发育对华夏帝国从外部输入的政治、经济资源的依赖也随之得到缓解，山地非华夏人群的政治体规模迅速壮大，组织能力和军事实力都随之增强。但是，南方山地社会的政治发育从一开始就是在华夏帝国的政治文化框架中进行的，其成长发育不过是沿着帝国官僚制的路径不断上升的过程。从夷王、邑君到左郡太守左县令长，再到正郡正州的太守、刺史，蛮酋的官爵的华夏化反映了其领导下的政治体的华夏化。

北方的情况大不相同，建立国家政权的大多是来自北边、西北边的非华夏集团，大多数尚保留着游牧世界的部族政治传统。但五胡诸国从在中原建立政权之日起，就开始使用两汉魏晋的官爵名号，表现出积极接受华夏政治文化的倾向。而十六国的史学撰述，在这种倾向下更进一步，将许多十六国的君主塑造成具有深厚华夏文化素养，生来就带有天命所归的种种神异和奇表的人物。这些史书还通过巧妙的"模式化叙述"，不动声色地将十六国的历史与汉魏的历史融合到一起。这些史书呈现出的十六国的"史相"，既是与史实有别的虚饰的假象，也是十六国政权积极利用华夏历史中的符号来实现自我华夏化的真实努力。

第六章对于十六国的华夏化与历史书写之间的关系进行了分析。北魏从十六国中脱颖而出，最终孕育了新型华夏帝国隋唐王朝的诞生。从塞外游牧部落到华夏式帝国政治体的演进的过程，终北魏一代始终没有停止。北魏因此成为考察来自草原世界的中级政治体接受和改造华夏帝国政治文化，实现自我华夏化的最佳案例。第七章从《魏书·官氏志》中所记的北魏天赐年间的官爵品级制度入手，论证了道武、明元时期社会突出的爵本位性质，最后对《官氏志》的这段材料进行史料批判式反思。天赐年间的官爵品级制度既不是九品官品制，也不是九品官人法，而与两者都似是而非。其实质在于将前四品有爵者叠压在后五品之上，后五品的散、文、武诸官尽管职任不同，在爵位候补者这一点上则是同质的。这时期各种利益分配均以爵为标准，可以看作"爵本位"的社会。爵本位既曾是华夏古制，也较为切合北族在草原游牧环境中形成的政治文化，加之在长城边塞地带的北族已经熟悉华夏帝国的外臣封爵制度，使得北族进入中原建立的高级政治体尤其重视爵制，爵本位体制成为沟通北族部落联盟与华夏官僚制国家的一条捷径。而天赐年间制度之所以被研究者看作高度华夏化的制度，实是《魏书》所采取的叙述策略所致。《魏书》所采取的叙述策略，源于孝文帝以来利用史学撰述建构"华夏化的历史"的努力，其本身也是北魏华夏进程的一部分。

以上是本书的主要论点。在政治体论的思路下，华夏可以看成是秦汉式帝国政治体的自称符号。秦汉魏晋时期，帝国政治体的长期存在，使得以华夏等符号表示的政治文化具有了独一无二的霸权地位。汉帝国扩张所及的范围之内，别种样式的高级政治文化完全没有可能出现了。因此，到魏晋以下，华夏帝国的政治实体虽然仅残存于南方，但其政治文化以及其中表示华夷关系的符号秩序则在南北都是无可替代的合法性话语。摆在南北方非华夏人群面前的华夏化道路有两条：一是通过与现存的旧华夏帝国的进一步接触，逐渐成长为中等规模的华夏政治体，被华夏帝国吸纳为州、郡、县等次级组织；二是建立自己的高级政治体，再通过利用帝国符号体系来逐渐采用其政治文化，并以此宣称这个帝国就是华夏帝国。前一条情形主要发生在南北之间和南方内部的网络断裂带上，后一条道路则适用于北方的十六国与北朝。

附录一　南北朝时期的氏族之辨——从《南齐书·高逸传》"民族弗革"一语说起

一

《南齐书·高逸传》载顾欢与人辩论佛道二教异同，说道"今诸华士女，民族弗革，而露首偏踞，滥用夷礼"。① 至 21 世纪初，遂被学者发掘，以为这是"民族"一词在我国古代的最早用例，② 此说流行甚广。然而中华点校本校勘记曰："'民'，南监本及《南史》《元龟》八百三十作'氏'。"③这处版本与他校的异文不应被忽略。南监本时代较晚，《南史》又是成于唐代的他书，尤其值得重视的是《册府元龟》的异文。《册府元龟》卷八三〇所引顾欢之论，字句详于《南史》，除少数异文外全同《南齐书》，故其所录为《南齐书》可以无疑。今中华点校本《南齐书》所据底本为百衲本，而百衲本所影宋本即傅增湘双鉴楼所藏"宋刻宋元明初递修本"，④ 其文本乃北宋中期曾巩等校订，完成于治平二年(1065)。⑤ 北宋刊本早已不存，

---

① 《南齐书》卷 54《高逸·顾欢传》，934 页。
② 邸永君：《"民族"一词见于〈南齐书〉》，载《民族研究》2004 年第 3 期，98～99 页。
③ 《南齐书》卷 54《高逸传》校勘记(三〇)，950 页。
④ 尾崎康：《正史宋元版の研究》终章《正史宋元版書誌解題》，390～392 页，东京：汲古書院，1989。
⑤ 傅增湘：《藏园群书经眼录》卷 3《史部一·南齐书》，210～211 页，北京：中华书局，1983。

南宋绍兴年间在四川眉山重刻，为"眉山七史"之一，① 而今所据宋本更是 50 年后浙中复刻之本。② 另一方面，《册府元龟》于大中祥符六年(1013)编成，比之曾巩校订《南齐书》，早了半个世纪，而今所见《册府元龟》含有卷八三〇的残宋本(现藏于日本静嘉堂文库)也是南宋中期于眉山刊刻，③ 与浙本《南齐书》约略同时。在此意义上说，《册府元龟》所引《南齐书》异文是很有参考意义的。

结合当时的语境来看，此处原文极可能是"氏族"。其证有三：

第一，"民族"连用除此一例之外，在古代文献中极为罕见。南齐时代以至整个魏晋南北朝，仅此一例，孤证难立。而"氏族"是当时最为流行的词汇之一，详见下文。

第二，或有人怀疑此处原作"民族"，《南史》之"氏族"乃因唐代避讳"民"字而改。唐代避"民"字讳改字，从民之字改为从氏，如"昬"改作"昏"；但"民"一般改为"人"或"甿"，或缺笔，④ 未见改民为氏之例。⑤ 避讳改字之说难以成立。

第三，古籍传抄刊刻中"氏"与"民"二字因字形相近而易互讹。⑥ 多数情况下是民讹作氏，因为减笔比加笔更容易发生，然亦间有氏讹作民

① 晁公武撰，孙猛校证：《郡斋读书志校证》卷 5"正史类·宋书"条，184 页，上海：上海古籍出版社，1990。

② 张元济：《校史随笔》"宋书·蜀大字板在南宋时入浙"条，39～40 页，上海：上海古籍出版社，1998。黄永年：《古籍版本学》第五章"宋刻本"，88 页，南京：江苏教育出版社，2005。

③ 参看《宋本册府元龟》影印说明，1～3 页，北京：中华书局，1989。

④ 陈垣：《史讳举例》卷 8《历代讳例》"唐讳例"条，147 页，北京：中华书局，1962。

⑤ 浦起龙针对明刻本《史通》中"自辽而左，氏属慕容"一句批评道："氏"字当由"民"字之讹。唐讳"民"为人，亦有信手忘讳者。因"民"作"氏"，岂复成语(刘知幾撰，浦起龙释：《史通通释》，478 页)。可见在他看来，"民"因避讳改作"氏"是不可理解的。

⑥ 这两个字的形近互讹，是在秦汉时代汉字隶变之后才经常发生的。参看黄文杰：《氏民辨》，见《容庚先生百年诞辰纪念文集(古文字研究专号)》，696～708 页，广州：广东人民出版社，1998。

的例子。如《周礼注疏》卷二十"春官小宗伯"条郑众注"九皇六十四民"，其中"六十四民"即为"六十四氏"之误。①

二

如上所论，"民族弗革"的文本已是疑问重重。然而，顾欢的这段文字既是以华夷之辨来论证佛道异同问题，那么此处的"氏族"或"民族"是否具有现代意义上民族（nation）或族群（ethnic group）的含义呢？然所谓现代意义的民族和族群定义也纷纭复杂，难以简单概括，不妨先来确定顾欢的用法。

顾欢所处的南北朝时期，是谱牒之学极为发达的时代，《隋书·经籍志》著录的题为"百家谱""姓族谱""诸姓谱"等书籍就有数十种。② 郑樵有一段很好的概括：

> 自隋、唐而上，官有簿状，家有谱系，官之选举必由于簿状，家之婚姻必由于谱系。历代并有图谱局，置郎、令史以掌之，仍用博古通今之儒知撰谱事。凡百官族姓之有家状者则上之，官为考定详实，藏于秘阁，副在左户。若私书有滥，则纠之以官籍；官籍不及，则稽之以私书。此近古之制，以绳天下，使贵有常尊，贱有等威者也。所以人尚谱系之学，家藏谱系之书。③

家世门阀是当时重要的政治和文化资本，故而氏族之辨就成为社会精英们极为关注的事。氏族之辨所辨何物？《宋书·宗越传》云：

> 本为南阳次门，安北将军赵伦之镇襄阳，襄阳多杂姓，伦之使

---

① 清人张宗泰已有详论，参看张宗泰：《质疑删存》卷上"小宗伯注六十四氏氏误作民解"条，吴新成点校，25 页，北京：中华书局，1988。

② 《隋书》卷 33《经籍志二》，988～990 页。

③ 郑樵：《通志·氏族略第一》"氏族序"，王树民点校，1 页，北京：中华书局，1995。

> 长史范凯之条次氏族，辨其高卑，凯之点越为役门。……出身补郡吏。……元嘉二十四年（447），启太祖求复次门，移户属冠军县，许之。①

宗越被定为"役门"，也就是被排除于士族之外，于是只能从杂役之类的"郡吏"出身。他因军功得以擢升之后，念念不忘的是恢复"次门"即"次等士族"的家格。可见，在九品官人法行用的时代，氏族之辨首先是解决高卑贵贱的问题，它直接关系到当事人及其后代的仕宦前途。而对高卑贵贱的判断依据，又是其先祖的仕宦经历，于是不断上溯以至一姓始祖的谱牒便大量被制作出来。②

中古时期，氏族之辨受到广泛关注，以致成为一种共享的常识，又成为精英阶层的谈资。如《北齐书》载东魏末期李绘出使梁朝事云：

> 与梁人泛言氏族。袁狎曰："未若我本出自黄帝，姓在十四之限。"绘曰："兄所出虽远，当共车千秋分一字耳。"一坐大笑。③

南北方士人引经据典地共同谈论"氏族"话题，无疑是以双方都共享着相同知识为基础的。又如，《隋书·艺术·卢太翼传》载：

> （炀）帝常从容言及天下氏族，谓太翼曰："卿姓章仇，四岳之胄，与卢同源。"于是赐姓为卢氏。④

隋炀帝赐姓之际，不忘炫耀一下自己"氏族"学的修养。

此种士族的文化品位，影响甚至及于北方异族之人。十六国后期赫

---

① 《宋书》卷83《宗越传》，2109页。

② 中古谱牒的情况，参看陈直：《南北朝谱牒形式的发现和索隐》，见氏著《文史考古论丛》，218～230页。陈爽：《出土墓志所见中古谱牒研究》，上海：学林出版社，2015。

③ 《北齐书》卷29《李绘传》，395页。

④ 《隋书》卷78《艺术·卢太翼传》，1769页。

连勃勃为自己改姓的著名诏书，就引用了当时流行的氏族理论和知识：

> 下书曰："朕之皇祖，自北迁幽朔，姓改姒氏，音殊中国，故从母氏为刘。子而从母之姓，非礼也。古人氏族无常，或以因生为氏，或以王父之名。朕将以义易之。帝王者，系天为子，是为徽赫实与天连，今改姓曰赫连氏，庶协皇天之意，永享无疆大庆。系天之尊，不可令支庶同之，其非正统，皆以铁伐为氏，庶朕宗族子孙刚锐如铁，皆堪伐人。"①

从北族政治传统来看，这道诏书要解决的问题，其实是通过改姓区别开皇族和支庶，从而缩小汗位继承人的候选范围。② 但从表达形式来说，正是华夏传统中的命氏理论为此诏书披上了"合法性"的外衣。无独有偶，远在青海的吐谷浑首领叶延，也有过类似的言论：

> 又曰："《礼》云公孙之子得以王父字为氏，吾祖始自昌黎光宅于此，今以吐谷浑为氏，尊祖之义也。"③

现存有关吐谷浑的史料，多由他国使臣记录而成，这话大概不是直接出自叶延之口，但此种附会吐谷浑人不会陌生，很可能就出自其政权内部。

三

与吐谷浑和赫连夏一样，拓跋政权自入主华北以来，也不得不面对此类社会观念。由于拓跋集团自身的北族属性，在南方纯粹用来分辨高下贵贱的氏族之辨，在北魏却涉及了华夷的问题。因为氏族之辨重视本氏族自五帝三代秦汉魏晋以来的长期履历，按这一标准，塞外夷狄无疑

---

① 《晋书》卷130《赫连勃勃载记》，3206 页。
② 这一过程在北魏的表现，参看罗新：《北魏直勤考》，原载《历史研究》2004年第 5 期，后收入同作者《中古北族名号研究》，80～107 页。
③ 《晋书》卷97《吐谷浑传》，2539 页。

是地位极低的。掌握政权的征服者适应和改造于己不利的社会观念，经历了漫长的过程，一些夹杂其中的人付出了流血的代价，如崔浩。《魏书》云：

> （崔浩）大欲齐整人伦，分明姓族。……浩败颇亦由此。①

值得注意的是，《魏书》在此处所用的词语是"姓族"。"姓族"一词极少用于南朝，而多见于北朝史料，而"氏族"是南北方都通行的。这大约是因为孝文帝颁布的改姓诏书，以法令形式规定了"姓"和"族"，但未提到"氏"②：

> 太和十九年（495），诏曰："代人诸胄，先无姓族，虽功贤之胤，混然未分。故官达者位极公卿，其功衰之亲，仍居猥任。比欲制定姓族，事多未就，且宜甄擢，随时渐铨。其穆、陆、贺、刘、楼、于、嵇、尉八姓，皆太祖已降，勋著当世，位尽王公，灼然可知者，且下司州、吏部，勿充猥官，一同四姓。自此以外，应班士流者，寻续别敕。原出朔土，旧为部落大人，而自皇始已来，有三世官在给事已上，及州刺史、镇大将，及品登王公者为姓。若本非大人，而皇始已来，职官三世尚书已上，及品登王公而中间不降官绪，亦为姓。诸部落大人之后，而皇始已来官不及前列，而有三世为中散、监已上，外为太守、子都，品登子男者为族。若本非大人，而皇始已来，三世有令已上，外为副将、子都、太守，品登侯已上者，亦为族。凡此姓族之支亲，与其身有缌麻服已内，微有一二世官者，虽不全充美例，亦入姓族；五世已外，则各自计之，不蒙宗人之荫也。虽缌麻而三世官不至姓班，有族官则入族官，无族官则不入姓族之例

---

① 《魏书》卷 47《卢玄传》，1045 页。

② 在此之前的太和二年，有道诏书中写道："又皇族贵戚及士民之家，不惟氏族，下与非类婚偶。"（《魏书·高祖纪》，145 页）这或许说明"姓族"这一新的法律词汇当时尚未发明出来。

也。凡此定姓族者，皆具列由来，直拟姓族以呈闻，朕当决姓族之
首末。"①

　　从太武帝时期对崔浩"齐整人伦"的拒斥，到孝文帝改革时由官方来"分定
姓族"，北魏政权和社会经历了巨大的变化。这一最终的解决方案，是学
习了南方以氏族高下决定仕宦的路子，但确立由朝廷以至皇帝本人判定
姓族高下之制，同时为代北的各姓在原有的框架中找到了优越的位置，
所谓"一同四姓"即与原华夏高门同等对待。这里的姓、族是高下有别的
两等，此后"姓族"便成为北朝社会中的主要身份尺度之一，其本质与南
方的"氏族"并无不同。另外，惯用的氏族一词在北方仍被沿用，孝文帝
的这一行动在《魏书》一些传中也被写作"初定氏族"②"辨天下氏族"③等，
说明这两个词汇是可以混用的。

四

　　姓族与氏族两词的混用，很大程度上是因为姓和氏的混用，这种情
况从很早就开始了。古人早已注意到这一问题，唐张说论曰：

　　　　古未有姓，若夷狄然。自炎帝之姜、黄帝之姬，始因所生地而
　　为之姓。其后天子建德，因生以赐姓，黄帝二十五子，而得姓者十
　　四。德同者姓同，德异者姓殊。其后或以官，或以国，或以王父之
　　字，始为赐族，久乃为姓。降唐、虞，抵战国，姓族渐广。周衰，
　　列国既灭，其民各以旧国为之氏，下及两汉，人皆有姓。④

郑樵所论与张说略同：

---

①　《魏书》卷113《官氏志》，3014～3015页。
②　《魏书》卷27《穆子弼传》，674页。
③　《魏书》卷57《崔挺传》，1265页。
④　《新唐书》卷125《张说传》，4404页。

秦灭六国，子孙皆为民庶，或以国为氏，或以姓为氏，或以氏为氏，姓氏之失自此始。①

顾炎武《日知录》有多条论及姓、氏族等，颇为详尽：

言姓者，本于五帝。……自战国以下之人，以氏为姓，而五帝以来之姓亡矣。②

战国时人大抵犹称氏、族。汉人则通谓之姓，然氏族之称犹有存者。……姓氏之称，自太史公始混而为一。本纪于秦始皇则曰姓赵氏，于汉高祖则曰姓刘氏。③

现代学者岑仲勉的总结则更为简洁明了：

中邦古礼，姓以统氏。姓，百世不变者也；氏，数世一变者也。氏同姓不同，可婚；姓同氏不同，不可婚。……炎刘既兴，混氏于姓，夫于是姓氏之别湮。④

虽然流俗中姓氏早已不分，但"姓以统氏"的观念始终未被士大夫们彻底忘怀。尤其当华夷关系紧张时，整理姓氏源流的动机也会随之增强。顾炎武的特殊处境，让他对此非常在意。朱元璋洪武元年（1368）诏书，曾宣称蒙古人改汉姓"非先王致谨氏族之道"，令改正之。顾炎武大为赞许，并批评明中后期给鞑靼等赐姓的做法是"徒诵用夏变夷之言，而无类族辨物之道"。⑤ 他还说自己有撰述姓氏书的志向：

愚尝欲以经传诸书次之，首列黄帝之子，得姓者十二人；次则

① 郑樵：《通志·氏族略第一》"氏族序"，9 页。
② 顾炎武撰，黄汝成集释：《日知录集释》卷 23"姓"条，1275～1276 页。
③ 顾炎武撰，黄汝成集释：《日知录集释》卷 23"氏族"条，1278～1279 页。
④ 岑仲勉：《元和姓纂四校记自序》，见林宝撰，岑仲勉校记：《元和姓纂（附四校记）》，7 页，北京：中华书局，1994。
⑤ 顾炎武撰，黄汝成集释：《日知录集释》卷 23"二字改姓一字"条，1301～1303 页。

> 三代以上之得国受氏，而后人因以为姓者；次则战国以下之见于传记，而今人通谓之姓者；次则三国南北朝以下之见于史者；又次则代北复姓，辽、金、元姓之见于史者；而无所考者别为一帙。此则若网之在纲，有条而不紊，而望族五音之纷纷者皆无所用，岂非反本类族之一大事哉。①

岑仲勉在上引《自序》开篇即云：

> 姓氏之不知，民族乌乎立？先进之国，类皆置重谱牒，凡以严内外之防，明种族之别也。②

在失去了分别贵贱的功能之后，辨别姓氏源流的主要目的变成了"严内外之防，明种族之别"。之所以具有此种功能，是因为"姓以统氏"，氏可归并到姓，而姓最终要上溯到五帝，尤其是黄帝诸子得姓者十四人的十二姓。不能完成上溯的，便是夷狄内入之姓氏，中古时期史书中已经注意到獠、羌等"无氏族之别"。正因此，在"氏族之辨"主要用于别贵贱之时，其中暗含的华夷之辨已经隐约存在了，敏感的拓跋焘因此而憎恨崔浩。顾欢也是较早觉察到这一点的，故将"氏族弗革"一语用于批评信仰佛教的华人。此种华夷之辨，是从血统入手的，若对应到现代概念，应归入"种族民族主义"（Racial Nationalism）。近代中国持此立场者，首推清末的革命派，如章太炎 1907 年在《中华民国解》一文中宣称："大言·种族者，虽非铢两衡校于血统之间，而必以多数之同一血统者为主体。何者？文化相同自同一血统而起。"③孙中山在 1924 年宣讲三民主义之民族主义时，论造成民族者为五大自然力，仍曰其中最大的力便是血统。④

————————

①　顾炎武撰，黄汝成集释：《日知录集释》卷 23"姓氏书"条，1293 页。

②　岑仲勉：《元和姓纂四校记自序》，7 页。

③　《章太炎全集·太炎文录初编》，徐复点校，261 页，上海：上海人民出版社，2014。

④　孙中山：《三民主义》，见《孙中山全集》第 9 卷，187 页，北京：中华书局，1986。

最后不得不提一下与顾炎武处境相似的胡三省，他的那段著名感慨广为人知：

> 拓跋珪兴而南北之形定矣。南北之形既定，卒之南为北所并。呜呼！自隋以后，名称扬于时者，代北之子孙十居六七矣，氏族之辨，果何益哉！①

胡三省亲历南宋灭亡之事，终身不仕元朝，这段议论自有极强的代入感。然而就事论事，其中"氏族之辨"一语，字面所指应是南北朝盛行的"辨别氏族"的谱牒之学，② 而非广义的华夷之辨。原本处在贵贱、华夷双重边缘的"代北杂类"，其子孙却在隋唐成为时代的中心，南北朝士人汲汲于斯的"氏族之辨"，并未能阻挡这一"悲剧"的发生，果何益哉？

---

① 《资治通鉴》卷 108 孝武帝太元二十一年"魏群臣劝魏王珪称尊号"条注，3429 页。

② 值得注意的是，胡三省的宋代，也是谱牒之学发达的时代。官修、私撰的各类谱牒数量众多，著名的如欧阳修《新唐书·宰相世系表》、邓明世《古今姓氏书辨证》、郑樵《通志·氏族略》等，都对后世有深远的影响（参看王力平：《邓名世与〈古今姓氏书辨证〉——兼谈宋代姓氏谱牒学的发展》，载《文献》2006 年第 3 期，41～49 页）。胡三省发出感慨时，这一事实也应在他考虑之中。

附录二 纸笔驯铁骑——当草原征服者
遇上书面语

北魏文成帝《南巡碑》：……讴歌之声，野夫有击壤之欢。

一

公元 461 年，北魏文成帝南巡归来取道灵丘，在两岸壁立的唐河河谷中举行了射箭比赛，拓跋皇帝再次展示了超凡神力，将箭远远地射过了山峰。为了纪念这一事迹，特立《皇帝南巡之颂》碑，学者简称为《南巡碑》。[①]此碑自 20 世纪末被重新发现以来，受到北魏史研究者的高度重视，自不待言。碑文阳面记述南巡与御射之事暨立碑之缘起，阴面为随驾官员的题名。碑阴题名中出现了大量诸如"内阿干""内行内小"等奇特官名，遂有学者将这一时期的北魏制度称为"胡族体制"。[②] 这一认识无疑是有道理的，但本文想关注的则是碑文的阳面。阳面残损严重，从可辨识的寥

---

① 参看刘益：《山西灵丘县发现北魏"南巡碑御射碑"》，载《考古》1987 年第 3 期，281～282 页；张庆捷、李彪：《山西灵丘北魏文成帝南巡碑》，载《文物》1997 年第 12 期，70～79 页；张庆捷：《北魏文成帝〈南巡碑〉碑文考证》，载《考古》1998 年第 4 期，79～86 页。

② 参看川本芳昭：《北魏文成帝南巡碑について》，载《九州大学東洋史論集》28 号，2000，26～50 页；松下宪一：《北魏胡族体制論》第三章《北魏石刻史料に見える内朝官》，57～86 页；张金龙：《文成帝〈南巡碑〉所见北魏前期禁卫武官制度》，载《民族研究》2003 年第 4 期，84～93 页。

寥数行来看，是一篇十分典范的华夏式碑文，设想如若碑阴磨灭不存，学者又将如何解读呢？

《南巡碑》是对此前太武帝《东巡碑》的模仿，《东巡碑》仅存碑阳的一部分，记述太武帝御射之事，文字也堪称典雅。正是因为没有写满奇特官名的碑阴，它虽很早就被发现和研究，却没有带来颠覆性的认识。①

这两块都是为某一事件所立的纪念碑，而拓跋部对立碑的偏爱实有其渊源，《序纪》载：

> 十年(304)，晋惠帝为成都王颖逼留在邺。匈奴别种刘渊反于离石，自号汉王。并州刺史司马腾来乞师，桓帝率十余万骑，帝亦同时大举以助之，大破渊众于西河、上党。会惠帝还洛，腾乃辞师。桓帝与腾盟于汾东而还。乃使辅相卫雄、段繁，于参合陂西累石为亭，树碑以记行焉。②

又《魏书·张衮传》载：

> 又从破贺讷，遂命群官登勿居山，游宴终日。从官及诸部大人请聚石为峰，以记功德，命衮为文。③

"累石为亭""聚石为峰"大概类似于蒙古人的敖包，从青铜时代的鹿石、石堆墓、石圈墓可以知道，内亚草原的游牧民很早就习惯于利用石头制造某种具有纪念碑性质的标志物，以宣示某种权力。拓跋部在早期无疑也具有这种文化，而代北时期，聚石为峰和树碑勒铭两种形式并存着。可以想见，最初立碑只是聚石之外的锦上添花，是一种仪式的补充部分，

---

① 参看罗新：《跋北魏太武帝东巡碑》，见《北大史学》第 11 辑，177～186 页，北京：北京大学出版社，2005。罗新、李泉汇：《北魏太武帝东巡碑的新发现》，载《中国国家博物馆馆刊》2011 年第 9 期，99～109 页。

② 《魏书》卷 1《序纪》，6 页。

③ 《魏书》卷 24《张衮传》，613 页。

至于碑上写点什么，就更加无关紧要了。但随着拓跋部的南迁和建国，文化环境变了，聚石为峰逐渐为立碑勒铭所取代。西晋末年的猗㐌、猗卢因为帮助刘琨，得以与晋朝建立密切关系，死后都有汉字书写的碑铭。其中猗㐌的碑文约有上千字，四字一句，行文典雅，其文部分载于《魏书·卫操传》。① 从碑文的长度不难推断，碑石的体积一定不小，大石和长文都体现了猗卢时代拓跋部发展壮大，权力更加集中。猗卢死时政局动荡，但仍留下了刻有"□王猗卢之碑也"的小石碑。② 道武帝以后史书多见立碑的事件，聚石的记载变得罕见了。仅在《文成帝纪》中，可以看到一次"车驾次于车轮山，累石记行"。③ 车轮山位于从阴山向漠北巡行的途中，透露出在草原地带这种传统仍保留着。聚石为立碑取代，背后的原因很多，其中一点是，作为一种纪念碑，聚石为峰的形式，因为缺少书面语言的辅助，其意义是流动的、容易被篡改和遗忘的，而有文字的碑铭，其意义便稳定而确切。如果《南巡碑》只是一块没有文字的巨石，千年后人们绝对无法知道它与文成帝御射的关系。从纪念碑的效用上说，两者差距明显。

与大多数草原游牧民一样，拓跋部也没有自己的文字。当他们南迁到魏晋帝国的边境地带，也就进入了汉字文化圈的边缘，他们应该是在此时才见到有文字的石碑，以及了解它作为纪念碑的优胜之处的。④ 要树立有文字的石碑，书面汉语成了唯一的选择，文献和考古都证实了这一点。严格来说，汉字并非此时期东亚的唯一书写文字，西域地区存在着多种源自西方的拼音字母文字，有些也渗透到了玉门关以内。即使在中原，《隋书·经籍志》云："自后汉佛法行于中国，又得西域胡书，能以

---

① 《魏书》卷23《卫操传》，599页。

② 参看田余庆：《关于拓跋猗卢残碑及拓本题记二则——兼释残碑出土地点之疑》，见氏著《拓跋史探》（修订本），252～264页。

③ 《魏书》卷5《高宗纪》，117页。

④ 汉代征伐匈奴的战争，在草原地区留下了一些石刻，最著名的是窦宪的燕然山铭，由班固撰写，约300字，全文见范晔：《后汉书》卷23《窦宪传》，814～816页。拓跋部落不知是否见过这一刻铭。

十四字贯一切音，文省而义广，谓之婆罗门书。"①但它们在中原流行不广，又缺少同时掌握拓跋语言的双语人群，所以不构成选项。当然，拓跋统治者在政权中开始使用书面汉语，不仅仅是为了建立更好的纪念碑。随着政权规模的扩大，管理事务变得日益繁杂，人力与物资的调配、政策号令的发布以及对外关系中随时需要各类文书，加上所征服的区域自秦汉以来已经形成成熟稳定的文书行政的制度文化，② 而执行此种制度文化的官僚、文士也绝不缺乏，他们中相当一部分还兼通拓跋的语言，在这些条件下，拓跋政权开始采用汉字书面语作为行政的工具，就是十分自然的。

汉字是音形义合体的音意文字，不同于拼音文字，取来作为表音符号，难度很大，效果却并不好。大概正是为了规避汉字的表意性，那些取汉字来创造拼音文字的方案，都需要将它拆解、繁化或简化，如契丹大小字、女真文、西夏文、日文假名直到现代的注音符号莫不如此。为一种语言发明或引入合适的拼音系统，需要有很高的语音学素养，并且兼通某种已有的书写系统。阿尔泰语系的第一种成功的文字，要等到 8 世纪突厥第二汗国时期的古突厥文才告出现，它以某种阿拉米系统的字母（Aramaic alphabet）——很可能是旧粟特字母为原型创制，这与第一汗国时期以粟特文为官方书面语言，以及大量兼通突厥语和粟特书面语的知识层的聚集于东西突厥可汗庭有密切的关系。此后，回鹘文直接取粟特字母为原型，而后蒙古、满洲则袭用了回鹘字母。拓跋部崛起的时代，这些条件尚未具备，他们便一头扎进了久经汉文化浸润的代北地区，进而又很快占据了汉魏文化最为发达的河北。比起艰难地创造一套拓跋字母，直接取用汉字要容易得多。

---

① 《隋书》卷 32《经籍志一》，947 页。
② 关于这一问题较新的研究综述，参看土口史記：《中國古代文書行政制度—戰國秦漢期出土資料による近年の研究動向》，载《中國史學》第 23 卷，2013，103～123 页。

　　既然汉字不能用来拼读拓跋语言，那么用汉字就意味着要用汉语。①
朝鲜、日本、越南系统引入了汉字，在相当长的时期内只好将汉语作为
书面语，也是出于同样的原因。古代书面汉语的书写系统自秦汉以下较
为稳定，但是在文学语言或正式语言的表达方式上，仍随着时代不同而
有不小的变化。东汉以下，骈文逐渐成为主流文体，时至魏晋，骈文中
对偶日益严格，而且用典成为必备的要素。南北朝时期，四六句式大行
其道，四声八病之类的格律也严格起来，而典故的滥用，更到了使"文章
殆同书钞"的地步。这一趋势到唐代仍然延续，到韩愈、柳宗元等奋起提
倡古文，才略微撼动骈文的一统地位，但古文真正的大兴却要到北宋以
后。这都是文学史的常识，在理解十六国北朝诸北族接受华夏文化的问
题时，应该考虑到他们所接触的究竟是怎样的华夏文化，书面语正是具
体而微的体现。大量用典是此时期书面语的重要特点，下面就以此为例
看看用典修辞到底带给拓跋征服者们怎样的影响。

二

　　典故是一种凝练的表达，如《文心雕龙·事类》所说：

　　　　事类者，盖文章之外，据事以类义，援古以证今者也。……然
　　则明理引乎成辞，征义举乎人事，乃圣贤之鸿谟，经籍之通矩也。
　　　　夫经典深沉，载籍浩瀚，实群言之奥区，而才思之神皋也。扬
　　班以下，莫不取资。②

它通常将一段历史故事或言论压缩为一个词语，通过提到这一事件而提
示其背后暗含的价值判断，并且使当下的对象与历史对象之间产生关联。

---

　　①　北朝也有《国语孝经》《国语杂文》《国语号令》等书籍，见于《隋书·经籍志》
的就有 13 种，应该是用汉字记拓跋语音，有如后世《蒙古秘史》。它们数量不多，主
要做教育用途，没有达到成为正式语言的程度。
　　②　刘勰著，黄叔琳注，李详补注，杨明照校注拾遗：《增订文心雕龙校注》卷 8
《事类第三十八》，468～469 页，北京：中华书局，2012。

钟嵘在《诗品》中批评诗歌的用典，但仍肯定诏告奏疏等文章应该用典：

> 夫属词比事，乃为通谈。若乃经国文符，应资博古；撰德驳奏，宜穷往烈。①

今天留下的魏晋南北朝时期的公私文章，的确符合这一特点。② 刘勰和钟嵘都是南朝人，他们站在华夏文化的中心，不会考虑到下面这一问题：博古、往烈，是谁的古与往？经典、载籍，又是谁的经与籍？拓跋部的精英们最初可能不以为意，后来只能无可奈何，最后干脆用夏变夷了。

拓跋部的领袖接触典雅汉语，至少可以追溯到猗㐌、猗卢时期。前面提到卫操为猗㐌所立的碑文中，便已使用了大量的典故，以及一些富含预设的表达。如"轩辕之苗裔""南壹王室，北服丁零""欲引兵驾，俭犹孔炽""朱邑小善，遗爱桐乡"，等等，以晋朝廷的语气进行褒奖，在强调他是晋帝之臣的身份下，将之描绘为尊王攘夷的霸主。此时的拓跋集团大概并不在乎碑文的内容，立此大碑且有长文，本身已说明与晋朝的关系，足以宣示权力和权威，所以大碑和长文都是统治仪式的一部分。此碑立后不久被埋，直到献文帝皇兴初年才被发现，③ 与拓跋建国的最重要历程并无关系。

拓跋珪建国期间，身边也已有许谦、张衮等一批文士，史载在围攻中山的最后时刻，张衮曾对拓跋珪说：

> 宝凭三世之资，城池之固，虽皇威震赫，势必擒殄，然穷兵极武，非王者所宜。昔郦生一说，田横委质。鲁连飞书，聊将授首。臣诚德非古人，略无奇策，仰凭灵威，庶必有感。④

---

① 钟嵘著，古直笺，曹旭整理集评：《诗品·序》，10~11页，上海：上海古籍出版社，2007。

② 徐中原：《论南朝骈文用典》，载《阜阳师范学院学报》2006年第6期，16~19页。

③ 《魏书》卷23《卫操传》，602页。

④ 《魏书》卷24《张衮传》，613页。

这里连用了两个典故，张衮举出郦生、鲁仲连的先例，愿意效法古人说降中山。拓跋珪是否看明白了典故的意义，或者他尚需口语化的翻译来理解，我们不得而知。在史书记载中，以道武帝名义发出的诏书，常常引经据典，如天兴三年(401)十二月乙未诏书：

> 世俗谓汉高起于布衣而有天下，此未达其故也。夫刘承尧统，旷世继德，有蛇龙之征，致云彩之应，五纬上聚，天人俱协，明革命之主，大运所钟，不可以非望求也。然狂狡之徒，所以颠蹶而不已者，诚惑于逐鹿之说，而迷于天命也。故有踵覆车之轨，蹈衅逆之踪，毒甚者倾州郡，害微者败邑里，至乃身死名颓，殃及九族，从乱随流，死而不悔，岂不痛哉！《春秋》义，大一统之美，吴楚僭号，久加诛绝，君子贱其伪名，比之尘垢。自非继圣载德，天人合会，帝王之业，夫岂虚应。历观古今，不义而求非望者，徒丧其保家之道，而伏刀锯之诛。有国有家者，诚能推废兴之有期，审天命之不易，察征应之潜授，杜竞逐之邪言，绝奸雄之僭肆，思多福于止足，则几于神智矣。如此，则可以保荣禄于天年，流余庆于后世。夫然，故祸悖无缘而生，兵甲何因而起？凡厥来世，勖哉戒之，可不慎欤。①

仅从文字来看，难以想象这是"犹逐水草，无城郭"②时期所能发出的诏书。其真正的作者当然是华夏人士，而且或许这里有后世史官润饰的成分。在拓跋珪眼中，与祭祀天地、建立宗庙等行动一样，发布诏书也是统治仪式的一部分。诏书文字是否典雅，直接关系到政权是否拥有文化权威，也间接关联着统治合法性。拓跋珪了解语言表达对于完成此种统治仪式的意义，他的诏书一点都看不出质朴的痕迹。同时也有例子说明

---

① 《魏书》卷2《太祖纪》，37页。此诏书从思想到文辞，明显受到班彪《王命论》的影响。

② 《南齐书》卷57《魏虏传》，984页。

他对书面语言及其背后可能蕴含的歧视非常敏感：

> 太祖攻中山未克，六军乏粮，民多匿谷，问群臣以取粟方略。逞曰："取椹可以助粮。故飞鸮食椹而改音，《诗》称其事。"太祖虽衔其侮慢，然兵既须食，乃听以椹当租。……初(郗)恢与遵书云"贤兄虎步中原"，太祖以言悖君臣之体，敕逞、衮亦贬其主号以报之。逞、衮乃云"贵主"。太祖怒曰："使汝贬其主以答，乃称贵主，何若贤兄也！"遂赐死。①

"故飞鸮食椹而改音"指《诗·鲁颂·泮水》中"食我桑葚，怀我好音"一句，一般用来指夷狄异族因怀德而归顺变俗，确为侮慢。加上"贵主"与"贤兄"的不对等，终于导致了崔逞被赐死。《魏书·太祖纪》又载：

> (天兴四年)集博士儒生，比众经文字，义类相从，凡四万余字，号曰《众文经》。②

这大概是要制作一个手册，帮助拓跋子弟学习汉语和经典，表明他们的汉语水平并不很高，而拓跋珪认为有必要掌握这一技能。《魏书·贺狄干传》载：

> (贺)狄干在长安幽闭，因习读书史，通《论语》、《尚书》诸经，举止风流，有似儒者。……太祖见其言语衣服，有类羌俗，以为慕而习之，故忿焉，既而杀之。③

这与上面几条看似矛盾，实则说明在拓跋珪眼中，华夏文化只是一种统治工具，对拓跋集团来说，掌握到一定程度足以识破暗藏的侮辱足矣，

---

① 《魏书》卷32《崔逞传》，758 页。
② 《魏书》卷2《太祖纪》，39 页。
③ 《魏书》卷28《贺狄干传》，686 页。这个故事让人想起神元皇帝力微之子沙漠汗，他因为质于洛阳，颇染华风，"风彩被服，同于南夏"，诸部落大人恐怕他变易旧俗，遂僭害之(《魏书》卷1《序纪》，4～5 页)。

但如果到了举止风流有似儒者的地步，即自我认同已偏向华夏一边，就不可容忍了。

贺狄干的故事像是一个预言，学通书史的北族，最终会变得举止风流有似儒者。道武帝已经立五经博士，收集书籍，从第二代皇帝明元帝开始，受教育的机会即大为改善。《崔浩传》云："太宗初，拜博士祭酒，赐爵武城子，常授太宗经书。"①李先也曾为明元帝读《韩子连珠》《太公兵法》，而受诏"常宿于内"。② 随着他们对华夏经典的掌握加深，同样由大臣代拟的诏书、碑文等，其内容更要小心谨慎。例如，崔浩因工于书法，常替人抄写《急就章》，每至"冯汉强"一句，辄改为"冯代强"，"以示不敢犯国"。③ 谨慎如此，最后还是因为刊刻国史而不得善终。

随着对华夏经典文化日渐熟悉，拓跋政权更加信奉它所强调的政治合法性理论，其中一点是政权要掌握最高的文化权威，并且时时展示出来。典故的使用便是展示文化权威的正统性的重要手段。如果说诏书有史官润饰的可能，石刻则较多地反映当时的实况。上述《南巡碑》碑阳仅存的数行之中，出现了一句"野夫有击壤之欢"。"击壤"是一个与尧相联系的典故，自《吕氏春秋》《论衡》《帝王世纪》以来屡见记载，后代润饰出很多版本，例如：

　　《论衡》：有年五十击壤于路者，观者曰："大哉尧德乎！"击壤者曰："吾日出而作，日入而息，凿井而饮，耕田而食，尧何等力？"④
　　《吕氏春秋》高诱注：尧时父老无供役之劳，击壤于里陌，自以为当然。⑤
　　《高士传》：壤父者，尧时人也。帝尧之世，天下太和，百姓无

---

① 《魏书》卷35《崔浩传》，807页。
② 《魏书》卷33《李先传》，790页。
③ 《魏书》卷35《崔浩传》，826～827页。
④ 王充：《论衡》卷8《艺增篇》，131页。
⑤ 许维遹：《吕氏春秋集释》卷1《孟春纪》，梁运华整理，25页。

事，壤父年八十余而击壤于道中，观者曰："大哉，帝之德也！"壤父
曰："吾日出而作，日入而息，凿井而饮，耕田而食，帝何德于
我哉？"①

这一典故既可用来赞颂尧致天下太平的大德，也可以用来说明击壤者的
隐士风范。《南巡碑》当然用的是前一种，同样的用法仍见于之前的一些
文章中，如曹丕对群臣的劝进假意辞让时出令曰：

耳未闻康哉之歌，目未睹击壤之戏。②

这也是将"击壤"作为太平盛世的象征。明了"击壤"的意义，前一句的"讴
歌"也就不能仅按字面理解了，

《孟子·万章》：天下诸侯朝觐者，不之尧之子而之舜；讼狱者，
不之尧之子而之舜；讴歌者，不讴歌尧之子而讴歌舜，故曰天也。③

所以讴歌是用了舜的典故。总而言之，这两句话是巧妙地用了两个典故，
将文成帝及其时代等同于理想中尧舜及其时代。碑文是由某位随行大臣
写作的，它代表文成帝的意图吗？目前尚不能做这样的判断，最多可以
说，这种修辞是文成帝可以接受的表达方式。对拓跋统治者来说，这类
修辞早已司空见惯，或许已到了日用而不知的程度了吧。

《东巡碑》并非皇帝命令树立，而是地方官在数年之后追立的。在《东
巡碑》残缺的碑文中，夸赞太武帝的善射，也有一句"虽古有穷、蓬蒙之
善，方之于今……"④有穷即后羿，蓬蒙是后羿的弟子，都是华夏文献中
记载的古代最善射者。这是当时流行的一种表达方式，赞美某项德行、
政绩或能力时，举出古代文献中某一方面的代表人物或事迹，然后加上

---

① 皇甫谧：《高士传》卷上，丛书集成初编，17 页，北京：中华书局，1985。

② 《三国志》卷 2《魏书·文帝纪》裴注引《献帝传》，69 页。

③ 《十三经注疏》，2737 页。

④ 罗新：《跋北魏太武帝东巡碑》，179 页。

"方之于今，犹有不及"，读者便得到了一种非常直观的印象。《南巡碑》是暗中比附，表示"庶几赶上"，《东巡碑》是明白表示已超越，貌似不同，其实关键都是要选取一个比较的标杆。因为汉文文献的关系，这些作为标杆的人物和事迹，不会超过三皇五帝三代秦汉的历史范围。反过来说，那些不被汉文文献记载的人物，如檀石槐时代的某个神射手，或许在拓跋人的口述中流传着，但无法出现在拓跋人所立的碑铭中。

到孝文帝的时代，以皇室成员如孝文帝及其诸弟为首，拓跋集团整体上对汉语及文化的掌握已相当高的程度。这从《魏书》中诸人的传记不难看出。孝文帝与任城王澄讨论迁都问题，竟然以革卦的意义为由头激烈辩论一番。① 孝文帝对河洛地区的向往，不得不说是与他的文化教养有极大的关系。迁洛以后，文教之风更甚，不仅表现在皇帝、宗室亲王、贵族们都能写出富含典故的文章、诗歌，还表现在洛阳的贵族、官僚的墓志文辞中，这表明对汉文化的掌握已经从最高统治层向下扩展到一般的北族官僚中了。这些墓志同样都是规范的骈文，其中也大量使用了典故。称赞文才，必称相如、子云；宣扬政绩，多言竹马（郭伋）、塞帷（贾琮）、樊父作歌，张君致咏；论韬略，则云不以孙吴介意。在这种语境下，涉及南朝，频繁出现荆蛮、岛夷、淮夷、吴越等用典形式，也就是题中之意了。与赞颂帝王的碑文一样，墓志中无论褒扬何种德行、能力，总是以与之对应的华夏历史人物作为标杆。徐志学曾对魏晋至五代的石刻资料进行一项统计分析，得出这样的结果：

> 我们所调研的 4215 个石刻用典形式，其来源文献，涉及 225 种。从形成石刻用典形式的数量来看，排在前十位的来源文献依次为：《诗》370、《史记》363、《庄子》359、《后汉书》271、《汉书》229、《左传》207、《论语》205、《礼记》192、《易》174、《书》138。
>
> 史书类集中于《史记》、《汉书》、《后汉书》，皆超过 200 个。而

---

① 《魏书》卷 19 中《景穆十二王传中·任城王澄》，464 页。

《三国志》50、《东观汉纪》25、《宋书》10。①

不难看出，所谓"典故"，几乎全部集中于先秦和两汉时期，在此意义上它们是真正的中国"古典时代"。使用这些典故，等于承认了周秦汉文明的典范性，现实中政治与文化的合法性，都取决于与古典时代的接近程度。关于所谓拓跋族的华夏认同问题，现代学者不免因书面表达中的大量用典而留下印象，而拓跋知识阶层本身，难道不也是在一次次的引经据典中，改变着自我认同吗？

一切的前提是，作为征服者和统治者的拓跋上层，积极接受了华夏文化中形成的书面语的评判标准。它与政治制度和文化的其他方面的沿袭互为表里，书面表达首先作为统治仪式的一部分而被接受，继而才有可能让外在的仪式性文字成为需要努力学习的文化技能，并且在学习和使用中逐步被其内涵的文化价值所驯化。用典修辞不过是这类文化价值的一个集中体现。那么，拓跋征服者为何一开始就要接受华夏的制度文化呢？我曾设想一个假说，秦汉以来形成的帝国制度，是当时唯一成熟的高级政治体的治理技术，北族征服者也是无可选择地袭用了。它是否成立，还有待日后的验证。征服者和书面语言的问题，拓跋魏一例不足以解释，如能将辽、金、元以及清的情况放在一起，进而将伊利汗国以至欧洲中世纪前期的历史进行比较研究，必将得到更深刻的结论。

---

① 徐志学：《魏晋南北朝隋唐五代石刻用典研究》，46 页，上海：上海交通大学出版社，2013。

附录三 江到东北——古代东亚世界文化
交流之一例

    满汉蒙合璧的《满洲实录》开首一段便是对满洲祖先发祥之地长白山的描写。汉文本写道："长白山高约二百里，周围约千里，此山之上有一潭名闼门，周围约八十里，鸭绿、混同、爱滹三江俱从此山流出，鸭绿江自山南泻出，向西流入辽东之南海；混同江自山北泻出，向北流直入北海，爱滹江向东流直入东海。"①这段话的蒙文本和汉文一样，对四处出现的"江"字都用了同一个词"mören"，意指河流，在现代蒙古语中依然是河流的通称，如西拉木伦、乌兰木伦等。奇怪的是满文本在第一处"三江"用了"ilan giyang"，在后文介绍三条江时分别写成"Yalu giyang""Hūntung giyang"和"Aihu bira"。满文中原有 ula 和 bira 两个词分别指称大小河流，这里为什么要用一个音译的汉语词呢？

    不难发现《满洲实录》对长白山的描写可能源自《大明一统志》，"长白山"条下写道："……横亘千里，高二百里，其颠有潭，周八十里。南流为鸭绿江，北流为混同江，东流为阿也苦河。"②《大明一统志》的这段话，已经几乎原样出现于《元一统志》。③ 更早的还有北宋时编的《武经总要》，

① 《满洲实录》卷 1，见《清实录》(影印本)第 1 册，2 页，北京：中华书局，1986。

② 《大明一统志》卷 89《外夷·女真》，"山川"目"长白山"条，天顺五年内府刻本，9 页。

③ 《元一统志》明以后久无全本，今赵万里校辑本卷 2《辽阳等处行中书省·开元路》"长白山"条(219～220 页，北京：中华书局，1966)下几段皆辑自《满洲源流考》。

其"长白山"条写道:"……横亘千里,高二百里。草木鸟兽尽白,故名。其颠有潭,周八十里,南流为鸭绿江,北流为混同江,东流为阿也苦河。"①内容和语句顺序都完全一致。如此,则"江"字用于东北已见于宋辽时期。一个南中国的河流通称如何在东北出现?这中间经历了怎样的历史过程?这是本文想要解决的疑问。

一、江河之异

现代汉语中表示大河流通称的字主要有两个:江与河,这是众所周知的常识。这两个字的运用范围有所不同,"江"主要用来称呼中国南方的河流,准确说是长江及其支流以及更南的区域;"河"不仅垄断性地运用于中国其他地区,也用于一切境外河流名称的翻译。这一点不难理解,因为汉语标准语是以北方方言为基础的。当我们满足于这样的常识时,一个重要的事实就被忽略了:中国东北地区的大河有很多称作江的,如松花江、黑龙江、牡丹江,等等。这就让人费解了,从鲜卑时代开始,东北的塞外民族多次征服和占据华北,又在失败之后撤回东北。不管在政治、经济上、还是文化上,东北地区理应与华北有更加密切的联系。因此"河"出现在东北,甚至在数量上占优势一点也不难理解。无论如何,"江"何以在东北出现,而且还仅仅用于最大的几条大河,还是一个大大的疑问。

"江"并非汉语中原生的词汇,而是一个来自孟-高棉语的借词,在北方说古汉语的人群接触到长江流域的古南亚语人群(很可能是百越)时,这一词汇被借用过来。② 在不同语言间发生词汇借用时,将通称当作专称的情况经常发生。江在成为通称概念之前,很长一段时间都是主要作

---

① 《武经总要》前集卷 22《蕃界有名山川》,影印明金陵唐富春刻本,见《中国兵书集成》第四册,1119 页,北京:解放军出版社,1988。
② 参看蒲立本:《上古时代的华夏人和邻族》,游汝杰译,见游汝杰:《中国文化语言学引论(修订本)》附录,301 页,上海:上海辞书出版社,2003。

为专名使用的，即使并非一开始就是这样。① 作为专名的江特指称长江，就如同河特指黄河一样。大约在公元前 4 世纪到公元 9 世纪，另一个词"水"充当河流的正式通称。② 可能从唐代开始，江和河的所指范围开始扩张，先是用于两条大河的支流，进而成为所有河流的通称。如同下文将要证明的，解决本文问题的关键，存在于唐代之前的时期。

当江与河还是专名的时候，在当时人头脑中，这两个字想必要唤起完全不同的画面。在三国鼎立的局面出现之前，华夏文明的中心一直在北中国的华北和关中，尤其在黄河及其支流的河谷中。相比之下，长江流域显得相当欠发达，有时还被看作断发文身的南蛮之地。《史记》言："昔唐人都河东，殷人都河内，周人都河南。夫三河在天下之中，若鼎足，王者所更居也，建国各数百千岁。"又言："楚越之地，地广人希，饭稻羹鱼，或火耕而水耨，果隋赢蛤……无积聚而多贫。是故江、淮以南，无冻饿之人，亦无千金之家。"③西汉中期两地的差距于此可见一斑。《史记·河渠书》所记汉代大水利工程，无一涉及长江流域。《汉书·沟洫志》更是全以治河为言，一字未及于江。在篇末的赞中，班固明确写道："中国川原以百数，莫著于四渎，而河为宗。"④然而在接下来的几个世纪，这一状况发生了颠覆性的变化。东吴立国长江流域，得以抗衡中夏；不久胡羯乱起，晋室南渡，建康为六朝古都三百余年。其间长江流域的身份渐渐由华夏文明的临时避难所，转为"正朔"所在的中心。华北反倒五胡云扰，宫阙丘墟，民生凋敝，文化中衰，直到北魏统一才稍有好转。

---

① 参看石泉：《古文献中的江不是长江的专称》，载《文史》第 6 辑，1979，81～90 页。石泉先生指出在一些文献中，"江"用于长江之外的一些河流。尽管如此，我们还是难以否认"江"主要是长江的专名，至少在汉唐之间是确定的。

② 这一点可以在正史的《地理志》里得到很好的证明。另外，在《水经注》里，黄河被称作"河水"，长江称作"江水"。都是标准的"专称＋属名"的称呼。参看郦道元：《水经注》第 1～5 卷、第 33～35 卷，陈桥驿点校，上海：上海古籍出版社，1990。

③ 《史记》卷 129《货殖列传》，3262～3263、3270 页。

④ 《汉书》卷 29《沟洫志》，1698 页。

整个六朝，长江都占有极其重要的地位，不管在军事防御方面，经济交通方面还是文化意义上。前两者无须赘言，后一点可略加解释。两晋之际衣冠士族仓皇南渡，终于在江左寻到容身之处，"过江"成为一代人传记中都不得不提的重大事件。由于汉魏以来长江流域的边缘性，在这群流亡士大夫心中，他们对这条南方大河没有太多好感。《世说新语·言语》记载一个著名的故事："过江诸人，每至美日，辄相邀新亭，藉卉饮宴。周侯中坐而叹曰：'风景不殊，举目有江河之异！'皆相视流泪。"① 新亭的眼泪，不仅是对失去的故国的怀念，也是宣泄流亡于欠发达的长江流域的压抑之情。然而，一些乐观派的士人已经开始歌颂起立足渐稳的新朝廷，顺及这片新的居住地。如郭璞写作《江赋》，言"咨五才之并用，寔水德之灵长……考川渎而妙观，实莫著于江河"。② 这大概是第一篇全面歌颂长江的文学作品，而且把长江放在了高于黄河的位置上。不过这种做法尚有先例，东汉末年刘备据蜀称帝前夕，有益州人秦宓，在夸张益州地位的辩论中，说过"蜀有汶阜之山，江出其腹，帝以会昌，神以建福，故能沃野千里。淮、济四渎，江为其首"，③ 这是南方士人拔高江的第一个例子，不知郭璞是否读过《三国志》，但《江赋》的精神与秦宓之论是相通的。接下来的三百年，显然郭璞一派的态度占据了上风。南渡士族开始流连于江东的山水，北伐已成了空悬的口号。既然中原收复

① 余嘉锡：《世说新语笺疏》卷上之上《言语第二》第31条，109页，北京：中华书局，2007。《笺疏》本"江河之异"作"山河之异"，余先生在笺疏中又举敦煌写本所引世说做"江山"，而言"知唐人所见《世说》固作江"(111页)。然而《晋书》卷65《王导传》作"江河"(1747页)，《通鉴》卷八七亦从之。胡三省注："言洛都游宴多在河滨，而新亭临江渚也。"(2771页)此处的异文古来聚讼难定，综合各本，分别言之，仍以第一字作"江"，第二字作"河"为最多，故本文暂从《晋书》与《通鉴》。又，隆和年间桓温上疏要求还都洛阳时，仍写道："河洛萧条，山陵危逼……今江河悠阔，风马殊邈，故向义之徒覆亡相寻，而建节之士犹继踵无悔。"(《晋书》卷98《桓温传》，2573页)以风马代指南海之君(楚)与北海之君(齐)的典故来看，与之对举的江、河自然也是以两条河流而代指洛阳与建康，这一修辞和王导完全一致。

② 《文选》(点校本)卷12，557~573页。

③ 《三国志》卷38《蜀书·秦宓传》，975页。

无望,南渡士族便转而骄傲于他们的礼乐衣冠,不仅他们自己相信,甚至也让一些北方人相信南方是正朔所在。[1] 甚至直到隋灭陈完成统一后,炀帝依然对南方精致的贵族文化向往不已。[2]

综上,在东晋南朝的几百年里,东亚世界的文化重心在长江流域,而不在华北。不妨设想此时有外国使臣或者商队来到建康,不论他们是否到过华北,大概都会得到以下这两个印象:(1)江是中国最大的也是最繁荣的河流;(2)中国的首都总是临江而立。这些外国人可能来自哪里呢?他们得到的信息又如何影响其本国?绝非偶然地,我们将要发现这些旅行者中,至少有一位来自朝鲜半岛的百济。

二、江在中古朝鲜半岛

此时的朝鲜半岛尚未迎来历史上的第一次统一,高句丽、百济和新罗三国鼎足而立,史称"前三国时代"(公元前 25—公元 668),直到 668 年才由新罗首次统一半岛。简单来说,这三国可以分为两种类型:高句丽和百济是由自称"夫余"的族群统治的,[3] 他们从中国东北地区一路向南征服扩张到朝鲜半岛;新罗则主要由半岛南部原住的"诸韩"部落组成。从地理上看,高句丽占据相当于今日的朝鲜以及中国东北的一部分,建都于平壤;百济主要控制着半岛的西南部分,他们的领土在高句丽的压制下不断收缩,都城也从汉江上的汉城(今首尔)南迁到锦江中游的熊津城(今公州),后继续沿锦江南迁至泗沘城(今扶余郡)。新罗逐渐统一分

---

[1] 如前秦苻融说道:"江东虽微弱仅存,然中华正统,天意必不绝之。"(《资治通鉴》卷 104,3304 页)高欢也说:"江东复有一吴儿老翁萧衍者,专事衣冠礼乐,中原士大夫望之以为正朔所在。"(《北齐书》卷 24《杜弼传》,347 页)

[2] 《资治通鉴》卷 185"隋炀帝至江都"条:"帝……好为吴语,常夜置酒,仰视天文,谓萧后曰:'外间大有人图侬,然侬不失为长城公,卿不失为沈后,且共乐饮耳!'"(5775 页)可为一证。

[3] 《魏书》卷 100《高句丽传》言"出于夫余"(2213 页);同卷《百济传》言"其先出自夫余"(第 2217 页),百济王上表也称"臣与高句丽源出夫余"(2217 页)。

散的诸韩部落并控制了半岛的东南部。① 政治上，高句丽和百济是数百年的死敌，一直为半岛的霸权战斗不息。总体上高句丽强于百济，后者不得不维持与新罗及日本的联盟关系以抗衡高句丽。新罗崛起得比较缓慢，在唐朝介入以前，是较弱的一国，最终却借助唐朝的力量成为半岛的统一者。

学者已经指出，半岛三国与中国的关系有一个变化过程。② 汉代以来高句丽即与华北保持密切的联系，不管以战争还是和平的方式。同时，在分裂的时代高句丽也和中国南方保持关系。一定程度上，孙吴、东晋和刘宋甚至将高句丽看作重要的盟友，用以牵制华北的政权。从东晋到刘宋的朝贡体系中，高句丽始终被尊为东夷之长。其册封所得的将军号，远高于东邻其他政权。同时，高句丽与华北的政权常常处于对抗状态。直到十六国末期，也就是高句丽的长寿王时期，高句丽开始与北燕及北魏维持友好关系。当5世纪30年代北魏征服北燕统一华北，高句丽不得不接受北魏的册封，在新的国际秩序下与北魏维持了较稳定的关系。长寿王甚至南迁都城至平壤，以将其扩张的方向由辽东转向朝鲜半岛，一面加强对百济的攻势，另一面避免与北魏针锋相对。相应地，高句丽开始失去南朝朝贡体系中东夷之长的身份。

高句丽原有的角色改由百济扮演。高句丽转而南向使百济感受到巨大的压力。北魏延兴二年(472)，百济首次遣使入魏，便意图离间北魏和高句丽的关系，并且鲁莽地要求北魏去讨伐高句丽。当然这一要求遭到了拒绝。更糟糕的是，高句丽受到北魏态度的鼓励，对百济发动了一场大规模的攻击，攻陷百济都城汉城，并杀害百济盖卤王。从此后，百济

---

① 参看今西龍：《百济都城扶餘及び其の地方》，见氏著《百济史研究》，391页，東京：国書刊行会，1971。王小甫：《唐朝与新罗关系史论——兼论统一新罗在东亚世界中的地位》，见王小甫编：《盛唐时代与东北亚政局》，326～342页，上海：上海辞书出版社，2003。

② 下文的论述主要依据韩昇：《"魏伐百济"与南北朝时期东亚国际关系》，载《历史研究》1995年第3期，34～44页。

和北魏之间的联系通道被高句丽阻断。① 或许并非是巧合，大约在 488 年，北魏和百济之间爆发了一场战争，也可能只是一场局部小冲突。② 这一系列事件的结果是，百济南迁都城到了锦江中游的熊津城，并且将其外交重心完全地转向了南朝。

6 世纪上半叶，百济王开始从梁武帝手中得到高于高句丽王的册封。③ 在梁元帝所做的《梁职供图》中，百济的使臣被放在东亚国家的首席，其下依次是倭、高句丽、新罗。④ 根据韩国学者申滢植的统计，百济派往东晋和南朝的使臣有 37 次，而派往北朝的一共 7 次，其中只有两次是派往北魏。⑤ 这是一个很鲜明的对比，尤其是考虑到北魏王朝存在的时间很长。韩昇也得出"有魏一代，百济都不与北朝来往"的结论。⑥ 综合以上信息，我们可以放心地推论，7 世纪之前百济所接受的中国文化，只能来自南朝。中文史料中明确记载百济"行宋《元嘉历》，以建寅月

---

① 北魏遣使者邵安等前往百济，第一次陆路高句丽"不令东过"，第二次从海路又"遇风飘荡，竟不达而还"。见《魏书》卷 100《百济传》，2218～2219 页。

② 《南齐书》卷 58《东南夷·百济传》："是岁，魏虏又发骑数十万攻百济，入其界，牟大遣将沙法名、赞首流、解礼昆、木干那率众袭击虏军，大破之。"（1011 页）将其记为一场大规模战争。韩昇前揭文在仔细考证与此次战争有关的史料后，认为这只是一场小规模局部冲突，可能是北魏海上巡逻军阻截百济前往南齐的使船，而战斗蔓延到百济境内。

③ 普通元年（520），梁授予高句丽王安宁东将军，而普通二年授予百济王宁东大将军。见《梁书》卷 54《诸夷传》，804 页。

④ 关于《梁职贡图》，参看金维诺：《"职贡图"的时代与作者》，载《文物》1960年第 7 期，14～17 页，以及刊前所附图版。王素以为后人所见所论的是《贡职图》，而非《职贡图》，还提供了几种《贡职图》国家排对照表，见王素：《梁元帝〈职贡图〉新探——兼说高昌国史的几个问题》，载《文物》1992 年第 2 期，72～80 页；韩昇：《百济与南朝的文化交流及其在东亚的意义》，见《"东亚汉文化圈与中国关系"国际学术会议论文集》，2004，120～137 页；又 Enoki Kazuo（榎一雄），"The Liang chih-kung-t'u",*Memories of the Research Department of the Toyo Bunko*, No. 42, The Toyo Bunko, 1984; also in Enoki Kazuo, *Studia Asiatica*（榎一雄著作集欧文卷），Tokyo：Kyuko-shoin（汲古书院），1998, pp. 318-383.

⑤ 申滢植：《百济史》，205 页，首尔：梨花女子大学出版部，1992。

⑥ 韩昇：《"魏伐百济"与南北朝时期东亚国际关系》，40 页。

为岁首","婚娶之礼,略同华俗"。①《三国史记》还保存了一条珍贵的信息:"古记云:百济开国以来,未有以文字记事。至是,得博士高兴,始有书记。"②这一条系在近肖古王三十年,也就是他去世的那年,即公元375年(东晋孝武帝宁康三年)。据同书,正是在近肖古王二十七年,百济首次遣使入晋朝贡,次年再次朝贡。③ 这与《晋书》所记完全相符。④博士高兴来到百济与朝贡东晋是否有联系呢? 在发现更多的证据之前,只能说这种可能性是不容否认的。⑤

这样,江作为河流名称出现在朝鲜半岛便可以理解了。考察这一问题有很大的难度,主要因为半岛本土史籍编撰时代太晚,细节信息可信度不高。比如,在《三国史记》高句丽、百济诸本纪中,"浿水""浿江""浿河""汉水""汉江""江水""熊川水""泗沘河"交替出现,没有时代规律可循,只能认为是后代史臣编撰体例不纯。中国正史中凡有记录的,《三国史记》等一仍旧文而时有错漏,反成为二手材料。另一方面,中国史料因有系统的年代顺序,加上在专名(地名、官名)记录上高度的准确性,更适合考察这一问题。下表列出的是中国正史所记百济与高句丽境内的河流名称:

中国朝代 \ 朝鲜古国	百济	高句丽
南朝 《宋书》《南齐书》《梁书》《陈书》《南史》	无	无

---

① 《北史》卷九四《百济传》,3119~3120 页。
② 金富轼:《三国史记》卷 24《百济本纪第二》,孙文范等校勘,295 页,长春:吉林文史出版社,2003。
③ 金富轼:《三国史记》卷 24《百济本纪第二》,孙文范等校勘,295 页。
④ 参看《晋书》卷 9《简文帝纪》,221 页;及同卷《孝武帝纪》,233 页。
⑤ 《陈书》卷 33《儒林·陆诩传》记载:"梁世百济国表求讲礼博士,诏令诩行。"(442 页)可见百济借朝贡之机请求派遣博士是完全可能的。

续表

中国朝代 ╲ 朝鲜古国		百济	高句丽
北朝及隋	《魏书》	无	无
	《周书》	无	浿水①
	《隋书》	无	浿水（4次）② 浿江（1）
	《北史》	无	浿水（4） 沮（"浿"字之讹）江（1）
唐	《旧唐书》	熊津江（4） 白江（4）	浿江（4） 鸭绿水（6） 鸭绿江（0） 鸭绿（3）
	《新唐书》	熊津江（2） 白江（4）	浿水（1） 浿江（13） 马訾水（1）＝鸭绿水 Yalu 水（2） 鸭绿水（1）（《契苾何力传》） 鸭渌水（1）（《高丽传》） Yalu 江（3） 鸭绿江（0） 鸭渌江（3）（《地理志》） 鸭渌（9）

可能是由于编纂体例的不同，南朝的史书很少涉及百济的内部事务，仅仅如数记下朝贡和册封。因而在唐代之前很难找到一个有关百济境内江的记录。尽管如此，我还是敢于大胆立一假说：百济从南朝引入了

---

① 《周书》卷49《高句丽传》载"治平壤城。其城，东西六里，南临浿水"（884页）；《北史》卷94《百济传》还记有"每年初，聚戏浿水上，王乘腰舆，列羽仪观之"（3116页）。

② 以下括号中的数字均指出现次数。

"江"的概念，并将之传播给高句丽，这些都发生在隋朝以前。这样判断的原因很明显：百济与南朝的联系密切而与北朝几乎没有联系；同时高句丽与北朝紧密结合，并且接触内亚文化，这两者没有一个能够输出"江"字。高句丽与中国接触历史久远，输入中国文化也至少可以上溯至汉代，南朝形成的有关江的新文化观念很难直接对它造成影响。另外高句丽的浿江在北朝甚至隋代史料中都主要称作"浿水"，说明高句丽境内的"江"不可能是在东晋南朝前期从江南引入，只能是南北朝末期或隋初传自百济。

下面试为此假说再补充一些证据。从音韵学的角度看，江的读音经历了很大的变化，与其他见系开口二等字一样，江的声母由于介音的增生而精细化，由中古的/k/变成现代的/tɕ/，这可能是清代中期完成的，此处不论。[1] 单看韵母，今天江字的韵母与阳字完全相同，但所谓"江阳同形"晚至宋代才开始，宋代江阳两韵的腹尾已经同为/aŋ/，但仍然通过介音维持了二等与三等的差别。直到元代这两个韵部才完全合流。[2] 南北朝隋唐时代江字的主元音是后元音而不是前元音/a/。南朝江字当属冬部合口二等，韵母可以拟为/euŋ/。到了隋—中唐时期，《切韵》与大量唐诗可以证明江字的韵母应该是/ɔŋ/。[3] 江字的韵母从/euŋ/变为/ɔŋ/，再变为/iaŋ/，是一个鲜明的时代标尺。日语中江字音读吴音为こう、汉音为かう、唐音为きゃん，分别模仿的是隋唐以前、唐代和明清时期的汉语读音。主元音由后半闭元音/o/低化为前开元音/a/，正好与江字在中国主元音由闭到开再由后至前的轨迹相合。一般认为日语吴音多在隋唐以前间接传自朝鲜半岛，既然江字的吴音体现了明显的南朝特征，那么有理由推测朝鲜半岛是从南朝引入了江字，并将其读音传入日本的。

---

① 王力：《汉语语音史》，440页，北京：商务印书馆，2008。

② 王力：《汉语语音史》，308、340、365页。

③ 王力：《汉语语音史》，133、198、239页。

　　输入百济的"江"字不仅仅是一个文字表记，还是一个完整的文化概念。前文已经提到，百济派往南朝的使臣将会报告中国最大的河流叫江，而且都城就在江上。从上表来看，主要有四条河流以江命名：白江、熊津江、浿江、鸭绿江。其中，浿江流经平壤城南，而平壤是高句丽后期的都城；鸭绿江是高句丽境内最大的河流，[1] 流经国内城，而国内城是高句丽旧都，也是"三京"之一；白江和熊津江是同一条河流的不同段落，今天统称为锦江。[2] 锦江无疑也是百济境内最长的河流，百济的都城熊津城就在熊津江上。白江和熊津江所在的那条大河名称于史无证，我想很可能这条河就单名作"江"，如同南朝的长江也叫"江"。熊津江和白江只是一个方便的称呼，熊津江指"江"在熊津城区域的一段，白江指与白马或者白村有关的一段，[3] 如同汉语中的"吴江""楚江"一样。这个推论如果成立，也能进一步肯定百济引入的"江"是一个专名。只是后来这一名词出现泛化趋势，尤其是在统一新罗时期。

　　如果做历时性的观察，我们很容易注意到表中高句丽的两条河流名称的前后变化。浿江拥有更古老的名称"浿水"，这个名称可以追溯到公元前3世纪的西汉时代。[4] 这一名称一直沿用下来，直到在隋炀帝大业八年(612)诏书里我们看到"横断浿江，径造平壤"[5]这句话。有趣的是，在两年后炀帝的另一份诏书里，又有"追奔逐北，径逾浿水"。[6] 这该如

　　① 《通典》卷186《边防二》"高句丽"条言："马訾水一名鸭绿水，……高丽之中，此水最大。"(5015页)从后文我们知道，鸭绿江的更名应当与高句丽无关，此处先不妨如此理解。

　　② 参看王小甫：《白江口之战相关史地考论》，见王小甫编：《盛唐时代与东北亚政局》，343～354页；又参看今西龍：《白江考》，见氏著《百济史研究》，349～376页。

　　③ 参上注。有关白江名称来历与地望，中、日、韩学界探讨得已经非常多，但尚未有一致结论。本文无意介入这一问题。

　　④ 《史记》卷115《朝鲜列传》，2985页。

　　⑤ 《隋书》卷4《炀帝纪下》，81页。《校勘记》言"浿"原作"沮"，据《三国史记》卷20改。《北史》卷12《隋本纪下·炀帝》补自《隋书》，所记同篇诏书即作"沮"。但是这几处的"江"字皆同。

　　⑥ 《隋书》卷4《炀帝纪下》，87页。

何解释呢?《隋书》一共三处提到"浿水",仅有上文指出的那一次提到"浿江"。这说明"浿水"才是隋王朝官方接受的正式名称。之所以出现"浿江",完全是诏书起草者为了押韵的需要而做的创新,因为"江"和"壤"正好能押韵。尽管如此,诏书起草者也万万不能凭空为一条境外河流改名字。最有可能的情况是高句丽已经自称这条河流为"浿江",但是隋朝廷不愿意接受这个新名称,宁愿沿用汉代以来的古典名称"浿水"。不论如何,毕竟"浿江"也堂皇地出现在炀帝的诏书里了,表示中国官方正在试图接受它。到唐初,中国官方已经习惯于新名字"浿江",开始有了"浿江道总管"①这样的军事名号。事实上,在《旧唐书》和《新唐书》中,几乎所有场合这条河都被称作"浿江",只有《新唐书·高丽传》有一个例外记作"浿水"②,这大概可以看成是一种用典修辞。

"鸭绿江"在中古文献中的出现要晚得多。在《旧唐书》里,只有"鸭绿水"。《新唐书》中,"鸭绿/渌水"出现了两次,"鸭绿/渌江"出现了三次,还有九处"鸭渌"可以是任何一个的简称。如果观察得更细致一点,我们会发现《旧唐书》中全部六次出现的"鸭绿水"和《新唐书》中一次出现的"鸭绿水",都与太宗、高宗时期唐与高句丽间的战争有关,我们几可断定唐前期这条河被称作"鸭绿水"。《新唐书》中另一处"鸭渌水"则出现在《高丽传》,在上文所言"浿水"的同一段落,似乎也可以看作用典修辞。另一方面,《新唐书》全部三处出现的"鸭渌江"都在《地理志》的最后一部分,即所引贾耽著《古今郡国县道四夷述》。史言贾耽"好地理学,凡四夷之使及使四夷还者,必与之从容,讯其山川土地之终始。是以九州之夷险,百蛮之土俗,区分指画,备究源流"。③《新唐书》称"贾耽考方域道里之数最详,从边州入四夷,通译于鸿胪者,莫不毕纪",更重要的是记下了

---

① 《旧唐书》卷4《高宗纪上》,82、83页;《新唐书》卷3《高宗纪》,61、66页,等等。

② 《新唐书》卷220《高丽传》,6185页。

③ 《旧唐书》卷138《贾耽传》,3784页。

"州县有名而前所不录者,或夷狄所自名云"。① 可见这是一份值得信任的准确记录,还保存了周边政权新制的地名。贾耽的著作完成于贞元十七年(801),出自贾耽书的"鸭绿江",应该反映的是唐中期的该河流名称的新变化。并非所有同时代的学者都具有贾耽这样最新的地理知识,杜佑的《通典》与贾耽的《古今郡国县道四夷述》同完成于贞元十七年,但在《边防典》"高句丽"条下,高句丽的河流还被写作"鸭绿水"和"淇水"。② 总之,唐前期的"鸭绿水"在唐中后期名称发生了变化,成为"鸭绿江",这一变化发生在8世纪,只有为数不多的唐代学者如贾耽细心注意到并记录了下来。

在朝鲜半岛,新罗充分利用了唐朝的帮助,最终于668年完成了半岛的统一。不过这不意味着新罗完全控制了原来三国的全部疆域,尤其是高句丽的部分。先是唐朝在平壤设立安东都护府,直接统治原属高句丽的领土。接着,在持续八年的战争之后,这个都护府后撤到了辽东。甚至即使在安史之乱后安东都护府被废置,新罗也从来没有向北扩张疆域越过淇江一线。③ 鸭绿江和淇江之间的地域处在一种政治真空的状态,直到契丹和高丽王朝进入此地。④ 高丽王朝初建之时,《高丽史》言:"平壤古都,荒废虽久,基址尚存,而荆棘滋茂,蕃人游猎于其间。"⑤ 可见此地废弃已久。因此,我们可以肯定,告诉贾耽"鸭绿江"新名称的使臣,一定和统一新罗无关。

---

① 《新唐书》卷43下《地理七下》,1146页。

② 《通典》卷186《边防二》"高句丽"条,5015页。

③ 统一新罗有官职名"淇江镇典",列为外官,也可说明淇江的边境属性。见《三国史记》卷40《杂志九·职官下》,481页。

④ 参看王小甫:《新罗北界与唐朝辽东》,载《史学集刊》2005年第3期,41~47页。

⑤ 郑麟趾等:《高丽史》卷1《太祖世家》,15页,平壤:劳动新闻出版社,1957。

三、江在古代东北

带来"鸭绿江"新名的使臣只能来自渤海国。698 年，粟末靺鞨建立起一个政权，后改称渤海国。① 当此之时，唐朝先受契丹李尽忠、孙万荣叛乱的冲击，又勉力对抗复兴的东突厥汗国，接着陷入武后末年长期的宫廷纷争中。这些都给了新生的靺鞨政权绝好的发展机会。当唐朝终于在玄宗治下恢复了秩序，它面对的渤海已经是一个"地方五千里，户十余万，胜兵数万"的强大政权了。玄宗不得不承认这一事实，赐予大祚荣"渤海郡王"。渤海国与唐朝维持了友好关系，还注重文化建设，"数遣诸生诣京师太学，习识古今制度"，很快成长为繁荣的"海东盛国"。② 渤海有"五京"，其中西京即为鸭渌府，领"高丽故地"。鸭渌府治(吉林白山临江市)正在鸭绿江的上游。③ 渤海国几乎控制了整个鸭绿江流域。④ 因此，唐中期鸭绿江的改名，只能由渤海政权来完成，尽管我目前还没见到直接的记载。

这里还有另一个间接证据。渤海国在五京十五府之外，还有三个特殊的州称作"独奏州"，表示它们直辖于中央政府。三独奏州之一名为"涑州"，它成为独奏州的原因是"涑州以其近涑沫江，盖所谓粟末水也"。⑤ 建立渤海政权的族群被称为粟末靺鞨，这个粟末水应是他们得名的原因，也是他们的原始居住地。"粟末水"是北魏时候就已出现的古名，中国史家比较熟悉。但是"涑沫江"，不仅仅用"江"替代了"水"，

① 参看魏国忠、郝庆云、朱国忱：《渤海国史》第一章，及附录"渤海纪年表"，北京：中国社会科学出版社，2006。

② 《新唐书》卷 219《北狄·渤海传》，6179～6180 页。

③ 朱国忱、金太顺、李砚铁：《渤海故都》，58 页，哈尔滨：黑龙江人民出版社，1996。

④ 据《新唐书》卷 43 下《地理七下》，"自鸭渌江口舟行百余里，乃小舫溯流东北三十里至泊汋口，得渤海之境"(1147 页)，可见渤海控制了临近江口百余里之外的整个流域。

⑤ 《新唐书》卷 219《北狄·渤海传》，6182 页。

还完全替换了"粟末"二字，这或许是中国史书要在此做特别解释的原因。于此可见渤海时期改水为江尚不止一例。《新唐书·渤海传》言涑沫江"源于（太白）山西，北注它漏河"，它漏河是今洮儿河，因而可以肯定这条涑沫江就是今天的第二松花江，后文还将继续关注这条重要的河流。

至此我们知道渤海国至少用"江"命名了两条大河，一条是鸭绿江，也就是《满洲实录》首段提到的那条；另一条是涑沫江。渤海人从哪里接触的"江"呢？从历史上看，粟末靺鞨与高句丽有很深的渊源关系。《新唐书·靺鞨传》记靺鞨著者有五部：粟末部、汩咄部、安居骨部、黑水部、白山部。其中"白山本臣高丽"；唐取平壤之后，汩咄、安居骨等部皆奔散，说明他们也依附于高句丽，接着这两部"遗人并入渤海"。而"渤海，本粟末靺鞨附高丽者"，"高丽灭，率众保挹娄之东牟山……高丽逋残稍归之"。[①] 如此看来，渤海人本身就依附于高句丽，又在后者灭亡之后吸收了同样依附高句丽的其他靺鞨部落，还有高句丽的残余力量。最终，当渤海成为海东盛国以后，它与新罗和日本都保持了密切的联系。高句丽从百济接受了"江"这一概念，继而统一新罗从百济和高句丽继承并大力推广之。[②] 与高句丽的固有渊源加上与统一新罗的密切交往，使得渤海国很自然地用"江"为境内河流更名。然而中国东北毕竟不是朝鲜半岛，这里受华北的影响要深刻得多，因此在渤海境内还有许多河流用"河"来命名，如经过上京与中京的"忽汗河"，涑沫江注入的"它漏河"等。

926 年，契丹征服了渤海，历有辽一代，"鸭渌江"的名称一直沿用

---

① 以上俱见《新唐书》卷 219《北狄·黑水靺鞨》及《北狄·渤海》，6177～6179 页。

② 8 世纪中期新罗景德王更改了很多原高句丽境内的地名。一些地名被冠以从前所没有的"江"字，如獐项县被改为临江县，屈押县被改为江阴县，等等。"临江"自然是靠近某条"江"，"江阴"则是在某条"江"的北岸，这些都暗示该区域"江"的存在，进而说明新罗统治者对"江"这一词汇颇有好感，并将它的应用范围扩大到整个朝鲜半岛。参看金富轼：《三国史记》卷 35《地理志二》，孙文范等校勘，430 页。

下来。但是"涑沫江"似乎不见于记载了。显然契丹人对"江"这个字眼没太大的兴趣，他们更愿意根据北中国的习惯，用"河"或者"水"来命名河流。比如，涑沫江在辽代史料中就曾被称为"疎木河"。① 可是在辽圣宗的统治时期，一个值得注意的变化出现了。太平四年(1024)，辽圣宗发布一个诏书"改鸭子河曰混同江"。② 为什么辽朝皇帝会突然青睐起"江"字？要解答这个问题，必须从鸭子河及混同江的地理位置、功能以及改名的背景中寻找答案。

关于鸭子河，学界已经有相当多的讨论，目前接受最多的结论大概是鸭子河指嫩江下游及东流松花江西段，这一点也和《中国历史地图集》的标注大体一致。③ 我想这个说法还不完全准确。下面我从基本史料的梳理出发，对这一结论提出一点更正。

(1)《武经总要》："蹈弩河，源出木叶山，东流入鸭子河。"④

(2)《新唐书·黑水靺鞨传》："粟末水……北注它漏河。"⑤

(3)《金史·地理志》："辽长春州……有挞鲁古河、鸭子河。"⑥

挞鲁、挞鲁古、它漏、踏弩，都是同音，今名洮儿河亦同。

(4)《辽史·地理志》："长春州，……本鸭子河春猎之地。兴宗重熙八年(1039)置。""统县一：长春县，本混同江地。"⑦

(5)《辽史·圣宗纪》："(太平四年)二月己未朔，猎挞鲁河。诏改鸭子河曰混同江，挞鲁河曰长春河。"⑧

---

① 《辽史》卷17《圣宗纪八》，199页，北京：中华书局，1974。

② 《辽史》卷16《圣宗纪七》，192页。

③ 参看郭珉：《鸭子河诸说之评述》，载《北方文物》1996年第4期，73～76页。此文将前人关于鸭子河考订的结论分为七类，最终支持第七种说法，即嫩江下游及东流松花江西段说。

④ 《武经总要》前集卷22《蕃界有名山川》，1122页。

⑤ 《新唐书》卷219《北狄·黑水靺鞨》，6177页。

⑥ 《金史》卷24《地理志上·北京路》，563页，北京：中华书局，1975。

⑦ 《辽史》卷37《地理志一·上京道·长春州》，445页。

⑧ 《辽史》卷16《圣宗纪七》，192页。

由此可知，长春县、长春州之得名都由于长春河即挞鲁河。而长春县既有鸭子河又有挞鲁河，故挞鲁河流入鸭子河之地必在长春县。这一位置可能是今洮儿河流入嫩江之处，也可能是嫩江汇入松花江处。我认为后者的可能性更大，因为嫩江这一段是离长春州最近的，最有可能是其得名的原因。这样也能符合史料（2）所言的粟末水注入它漏河。所谓鸭子河春猎之地实指鸭子河泺，《辽史·营卫志》记辽代皇帝"秋冬违寒，春夏避暑，随水草就畋渔，岁以为常。四时各有行在之所，谓之'捺钵'"，而鸭子河泺为"春捺钵"。这个鸭子河泺"东西二十里，南北三十里，在长春州东北三十五里，四面皆沙堝，多榆柳杏林"。①我怀疑就是挞鲁河汇入鸭子河之处形成的湖泊，这里同时也是今第二松花江与嫩江汇合而成东流松花江之处，即"粟末水注入它漏河"处，而且很可能就是《武经总要》所记的"大水泊"。《武经总要》言"鸭子河在大水泊之东，……是雁鸣生育之处"，② 这和《辽史·营卫志》所记的"春捺钵"猎天鹅野雁的活动相符。种种证据严丝合缝，故而可以断定挞鲁河为今洮儿河加上其汇入后的嫩江下游一段，鸭子河泺指挞鲁河、粟末水（第二松花江）交汇而东流之处的水泊，鸭子河即是该水泊的下游河流。③

这些推断成立的话，辽圣宗面对的鸭子河就不仅仅是个野鸭很多的春猎地，还是两条大河合二而一，并形成壮阔水泊的地方，这一点与"混同"之意何等接近！所以混同江看来像是一个实景命名。然而，史实没有这么简单，混同江之名并非此时才有，而是已经出现几十年了。《契丹国志·岁时杂记》"长白山"条记载："黑水发源于此，旧云粟末河。太宗破

---

① 《辽史》卷 32《营卫志中·行营》，374 页。
② 《武经总要》前集卷 22《蕃界有名山川》，1125 页。
③ 以上论证的各河流最初的名称，或者说狭义的本名，但不能忽视这些概念的混乱复杂之处。比如，改名鸭子河为混同江以后，鸭子河旧名仍常见于史。如"清宁四年（1058），城鸭子、混同二水间"（《辽史》卷 98《耶律俨传》，1415 页）；又如，混同江与疎木河也同时出现，见下正文所引。

晋，改为混同江。"①这段抄自《松漠纪闻》，后者"太宗"作"契丹德光"。②
本文开头所引《武经总要》有关长白山的记录："其颠有潭……北流为混同
江。"既发源于长白山，又北流，只能是粟末水。而且《武经总要》撰写于
宋仁宗康定年间，鸭子河改名后的混同江已经出现，如果不是粟末水早
有混同江之名，当不至于犯这么离谱的错误。③可见粟末水，或者渤海
时代的涑沫江，的确在辽太宗末期，更名成为混同江。这样，《辽史·地
理志》"东京道宾州"条下所言"统和十七年（999），迁兀惹户，置刺史于鸭
子、混同二水之间"④才变得可以理解。耶律德光灭后晋在会同九年
（946）末大同元年（947）初，上距渤海国灭亡仅仅 20 年，而渤海大氏政权
覆灭后，耶律阿保机派出皇太子为人皇王，在渤海旧境建起了东丹国。
东丹国虽然明显是契丹的附属国，但是制度上"治渤海人一依汉法"，⑤
对渤海的旧文化旧制度给予了极大的宽容。在这种情况下渤海国沿用了
二百年的"涑沫江"恐怕还没有被遗忘。成功灭晋之后，耶律德光将之更
名为混同江，既保留了渤海遗民看重的"江"字，又以"混同"二字作政治
上的炫耀和威慑，⑥完全在情理之中。

因此辽圣宗更名鸭子河为混同江，只不过是将涑沫江所改的混同江
名称，沿用到下游，或者说承认了今天的北流松花江是东流松花江的正

---

① 叶隆礼：《契丹国志》卷 27《岁时杂记》"长白山"条，贾敬颜、林荣贵点校，
256 页，上海：上海古籍出版社，1985。《岁时杂记》一篇，多抄自洪皓《松漠纪闻·
续卷》。

② 洪皓：《松漠纪闻》，瞿立伟标注，40 页，长春：吉林文史出版社，1986。

③ 《四库全书总目》卷 99《子部·兵家类·武经总要》言其"至于诸蕃形势，皆出
传闻。所言道里山川，以今日考之，亦多刺谬"（中华书局缩印本，838 页）。诚然，
如《武经总要》言鸭子河"在黄龙府之西，大水泊之东"（第）便绝不可解。但至少有关
长白山这一段是可靠的，否则不会被《元一统志》《明一统志》，甚至最熟悉此地的《满
洲实录》的编者所接受。

④ 《辽史》卷 38《地理志二·东京道·宾州》，470 页。

⑤ 《辽史》卷 61《刑法志上》，937 页。金毓黻也认为"东丹既建，仍用渤海之
制，以治其土，臣其臣，子其民"，见氏著《渤海国志长编》卷 4《后纪》，转引自魏国
忠等：《渤海国史》，566 页，北京：中国社会科学出版社，2003。

⑥ 这与辽太宗在灭晋后所改的年号"大同"，思路是一致的。

源,而嫩江和洮儿河只是支流。这样做也是有用意可寻的。辽代皇帝的四时游幸狩猎,不仅仅是遵循契丹旧俗,其选择的地点、进行的活动都有明确的政治用意。[①] 耶律德光就曾对石敬瑭说:"朕之畋猎,非徒从乐,所以练习武事也。"[②]《辽史》专门为此立《游幸表》,并在序言中说"援司马迁别书《封禅》例",[③] 可见这类活动是国之大事。翻阅《辽史》诸本纪与《游幸表》,可以发现,鸭子河或者混同江成为每年常规的"春捺钵",是从辽圣宗太平四年(1024)开始的,之前辽朝皇帝很少在春天到这一区域。这一区域本是生女真的腹地,[④] 混同江春猎正是为他们而来。辽圣宗开泰元年(1012),长白山三十部女真酋长来贡,乞授爵秩。[⑤] 此年以后,圣宗渐渐将春猎地点从纳水(嫩江中上游)逐渐顺流下移至春州,再到鸭子河,并将其改名为"混同江"。与对东丹遗民的用意相似,这一名称一者承认了"江"以及原北流混同江的地位,一面也是对生女真的政治威慑。果然,太平六年,即更名鸭子河为混同江两年后,辽遣同知枢密院迷离己等引军城混同江、疏木河之间,此城就是后来的宁江州,是辽金之际的战略要塞。同月,"东京留守八哥奏黄翩领兵入女直界徇地,俘获人、马、牛、豕不可胜计,得降户二百七十,诏奖谕之"。[⑥] 后来辽帝幸混同江钩鱼时,"界外生女直酋长在千里内者,以故事皆来朝"。钩到

---

① 参看傅乐焕:《辽代四时捺钵考五篇》,见氏著《辽史丛考》,36~172页,北京:中华书局,1984。傅先生此文对辽代四时捺钵的地点、活动、政治功能进行了全面、细致的考察,认为"此乃契丹民族生活之本色,有辽一代之大法,其君臣之日常活动在此,其国政之中心机构在此"。不过傅文对捺钵地点选择与辽境内外异民族的关系似乎未曾注意,因而本文所论尚可附之骥尾。辽代皇帝的春季巡幸频率最高的地点除了混同江、鸭子河、纳水、春州、鱼儿泺(傅文以为即鸭子河泺)一带,尚有鸳鸯泺一地。鸳鸯泺处在南京析津府至内蒙古草原的交通要道,今张北县境内,可能与沟通草原上活动的阻卜等民族有关,有待进一步讨论。

② 《辽史》卷4《太宗纪下》,48页。

③ 《辽史》卷68《游幸表》,1037页。

④ 《金史》卷1《世纪》言"生女直地有混同江、长白山"(2页)。

⑤ 《辽史》卷15《圣宗纪六》,170页。

⑥ 《辽史》卷15《圣宗纪八》,199页。

的第一尾鱼后要举办"头鱼宴",席间诸酋长要次第起舞,这是表示臣服的一个仪式。[①] 既然是"故事",说明是行用已久的制度。

至此,本文引论提出两条江,都已经出现在东北的历史舞台上,后面的故事都很容易理解了。女真与渤海同出靺鞨,语言与文化都相接近,[②] 他们很可能像渤海人一样看重"江"这个外来的词语。尽管契丹人本身对"江"没什么兴趣,但为了怀柔渤海和女真,才将两条河流先后命名为混同江。在女真语,以及在后来的满语中,都有两个表示河流的词,较大的 ula 和较小的 bira。历代都以 ula 对译"江",以 bira 对译"河"。[③] 女真在征服辽朝之前,几乎没有机会接触汉文化,[④] 他们的"ula=江"的观念只能继承自渤海,再远溯至高句丽、百济直到南朝。

在与金代同时期的南中国以及朝鲜半岛,"江"都已经贬值(devalue)为一个普遍的水文概念,但"江"的概念在女真治下的东北仍然保持了其高贵的文化价值,也就是"江"的地位高于"河",这也是名号贬值(devaluation)与行用时间成正比关系的一例。此时期东北除了混同江和鸭绿江,唯一出现的称为"江"的河流是宋瓦江。我们知道宋瓦江即前面的粟末水、涑沫江,后代的松阿哩乌拉、松花江,也就是混同江本身。女真人不过是恢复了自己语言的命名,"松阿哩乌拉"(Sungari ula)意为

---

① 《辽史》卷27《天祚帝纪一》,326页。舞蹈是臣下表示效忠的动作,渊源已久。在天祚帝的一次头鱼宴上,有一个坚决拒绝舞蹈的女真酋长,引起天祚帝的猜疑,此人宴归之后,"疑上知其异志,遂称兵"(同上),他就是金太祖完颜阿骨打。这一小插曲也足以说明混同江钓鱼是件严肃的政治活动。

② 阿骨打起事时,对渤海遗民的宣传口号是"女直、渤海本同一家",见《金史》卷2《太祖纪》,25页。

③ 女真语见 Daniel Kane, *The Sino-Jurchen Vocabulary of the Bureau of Interpreters*, Bloomington: Indiana University, 1989, pp. 161, 162. 满语见中嶋幹起编:《電腦處理御制增訂清文鑑》第1卷,114页,東京:東京外国語大学アジア・アフリカ言語文化研究所,1993。

④ 洪皓《松漠纪闻》言"女真旧绝小,正朔所不及,其民皆不知纪年"(29页),"女真旧不知岁月,如灯夕皆不晓"(30页),可见一斑。另,唐长孺先生曾论及:"金太祖时,女真人通晓契丹字者甚多,而晓汉字者实寡。"见唐长孺:《论金代文字之废兴及政治影响》,收入氏著《山居存稿》,473页,北京:中华书局,1989。

"天河"或者"天江"。① 包括女真在内的东北民族大多将长白山作为神山崇拜，连带高看从此山流出的河流，② 如按照金朝国家祀典，每年要两次向长白山神及混同江神献祭。③ 同样的，《满洲实录》以描述先世所发祥的神山来开始本朝的历史叙述，也是意图给满洲罩上神性的光环。④

四、结论

本文从对《满洲实录》的疑问出发，追溯了东北地区以"江"命名大河的历史渊源。从 4 世纪到 12 世纪，"江"这一词汇从南中国传入朝鲜半岛，再为东北地区的民族政权所接受。随着国际关系、政治形式和文化环境的变化，"江"被输出、引入、扩展、贬值甚至抛弃。中古时期，中国南北对峙，朝鲜半岛尚未统一，由于高句丽的阻碍，百济被迫仅仅与南朝单边交往，从而得以引入南朝式的中国文化，包括"江"的概念。半岛三国时代末期，"江"传入了高句丽，并被统一新罗完全继承。建立渤海国的靺鞨民族曾臣属于高句丽，又在渤海国时期吸纳了大量高句丽遗民，从高句丽引入了"江"字，并在与同样使用"江"的新罗的密切交往中强化了这一概念，结果是将鸭绿水改称为鸭绿江。作为所有满-通古斯语

---

① 乾隆皇帝《御制松花江诗》自注云："松花江以松阿哩乌拉得名，松阿哩者，即国语'天河'也。"见《钦定满洲源流考》卷 15，电子版文渊阁四库全书本。这个词的语源，可能是 Sungari 〈 *tsungari 〈 tängri。

② 今天东北所有称江的大河，无一不与长白山有关，都经由名称从干流向支流推广的过程而来，此处限于篇幅，不赘论。

③ 《金史》卷 35《礼志八》，819～821 页。

④ 需要说明的是，《满洲实录》所转写的"giyang"在意义体系虽然源远流长，但是它的读音是晚近的，按照《切韵》音系，江字属于开口二等字，南朝和唐初的江字是不可能有 i 介音的。根据王力先生的拟音，江韵的介音在宋代是/e/，在元代变为辅音性的/i/。也就是说在明清之际江字的发音应该是/kiaŋ/，蒲立本所拟的元代北京音同此（参看 E. G. Pulleyblank, *Lexicon of Reconstructed Pronunciation in Early Middle Chinese, Late Middle Chinese, and Early Mandarin*, Vancouver: UBC Press, 1991, p. 149），这与《满洲实录》所记载的 giyang 完全一致。到《满洲实录》的时代，受唐宋以来通语的影响，东北的江字读音中增生了 i 介音是很自然的，并不影响江作为整个概念体系的传承。

族民族的第一个王国，渤海使南朝式"江"的观念内化进他们共同的语言和文化之中。面对文化发达的渤海遗民，以及日渐崛起的女真人，辽代皇帝两次选择用"混同江"来表达微妙的政治暗示。最终，自认为靺鞨与女真后裔的满洲人，在本族历史的开篇用音译写下这两个江名：其一始于渤海靺鞨，其二缘自白山女真。

参考文献

1. 史料(含后代注疏,按四部及时代排序)

《史记》,北京:中华书局,1959。

《汉书》,北京:中华书局,1962。

《后汉书》,北京:中华书局,1965。

《三国志》,北京:中华书局,1959。

《晋书》,北京:中华书局,1974。

《宋书》,北京:中华书局,1974。

《南齐书》,北京:中华书局,1972。

《梁书》,北京:中华书局,1973。

《陈书》,北京:中华书局,1972。

《魏书》,北京:中华书局,1974。

《北齐书》,北京:中华书局,1972。

《周书》,北京:中华书局,1971。

《隋书》,北京:中华书局,1973。

《北史》,北京:中华书局,1974。

《南史》,北京:中华书局,1975。

《旧唐书》,北京:中华书局,1975。

《新唐书》,北京:中华书局,1975。

《宋史》,北京:中华书局,1977。

《辽史》,北京:中华书局,1974。

《金史》,北京:中华书局,1975。

《二十五史补编》,北京:中华书局,1956。

《资治通鉴》,北京:中华书局,1956。

范祥雍:《古本竹书纪年辑校订补》,上海:上海人民出版社,1962。

黄怀信等集注:《逸周书汇校集注》,上海:上海古籍出版社,1995。

徐元诰:《国语集解》,王树民、沈长云点校,北京:中华书局,2002。

李步嘉:《越绝书校释》,武汉:武汉大学出版社,1992。

刘向:《战国策》,上海:上海古籍出版社,1985。

刘珍等撰,吴树平校注:《东观汉记校注》,郑州:中州古籍出版社,1987。

周天游辑注:《八家后汉书辑注》,上海:上海古籍出版社,1986。

《清实录》,影印本,北京:中华书局,1986。

唐庚:《三国杂事》,丛书集成初编,北京:中华书局,1985。

常璩撰,任乃强校注:《华阳国志校补图注》,上海:上海古籍出版社,1987。

汤球辑,吴振清校注:《三十国春秋辑本》,天津:天津古籍出版社,2009。

五胡の会编:《五胡十六国霸史辑佚》,東京:燎原书店,2012。

张澍辑:《沙州记》,丛书集成初编,北京:中华书局,1985。

叶隆礼:《契丹国志》,贾敬颜、林荣贵点校,上海:上海古籍出版社,1985。

洪皓:《松漠纪闻》,翟立伟标注,长春:吉林文史出版社,1986。

金富轼:《三国史记》卷24《百济本纪第二》,孙文范等校勘,长春:吉林文史出版社,2003。

郑麟趾等:《高丽史》,平壤:劳动新闻出版社,1957。

郦道元注,杨守敬、熊会贞疏:《水经注疏》,南京,江苏古籍出版社,1989。

乐史:《太平寰宇记》,王文楚等点校,北京:中华书局,2007。

王象之:《舆地纪胜》,影印本,扬州:江苏广陵古籍刻印社,1991。

赵万里校辑:《元一统志》,北京:中华书局,1966。

《大明一统志》,天顺五年内府刻本。

刘纬毅:《汉唐方志辑佚》,北京:北京图书馆出版社,1997。

范成大撰,严沛校注:《桂海虞衡志校注》,南宁:广西人民出版社,1986。

陈运溶:《麓山精舍丛书》,长沙:岳麓书社影印本,2008。

曾公亮、丁度编:《武经总要》,影印明金陵唐富春刻本,载《中国兵书集成》第四册,北京:解放军出版社,1988。

刘知幾撰,浦起龙释:《史通通释》,上海:上海古籍出版社,1978。

李林甫等:《唐大典》,陈仲夫点校,北京:中华书局,1992。

杜佑:《通典》,王文锦等点校,北京:中华书局,1988。

林宝:《元和姓纂(附四校记)》,岑仲勉校记,北京:中华书局,1994。

王溥:《唐会要》,北京:中华书局,1955。

马端临:《文献通考》,影印本,北京:中华书局,1986。

郑樵著,王树民点校:《通志二十略》,北京:中华书局,1995。

洪适:《隶释》,影印本,北京:中华书局,1986。

晁公武撰,孙猛校证:《郡斋读书志校证》,上海:上海古籍出版社,1990。

焦竑:《焦氏笔乘》,李剑雄点校,上海:上海古籍出版社,1986。

顾炎武撰,黄汝成集释:《日知录集释》,栾保群、吕宗力点校,上海:上海古籍出版社,2006。

赵翼著,王树民校证:《廿二史札记校证》,北京:中华书局,1984。

梁玉绳:《史记志疑》,二十四史研究资料丛刊,北京:中华书局,1981。

张宗泰:《质疑删存》,吴新成点校,北京:中华书局,1988。

睡虎地秦墓竹简整理小组:《睡虎地秦墓竹简》,北京:文物出版社,1978。

北京大学出土文献研究所编:《北京大学藏西汉竹书(壹)》,上海:上海古籍出版社,2015。

长沙市文物考古研究所编:《长沙东牌楼东汉简牍》,北京:文物出版社,2006。

胡平生、张德芳编撰:《敦煌悬泉汉简释粹》,上海:上海古籍出版社,2001。

阮元校刻:《十三经注疏》,影印本,北京:中华书局,1980。

王闿运:《尚书大传补注》,丛书集成初编,北京:中华书局,1991。

屈万里:《尚书集释》,台北:联经出版事业股份有限公司,1983。

顾颉刚、刘起釪:《尚书校释译论》,北京:中华书局,2005。

马瑞辰:《毛诗传笺通释》,陈金生点校,北京:中华书局,1989。

孙星衍:《尚书今古文注疏》,陈抗、盛冬铃点校,北京:中华书局,1986。

孙诒让:《周礼正义》,王文锦、陈玉霞点校,北京:中华书局,1987。

孙希旦:《礼记集解》,沈啸寰、王星贤点校,北京:中华书局,1989。

王聘珍:《大戴礼记解诂》,王文锦点校,北京:中华书局,1983。

杨伯峻:《春秋左传注》,北京:中华书局,1981。

许慎:《说文解字》,影印本,北京:中华书局,1963。

段玉裁:《说文解字注》,影印本,上海:上海古籍出版社,1981。

朱骏声:《说文通训定声》,影印本,北京:中华书局,1984。

袁珂:《山海经校译》,上海:上海古籍出版社,1985。

王贻梁、陈建敏:《穆天子传会校集释》,上海:华东师范大学出版社,1994。

吴毓江:《墨子校注》,孙启治点校,北京:中华书局,1993。

黎翔凤:《管子校注》,梁运华整理,北京:中华书局,2004。

王先谦:《荀子集解》,北京:中华书局,1988。

许维遹:《吕氏春秋集释》,北京:中华书局,2009。

刘文典:《淮南鸿烈集解》,冯逸、乔华点校,北京:中华书局,1989。

苏舆:《春秋繁露义证》,钟哲点校,北京:中华书局,1992。

桓宽撰,王利器校注:《盐铁论校注(定本)》,北京:中华书局,1992。

扬雄撰,汪荣宝疏:《法言义疏》,北京:中华书局,1987。

班固撰集,陈立疏证:《白虎通疏证》,吴则虞点校,北京:中华书局,1994。

王充:《论衡》,上海:上海人民出版社,1974。

应劭撰,王利器校注:《风俗通义校注》,北京:中华书局,2010。

郑小同编:《郑志》,钱东垣校订,丛书集成初编,上海:商务印书馆,1939。

干宝撰,李剑国辑校:《新辑搜神记》,北京:中华书局,2007。

徐震堮校笺:《世说新语校笺》,北京:中华书局,1984。

余嘉锡:《世说新语笺疏》,北京:中华书局,2007。

萧统编:《文选》,点校本,李善注,上海:上海古籍出版社,1986。

钟嵘著,古直笺,曹旭整理集评:《诗品》,上海:上海古籍出版社,2007。

刘勰著,黄叔琳注,李详补注,杨明照校注拾遗:《增订文心雕龙校注》,北京:中华书局,2012。

虞世南编:《北堂书钞》,孔氏三十三万卷堂影宋本。

欧阳询:《艺文类聚》(附索引),汪绍楹校,上海:上海古籍出版社,1965。

徐坚:《初学记》,北京:中华书局,1962。

瞿昙悉达:《开元占经》,常秉义点校,北京:中央编译出版社,2006。

马其昶校注:《韩昌黎文集校注》,上海:上海古籍出版社,1986。

李昉等编:《太平御览》,影印本,北京:中华书局,1960。

王钦若等编:《册府元龟》,影印宋本,北京:中华书局,1989。

王若虚:《滹南遗老集》,胡传志、李定

乾校注,沈阳:辽海出版社,2006。

2. 论著(按作者姓名音序为顺,日人姓名按汉语字音)

Barth, Fredrik. *Ethnic Groups and Boundaries：The Social Organization of Culture Difference*. Bergen：Universitetsforlaget, 1969. 中译本见弗雷德里克·巴斯主编:《族群与边界——文化差异下的社会组织》,李丽琴译,北京:商务印书馆,2014。

Brubaker, Rogers. Ethnicity without Groups. *Archives Europeennes de Sociologie*, 2002, 43(2).

David, N. Keightley ed. . *The Origins of Chinese Civilization*. Berkeley：University of California Press, 1983.

Di Cosmo, Nicola. *Ancient China and its Enemies：The Rise of No-madic Power in East Asian History*. Cambridge：Cambridge University Press, 2004. 中译本见狄宇宙:《古代中国与其强邻:东亚历史上游牧力量的兴起》,贺严、高书文译,北京:中国社会科学出版社,2010。

Di Cosmo, Nicola. The Origins of the Great Wall. *The Silk Road*, 2006, 4(1).

Drews, Robert. *Early Riders：The Beginnings of Mounted Warfare in Asia and Europe*. New York：Routledge, 2004.

Earle, Timothy ed. . *Chiefdoms：Power, Economy, and Ideology*. Cambridge：Cambridge University Press, 1991.

Elman，Service. *Primary Social Organization，an Evolutionary Perspective*. New York：Random House. 1962.

Enoki Kazuo（榎一雄）. The Liang chih-kung-t'u. *Memories of the Research Department of the Toyo Bunko*，No. 42，The Toyo Bunko，1984. in Enoki Kazuo. *Studia Asiatica*（榎一雄著作集欧文卷）. Tokyo：Kyuko-shoin（汲古書院），1998.

Evans-Pritchard & M. Fortes eds.. *African Political Systems*. London：Oxford University Press，1950.

Guibernau，Montserrat & John，Rex eds.. *The Ethnicity Reader，Nationalism，Multiculturalism and Migration（2ⁿᵈ Edition）*. Cambridge：Polity Press，2010.

Hans，Robert，Roemer ed.. *History of the Turkic Peoples in the Pre-Islamic Period*. Berlin：Klaus Schwarz Verlag，2000.

Keyes，Charles. Presidential Address："The Peoples of Asia—Science and Politics in the Classification of Ethnic Groups in Thailand，China，and Vietnam." *The Journal of Asian Studies*，2002，61(4).

Khazanov，Anatoly，M.. *Nomads and the Outside World（2ⁿᵈ Edition）*. translated by Julia Crookenden. Madison：University of Wisconsin Press，1994.

Lattimore，Owen. Origins of the Great Wall of China：A Frontier Concept in Theory and Practice. *The Geographical Review*，1937，27(4).

Leach，Edmund. *Political Systems of Highland Burma*. Cambridge：Harvard University Press，1954. 中译本见埃德蒙·R. 利奇：《缅甸高地诸政治体系——对克钦社会结构的一项研究》，杨春宇、周歆红译，北京：商务印书馆，2010。

Pulleyblank，E. G.. *Lexicon of Reconstructed Pronunciation in Early Middle Chinese，Late Middle Chinese，and Early Mandarin*. Vancouver：UBC Press，1991.

Scott，James，C.. *The Art of Not Being Governed：An Anarchist History of Upland Southeast Asia*. New Haven & London：Yale University Press，2009.

艾森斯塔德：《帝国的政治体系》，阎步克译，贵阳：贵州人民出版社，1992。

安田二郎：《六朝政治史の研究》，京都：京都大学学術出版会，2003。

巴菲尔德：《危险的边疆：游牧帝国与中国》，袁剑译，南京：江苏人民出版社，2011。

白音查干：《最初人为农牧分界线的确立》，《中国历史地理论丛》2000年第1期。

北村一仁：《「荒人」試論：南北朝前期の国境地域》，《東洋史苑》第60～61辑，2003。

北村一仁：《南北朝期「淵藪」の地域的分布とその空間的特徴》，《東洋史苑》第71～72辑，2008。

北村一仁：《南北朝期「中華」世界における「蛮」地の空間性について》，《東洋史苑》第67辑，2006。

本尼迪克特·安德森:《想象的共同体》,吴叡人译,上海:上海人民出版社,2011。

曹锦炎:《古代玺印》,北京:文物出版社,2002。

柴焕波:《武陵山区古代文化概论》,长沙:岳麓书社,2004。

陈高华、陈智超等:《中国古代史史料学(修订本)》,天津:天津古籍出版社,2006。

陈金凤:《魏晋南北朝中间地带研究》,天津:天津古籍出版社,2005。

陈爽:《出土墓志所见中古谱牒研究》,上海:学林出版社,2015。

陈苏镇:《魏晋的散官》,北京大学硕士学位论文,1986。

陈寅恪:《金明馆丛稿初编》,北京:生活·读书·新知三联书店,2001。

陈勇:《汉赵史论稿——匈奴屠各建国的政治史考察》,北京:商务印书馆,2009。

陈勇:《〈史记〉所见"胡"与"匈奴"称谓考》,《民族研究》2005年第6期。

陈垣:《史讳举例》,北京:中华书局,1962。

陈直:《文史考古论丛》,天津:天津古籍出版社,1988。

陈致:《夷夏新辨》,《中国史研究》2004年第1期。

川本芳昭:《北魏文成帝南巡碑について》,《九州大学東洋史論集》28号,2000。

川本芳昭:《魏晋南北朝時代の民族問題》,東京:汲古書院,1998。

川合安:《沈約「宋書」の華夷意識》,《東北大学東洋史論集》1995年第6期。

达力扎布主编:《中国民族史研究60年》,北京:中央民族大学出版社,2010。

大知聖子:《北魏の爵制とその実態—民族問題を中心に》,《岡山大学大学院文化科学研究科紀要》12号,2001。

杜正胜:《编户齐民:传统政治社会结构之形成》,台北:联经出版事业股份有限公司,1990。

渡边信一郎:《中国古代帝国的中心和周边:从财政史的观点出发》,《政治大学历史学报》第30期,2008。

方高峰:《试论左郡左县制》,《中国边疆史地研究》2006年第2期。

方国瑜:《中国西南历史地理考释》,北京:中华书局,1987。

费孝通:《关于我国民族的识别问题》,《中国社会科学》1980年第1期。

费孝通:《中华民族多元一体格局(修订本)》,北京:中央民族大学出版社,1999。

傅乐焕:《辽代四时捺钵考五篇》,载《辽史丛考》,北京:中华书局,1984。

傅斯年:《民族与古代中国史》,石家庄:河北教育出版社,2002。

傅斯年著,欧阳哲生编:《傅斯年全集》,长沙:湖南教育出版社,2003。

傅增湘:《藏园群书经眼录》,北京:中华书局,1983

甘怀真编:《东亚历史上的天下与中国概念》,台北:台湾大学出版中心,2007。

甘怀真:《从天下国家的观点论中国

中古的朝代》,载《中国中古史研究:中国中古史青年学者联谊会会刊》第二卷,北京:中华书局,2011。

甘良勇:《〈大戴礼记〉研究》,浙江大学博士学位论文,2012。

冈部毅史:《关于北魏前期的位阶秩序——以对爵与品的分析为中心》,第四届中国中古史青年学者联谊会报告,台北,2010。

葛剑雄:《统一与分裂》,北京:生活·读书·新知三联书店,1994。

宫崎市定:《九品官人法の研究》,京都:同朋舍,1985。中译本见宫崎市定:《九品官人法研究——科举前史》,韩昇、刘建英译,北京:中华书局,2008。

谷川道雄等编:《魏晋南北朝隋唐史学的基本问题》,李凭等译,北京:中华书局,2010。

谷川道雄:《隋唐帝国形成史论》,李济沧译,上海:上海古籍出版社,2004。

谷口房男:《華南民族史研究》,東京:綠蔭書房,1997。

顾颉刚:《顾颉刚全集·顾颉刚读书笔记》,北京:中华书局,2011。

顾颉刚:《顾颉刚全集·顾颉刚古史论文集》,北京:中华书局,2011。

郭正忠主编:《中国盐业史·古代编》,北京:人民出版社,1997。

韩锦春、李毅夫:《汉文"民族"一词的出现及其初期使用情况》,《民族研究》1984年第2期。

韩昇:《百济与南朝的文化交流及其在东亚的意义》,载《"东亚汉文化圈与中国关系"国际学术会议论文集》,2004。

韩昇:《"魏伐百济"与南北朝时期东亚国际关系》,《历史研究》1995年第3期。

郝时远:《中文"民族"一词源流考辨》,《民族研究》2004年第6期。

何德章:《魏晋南北朝史丛稿》,北京:商务印书馆,2010。

河南省计量局主编:《中国古代度量衡论文集》,郑州:中州古籍出版社,1990。

河原正博:《漢民族華南発展史研究》,東京:吉川弘文館,1984。

侯仁之等编:《中国古代地理名著选读》第一辑,北京:学苑出版社,2005。

侯旭东:《渔采狩猎与秦汉北方民众生计——兼论以农立国传统的形成与农民的普遍化》,《历史研究》2010年第5期。

胡阿祥:《六朝疆域与政区研究》,北京:学苑出版社,2005。

胡宝国:《汉唐间史学的发展》,北京:商务印书馆,2005。

胡绍华:《一个被史学界忽视的问题:汉朝的初郡政策》,《商丘师范学院学报》2006年第1期。

胡适:《中国哲学史大纲》,北京:东方出版社,1996。

黄惠贤等编:《古代长江中游的经济开发》,武汉:武汉出版社,1988。

黄烈:《中国古代民族史研究》,北京:人民出版社,1987。

黄汝成:《炎徼纪闻》,丛书集成初编本,北京:中华书局,1985。

黄文杰:《氏民辨》,载《容庚先生百年诞辰纪念文集》,广州:广东人民出版社,1998。

黄兴涛:《现代"中华民族"观念形成的历史考察——兼论辛亥革命与中华民族认同之关系》,《浙江社会科学》2002年第1期。

黄永年:《古籍版本学》,南京:江苏教育出版社,2005。

霍布斯鲍姆:《民族与民族主义》,李金梅译,上海:上海人民出版社,2006。

吉川忠夫:《島夷と索虜のあいだ—典籍の流傳を中心とした南北朝文化交流史》,《东方学报(京都)》72,2000。

菅志翔:《族群归属的自我认同与社会定义:关于保安族的一项专题研究》,北京:民族出版社,2006。

翦伯赞:《三国时内战中的民族军队》,载《翦伯赞史学论文选集》,北京:人民出版社,1990。

今西龍:《百济都城扶餘及び其の地方》,载氏著《百济史研究》,東京:国書刊行会,1971。

金天明、王庆仁:《"民族"一词在我国的出现及其使用问题》,《社会科学辑刊》1981年第4期。

金维诺:《"职贡图"的时代与作者》,《文物》1960年第7期。

康乐:《从西郊到南郊——国家祭典与北魏政治》,台北:稻禾出版社,1995。

劳幹:《论汉代之陆运与水运》,《中央研究院历史语言研究所集刊》第16本,1947。

雷翔:《魏晋南北朝"蛮民"的来源》,《湖北民族学院学报(社会科学版)》1990年第1期。

黎光明、王元辉:《川西民俗调查记录1929》,王明珂编校,台北:"中央研究院"历史语言研究所,2004。

李峰:《先周文化的内涵及其渊源探讨》,《考古学报》1991年第3期。

李根蟠、卢勋:《中国南方少数民族原始农业形态》,北京:农业出版社,1987。

李济:《中国民族的形成》,李光谟、胡鸿保、张海洋译,上海:上海人民出版社,1996。

李凭:《北魏平城时代》,北京:社会科学文献出版社,2000。

李启良:《陕西安康市出土西周史密簋》,《考古与文物》1989年3期。

李隆献:《四夷观念辨析》,《孔孟月刊》1984年第23卷第3期。

李新峰:《试释〈汉书·地理志〉郡国排序》,《北京大学学报(哲学社会科学版)》2005年第1期。

李学勤:《郭店楚简与〈礼记〉》,《中国哲学史》1998年第4期。

李学勤:《〈齐语〉与〈小匡〉》,《清华大学学报(哲学社会科学版)》,1986年第2期。

李学勤:《清华简九篇综述》,《文物》2010年第5期。

李学勤:《走出疑古时代》,沈阳:辽宁大学出版社,1994。

李振宏、刘克辉:《民族历史与现代观念——中国古代民族关系史研究》,郑州:河南大学出版社,2010。

李子信:《三国时孙吴的开发江南》,《食货》第5卷第4期,1937。

梁方仲:《中国历代户口、田地、田赋统计》,北京:中华书局,2008。

梁启超著,吴松、王文光等点校:《饮冰室文集点校》,昆明:云南教育出版社,2001。

梁玉绳:《史记志疑》,二十四史研究资料丛刊,北京:中华书局,1981。

廖名春:《清华简〈尹诰〉研究》,《史学史研究》2011年第2期。

林幹、再思:《东胡乌桓鲜卑研究与附论》,呼和浩特:内蒙古大学出版社,1995。

林惠祥:《中国民族史》,上海:商务印书馆,1937。

林耀华:《凉山夷家》,昆明:云南人民出版社,2003。

凌纯声、芮逸夫:《湘西苗族调查报告·上册》,影印版,台北:南天书局有限公司,1978。

刘驰:《读〈北魏前期政治制度〉》,《中国史研究动态》1992年第2期。

刘岱编:《中古文化新论:根源篇》,北京:生活·读书·新知三联书店,1991。

刘恒武、刘莉:《论西方新进化论之酋邦概念及其理论困境》,《社会科学战线》2010年第7期。

刘起釪:《古史续辨》,北京:中国社会科学出版社,1991。

刘纬毅:《汉唐方志辑佚》,北京:北京图书馆出版社,1997。

刘益:《山西灵丘县发现北魏"南巡御射碑"》,《考古》1987年第3期。

卢华语等:《唐代西南经济研究》,北京:科学出版社,2010。

鲁西奇:《南方山区经济开发的历史进程与空间展布》,《中国历史地理论丛》第25卷第4辑,2010。

鲁西奇:《内地的边缘:传统中国的化外之区》,《学术月刊》2010年第5期。

鲁西奇:《释"蛮"》,《文史》第3辑,2008。

逯耀东:《从平城到洛阳:拓跋魏文化转变的历程》,北京:中华书局,2006。

逯耀东:《抑郁与超越:司马迁与汉武帝时代》,北京:生活·读书·新知三联书店,2008。

吕思勉:《两晋南北朝史》,上海:上海古籍出版社,2005。

吕思勉:《秦汉史》,上海:上海古籍出版社,2005。

吕思勉:《中国民族史两种》,上海:上海古籍出版社,2008。

吕一飞:《匈奴汉国的政治与氐羌》,《历史研究》2001年第2期。

罗丰:《什么是华夏的边缘——读王明珂〈华夏边缘:历史记忆与族群认同〉》,《中国史研究》2008年第1期。

罗根泽著,周勋初编:《罗根泽说诸子》,上海:上海古籍出版社,2001。

罗新:《跋北魏太武帝东巡碑》,《北大史学》第 11 辑,北京大学出版社,2005。

罗新:《枋头、滠头两集团的凝成与前秦、后秦的建立》,《原学》第 6 辑,1998。

罗新:《黑毡上的北魏皇帝》,北京:海豚出版社,2014。

罗新、李泉汇:《北魏太武帝东巡碑的新发现》,《中国国家博物馆馆刊》2011 年第 9 期。

罗新:《民族起源的想象与再想象——以嘎仙洞的两次发现为中心》,《文史》2013 年第 2 辑。

罗新:《十六国北朝的五德历运问题》,《中国史研究》2004 年第 3 期。

罗新:《王化与山险》,《历史研究》2009 年第 2 期。

罗新:《真吏新解》,《中华文史论丛》2009 年第 1 期。

罗新:《中古北族名号研究》,北京:北京大学出版社,2009。

罗志田:《夷夏之辨的开放与封闭》,《中国文化》1996 年第 2 期。

马长寿:《氐与羌》,上海:上海人民出版社,1984。

马戎:《从王桐龄〈中国民族史〉谈起——我国 30 年代三本〈中国民族史〉的比较研究》,《北京大学学报(哲学社会科学版)》2002 年第 3 期。

马瑞辰:《毛诗传笺通释》,北京:中华书局,1989。

蒙默:《南方民族史论集》,成都:四川民族出版社,1992。

芈一之:《论西海郡的兴废》,《青海民族学院学报》1984 年第 1 期。

明建:《北魏假爵制度考补》,《魏晋南北朝隋唐史资料》第 25 辑,2009。

末永高康:《〈孔子三朝记〉初探》,《南京师范大学文学院学报》2011 年第 1 期。

内田吟風:《北アジア史研究 鮮卑柔然突厥篇》,京都:同朋舍,1975。

内田吟風:《北アジア史研究・匈奴篇》,京都:同朋舍,1975。

聶溦萌:《三崎良章〈五胡十六国の基礎的研究〉》,载中国中古史青年学者联谊会会刊《中国中古史研究》第二卷,北京:中华书局,2011。

潘鼐:《中国恒星观测史》,上海:学林出版社,1989。

彭英明:《关于我国民族概念历史的初步考察——兼谈对斯大林民族定义的辩证理解》,《民族研究》1985 年第 2 期。

彭英明:《中国近代谁先用"民族"一词》,《社会科学辑刊》1984 年第 2 期。

蒲立本:《上古时代的华夏人和邻族》,游汝杰译,载游汝杰:《中国文化语言学引论(修订本)》附录,上海:上海辞书出版社,2003。

钱穆:《周初地理考》,《燕京学报》1931 年第 10 期。

钱锺书:《管锥编》,北京:生活·读书·新知三联书店,2007。

裘锡圭:《谈谈随县曾侯乙墓的文字

资料》,《文物》1979 年第 7 期。

饶宗颐:《中国史学上之正统论》,上海:上海远东出版社,1996。

三崎良章:《五胡十六国の基礎的研究》,東京:汲古書院,2006。

沈长云:《华夏民族的起源与形成过程》,《中国社会科学》1993 年第 1 期。

沈长云:《由史密簋铭文论及西周时期的华夷之辨》,《河北师院学报》1994 年第 3 期。

沈松侨:《我以我血荐轩辕——黄帝神话与晚清的国族建构》,《台湾社会科学季刊》第 28 期,1997。

石泉:《古文献中的江不是长江的专称》,《文史》第 6 辑,1979。

史念海:《河山集(二集)》,北京:生活·读书·新知三联书店,1981。

松下宪一:《北魏胡族体制论》,札幌:北海道大学出版会,2007。

宋德熹:《北魏前期文化的转折与肆应——以〈嘎仙洞石刻祝文〉、〈南巡碑〉为线索》,《国际中国学研究》12 辑,2008。

孙正军:《从“五等”到“三等”——北魏道武帝“制爵三等”原因钩沉》,《文史》第 1 辑,2010。

孙中山:《孙中山选集》,北京:人民出版社,1956。

唐长孺:《唐长孺文集》,北京:中华书局,2011。

特德·C. 卢埃林:《政治人类学导论》,朱伦译,北京:中央民族大学出版社,2009。

田余庆:《东晋门阀政治》,第 5 版,北京:北京大学出版社,2012。

田余庆:《秦汉魏晋史探微(重订本)》,北京:中华书局,2004。

田余庆:《拓跋史探》,修订本,北京:生活·读书·新知三联书店,2011。

童恩正:《童恩正学术文集·南方文明》,重庆:重庆出版社,1998。

童恩正:《中国北方与南方古代文明发展轨迹之异同》,《中国社会科学》1994 年第 5 期。

童恩正:《中国西南地区古代的酋邦制度——云南滇文化中所见的实例》,《中华文化论坛》1994 年第 1 期。

童书业:《童书业历史地理论集》,北京:中华书局,2004。

土口史记:《中國古代文書行政制度—戰國秦漢期出土資料による近年の研究動向》,《中國史學》第 23 卷,2013。

窪添慶文:《魏晋南北朝官僚制研究》,東京:汲古書院,2003。

王安泰:《再造封建:魏晋南北朝的爵制与政治秩序》,台北:台湾大学出版中心,2013。

王炳华:《“吐火罗”译称“大夏”辨析》,《西域研究》2015 年第 1 期。

王锷:《〈礼记〉成书考》,北京:中华书局,2007。

王国维:《观堂集林》,北京:中华书局,1959。

王力:《汉语语音史》,北京:商务印书

馆,2008。

王力平:《邓名世与〈古今姓氏书辨证〉——兼谈宋代姓氏谱牒学的发展》,《文献》2006年第3期。

王明珂:《华夏边缘:历史记忆与族群认同》,北京:社会科学文献出版社,2006。

王明珂:《羌在汉藏之间:川西羌族的历史人类学研究》,北京:中华书局,2008。

王明珂:《什么是民族:以羌族为例探讨一个民族志与民族史研究上的关键问题》,《"中研院"历史语言研究所集刊》第65本第4分,1994。

王明珂:《英雄祖先和弟兄民族:根基历史的文本与情境》,北京:中华书局,2009。

王明珂:《游牧者的抉择:面对汉帝国的北亚游牧部族》,桂林:广西师范大学出版社,2008。

王素:《梁元帝〈职贡图〉新探——兼说高昌国史的几个问题》,《文物》1992年第2期。

王桐龄:《中国民族史》,长春:吉林出版集团有限责任公司,2010。

王万隽:《汉末三国长沙族群关系与大姓研究之一——汉末部分》,《早期中国史研究》第2卷第1期,2010。

王万隽:《秦汉魏晋南北朝时期的蛮族研究综述》,载《中国中古史研究:中国中古史青年学者联谊会会刊》第2卷,北京:中华书局,2011。

王巍、徐良高:《先周文化的考古学探索》,《考古学报》2000年第3期。

王小甫编:《盛唐时代与东北亚政局》,上海:上海辞书出版社,2003。

王小甫:《新罗北界与唐朝辽东》,《史学集刊》2005年第3期。

王锺翰:《中国民族史》,北京:中国社会科学出版社,1994。

尾崎康:《正史宋元版の研究》,东京:汲古书院,1989。

梶山智史:《崔鸿『十六国春秋』の成立について》,《明大アジア史論集》10,2005。

魏斌:《古人堤简牍与东汉武陵蛮》,《"中研院"历史语言研究所集刊》第85本第1分,2014。

魏斌:《吴简释姓——早期长沙编户与族群问题》,《魏晋南北朝隋唐史资料》第24辑,2008。

魏国忠、郝庆云、朱国忱:《渤海国史》,北京:中国社会科学出版社,2006。

吴刚:《秦汉至南朝时期南方农业经济的开发》,《上海社会科学院学术季刊》1991年第1期。

吴树平:《秦汉文献研究》,济南:齐鲁书社,1988。

吴镇烽:《史密簋铭文考释》,《考古与文物》1989年第3期。

夏鼐:《从宣化辽墓的星图论二十八宿和黄道十二宫》,《考古学报》1976年第2期。

向达:《唐代长安与西域文明》,石家庄:河北教育出版社,2001。

小林春树：《『漢書』「元后伝」・「王莽伝」の構成と述作目的》，《東洋研究》172，2009。

谢绍鹢：《秦汉边郡概念小考》，《中国历史地理论丛》第 24 卷第 3 辑，2009。

邢义田：《画为心声：画像石、画像砖与壁画》，北京：中华书局，2011。

邢义田：《天下一家——中国人的天下观》，载刘岱编：《中国文化新论：根源篇》，北京：生活・读书・新知三联书店，1991。

熊谷兹三：《後漢の異民族統治における官爵授與について》，《東方學》第 80 辑，1990。

徐复观：《论〈史记〉》，载《两汉思想史》第 3 卷，上海：华东师范大学出版社，2001。

徐志学：《魏晋南北朝隋唐五代石刻用典研究》，上海：上海交通大学出版社，2013。

徐中原：《论南朝骈文用典》，《阜阳师范学院学报》2006 年第 6 期。

许倬云：《劳贞一先生八秩荣庆论文集》，台北：台湾“商务印书馆”，1986。

许倬云：《西周史》，增补本，北京：生活・读书・新知三联书店，2001。

许倬云：《许倬云自选集》，上海：上海教育出版社，2002。

严耕望：《北魏尚书制度考》，《中央研究院历史语言研究所集刊》第 18 册，1948。

严耀中：《北魏前期政治制度》，长春：吉林教育出版社，1990。

阎步克：《从爵本位到官本位：秦汉官僚品位结构研究》，北京：生活・读书・新知三联书店，2009。

阎步克：《服周之冕——〈周礼〉六冕礼制的兴衰变异》，北京：中华书局，2009。

阎步克：《论张家山汉简〈二年律令〉中的“宦皇帝”》，《中国史研究》2003 年第 3 期。

阎步克：《品位与职位——秦汉魏晋南北朝官阶制度研究》，北京：中华书局，2002。

阎步克：《阎步克自选集》，桂林：广西师范大学出版社，1997。

阎步克：《中国古代官阶制度引论》，北京：北京大学出版社，2010。

颜世安：《华夏族群形成的重要阶段：西周初年的“夏”》，《江海学刊》2004 年第 2 期。

杨光辉：《汉唐封爵制度》，北京：学苑出版社，2002。

杨光熙：《论史记的篇章排列顺序》，《史学月刊》2002 年第 12 期。

杨华：《〈尚书・牧誓〉新考》，《史学月刊》1996 年第 5 期。

杨建：《略论秦汉道制的演变》，《中国历史地理论丛》第 16 卷第 4 辑，2001。

杨宽：《论〈逸周书〉——读唐大沛〈逸周书分编句释〉手稿本》，《中华文史论丛》第 44 辑，1989。

杨宽：《西周史》，上海：上海人民出版社，1999。

杨武泉:《"蛮左"试释》,《江汉论坛》1986年第3期。

杨永俊:《禅让政治研究——王莽禅汉及其心法传递》,北京:学苑出版社,2005。

姚大力:《把过程归还历史书写——论司马迁对中国历史编撰学的突破》,载《社会·历史·文献——传统中国研究国际学术讨论会论文集》,2006。

姚大力:《北方民族史十论》,桂林:广西师范大学出版社,2007。

姚大力:《"回回祖国"与回族认同的历史变迁》,《中国学术》第1辑,2004。

姚大力:《"满洲"如何演变为民族》,《社会科学》2006年第7期。

姚薇元:《北朝胡姓考》,北京:中华书局,1962。

殷宪:《北魏平城考述(十七)》,《大同日报》2011年2月27日。

雍万里:《中国自然地理》,上海:上海教育出版社,1985。

余太山:《大夏和大月氏综考》,载《中亚学刊》第三辑,北京:中华书局,1990。

余天炽、覃圣敏等:《古南越国史》,南宁:广西人民出版社,1988。

云南省博物馆:《云南晋宁石寨山古墓群发掘报告》,北京:文物出版社,1959。

张鹤泉:《北魏假爵制度考》,《吉林大学社会科学学报》2009年第5期。

张继昊:《从拓跋到北魏——北魏王朝创建历史的考察》,台北:稻乡出版社,2003。

张金龙:《北魏政治史(一)》,兰州:甘肃教育出版社,2008。

张金龙:《北魏政治与制度论稿》,兰州:甘肃教育出版社,2003。

张金龙:《文成帝〈南巡碑〉所见北魏前期禁卫武官制度》,《民族研究》2003年第4期。

张居三:《〈国语·齐语〉与〈管子·小匡〉的关系》,《古籍整理研究学刊》2010年第5期。

张懋镕、赵荣等:《安康出土的史密簋及其意义》,《文物》1989年第7期。

张庆捷:《北魏文成帝〈南巡碑〉碑文考证》,《考古》1998年第4期。

张庆捷、郭春梅:《北魏文成帝〈南巡碑〉所见拓跋职官初探》,《中国史研究》1999年第2期。

张庆捷、李彪:《山西灵丘北魏文成帝南巡碑》,《文物》1997年第12期。

张荣芳、黄淼森:《南越国史》,广州:广东人民出版社,1995。

张荣芳:《略论汉初的"南越国"》,载中国秦汉史研究会编:《秦汉史论丛》第一辑,西安:陕西人民出版社,1981。

张新武:《北魏时期的"八部大夫"、"八大人"和"六部大人"简论》,《怀化师专社会科学学报》1987年第3期。

张钰哲等编:《中国大百科全书·天文学卷》,北京:中国大百科全书出版社,1980。

张元济:《校史随笔》,上海:上海古籍出版社,1998。

章太炎:《章太炎全集》,上海:上海人

民出版社,1985。

赵辉:《以中原为中心的历史趋势的形成》,《文物》2000年第1期。

赵辉:《中国的史前基础——再论以中原为中心的历史趋势》,《文物》2006年第8期。

赵立新:《西晋末年至东晋时期的"分陕"政治——分权化现象下的朝廷与州镇》,台北:花木兰文化出版社,2009。

赵贞:《中古"天文"政治意义略说》,载《中国中古史研究》第9期,台北:兰台出版社,2009。

郑景云、田砚宇、张丕远:《过去2000年中国北方地区农牧交错带位置移动》,载《环境考古研究》第三辑,北京:北京大学出版社,2006。

郑钦仁:《北魏官僚机构研究》,台北:稻禾出版社,1995。

郑钦仁:《北魏官僚机构研究续篇》,台北:稻禾出版社,1995。

郑钦仁、李明仁译著:《征服王朝论文集》,台北:稻乡出版社,2002。

郑威:《试析西汉"道"的分布与变化——从张家山汉简〈二年律令·秩律〉谈起》,《江汉考古》2008年第3期。

中村威也:《中国古代西南地域の異民族—特に後漢巴郡における「民」と「夷」について》,《中國史學》第10卷,2000。

中国秦汉史研究会编:《秦汉史论丛》第六辑,南昌:江西教育出版社,1994。

周伟洲:《南凉与西秦》,西安:陕西人民出版社,1987。

周一良:《魏晋南北朝史札记》,北京:中华书局,1985。

周振鹤:《西汉政区地理》,北京:人民出版社,1987。

周振鹤:《中国地方行政制度史》,上海:上海人民出版社,2005。

周祖谟:《方言校笺》,北京:中华书局,1993。

朱东润:《诗三百篇探故》,上海:上海古籍出版社,1981。

朱东润:《史记考索》,上海:华东师范大学出版社,1996。

朱凤瀚:《北大汉简〈仓颉篇〉概述》,《文物》2011年第6期。

朱国忱、金太顺、李砚铁:《渤海故都》,哈尔滨:黑龙江人民出版社,1996。

朱宏斌:《秦汉时期区域农业开发研究》,北京:中国农业出版社,2010。

祝总斌:《材不材斋文集下编·中国古代政治制度研究》,西安:三秦出版社,2006。

邹衡:《夏商周考古论文集》,北京:文物出版社,1980。

邹衡:《夏商周考古论文集续集》,北京:科学出版社,1998。

佐川英治:《東魏北齊革命と〈魏書〉の編纂》,《東洋史研究》64卷1号,2005。

佐川英治:《遊牧と農耕の間—北魏平城の鹿苑の機能とその変遷》,《岡山大学文学部紀要》47,2007。

后　记

惶恐地呈现给读者的这本小书，底稿原是我的博士学位论文，2012年6月1日在北京大学中古史中心紧张地完成了答辩，胡宝国、阎步克、陈苏镇、韩树峰、罗新、叶炜六位老师担任了答辩委员。转眼已经过去四年，我总希望能将它修改得更满意一点，然而时间在流逝，对问题的思考却未能更深入，许多材料反而越来越陌生了。出版协议已经一延再延，还是就此交稿吧。

本书中大多数章节在增删之后曾在期刊上发表：

导论与第一章：《有夏、诸夏与华夏：从政治体视角论华夏的出现和性质》，《新史学》第九卷，中华书局，2016年。

第二章：《秦汉帝国扩张的制约因素及突破口》，《中国社会科学》2014年第11期，185—204页。

第三章第二节：《星空中的华夷秩序——两汉至南北朝时期有关华夷的星占言说》，《文史》2014年第1辑，52—71页。

第四章第二节：《塑造他者：华夏有关异族群的知识建构》，《中国中古史研究：中国中古史青年学者联谊会会刊》第4卷，中华书局，2014年，17—42页。

第五章：《六朝时期的华夏网络与山地族群——以长江中游地区为中心》，《历史研究》2016年第5期，19—38页。

第六章：《十六国的华夏化："史相"与"史实"之间》，《中国史研究》2015 年第 1 期，52—71 页。《人大复印报刊资料（魏晋南北朝隋唐史）》2015 年第 4 期转载。

第七章：《北魏初期的爵本位社会及其历史书写——以〈魏书·官氏志〉为中心》，《历史研究》2012 年第 4 期，36—51 页。

附录一：《南北朝时期的氏族之辨——从〈南齐书·高逸传〉"民族弗革"一语说起》，武汉大学中国三至九世纪研究所编《魏晋南北朝隋唐史资料》第 33 辑，上海古籍出版社，2016 年，24—30 页。

附录二：《纸笔驯铁骑：当草原征服者遇上书面语》，收入童岭主编《皇帝、单于、士人：中古中国与周边世界》，中西书局，2014 年，112—123 页。

附录三：《江到东北——古代东亚世界文化交流之一例》，收入罗丰主编《丝绸之路上的考古、宗教与历史》，文物出版社，2011 年，90—101 页。又收入北京大学中国古代史研究中心编《田余庆先生九十华诞颂寿论文集》，中华书局，2014 年，670—683 页。

收入本书时部分内容仍进行了增补和调整。第四章第一节"经学子学中的四夷说"、第七章第四节"爵本位的政治文化渊源"，几乎是完全新增的。最后附录中的三篇，《南北朝时期的氏族之辨》直接与导论中涉及的"民族"一词在中国古代是否被使用的问题相关；《纸笔驯铁骑》则是关于书面语与族群认同关系的一个例证；《江到东北》虽是 2009 年的旧作，也曾被收入会议论文集和颂寿论文集，考虑到它展示了一种带有承载复杂文化内涵的"符号"如何在不同政治体中被输入和使用，可以作为第三章对华夷符号秩序论述的补充，故而敝帚自珍，附在最末。

作为一篇学位论文，它是我攻博六年学术训练的一份答卷，从中不难看出学习与模仿的痕迹。"政治体视角"最初是我的导师罗新教授研究北族时使用的方法，本书将之移用于华夏，并稍稍做了一些补充和发挥。罗老师对于中古南方民族史的宏观看法——主要见于《王化与山险》一文，直接启发了本书第二章华夏网络以南方为突破口以及第五章南方山地社会演进的论述。在此之外，导师的学术视野、思考深度和写作中敢于立论的气魄，是我一直向往但完全无法达到的，甚至连模仿也勇气不足。阎步克老师以品位与职位切入对官僚制度做整体结构研究的方法，曾让我感到巨大的思想冲击，本书第七章便是学习此种方法的一份小小习作，事实上它最初只是提交给阎老师的一篇课程论文。阎老师常说"设计得当的概念是锐利的分析工具"，并亲自示范了以近似社会科学的方法进行历史研究的可能性，本书敢于将不同时代不同角度的研究以几个概念串联起来，潜意识中无疑受到了阎老师的鼓励。至于"政治文化"概念在古代史研究中的运用，我最初是从陈苏镇老师的《汉代政治与春秋学》(后增补为《春秋与汉道：两汉政治与政治文化研究》)中见识到的，此后陈侃理师兄的博士论文(已增订为《儒学、术数与政治：灾异的政治文化史》出版)再次展示了这一研究方法的广阔前景，本书第三章尤其是关于天文星占的部分，便是对此的效颦之作。徐冲与孙正军两位师兄所提倡的历史书写和史料批判研究，也曾给我极大的灵感，当年参加他们组织的《史通》读书班时，已经对纪传体史书的编次结构、史书叙事的模式化等问题有所讨论，本书第四章第二节以及第六章的写作应滥觞于此。还有很多老师和同学，无论在课堂还是田野，在论文答辩、会议点评还是匿名审稿意见中，都曾对本文的思路和内容有过无法计数的帮助，限于篇幅，无法一一列举了。取法乎上，仅得其中，鼫鼠五技，不成一艺，在此谨以此不成熟的小书，向所有教导、批评、帮助过我的师友表示诚挚的感谢！

这本小书得以出版，还要特别感谢清华大学的侯旭东老师将之推荐给北京师范大学出版社。北师大出版社的谭徐锋先生则以极大的耐心一再宽限我的交稿时间，这份礼遇也让我铭感于心。最后一份感谢要送给我的妻子蔺亚琼，没有她的陪伴、支持与督促，博士论文与书稿的完成一定更为艰难。

在全书定稿并写下这篇后记时，我已经在武汉大学中国三至九世纪研究所工作了将近两年，而我的女儿开青刚刚迎来她的第 20 个早晨。珞珈山笃实厚重的学风，映照出我的不足，也提示了努力的方向。小女睡梦中的哼唧，向我宣告一段全新的人生历程已经开启，是时候告别博士论文，去寻找更广阔的学术天地了。山的那边是什么？翻过去才知道。

2016 年 4 月 25 日

初草于武汉南湖周公馆寄居中

2016 年 11 月 28 日

改定于珞珈雅苑

图书在版编目(CIP)数据

能夏则大与渐慕华风——政治体视角下的华夏与华夏化/胡鸿著. —北京:北京师范大学出版社,2017.3(2024.4重印)

(新史学 & 多元对话系列)

ISBN 978-7-303-21378-8

Ⅰ. ①能… Ⅱ. ①胡… Ⅲ. ①政治文化-研究-中国-古代 Ⅳ. ①D691

中国版本图书馆 CIP 数据核字(2016)第 246285 号

营 销 中 心 电 话　010-58808006

北京师范大学出版社新史学策划部微信公众号　新史学 1902

NENGXIAZEDA YU JIANMUHUAFENG

出版发行:北京师范大学出版社　www.bnupg.com

北京市西城区新街口外大街 12-3 号

邮政编码:100088

印　　刷:北京盛通印刷股份有限公司

经　　销:全国新华书店

开　　本:730 mm×980 mm　1/16

印　　张:21.75

字　　数:310 千字

版　　次:2017 年 3 月第 1 版

印　　次:2024 年 4 月第 5 次印刷

定　　价:59.00 元

策划编辑:谭徐锋　　　　责任编辑:齐　琳　王一夫
美术编辑:王齐云　　　　装帧设计:蔡立国
责任校对:陈　民　　　　责任印制:马　洁　赵　龙